JN280284

サービス・マネジメント研究

― わが国のホテル業をめぐって ―

飯嶋好彦著

文眞堂

刊行に寄せて

　本書をISS研究会叢書第2巻として刊行することにした。筆者は，本書で日本におけるホテル業のマネジメントを明らかにしようとしている。その構想と内容は，序章や終章を含めて9章からなっており，これまでにない本格的なホテル経営学の構築になっていると評価している。

　本書の体系や内容には，以下のふたつのものがあり，それによって本書の研究は厚みのあるものになっている。具体的には，わが国におけるホテル業の発展過程（第1章）や海外進出（第6章と第7章）に関する歴史的な検討が，一方にある。そして，もう一方に「サービス・デリバリー・システム」という名で著者が構築したホテル・マネジメント研究の分析枠組に関連して分析した「ホテル従業員」の研究（第2章と第3章），ホテルの利用者である「顧客」の苦情とその対応についての研究（第4章），および「他の顧客」についての研究（第5章）がある。

　そして，これらの後者の研究に関しては，3つのアンケート調査をも行ない，日本のホテル業の実態を明らかにしている。この実態調査には，当然のことながら，これからの日本のホテル・マネジメントに関するヒントが含まれている。このことから明白のように，本書ではわが国のホテル・マネジメントが歴史的な観点だけでなく，現代的な観点からも分析されているのである。本書によって，本格的なホテル経営学の構築が可能になると私は思っている。

　本書は，ホテル業のマネジメントをとり扱っているが，書名にも示されているように，サービス・マネジメント研究の開拓を目論んでいる。この点でも本書は注目すべきである。経営学は，誕生以来，主に製造業（メーカー）中心に研究がすすめられてきたが，産業構造の高度化，ニュー・ビジネスやニュー・エコノミーの登場などにより，サービス業やIT産業などの研究を展開しなければならない状況に直面している。製造業は21世紀においても

必要であり，製造業中心の経営学は依然として必要であるが，サービス業の比重が大きいという現状からみると，サービス業の経営学の構築は肝要なのである。

　本書で，著者はバリエーション（多様性）のみられるサービス業の特徴を検討するとともに，サービス業の典型としてホテルを位置づけ，これを研究・調査するというステップをとっている。したがって，著者の最終的な意図とか到達点は，開拓がもとめられている「サービス・マネジメント」にある。そして，ホテル・マネジメントとならんで，サービス・マネジメントの構築に対する著者の今後のいっそうの研究の進展に期待したい。

　著者の飯嶋好彦氏は，まれにみる篤学の士である。私は，現在では研究者に専念されているが，きびしいビジネスの場に身をおきながらも，懸命に研究をすすめてこられた著者のこれまでの姿勢と成果に心からの敬意を表したい。本書の刊行を祝い，あわせて本書が理論および実践の双方においてサービス業やホテル業のマネジメントの改善と発展に必ずや貢献できるものと確信している。

　2001（平成13）年3月

横浜市立大学教授
ＩＳＳ研究会代表
齊　藤　毅　憲

まえがき

　近年，わが国ではサービス経済化が著しく進展し，第3次産業が名目国内総生産と総雇用人口に占めるシェアは，1998（平成10）年になると，それぞれ65.1％，62.7％に達した。これにより，サービスの供給を業務とする企業や組織は，現代の経済社会のなかで中核的な地位を獲得するようになる。
　他方，今日の製造業にとって，生産設備や製品などの物質的な優位性は，後発者の模倣により，容易に霧散しやすくなっている。そこで，製造業は，製品の販売に付帯して行われる修理やメンテナンス，品質保証やクレジット，保険の提供，顧客教育や配送などに関するサービス機能を強化することにより，自社の独自性を打ち出そうとしている。換言すれば，サービスによって競合者を凌駕しようと企図している。
　この点に関して，たとえば，米国で行われた調査によると，製造業が創造した総付加価値の4分の3は，そのサービス活動によりもたらされているという。このように，現代の製造業は，伝統的なそれとはかなり乖離しているといえよう。
　そのため，上述した製造業の変質を捉えて，それと第3次産業とを区別する意義があるのかという議論も起こっている。また，この事実から，製造業を「隠れた第3次産業」と呼ぶ研究者も多い。
　どちらにしても，もはやサービスは，第3次産業の占有物ではない。製造業においても，サービスの創出が主たる事業活動になっている。これにより，わが国の大半の企業や組織は，サービスのマネジメントに習熟する必要性に迫られるようになった。
　ところが，このような経済社会の実態に反して，わが国の伝統的な経営学は，「モノ」を生産し，提供する組織と，そのマネジメントに依然として焦点を当てている。そのため，それは，われわれがサービス時代の渦中にあるにもかかわらず，長いあいだこの事実に注意を向けなかった。むしろ，それ

を無視してきたといっても過言ではない。

確かに，欧米においても，サービスに関する経営学的な研究は，さほど歴史をもたず，1980年代になってやっと本格化したにすぎない。だが，わが国の現状は，その欧米に比べて，はるかに立ち遅れている。

その結果，われわれは現在でも，サービスをいかにマネジメントすべきかについて多くを知らないし，その際の問題点がどこにあるのかもよくわからない。そこで，本書は，このような研究の現状に一石を投じ，なんらかの波紋を生み出し，それを少しでも変えることができればと考え，上梓した。

しかし，サービスでは，生産から消費に至るまでのあいだに，さまざまな人びとや事物が関与している。それゆえ，サービスのマネジメントを理解するためには，これら人びとや事物をひとつひとつ考察する必要がある。そして，本書の目的は，まさに，この考察を行うことにある。

なお，本書のタイトルに，「ホテル業」という名詞が付されている。これに対して，奇異の念をもつ読者もあろう。このタイトルを選んだ理由は，一口にサービスの生産と消費といっても，その形態はさまざまだからである。

そのため，サービスがもつ多様性を無視すれば，各形態の特徴が失われ，表面的な共通性の記述で終始してしまう。だが，逆に，個々の形態に焦点を当てすぎると，特殊性が強調され，汎用性に欠ける。

そこで，サービス・マネジメントに関する研究を進めるためには，両者の中間的な形態である研究対象が求められる。その際，わが国のホテル業は，後述の序論で述べるように，この中間的な形態と認められる。それゆえ，本書は，このホテル業を中心に，上述した考察を行った。

最後になったが，本書の執筆にあたり，多くの方より有形，無形の教えや啓発を受けた。そのなかでも，遅筆の筆者を叱咤勉励し，親しくご教授いただいた恩師である横浜市立大学の齊藤毅憲先生に，心より感謝の念を申し述べたい。

2001年3月

飯 嶋 好 彦

目　次

刊行に寄せて………………………………………………齊藤毅憲… i
まえがき…………………………………………………………………iii

序　章　サービス・マネジメント研究とわが国のホテル業 ………1

第1節　サービス・マネジメント研究の意義と研究の現状 …………1
　1．サービスの定義 ……………………………………………………1
　2．サービスの基本的性質がもたらすマネジメント特性 …………3
　3．サービス・マネジメント研究の現状 ……………………………5
第2節　サービス・マネジメントの研究領域 …………………………6
　1．グリョンルースによるサービス・マネジメントの定義 ………8
　2．「サービス・デリバリー・システム」に基づく研究対象 ……9
　3．マネジメント上のインフラストラクチャー的要素に基づく
　　　研究対象 …………………………………………………………13
第3節　ホテル業を題材にしたサービス・マネジメント研究 ……15
　1．わが国のホテル業を題材にする理由 …………………………15
　2．中間的なサービス形態としてのわが国のホテル業 …………16
　3．本書の目的と構成 ………………………………………………20

第1章　わが国におけるホテル・コンセプトの形成過程 ………27

第1節　本章の目的 …………………………………………………27
第2節　草創期のホテル像 …………………………………………29
　1．開国の副産物として生まれたホテル …………………………29
　2．モデルとなった西欧の「グランドホテル」…………………33
　3．草創期のホテルの特徴 …………………………………………35

第3節　米国で起こったホテル・イノベーション ……………36
　　1．米国における初期のホテル概況 ……………………………37
　　2．「コマーシャルホテル」の誕生 ………………………………39
　第4節　わが国における「コマーシャルホテル」の萌芽と挫折 ……41
　　1．「東京ステーションホテル」が与えた光明 …………………41
　　2．「ジャパンホテル」プロジェクトの出現 ……………………43
　　3．「第一ホテル」の開業 …………………………………………45
　　4．「コマーシャルホテル」の挫折 ………………………………46
　第5節　第二次世界大戦の発展 ………………………………………48
　　1．大戦後の状況 …………………………………………………48
　　2．ホテル建設ブームの到来 ……………………………………50
　　3．ホテル市場の変質 ……………………………………………52
　　4．「プラザホテル」化の進展 ……………………………………54
　第6節　共存するコンセプト …………………………………………56
　　1．露呈した「グランドホテル」的コンセプトの限界 …………57
　　2．「コマーシャルホテル」的コンセプトが有用であった理由 …58
　　3．共存するホテル・コンセプト ………………………………59
　　4．「グランドホテル」的コンセプトが存続する理由 ……………60
　第7節　小括 ……………………………………………………………63

第2章　フロント・オフィス従業員の役割とストレス ……………68

　第1節　本章の目的 ……………………………………………………68
　第2節　フロント・オフィス従業員の役割と役割ストレス …………70
　　1．役割ストレスの土壌となる「相克的相互依存関係」…………71
　　2．フロント・オフィス従業員の「境界関係役割」……………73
　　3．フロント・オフィス従業員の「下僕的役割」………………75
　　4．フロント・オフィス従業員の役割ストレス ………………76
　第3節　従業員の防御的なストレス対処 ……………………………80
　　1．組織への過剰な同調 …………………………………………82
　　2．顧客への迎合 …………………………………………………82

3．顧客との接触の回避 …………………………………………83
　　4．顧客との接触の抑制 …………………………………………83
　第4節　ストレス対処が顧客と組織へおよぼすインパクト …………85
　　1．顧客へのインパクト …………………………………………86
　　2．組織へのインパクト …………………………………………86
　　3．役割ストレスへのマネジメント課題 ………………………88
　第5節　小括 …………………………………………………………91

第3章　ホテル業における従業員の離職とそのインパクト………96
　第1節　本章の目的 …………………………………………………96
　第2節　雇用動向調査にみる宿泊業の離職実態 …………………100
　　1．離職率 ………………………………………………………100
　　2．離職の特徴 …………………………………………………102
　　3．離職の形態 …………………………………………………105
　第3節　離職の組織内インパクト …………………………………108
　　1．負のインパクトを与える宿泊業の離職 …………………108
　　2．離職がもたらす組織内インパクト ………………………111
　第4節　離職の組織外インパクトに関する調査の概要──ホテル
　　　　経験者が伝播するホテル運営ノウハウをめぐって── ………115
　　1．調査票の設計 ………………………………………………115
　　2．回答ホテルのプロフィール ………………………………119
　第5節　調査結果の分析 ……………………………………………122
　　1．経験者採用の有無 …………………………………………122
　　2．採用された経験者の属性 …………………………………123
　　3．経験者の入社時期と採用手段 ……………………………126
　　4．経験者の配属 ………………………………………………128
　　5．経験者の処遇 ………………………………………………128
　　6．総支配人の選任とその出身業界および過去のキャリア …130
　　7．経験者採用のメリットと経験者への評価 ………………133
　　8．経験者の離職 ………………………………………………134

第6節　稲垣見解への評価と離職の組織外インパクト ……………136
　　1．新設ホテルにおける経験者採用の有無 ………………………136
　　2．経験者が伝播するホテル運営ノウハウ ………………………141
　第7節　小括 ……………………………………………………………143

第4章　顧客の苦情とホテル業における組織的対応の実態 ……150

　第1節　本章の目的 ……………………………………………………150
　第2節　不満顧客の行動と苦情への組織対応 ………………………153
　　1．不満顧客の行動 …………………………………………………153
　　2．苦情への組織対応 ………………………………………………154
　第3節　調査の概要 ……………………………………………………162
　　1．アンケート調査の概要と回答ホテルのプロフィール ………163
　　2．苦情の手紙送付調査の概要と調査対象ホテルのプロフィール …166
　第4節　調査結果の分析 ………………………………………………168
　　1．アンケート調査の分析 …………………………………………168
　　2．苦情の手紙送付調査の分析 ……………………………………182
　第5節　苦情への組織対応に関する理論と実践との異同 …………184
　　1．アンケート調査に基づく異同 …………………………………184
　　2．苦情の手紙送付調査に基づく異同 ……………………………186
　第6節　小括 ……………………………………………………………187

第5章　物理的環境としての顧客――ホテル業における顧客整
　　　　合性マネジメントの実態をめぐって―― …………………192

　第1節　本章の目的 ……………………………………………………192
　第2節　物理的環境が果たす役割 ……………………………………194
　　1．顧客の消費対象となる物理的環境 ……………………………194
　　2．サービス内容や品質を伝える物理的環境 ……………………196
　　3．物理的環境に対する顧客の反応 ………………………………198
　第3節　物理的環境としての「他の顧客」 …………………………199
　　1．物理的環境の構成要素 …………………………………………199

2．ベーカーが考える物理的環境 …………………………………200
　第4節　顧客整合性マネジメントの意義と構築手順 ………………201
　　1．「他の顧客」が顧客のサービス消費におよぼす影響 …………201
　　2．顧客整合性マネジメントの意義とメリット ……………………202
　　3．顧客整合性マネジメントを確立するための手順 ………………205
　第5節　調査の概要 ……………………………………………………207
　　1．調査票の設計 ………………………………………………………207
　　2．調査対象ホテルの選定手法と回答ホテルのプロフィール ……211
　第6節　調査結果の分析と顧客整合性マネジメントの実態 ………215
　　1．喫煙習慣の差異に基づく顧客整合性マネジメントの実態 ……215
　　2．年齢の差異に基づく顧客整合性マネジメントの実態 …………220
　　3．性差に基づく顧客整合性マネジメントの実態 …………………224
　　4．利用人数の差異に基づく顧客整合性マネジメントの実態 ……227
　　5．ホテル業における顧客整合性マネジメントの実態と問題点 …229
　第7節　小括 ……………………………………………………………233

第6章　わが国ホテル業の海外進出とその課題(1)
　　　　──発展過程をめぐって── ……………………………………237
　第1節　本章の目的 ……………………………………………………237
　第2節　海外進出の現状 ………………………………………………238
　第3節　第二次世界大戦前の事例 ……………………………………239
　　1．明治，大正時代の先駆的事例 ……………………………………240
　　2．明治，大正時代の特徴 ……………………………………………242
　　3．昭和時代の事例 ……………………………………………………244
　第4節　第二次世界大戦後の事例 ……………………………………250
　　1．黎明期の事例 ………………………………………………………251
　　2．海外進出の先駆者的企業 …………………………………………252
　　3．発展期における海外進出の事例 …………………………………256
　第5節　第二次世界大戦後の海外進出の特徴 ………………………263
　　1．黎明期の特徴 ………………………………………………………263

2．発展期の特徴 ………………………………………………266
　　3．黎明期，発展期を通じた特徴 ………………………………268
　第6節　海外進出を促した要因 …………………………………271
　　1．有望な海外市場の存在 ………………………………………271
　　2．海外旅行者の増大 ……………………………………………272
　　3．海外ホテルの立地と海外旅行先との関係 …………………273
　第7節　小括 …………………………………………………………275

第7章　わが国ホテル業の海外進出とその課題(2)
　　　　──欧米との比較や今後の課題を中心にして── …………278

　第1節　本章の目的 …………………………………………………278
　第2節　ホテル業の海外進出に関するわが国と欧米との異同 …278
　　1．第二次世界大戦以前の比較 …………………………………278
　　2．始期に関する比較 ……………………………………………280
　　3．成長期に関する比較 …………………………………………283
　　4．現状比較 ………………………………………………………284
　　5．促進要因の比較 ………………………………………………286
　　6．海外ホテルの所在地と海外旅行者の旅行先に関する比較 …288
　　7．運営形態に関する比較 ………………………………………292
　第3節　わが国ホテル業が直面する海外進出上の課題 …………297
　　1．高い潜在能力 …………………………………………………297
　　2．海外進出を阻む要因 …………………………………………301
　第4節　小括 …………………………………………………………306

終　章　現代のホテル業と新しいホテル・マネジメント ………310

　第1節　本章の目的 …………………………………………………310
　第2節　ホテル業が直面するマネジメント環境と課題 …………313
　　1．今日のマネジメント環境 ……………………………………313
　　2．現代のホテル業が解決すべきマネジメント課題 …………315
　第3節　「グランド・ホテル」的コンセプトがもたらす問題点 …317

1．ホテルが採用する競争戦略とその誤謬性 …………………318
　2．職能別組織への固執 ……………………………………323
　3．高価格政策への盲目的な追随 …………………………328
　4．近視眼的マーケティング戦略の採用 …………………330
第4節　新しいホテル・マネジメントのあり方 ……………………332
　1．顧客を中心にしたホテル・マネジメント ……………334
　2．イノベーション創造のためのマネジメント・システムと
　　　組織づくり ………………………………………………338
　3．多職能を有する従業員の育成 …………………………340
第5節　小括 ……………………………………………………………342

資料 ……………………………………………………………………345
あとがき ………………………………………………………………372
索引 ……………………………………………………………………375

序章
サービス・マネジメント研究とわが国のホテル業

第1節　サービス・マネジメント研究の意義と研究の現状

　今日，わが国は，サービス時代の到来という大きな潮流に飲み込まれている。そして，この現象を経営学の視点から見直したときそれは，わが国の企業や組織がマネジメントすべき主たる対象が，モノからサービスへ移行していることを意味する。

　ところが，マネジメントの対象が移行したことにより，われわれは，伝統的な，つまりモノづくりに基盤を置いて構築されてきたマネジメント理論の有効性に対して，大きな疑問を感じるようになった。

　この点に関して，かつてデイビス（Davis, D.）は，「製造業のモデルを利用してサービス組織を運営することは，農業のモデルで工場を稼動させることと同様に意味がない」と述べている[1]。

　デイビスの主張の背後には，サービスの生産をマネジメントすることと，モノの生産をマネジメントすることは，明らかに異なる行為であるという考え方が存在する。それゆえデイビスは，モノに基づく理論では，サービスがうまくマネジメントできないと主張する。

　しかし，なぜモノに基づく理論では，サービスをうまくマネジメントできないのであろうか。その答えは，「サービスとはなにか」という根本的な問いかけのなかにあると考える。

1．サービスの定義

　「サービス」という言葉は，多義的に使われている[2]。そのため，意味内

容が多様であり，かつ曖昧である。そこで，この言葉の用法に秩序を与えるべく，多くの研究者が定義づけを試みてきた。その一部を紹介すると，以下になる。

研究者による定義

　まず，米国マーケティング協会は，「サービスとは，単独またはモノの販売に付帯して提供される活動（activities）であり，便益（benefits），または満足（satisfactions）である」と定める[3]。

　また，コトラー（Kotler, F.）は，「サービスとは，取引関係にある一方が他方に与えるなんらかの活動，または便益であり，それは基本的に無形であって，なんらの所有権の変更をもたらさない。その生産は，物質的な商品と結合することもあるし，しない場合もある」という[4]。

　そして，グリョンルース（Grönroos, C.）は，「サービスは，程度の差はあるものの，基本的には無形の活動，または一連の活動である。そして，かならずしもすべてではないが，通常，顧客と提供者とのあいだ，または顧客と提供者が有する物質的資源やシステムなどとのあいだの相互作用により生起する」と定める[5]。

　これに対して，ベッソン（Bessom, R. M.）は，「サービスとは，販売のために提供されるなんらかの活動であり，それにより価値ある便益，または満足を顧客に与えるものである。そしてその活動は，顧客が自分ではなしえない，またはしたくないと思うようなものである」という[6]。

　さらに，ブロウ（Blois, K. J.）は，「サービスとは，販売を目的に提供され，モノの形態に物理的な変化をもたらすことなく，便益と満足を与える活動である」と定義し[7]，リースネン（Lehtinen, J. R.）は，「サービスとは，接客係または物資的な機械との相互作用により生起するなんらかの活動，または一連の活動であり，その活動が消費者に満足を与える」と述べている[8]。

　上記定義を一瞥すると，さまざまな研究者がさまざまにサービスを定義しており，その結果，統一的見解が存在しないようにみえる。しかし，それぞれの定義を仔細に観察すれば，各研究者がほぼ共通して抱いていると思われ

る認識が浮かび上がる。

　その共通認識とは、「サービスは活動であり、無形性と顧客との相互作用性という基本的な性質により特徴づけられる」ということである。

2．サービスの基本的性質がもたらすマネジメント特性

　サービスの定義の紹介を通じて、サービスがもつ基本的性質、つまり無形性と顧客との相互作用性、が明らかになった。そして、このふたつの性質は、モノのマネジメントでは見られないサービス・マネジメントの特異性を生み出している。その特異性とは、以下である。

無形性がもたらす特性
　サービスは、度合いの強弱はあるものの、無形の活動である。つまり、サービスには、物質的な「形」がない。そのため、それは、サンプルとして提示したり、事前に試用したりすることができない。この結果、サービスの内容や品質をどのようにして顧客に納得させるかが、最大のマネジメント課題になる。

　そして、そのためには、顧客がサービスを購入するとき同時に知覚する従業員の服装や態度、店内の装飾品や備品、または店内の音、光、温度などを、提供するサービスの内容や品質に合致させ、顧客が安心してそれを購入できる環境を創造することが重要になる。

　このように、サービスは無形であるから、その内容を明示し、品質の高さを象徴する有形物を作り出し、そのマネジメントを行う必要がある。そして、この有形物のマネジメントは、サービスを広告、宣伝する際や、その価格を決定する際にも重要な役割を果たす。

　一方、サービスは無形であるから、モノのように在庫することができない。そして、この在庫という需給調整機能が欠けているため、サービスでは需要の変動から逃れにくい。ところが、供給は、変動する需要に歩調を合わせフレキシブルに変化できないことが多い。

　たとえば、航空輸送サービスでは、客席数以上の顧客を搭乗させることが

できない。また逆に，500人乗りの旅客機に300人しか乗らず，200席分余っていたとしても，機体を5分の3に縮小するわけにはいかない。

そこで，サービスでは，価格政策やプロモーションなどにより，需要の変動を抑制し，平準化させることが重要になる。ただし，需要は，季節や曜日，ときには時間帯によっても著しく変化する。そのため，この需要のマネジメントもそれに合わせて細かく行う必要がある。

以上から，サービスでは，需要の変動に対していかに生産能力を合致させるか，また生産能力を超えた需要をいかに維持し逃さないようにするかがマネジメント課題になる。

顧客との相互作用性がもたらす特性

他方，サービスでは，組織と顧客は互いに接触し合い，社会的な相互作用をする必要がある。つまり，組織は，顧客がどのような内容と品質のサービスを求めているのか，換言すれば提供されるサービスの仕様を把握しなければ生産を開始できないことになる。これに対して，顧客は，この仕様を組織に伝えないかぎりサービスを消費できない。

また，顧客は，サービスの仕様を決めるだけでなく，セルフサービスのレストランでは，従業員に代わって食事を注文し，配膳することにより，サービスの生産，提供行為に積極的に参画する。そのため，サービス組織では，顧客を生産と提供に携わる従業員の一部として管理する必要がある。

さらに，サービスでは，この生産から消費に至る行為が一体化し，連続して起こるため，これら行為を途中で分断することができない。これによりサービスでは，一ヵ所で集約的に生産を行い，そこから物理的に離れた場所に所在する顧客へ生産結果を配送することが困難になる。それゆえ，サービス組織が成長，拡大するためには，その生産拠点を顧客の近傍に多数作らなければならない。

しかし，それを多数作れば，その拠点間の均質化が問題になる。つまり，すべての生産拠点がつねに同じサービスを提供しつづけるためのマネジメントが求められる。また，生産拠点と顧客とのあいだの交通アクセスのマネジメントも不可欠になる。

第1節 サービス・マネジメント研究の意義と研究の現状　　5

このように，サービスでは，無形物の有形化，曜日や時間帯においても変動する需要，共同生産者としての顧客，または生産拠点の多施設化など，モノのマネジメントでは想定していない，それゆえ，その理論に含まれていない特異な現象を取り扱わなければならない。

3．サービス・マネジメント研究の現状

だが，サービスをマネジメントするための理論的研究は，必ずしも今日の経済社会の実態に歩調を合わせ進捗しているわけではない。むしろ，この分野の第一人者であり，近年の充実ぶりに瞠目させられる欧米においても，その研究が本格化したのは，1980年代中頃以降にすぎない（表序-1参照）。

表序-1　欧米におけるサービス・マネジメント研究の研究実績数の推移　　（件）

年代	論文数	著書数	学会発表要旨，著書の章の数	学位論文数	合計
1980年以前	59	10	32	19	120
1980年～85年	104	26	141	16	287
1986年以降	361	50	272	37	720

〈出所〉：Fisk, R. P. S., Brown, W. & Bitner, M. J. (1994), "Service Management Literature Overview：A Rationale forInterdisciplinary Study", in W. J. Glynn et al. eds., *Understanding Service Management*, Wiley, p.24.

ところが，わが国の現状は，その欧米からはるかに立ち遅れている。むしろ，わが国の経営学は，依然としてモノづくりに焦点を当てつづけている。そのためそれは，わが国において30年近く前からサービスが経済活動の主体であったにもかかわらず，長いあいだこの変化を無視し続けてきた。

この結果，われわれは，サービスのマネジメントがなにを意味するのか，またなにを研究対象にしているのか，さらにその研究課題がなにであるのかがよくわかっていない。逆に，われわれは，この領域に関してまったくの無力であるといっても過言ではない。

このようなわが国のサービス研究の遅れを示す実例として，国立国会図書館が所蔵する各大学の紀要，論叢，および論集，または学会誌やその他のビジネス雑誌に掲載され，かつ経営学の視点からサービスを取り扱う論文の件数をあげることができる[9]。

1985（昭和60）年から1998（平成10）年までの13年間に掲載された論文数を数えると，経営学的論文と認定するか，いなかの判定により若干の増減はあると思うものの，94編しか見出すことができなかった。そのうえ，その半数は，1995年以降に発表された論文であった（表序-2参照）。

表序-2　わが国における経営学的なサービス研究の研究実績数の推移　（編）

年　度	1985～86年	1987～88年	1989～90年	1991～92年	1993～94年	1995～96年	1997～98年	合計
論　集	1	2	2	6	3	3	7	24
論　叢	1	5	2	4	4	6	3	25
紀　要	0	2	1	3	2	7	1	16
学会誌他	0	3	2	1	1	15	7	29
合　計	2 (2.1)	12 (12.8)	7 (7.4)	14 (14.9)	10 (10.6)	31 (33.0)	18 (19.2)	94 (100.0)

〈注〉：カッコ内は，合計に対する割合を示す。
（筆者作成）

さらに，それら論文の内容を概観すると，物流サービス，交通サービス，情報サービス，または非営利組織などの個別のサービス業や組織の研究が，主流であることに気づく。これに対して，サービスの生産，提供と消費に関するシステム，従業員や顧客のマネジメント，顧客と従業員との相互作用，サービス品質のマネジメントなどの理論的な研究は，数も少なく，また取り扱われる分野の範囲も狭い（表序-3参照）。

これらから判断して，わが国におけるサービス研究の現状は，量的に少ないだけでなく，質的にも深みに欠けるという印象を拭い去ることができない。

第2節　サービス・マネジメントの研究領域

前節では，サービス・マネジメント研究の必要性と研究の現状を述べた。そして，とくにわが国では，この分野の研究がまだまだ不足している事実を指摘した。そのため，その開拓と深耕が強く求められているといえよう。

第 2 節　サービス・マネジメントの研究領域　　　　　　　　　　　7

表序-3　わが国におけるテーマ別のサービス研究論文数　（1985 年から 1998 年まで）[10]

主 な 研 究 分 野	研　　究　　者
サービス・マネジメント，マーケティングの特異性　　5編	①森下（1987）②森下（1988）③藤村（1991）④永井（1993）⑤日野（1996）
サービスの分類　　4編	①大坪（1987）②高橋秀雄（1992）③萩原（1992）④東（1997）
サービス・マーケティングに関連したその他の研究　　6編	①浅井（1988）②上原（1990）③白井（1992）④横山（1995）⑤藤村（1996）⑥刀根（1998）
サービス・プロダクト　　2編	①鳥越（1987）②三ツ井（1990）
サービス研究のレビュー　　2編	①近藤隆雄（1996）②近藤宏一（1996）
サービス生産・提供システム　　2編	①藤田（1997）②広田（1997）
従業員のマネジメント　　2編	①梅沢（1995）② Toni ほか（1996）
インターナル・マーケティング　　1編	①高橋昭夫（1994）
顧客と従業員との相互行為　　2編	①金（1987）②内野（1988）
顧客のマネジメント　　3編	①横田（1994）②藤村（1997）③坂口・菊地（1998）
リレーション・マーケティング　　2編	①張（1991）　②嶋口（1996）
国際化　　1編	①上田（1994）
サービス品質　　8編	①居川（1991）②居川（1992）③沢田（1992）④山本（1995）⑤中西（1995）⑥藤村（1995）⑦永松ほか（1995）⑧永松ほか（1996）
マーケティング・ミックス　　5編	
プロモーション　　（2）	①藤村（1995）②高橋秀雄（1996）
価格　　（2）	①中西（1996）②成毛（1996）
チャネル　　（1）	①高橋秀雄（1988）
非営利組織のマネジメント，マーケティング　　15編	①星宮（1986）②森（1988）③梅沢（1988）④仲村（1989）⑤梅沢（1990）⑥田中（1992）⑦田尾（1993）⑧青木ほか（1995）⑨青木ほか（1996a）⑩青木ほか（1996b）⑪永田（1996）⑫柳（1996）⑬吉田（1997）⑭小路（1998）⑮羽田（1998）
品質保証　　2編	①居川（1985）②宮崎（1995）
個別サービス業研究　　18編	
物流サービス　　（7）	①阿保（1987）②阿保（1988）③高橋秀雄（1993）④中田（1993）⑤渦原（1994）⑥細田（1995）⑦細田（1997）
交通サービス　　（3）	①生田（1985）②高橋秀雄（1991）③近藤（1996）
情報サービス　　（3）	①桜田（1991）②安国・笠井（1991）③池田（1992）
外食サービス　　（3）	①田村（1995）②横川（1998）③小林（1998）
流通サービス　　（2）	①加茂（1995）②波形（1997）
その他　　（8）	①沢田（1990）②小原（1990）③永井（1994）④永井（1995）⑤永井（1996）⑥張簡（1997）⑦橋本（1998）⑧野々山（1998）
その他の分野　　4編	① Tiosvold（1994）②信夫（1995）③皆川（1996）④中村（1997）

（筆者作成）

1．グリョンルースによるサービス・マネジメントの定義

　しかし，サービス・マネジメント研究の開拓と深耕が求められているからといって，むやみに研究に着手すべきではない。むしろ，その着手前に，この研究の対象範囲を把握することが肝要になろう。

　それは，この領域を知ることにより，研究の方向性が明確になるだけでなく，それを効率的，かつ効果的に進めることができるからである。またそれは，サービス研究に立ち遅れるわが国が欧米の水準にいち早く追いつくためにも必要になろう。

グリョンルースによるサービス・マネジメントの定義

　サービス・マネジメントの研究領域を考える際，グリョンルース（Grönroos, C.）によるサービス・マネジメントの定義が参考になる[11]。彼は，それを，主として以下の疑問に答えるための理論と捉えている。

① 顧客と組織のあいだのどのような関係により，効用が生み出されているのか。
② 組織は，どのように経営資源（人材，情報や物的資源，システム，顧客）を活用すれば，この効用を創造し，提供できるのか。
③ 意図した効用を創造し，提供するためには，どのように組織を開発し，管理すべきなのか。

グリョンルースの定義の解釈

　この定義の第1項目にある「顧客と組織のあいだの関係」とは，顧客と組織の相互作用を指している。また，第2項目の「経営資源の活用による効用の創造と提供」は，サービスの生産，提供と消費に関するシステムと読み替えることが可能である。さらに，第3項目の「組織の開発と管理」は，組織づくりや経営理念，価値観，組織文化，または経営者やマネージャーのリーダーシップなどを意味すると思われる。

　そして，そうであるとすれば，サービス・マネジメントの研究領域は，

①顧客との相互作用に基づき行われるサービスの生産，提供と消費に関するシステム的な部分と，②組織構造や経営理念，リーダーシップなどの経営上のファンダメンタルな部分に大別できるであろう。

2．「サービス・デリバリー・システム」に基づく研究対象

　サービス・マネジメントに関する一方の研究領域が，サービスの生産，提供と消費に関するシステムであると前述した。そして，このシステムは一般に，「サービス・デリバリー・システム」と呼ばれている[12]。しかし，そのシステムは，どのようなものであり，またそのシステムはなにを研究対象にすべきなのか。
　これを解明する視点は，ふたつある。つまり，このシステムがサービスの生産，提供と消費に関するものだから，生産，提供の主体者である組織と，消費の主体者である顧客に基づく視点である。そこで，まず顧客からみた「サービス・デリバリー・システム」の様態について説明したい。

顧客の視点からみた「サービス・デリバリー・システム」
　顧客の観点から，つまりサービスの消費者として「サービス・デリバリー・システム」をみたとき，このシステムは，「フロント・オフィス」と「バック・オフィス」に2分することができよう。
　「フロント・オフィス」とは，同システムのうち顧客がサービスを消費する際に常時視界に入る部分である。顧客は，このシステム部分と直接的な相互作用を行い，サービスを享受している。そして，この「フロント・オフィス」は，接客係を中心にしたサービス組織の従業員と，「物理的環境」により構成されている。
　他方，「バック・オフィス」とは，「フロント・オフィス」と異なり，顧客の視界に入ることが少なく，かつ顧客との直接的な接触をもたないシステム部分である。そして，この「バック・オフィス」には，たとえばレストランの調理，航空機の整備，スーパーの仕入れや，ホテルの客室清掃などを担当する部門や人びとが該当する。

「フロント・オフィス」とその構成要素

　「フロント・オフィス」の従業員は，顧客と直接接触し，それとの相互行為を通じて顧客が抱くサービスの仕様を聴取する。そして，その仕様に基づき，実際にサービスを生産し，提供する。そのため，従業員は，マーケティング活動と生産活動を同時に行っているといえる。

　そして，この従業員の行動，態度，外見，または知識や技能などは，顧客が行うサービス品質への評価に影響を与え，終局的には顧客満足そのものを左右する。この理由から，従業員は，「フロント・オフィス」内，ひいては「サービス・デリバリー・システム」全体において重要な役割を担うことになる。

　これに対して，「物理的環境」とは，サービスの生産，提供と消費をとりまく環境を意味する[13]。そしてそれは，サービス組織が有する施設の内・外装や什器，備品，または装飾品などの物的要素と，室温，香り，バック・グラウンド・ミュージックや施設内外の清掃状態など，物的な「形」はないものの，顧客が五感で知覚できるすべてのものにより構成されている。

　顧客は，この物理的環境を用いて，たとえば什器や備品を使用し，またはバック・グラウンド・ミュージックや絵画などを楽しみながらサービスを消費している。そのため，什器や備品の機能やデザイン，または音楽や絵画の品質などは，顧客の消費体験に重大な影響を与える。また，物理的環境は，基本的に無形であるサービスの内容や品質を具現化した結果であり，顧客がそれらを判断するときの重要な手がかりになる。

　また，顧客の視点から捉えれば，サービスを同時に消費している「他の顧客」も，物理的環境に含まれる。なぜなら，たとえば，レストランを利用する禁煙者にとって隣席の喫煙者は，一緒に食事をする人というよりも，不快さをかもし出す環境そのものになるからである。

「バック・オフィス」の存在意義

　顧客は，「フロント・オフィス」が形成する従業員と物理的環境に接することで，サービスを消費している。しかし，この消費は，「フロント・オ

フィス」が単体でもたらしているわけではない。

たとえば，前例のレストランでは，調理人や皿洗い係などにより構成される「バック・オフィス」の協力，支援がないかぎり料理や飲み物を顧客に提供できない。また，施設管理係が店舗内外の物理的環境を適切に維持しないかぎり，料理や飲み物を楽しむことができない。つまり，「バック・オフィス」が正しく機能することにより，「フロント・オフィス」で顧客が経験するサービス消費が価値あるものになる。

このように，サービスは，「フロント・オフィス」と「バック・オフィス」間でプロセス的，または同時並行的に行われる諸活動を通じて生産，提供されている。それゆえ，これが顧客の視点からみた「サービス・デリバリー・

図序-1 顧客の視点からみたサービス・デリバリー・システムとその構成要素

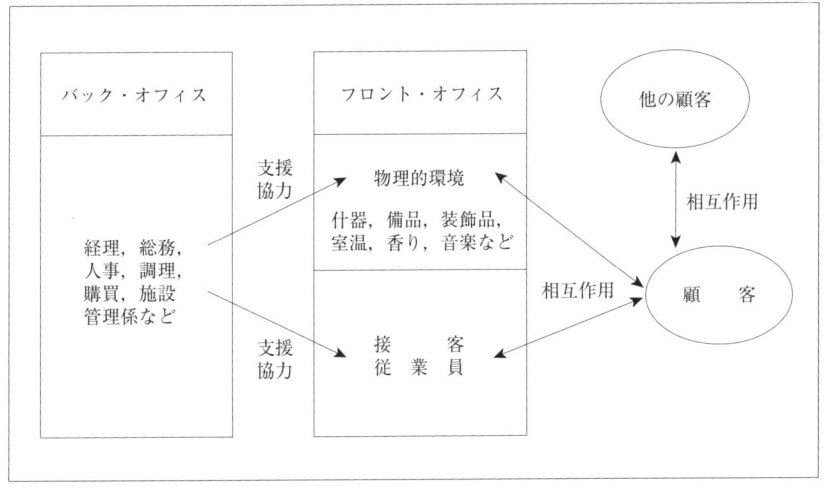

（筆者作成）

システム」になると考える（図序-1参照）。

サービスの生産，提供と消費に関するシステムの一部を構成する顧客

つぎに，組織の観点から「サービス・デリバリー・システム」を捉えると，上述した「フロント・オフィス」，「バック・オフィス」に加えて，顧客自身

がこのシステムの構成要素になっていることが理解できる。

それは，顧客が以下の行為を行い，役割を果たすことにより，サービス組織の一員になっているからである[14]。

① 顧客は，生産，提供されるサービスの仕様を決定する。
② 顧客は，たとえば銀行のキャッシュ・ディスペンサーで行員に代わり入金，出金行為を行うなど，組織の生産，提供活動を肩代わりしている。
③ サービスの生産，提供と消費は，一体化している。そのため，組織は，顧客の眼前で生産，提供活動をしばしば行うことになる。これにより，組織は，ミスや手抜きができにくくなる。この結果，顧客は，それら活動に対して，監督者の機能を果たすことになる。
④ 顧客が感謝の気持ちを従業員に表明することにより，従業員のモラールを高め，やる気を起こさせる。これは，人事担当者や監督者などの仕事を顧客が代替していることを意味する。
⑤ 顧客は，自分が体験し，消費したサービスの善し悪しを，口コミによって，他者に伝達する。つまり，組織のマーケティング機能の一部を担っている。

このように，顧客は，「サービス・デリバリー・システム」において，サービスの生産，提供に関する業務を分担している。一方，同システムにおいて顧客は，サービスの消費者として捉えられる。そのため，顧客は，これらふたつの機能を同時に遂行することになる。

以上，サービス・デリバリー・システムとその構成要素を説明した。そして，それらが明らかになったことで，同システムに基づく主たる研究対象が把握できると考える。その対象は，つぎのようになろう。

① 「フロント・オフィス」とそれを構成する従業員，および物理的環境
② 「バック・オフィス」
③ 消費者としての顧客と共同生産者としての顧客
④ 「フロント・オフィス」，「バック・オフィス」，および顧客から構成される「サービス・デリバリー・システム」全体

3．マネジメント上のインフラストラクチャー的要素に基づく研究対象

　一方，サービス・マネジメント論では，経営理念，価値観，組織文化やエトス，または経営者やマネージャーの役割，組織構造などのかならずしも目に見えないが組織のマネジメントを下支えする要素，換言すれば，インフラストラクチャー的要素も，研究領域に含まれる。その理由は，以下である。

サービス組織における経営理念，価値観，文化などの役割
　モノづくりに基づき形成された伝統的マネジメント理論によれば，管理者の役割は，事前に定めた基準や手順どおりに従業員がタスクを遂行しているか，いないかを監視することであった。

　しかし，そのような監督手法は，サービス組織ではなじまない。サービス組織の従業員は，毎日多くの顧客と接している。そのため，管理者がこの接触ごとに，その全過程を監視することは，事実上不可能である。

　また，サービスは，その内容を規格化することがむずかしい。確かに，サービスの生産と提供に関する技術的な側面については，基準により制御できる。しかし，機能的な側面，つまり従業員の接客態度や顧客への思いやりなどは，規則でそれを定めたとしても，彼らの体調や感情の良し悪しにより，その内容が著しく異なりやすい。

　これらから，サービス組織では，伝統的な規格合致型の管理には無理がある。むしろ，そこでは，管理者による直接的な監視や公的な規則，または基準がなくても，従業員の行動を組織が望む一定の方向に収斂させるためのメカニズムが求められる。

　そのメカニズムとして，経営理念や組織文化，価値観やエトスなどが考えられる。そして，これらを活用し，その強力な影響下で従業員を自主管理的に行動させるのである。だが，その組織理念や組織文化などは，具体的にどのようなものなのか。

サービス組織における組織構造および経営者，マネージャーの役割

一方，サービス組織の「フロント・オフィス」は，顧客と相互作用を行い，その満足を追及している。しかし，この顧客との相互作用が逆に，「フロント・オフィス」にさまざまな難題をもたらす。

それは，顧客がサービスを消費する際，固有な自我をしばしば主張し，サービス提供の画一化を阻むからである。そして，その結果「フロント・オフィス」は，顧客の自我に個別的対応を強いられることが多い。

そこで，サービス組織が顧客との相互作用をうまく処理するためには，上述した経営理念や組織文化などだけでなく，ピラミッド的な組織構造をやめ，フラットで分権的なそれに変革するなどにより，「フロント・オフィス」が裁量的に行動できる仕組みづくりが求められる。また，このピラミッド的な組織構造を逆転させ，従業員を頂点にする構造をつくることも重要になろう。

そして，そのような場合，経営者やマネージャー，およびスタッフの組織内における位置付けはどうなるのか。また，経営者やマネージャーなどが演

図序-2　サービス・マネジメント研究の領域と研究対象

```
           ┌─────────────────────────┐
           │ サービス・マネジメント論の│
           │   主たる研究領域と研究対象│
           └─────────────────────────┘
                      │
         ┌────────────┴────────────┐
         │                         │
┌──────────────────┐      ┌──────────────────┐
│ サービス・デリバリー・│     │ マネジメント上の │
│ システムに基づく主た │     │ インフラストラク │
│ る研究対象          │     │ チャーに基づく主た│
│                    │     │ る研究対象       │
├──────────────────┤      ├──────────────────┤
│①フロント・オフィス：│     │①経営理念，組織文化，│
│  従業員と物理的環境 │     │  価値観，エトスなど │
│②バック・オフィス   │     │②組織構造          │
│③消費者としての顧客 │     │③経営者，マネージャー│
│  と共同生産者として │     │  の役割，リーダーシ │
│  の顧客            │     │  ップ・スタイルなど │
│④「サービス・デリバ │     │                   │
│  リー・システム」全体│     │                   │
└──────────────────┘      └──────────────────┘
```

（筆者作成）

じる役割や彼らのリーダーシップ・スタイルのあり方は，どうなるのであろうか。

　このように，サービスをマネジメントするためには，前出の「サービス・デリバリー・システム」だけでなく，組織理念や組織文化，組織構造や経営者の役割など，マネジメント上のインフラストラクチャー的要素を無視することができない。
　そして，それは，フロントオフィスを中心にした「サービス・デリバリー・システム」が効果的に活動するための基盤である。この理由から，マネジメント上のインフラストラクチャー的要素は，サービス・マネジメント研究において，もう一方の旗頭になる。
　以上の考察から，サービス・マネジメントの研究領域とその領域内の主たる研究対象を図示すれば，前図になると考える（図序-2参照）。

第3節　ホテル業を題材にしたサービス・マネジメント研究

1．わが国のホテル業を題材にする理由

　前節では，サービス・マネジメントの研究領域と研究対象について概説した。そして，前者は，「サービス・デリバリー・システム」と，「マネジメント上のインフラストラクチャー的要素」に大別できると述べた。

「サービス・デリバリー・システム」に注目する理由
　他方，わが国におけるサービス・マネジメント研究の現状を考えたとき，上述したふたつの領域ともに研究が著しく遅れていることから，研究上の緊要性から判断すれば，両者とも同じウエイトを占めることになる。
　だが，前節で述べたように，マネジメント上のインフラストラクチャー的要素は，「サービス・デリバリー・システム」を支えるための理論である。それゆえ，それが効果を発揮するためには，後者の確立が求められる。この

理由から本書は,「サービス・デリバリー・システム」に焦点をあてて,議論を展開する予定である。

わが国のホテル業を対象に研究を行う理由

また,本書は,わが国のホテル業を通じて,「サービス・デリバリー・システム」に関する考察を行いたいと考えている。その理由は,以下である。

① サービスは,多様な形態を含んでいる。そのため,それらをひとまとめにすれば,各形態の特徴が消失してしまい,表面的な共通性を述べるだけの総論的研究に終始する。だが逆に,個別の形態に特化すれば,その特殊性が強調されやすくなり,理論としての汎用性に欠ける。

② それゆえ,研究を進めるためには,この両者の中間的な視点が求められる。そのためには,サービスがもつ多様性のなかから,一定の共通項を抽出し,その共通項を用いてそれらをいくつかのカテゴリーに分類したうえで,このカテゴリーごと,またはそのカテゴリーを代表する形態ごとに分析することが望ましい。

③ 他方,サービスがもつ基本的な性質である無形性と顧客との相互作用性の観点からわが国のホテル業を捉えたとき,それは中程度の無形性と,中程度の顧客との相互作用性を有していることがわかる。そのため,それは,中間的なサービスの形態と位置づけることができよう。

しかし,上述の主張のうち第3項目に対しては,その論拠を示すべきであろう。そこで,以下は,中間的なサービス形態としてのホテル業の適格性について説明を加える。

2. 中間的なサービス形態としてのわが国のホテル業

わが国のホテル業の中間的性格を明らかにするためには,ホテル業を含めたさまざまなサービスを,その基本的な性質である無形性と顧客との相互作用性により分類し,この分類内におけるホテル業の位置付けを把握すればよいと思われる。

既存研究におけるホテル業の位置付け

　しかし，そうだとしても，この分類を行う場合には，本書の恣意性を排除する必要があろう。そこで，ここでは，上記手法に則って分類した既存の成果を借用し，それに基づいてホテル業の位置付けを検討する。そして，具体的には，この既存分類として，ヴァンダーメアとチャドヴィック（Vandermewe, S. & Chadwick, M.）のそれを使用する[15]。

　ヴァンダーメアとチャドヴィックは，ホテルを，無形性は中程度だが，顧客との相互作用性が相対的に低いサービス形態と解している（図序-3参照）。しかし，これは欧米のホテルを考慮した結果であり，わが国のホテル業を対象にすれば，異なる位置付けが可能になると考える。

図序-3　無形性と顧客との相互作用性によるサービスの分類

		顧客と組織の相互行為の度合い	
		←相対的に低い	相対的に高い→
無形性	↑高い	I 郵便サービス ナイフ研ぎ	IV 教育，広告宣伝 法律，財務サービス コンサルティング 医療サービス
		II 物流サービス ホテル ファースト・フード	V 金融 施設監視・メンテナンス 旅客輸送
	↓低い	III 音楽，ソフトウエア 映画，ビデオ 放送 書籍・雑誌編集	VI TVショッピング

〈出所〉：Vandermerwe, S. & Chadwick, M. (1989) "Internationalization of Services", *The Service Industries Journal*, Vol.9, No.1, p.82.

わが国のホテル業の特異性

　なぜなら，わが国では，ホテル業は宿泊業でありながら，主役となるべき宿泊部門の地位が欧米に比べて相対的に低いからである。そして，それは，営業収入の内訳を分析すれば容易に理解できる。

この営業収入に占める宿泊収入のシェアを米国のそれと比較すると，たとえば米国の1997（平成9）年の平均値は73％となり，全体の4分の3に達している[16]。ところが，わが国では，宿泊機能に特化するいわゆる「ビジネスホテル」でも，それが6割程度にすぎず，米国より10ポイントほど低い。

さらに，「都市ホテル」や「リゾートホテル」では，この数値が，2割台の中頃まで下落する。逆に，それらホテルでは，レストランや宴会における食事や飲み物収入が，全体の45％から50％近くを占めている（表序-4参照）。

また，これらタイプのホテルでは，電話やクリーニング収入，売店収入や，宴会における生花販売，貸衣装のレンタル，写真撮影または美容・着付け収入などが全営業収入の30％から35％を構成する。

このような収入構成をもつホテルは，欧米では見当たらない。むしろ，わが国に固有な現象といえるのではないか。そして，その収入構成をみるかぎり，少なくとも「都市ホテル」と「リゾートホテル」は，宿泊業というよりも，宿泊，食事，宴会に関連する諸サービスを総合的に提供する事業と定義づけた方が正確になろう。

表序-4　社団法人日本ホテル協会加盟252ホテルの営業収入の内訳　（1998年度実績）(%)

収入の内訳	全体 (252ホテル)	京浜地域内 (50ホテル)	京阪神内 (36ホテル)	その他都市内 (130ホテル)	リゾート (36ホテル)
室　　　料	21.9	23.2	22.3	20.5	21.6
食　事　料	33.7	30.1	34.7	36.2	35.1
飲み物料	8.2	7.7	9.1	8.8	6.4
サービス料	5.8	5.9	6.0	5.5	5.7
賃　貸　料	2.7	3.3	3.2	2.2	1.7
売店収入	2.0	0.5	0.7	2.5	8.0
そ の 他	25.7	29.3	24.0	24.3	21.5
合　　　計	100.0	100.0	100.0	100.0	100.0

〈出所〉：オータパブリケーション編（2000）『ホテル年鑑』1812頁。

サービス分類に占めるわが国ホテル業の位置付け

前述したヴァンダーメアらが行った分類では，ホテル業を顧客との相互作用の度合いが相対的に低く，かつ無形性の度合いが中程度のサービスと捉え

ていた。確かに，ホテル業では，客室などの物理的な施設が不可欠であるから，無形性が弱まることは理解できる。

また，彼らがホテルを顧客との相互作用の度合いが低い業態と解釈したのは，欧米における営業の実態，つまり，そこにおけるホテル営業が宿泊中心であったことからみれば妥当な結論であったといえよう。

なぜなら，この場合の相互作用，とくに人的な相互作用は，チェック・イン，チェック・アウトの2時点にほぼ限定することが可能になることから，相対的に低頻度で発生すると推察できるからである。

ところが，わが国では，とくに都市ホテルやリゾートホテルを中心にして，むしろ顧客との相互作用をしばしば必要とするレストランや宴会などが営業上の中核を占めている。そして，これらホテルでは，またはそれらホテルが存在するため，わが国のホテル業全体が，上記図序-3で示した原位置から右側へシフトし，結果として，中程度の無形性と中程度の顧客との相互作用性を合わせもつ傾向が強くなる（図序-4参照）。

図序-4　わが国のホテル業の位置付け

		顧客と組織の相互行為の度合い	
		←相対的に低い	相対的に高い→
無形性	↑高い	I 郵便サービス ナイフ研ぎ	IV 教育，広告宣伝 法律，財務サービス コンサルティング 医療サービス
		II 物流サービス ファースト・フード　　わが国のホテル業	V 金融 施設監視・メンテナンス 旅客輸送
	↓低い	III 音楽，ソフトウエア 映画，ビデオ 放送 書籍・雑誌編集	VI TVショッピング

〈注〉：上図は，前掲図序-3を使用し，筆者が修正。

本節の前段では，「サービス・デリバリー・システム」を研究する場合には，中間的なサービス形態を対象にすべきであると述べた。これに対して，

上述した理由から，わが国のホテル業は，その中間的なサービス形態に近い存在とほぼ認められる。

また，わが国のホテル業は，中程度の無形性をもつから，物理的環境もほどほどに発達していると考えられる。さらに，中程度の相互作用性もあるから，従業員のマネジメントや顧客のマネジメントについて研究する際にも，好ましい研究対象であると思慮する。

そのため，本書では，このホテル業を題材にして，サービス・マネジメント研究のうち「サービス・デリバリー・システム」に焦点をあて，以降の議論を行う。

3．本書の目的と構成

他方，第2節において，「サービス・デリバリー・システム」に関する主たる研究対象は，フロント・オフィスとそれを構成する従業員および物理的環境，バック・オフィス，顧客，ならびにこれら諸要素により創出される「サービス・デリバリー・システム」全体であると述べた。

そこで本書は，これらの研究対象のなかから，これまでさほど言及されることがなかった6つの論点を抽出して，議論を展開したいと考えている。そして，具体的には，以下を取り扱うことにする。

(1) わが国におけるホテル・コンセプトの形成過程　第1章

一般に，「サービス・デリバリー・システム」は，顧客ターゲットの設定と，コンセプトの形成（つまり顧客ターゲットに提供する効用，利便を考える行為）を経て創造される。

そして，この3者は，一体化しているため，顧客ターゲット側で起きた変化は，かならず「サービス・デリバリー・システム」に波及する。ただし，前者の変化は，直接後者に向かわない。それは，両者の中間に位置するコンセプトをまず直撃する。

このように，「サービス・デリバリー・システム」は，顧客セグメントとそれに合致するコンセプトの形成に規定されて，後2者に対して従属的な関

係にある。だが，この「サービス・デリバリー・システム」を取り扱ってきたこれまでの研究は，顧客ターゲットを常に一定と捉える，いわば「静態的モデル」に従っていた。そのため，顧客ターゲットの変化が，コンセプト形成を媒介して，「サービス・デリバリー・システム」そのものを変質させる，という「動態的」視点が欠けていた。

一方，わが国のホテルは，1954（安政元）年の日米和親条約や1958（安政5）年のいわゆる「安政の五カ国条約」の締結を契機に来訪しはじめた外国人のための「専用宿泊施設」として誕生した。しかし，現在の主たるホテル利用者は，そのような外国人ではなく，日本人である。

ここに，ホテル利用者像，ホテル側からみれば顧客ターゲットの変化が観察できる。それゆえ，わが国のホテル業の発展を歴史的に振り返れば，上述した顧客ターゲットとコンセプト間の関連性が明らかになると思われる。

そこで，第1章では，この両者の関連性についての考察を主たるテーマにする。ただし，この関連性の結果，新しい顧客ターゲットに合致したコンセプトが考案され，旧来のそれが廃棄されたかといえば，そうではない。

不可思議な現象であるが，わが国では新旧のコンセプトが並存している。だが，なぜそのような現象が起こるのか。第1章では，この点についても，別途検討したい。

⑵ フロント・オフィス従業員の役割とストレス 第2章

サービス組織の従業員，とくにフロント・オフィスの従業員は，「サービス・デリバリー・システム」において，中心的な地位を占める。しかし，従業員は，機械ではなく，人間であるから，感情や気分が変調しやすい。そして，その変調は，彼らが担う生産・提供機能とマーケティング機能に負の影響を与えることが多い。

そのような場合，従業員が中核的な地位を占めていることから，「サービス・デリバリー・システム」そのものが，劣化する。それゆえ，この事態を防ぐためにサービス組織では，従業員に対する動機づけや教育，訓練だけでなく，彼らの内心面に関するマネジメントが重要になる。

そこで，第2章では，サービス組織において従業員が演じる役割とその役

割がもたらすストレス，およびそのストレスを避けるために彼らが行うストレス対処を取り上げ，それらへのマネジメントについて論述する。

(3) ホテル業における従業員の離職とそのインパクト　第3章

　フロント・オフィスの従業員は，「サービス・デリバリー・システム」において中核的な地位を占めていると前述した。そうだとすれば，彼らを失うことは，他の従業員や顧客，または組織自身に多大な影響を与えると思われる。

　それゆえ，彼らの定着率をいかに高めるかは，重要なマネジメント課題になろう。そして，この課題を探求するためには，その前提として，従業員の離職がどのようなインパクトを組織とその顧客などにおよぼすのかについて理解する必要がある。

　しかし，これまでのわが国では，企業外への従業員の移動は一部の出向や疾病による途中退社を除けば相対的に少なかったこともあり，離職を取り扱う研究がさほど進展していない。

　また，これまでの離職研究は，それを防止するためのマネジメント，つまり，従業員の採用や教育のあり方，または彼らに対する動機づけなどが主流であった。そのため，離職が与えるインパクトという視点での研究は，さほど存在していない。

　この理由から，第3章はまず，労働省が毎年実施する「雇用動向調査」を利用し，ホテル業が属する宿泊業の一般的な離職の実態を把握する。そして，この産業における離職率の高さを明らかにすることで，離職研究の重要性を指摘する。そのうえで，離職が当該組織におよぼすインパクトについて説明を加えたい。

　しかし，離職がもたらすインパクトは，組織を超え他の組織へと波及することがある。本章では，このインパクトを離職者が伝播する「サービス・デリバリー・システム」に関するマネジメント・ノウハウと捉える。

　なぜなら，従業員が離職し，新しい組織に入職することで，彼らが属人的に有していたマネジメント・ノウハウが組織間を移転することがあるからである。そして，この移転は，まさに離職がもたらした組織外インパクトにほ

かならないと考えるからである。

そこで，第3章は，このインパクトの存在を確認するため，新規開業したホテルを対象にアンケート調査を実施することで，ホテルのマネジメント・ノウハウが離職者を媒介にして伝播しているのか，いないのかを考察する。

(4) 顧客の苦情とホテル業における組織対応の実態　第4章

顧客を題材にし，彼らが表明する苦情と，その苦情への組織的な対応については，この第4章で論述する。顧客の苦情は，「サービス・デリバリー・システム」を改善するための貴重な手段になる。つまり，苦情を知ることにより組織は，同システムがもつ不完全さを除去できる。そして，それは，同システムの品質を向上させ，究極的には顧客満足をもたらす。それゆえ，顧客の苦情は，顧客満足と同程度の関心をもって扱わなければならない。

ところが，これまで顧客の苦情は，研究者，とくにわが国の研究者の注目を集めることがなかった。そのため，日々発生するであろう苦情に対して，組織がどのように対処しているのかよくわからないのが実情である。そこで，本章ではまず，わが国のホテル業を対象にして，その苦情マネジメントの実態をアンケート調査手法により聴取する。

一方，欧米には，顧客の苦情に関する組織的対応が，その苦情の解消と顧客満足，またはその後の顧客の忠誠心にどのような効果を与えるのかに関するいくつかの研究がある。そして，これらの研究は，組織が顧客の苦情に対処する際の理論的ガイドラインを提供していると考える。

それゆえ，第4章では，上記アンケート調査より得た実態と，この理論的ガイドラインを対比させ，後者がどの程度実践されているのかについて検討を加える。

(5) 物理的環境としての顧客：ホテル業における顧客整合性マネジメントの実態をめぐって　第5章

「サービス・デリバリー・システム」を構成するもうひとつの要素として，第5章では，物理的環境について論述する。その際，本章では，サービスを消費するときに同一の物理的環境を共有する「他の顧客」を，これにあては

める。

　この「他の顧客」を選んだ理由は，多くの研究者がこの「他の顧客」の存在を認めながら，実際にそれを取り扱う研究がきわめて少ないからである。また，顧客をテーマにした従前の研究は「顧客対組織」や「顧客対従業員」などが主たる関心事であり，「顧客対顧客」関係は見逃されてきたという事実もその理由のひとつとして指摘できる。

　そこで，本章は，これまでの顧客研究のなかで忘れられていた「他の顧客」という視点を取り入れ，それが物理的環境を構成することを明らかにする。そして，この「他の顧客」が顧客におよぼす，ポジティブ，ネガティブな影響のうち，後者を取り出し，そのマネジメント手法として「顧客整合性マネジメント」という理論を紹介する。さらに，この顧客整合性マネジメントがどの程度実践されているのかを，わが国のホテル業を対象にアンケート調査を実施することで把握する。

(6)　わが国ホテル業の海外進出とその課題(1)：発展過程をめぐって　第6章

　サービスにおいて，生産，提供と消費は，同時に進行する。それゆえ，サービス組織の生産，提供拠点は，消費が行われる場所に存在しなければならない。その結果，同組織が成長，拡大するためには，この生産，提供と消費に関するシステム，つまり，「サービス・デリバリー・システム」を複数再生する能力が求められる。

　他方，国際化，とくに海外進出は，「サービス・デリバリー・システム」を再生するためのひとつの手段であることから，重要な研究テーマになる。ところが，サービス組織の海外進出が今日的な現象であるためか，これに関する学術的な研究は，やっと端緒についたばかりである。

　そこで，第6章は，わが国のホテル業を抽出し，その海外進出に着目することにより，以下の考察を行う。

　まず，ホテル業の海外進出の現状を把握し，その進出過程を歴史的に振り返る。そして，この歴史を通観することにより，どのような要因がホテル業の海外進出をもたらしたのか，どのような進出地が選ばれたのか，またどの

ような進出形態（つまり，自力で新規にホテルを建設したのか，それとも既存のホテルを買収したのかなど）が好まれたなどについて分析する。

(7) わが国ホテル業の海外進出とその課題(2)：欧米との比較や今後の課題を中心にして　第7章

第6章では，わが国のホテル業を対象にして，その海外進出過程を把握するとともに，この過程のなかで観察された海外進出を促進した要因などについて論述した。

しかし，そこでの論述は，あくまでもわが国のホテル業を対象にしたものであるため，それがわが国という特殊ケースにのみ当てはまるのか，それとも他の国々のホテル業にも応用可能なのかについては，疑問が残る。それゆえ，第7章は，このホテル業の海外進出に関して，わが国と欧米とを対比し，両者の異同について考察する。

他方，ホテル業の海外進出を，本書が主題にする「サービス・デリバリー・システム」の視点から捉え直すとそれは，前述したように同システムの再生を意味している。しかし，その再生には，さまざまなリスクをともなうであろう。

それゆえ，わが国のホテル業が今後とも海外進出を進展させ得るか，いなかは，このリスクをマネジメントする能力の優劣により決まると考える。そこで，本論の後段では，将来の海外進出をこのリスク・マネジメントの観点から検討したい。

(8) 現代のホテル業と新しいホテル・マネジメント　終章

以上，わが国のホテル業を題材にして，その「サービス・デリバリー・システム」に関する考察を行った。しかし，本書が研究対象にしたホテル業は，バブル経済の崩壊後おしなべて営業不振であり，近年ますますそれは深刻化している。

この状況を打開するために，各ホテルはさまざまな対策を打ち出しているものの，その効果が顕在化していない。それは，これまでホテル業が信奉してきたマネジメントのあり方が現在の市場環境に合致していないからである

と思慮する。

そこで，本章では，ホテル業の現状を分析し，直面するマネジメント課題を指摘するとともに，旧来のマネジメント手法の誤謬性について論述する。そして，その後，新しいホテル・マネジメントのあり方を提言する。

注
1) Davis, S. M. (1983), "Management Model For the Future", *New Management*, Spring, pp.12-15 を参照。
2) 「サービス」という用語の日常的な用法については，羽田昇史 (1998)『サービス経済と産業組織』同文館, 3-7頁が参考になる。
3) American Marketing Association (1960), *Marketing Definition : A Glossary of Marketing Terms*, American Marketing Association, p.21
4) Kotler, F. (1991), *Marketing Management : An Analysis, Planning, Implementation & Control* (7Th eds.), Prentice-Hall, pp.456-459 を参照。
5) Grönroos, C. (1990), *Service Management and Marketing*, Lexington Book, p.27.
6) Besson, R. M. (1973), "Unique Aspects of Marketing of Services", *Arizona Business Bulletin*, Vol.9, Nov., p.9.
7) Blois, K.J. (1974), "The Marketing of Services : An Approach", *European Marketing Journal*, Vol.1, No3, p.157 を参照。
8) Lehtinen, J. (1983), *Customer-Oriented Service Firm*, Welin Göös, p.21 を参照。
9) 紀伊国屋書店編 (1999)『国立国会図書館所蔵雑誌記事索引 CD-ROM』を利用し，「サービス」をキーワードとして検索した結果である。
10) 表中に記載された論文の題名などは，別添資料1「序表-3の参考文献一覧」を参照のこと。
11) Grönroos, op. cit., p.161.
12) Lovelock, C. (1994), *Product Plus*, McGraw-Hill, および Norman, R. (1991), *Service Management*, John Wiley & Sons 参照。
13) 以下の記述は，サービス企業生産性研究委員会編 (1994)『サービス生産性向上のために』財団法人社会生産性本部, 36頁を参照した。
14) Norman, R. 前掲書, p.141.
15) Vandermerwe, S. & Chadwick, M. (1989), "The Internationalization of Services", *The Service Industries Journal*, Vol.9, No.1, pp.79-93.
16) 柴田書店 (1998)『HOTERES』8月14日号, 3頁。

第 1 章
わが国におけるホテル・コンセプトの形成過程

第 1 節　本章の目的

　わが国におけるホテル業の嚆矢は，江戸時代末期の 1868（慶応 4）年に築地で竣工した「ホテル館」であるといわれている[1]。そのため，それは，2000（平成 12）年現在で 130 年を超える歴史を有することになる。だが，この歴史を通観すると，ホテルの利用者像が過去 40 年間で大きく変わっていることに気づく。

ホテル業にみられる利用者像の変化

　わが国の伝統的宿泊施設である旅籠や旅館は，人びとの社会生活上の必要性から自然発生し，発展してきた。これに対してホテルは，それまでの鎖国体制を撤廃し，諸外国との交流を国是とする外交政策の一大転換により，にわかに誕生した[2]。換言すれば，ホテルは，開国にともない来訪しはじめた外国人を収容するための宿泊施設として，突如市場にデビューしたといえよう。

　しかし，わが国の人びとのあいだにはホテルに対する需要がほとんど存在していなかったため，それは，いわば「外国人専用の宿泊施設」にすぎなかった。そして，このホテルの性格は，大正末期から昭和初期にかけて一時変質する兆しをみせたものの，ほぼ 1960 年代初頭まで維持された。

　ところが，1960 年代初頭を契機に，わが国のホテル業は，急速に成長し，拡大路線を歩む。この結果，1963（昭和 38）年には 197 軒，15,912 室しかなかったホテルが，1999（平成 11）年 3 月末現在で，7,944 軒，595,839 室へと増大する。そして，この隆盛は，上述した外国人ではなく，わが国の人

びとによってもたらされた。

　このように，わが国のホテルは，1960年代初頭をターニングポイントにして，それまでとは異なる顧客に利用されるようになった。そして，このホテル利用者の変化，ホテル側から見れば顧客ターゲットの変化を，本書の共通テーマであるサービス・デリバリー・システムから捉えたとき，それは興味ある研究課題を与える。

　「サービス・デリバリー・システム」と顧客ターゲット，コンセプトとの関係
　一般に，「サービス・デリバリー・システム」は，顧客セグメントの設定（つまり，市場に存在する顧客を選別し，顧客ターゲットを決定する行為）と，コンセプトの形成（つまり，顧客ターゲットに提供する効用，利便を考える行為）を経て，創造される（図1-1参照）。
　たとえば，あるホテルが遠方からの旅行者をターゲットにし，彼らに旅行の疲れを癒す安眠を提供したいと考えたとき，この「安眠」がコンセプトになる。そして，このコンセプトは，遮音性に優れた壁や遮光性が高いカーテンなどが備えられた客室，つまり「サービス・デリバリー・システム」となって具現される。

図1-1　サービス・デリバリー・システムの創造過程

顧客セグメントの設定 → コンセプトの形成 → サービス・デリバリー・システムの創造

　このように，顧客セグメントの設定から「サービス・デリバリー・システム」の創造に至る過程は，一体化している。そのため，基点で起こった変化は，かならず終点に波及する。ただし，その変化は，直接終点に向かわない。それは，基点と終点の中間に所在するコンセプトの形成をまず直撃する。

本章の構成
　この結果，「サービス・デリバリー・システム」は，顧客セグメントとそれに合致するコンセプトの形成に規定されて，後2者に対して従属的な関係

にある。だが，この「サービス・デリバリー・システム」を取り扱ってきたこれまでの研究は，顧客ターゲットをつねに一定と捉える，いわば「静態的モデル」に従っていた。そのため，顧客ターゲットの変化が，コンセプト形成を媒介して，「サービス・デリバリー・システム」そのものを変質させる，という「動態的」視点が欠けていた。

しかし，わが国には，この動態的視点を追求する際，もっとも適切と思われる事例，つまりホテル業が存在する。そこで，本章は，わが国のホテル業の発展過程を歴史的に振り返ることにより，顧客ターゲットとコンセプト間の関連性を考察する。

他方，顧客セグメントの設定から「サービス・デリバリー・システム」の創造に至るまでの過程は，直線的であると上述した。そのため，理論的には，顧客ターゲット側に生じた変化は，コンセプトを変質させるはずである。そして，そうであるならば，新しいコンセプトが生まれたことにより，旧来のそれは，不要の長物として廃棄されるのではないか。

しかし，わが国のホテル業を事例に考察した結果明らかになったことだが，顧客ターゲットが変化し，新しいコンセプトが形成されたからといって，旧来のそれが放棄されたわけではないことがわかった。

矛盾した現象であるが，わが国のホテル業では，新旧のコンセプトが共存的に存在しつづけている。だが，なぜそのような矛盾が生起するのか。そこで，本章の後半では，この疑問に答えたい。

第2節　草創期のホテル像

1．開国の副産物として生まれたホテル

わが国のホテルは，いわば国策的要請に基づき創造された。ここで「国策的要請」と述べた理由は，以下である。

ホテルを生み出した時代背景

わが国は，1854（安政元）年の日米和親条約や1858（安政5）年のいわゆる「安政五カ国条約」の締結により，それまで約200年以上続いた鎖国政策を放棄する。逆に，諸外国との交流を国是とした。そして，この外交政策の転換にともない，貿易業務や外交で来日する外国人が増加しはじめた。

しかし，当時のわが国には，この来訪する外国人を適切に接遇し，収容できる宿泊施設がなかった。確かに，わが国にも，旅篭や旅館などは存在していた。だが，それらは，わが国の人びとには適切であったとしても，客室の間取りは狭く，宿泊者のプライバシーへの配慮に欠け，またそこで提供される食事が彼らの食生活に合わないなどの理由により，外国人の宿泊ニーズに対応できなかった[3]。

そのため，そのニーズに合致した洋式の宿泊施設，つまりホテルを創造することは，開国により外国人の来訪を許容した以上，国家的な見地からみても必然的かつ不可欠な行為であった[4]。

貿易港周辺地と観光・リゾート地に偏在したホテル

わが国におけるホテルの嚆矢であった「ホテル館」は，まさにそのような要請を受けて創業された。また，草創期のホテルが，首都東京だけでなく，わが国への入口である横浜や神戸などの開港場（貿易港）にしばしば存在していたのも，同じ要請に沿っている。

他方，開国にともない外国人は，外交や商用だけでなく，観光を目的に来訪したり，また国内に長期間居留したりするようになる。そして，この観光旅行者と居留者のあいだから，ホテルに対する新たな需要が生起した。

この需要は，前者がわが国の歴史的遺産や風物に接したいと希望し，また後者がこの観光に加えてリクレーションや保養，とくに高温多湿のわが国の夏を快適に過すために海浜，高原での滞在を欲求したことにより創出された。

この結果ホテルは，上述した開港場（貿易港）から古都である奈良，京都や，鎌倉，箱根，軽井沢，日光などの海浜，高原の避暑地，リゾート地へと広がった（表1-1参照）。

しかし，当時の外国人は，自由に居住地を選ぶことも，また国内を旅行す

第2節 草創期のホテル像

表1-1 草創期（明治14年頃）の主要なホテルとその所在地

所在地		ホテル名	所在地		ホテル名
貿易港周辺地	横浜	グランドホテル	保養地・リゾート地	鎌倉	角屋
		クラブ・ホテル			丸屋
		ウィンザー・ホテル		日光	鈴木旅館
		セントラル・ホテル			小西旅館
		インターナショナル・クラブ		宮ノ下	富士屋ホテル
		ベイヤース・ホテル			奈良屋
		フート・ホテル		京都	自由亭
	大阪	自由席ホテル			世阿彌
	神戸	兵庫ホテル		奈良	武蔵野
		ホテル・ド・コロニー			印判屋

〈出所〉：運輸省鉄道総局業務局観光課編（1946）『日本ホテル略史』19～20頁。

表1-2 草創期（大正3年頃）の主要なホテルとその所在地

所在地		ホテル名	所在地		ホテル名
貿易港周辺地	横浜	グランドホテル	保養地・リゾート地	鎌倉	海濱院ホテル
		オリエント・パラス・ホテル		箱根	富士屋ホテル
		クラブ・ホテル		宮ノ下	奈良屋
		ローヤル・ホテル		静岡	大東館
		ライツ・ホテル		軽井沢	万平ホテル
		ホテル・プレゼントン			軽井沢ホテル
		ホテル・デ・フランス			三笠ホテル
	東京	帝国ホテル		仙台	仙台ホテル
		上野精養軒		松島	パーク・ホテル
		日比谷ホテル		日光	金谷ホテル
		ホテル・セントラル			日光ホテル
		東京ホテル		中善寺	レーキサイド・ホテル
	名古屋	名古屋ホテル		湯元	南間ホテル
	小樽	越中屋ホテル		長崎	長崎ホテル
	下関	山陽ホテル			クリフ・ホテル
	神戸	オリエンタル・ホテル			ベルビュー・ホテル
		トーア・ホテル		雲仙	雲仙ホテル
		ミカド・ホテル			有明ホテル
		セントラル・ホテル		宮島	宮島ホテル
		クラブ・ホテル		有馬	杉本ホテル
		フランス・ホテル			有馬ホテル
		プレザントン・ホテル		京都	都ホテル
	大阪	大阪ホテル			京都ホテル
				奈良	奈良ホテル

〈出所〉：表1-1に同じ，114～119頁。

ることもできなかった。そのため，古都やリゾート地へと広がったホテルの立地も，それ以上は拡大せず，彼らに許容された行動範囲内に限られてしまった。この結果，わが国のホテルは，旅館や旅籠と異なり，国内各地にその翼を伸ばすことがなかった。そして，この傾向は，大正，昭和時代になっても変わらない（表1-2参照）。

「外国人」を対象にした宿泊施設としてのホテル

このように，草創期のホテルは，開国を契機に来日し，居住しはじめた外国人を対象に創出された。そして，国内に造られた宿泊施設でありながら，少数の特権階級者を除けば，わが国の人びとはほとんど利用しないという特異な施設であった。

むしろ，一般的な人びとにとってホテルは，利用したくとも利用できない宿泊施設，と表現した方が正確であったかもしれない。なぜなら，彼らがベッドでの就寝や洋食などに慣れていなかったばかりでなく，ホテルは建築費がかかり，そのうえ営業用備品や食材などの調達を輸入に頼らざるをえないなどの理由を反映して，室料や食事代金が著しく高額であったからである。

たとえば，1878（明治11）年に箱根宮ノ下で開業した「富士屋ホテル」の1882（明治15）年時点の室料や食事代金と当時の平均的な職人の日当とを比較してみれば，前者の1泊の室料と昼食代金がそれぞれ50銭であり，それらは大工の日当3日分以上に相当していたことがわかる（表1-3参照）。

表1-3　「富士屋ホテル」の室料，食事代金と職人の日当との比較(明治15年時点)

「富士屋ホテル」の場合		平均的な職人の日当	
項　　目	料　　金	職人の種類	日　　当
朝　　食	35銭	大　　工	15銭
昼　　食	50銭	鳶	15銭
夕　　食	75銭	石　　工	25銭
室　　料	50銭	土　　方	10銭

〈出所〉：表1-1に同じ，22～23頁。

以上の考察から，草創期のわが国のホテルを草花にたとえれば，つぎのようになろう。つまり，この草花は，原生種ではなく，開国によりわが国に持

ち込まれた外来種である。そしてそれは，わが国という土壌に根を下ろしたものの，その養分は日本人でなく，外国人から得ていた。

また，外国人から養分を摂取していたからこそ，それが実際に根付いたところは，外国人が多く存在する場所（貿易港とその周辺地）か，彼らが訪問したいと希望する場所（観光地やリゾート地など）に限られていた。

このような経緯を経て，わが国のホテルは誕生した。しかしそれは，単にスタートしたというだけであり，ホテルに関する確固としたコンセプトを構築していたわけではなく，またその構築手段も知らなかった。

そこで各ホテルは，このコンセプトを確立すべく外国人支配人を雇用したり，当時のホテル業の先駆者であった西欧，とくにイギリス，フランス，ドイツのホテルを学習し，それを模倣した。

2．モデルとなった西欧の「グランドホテル」

上述のように，わが国は，19世紀末にはじめてホテル業に進出する。だが，産業革命にいち早く成功し，先進国化したイギリス，フランス，ドイツでは，それよりも約1世紀から半世紀早い19世紀初頭から中葉にかけて，国内の大都市や保養地に，宮廷生活を彷彿させる大規模で，豪華なホテルがつぎつぎに出現していた。

たとえば，そのホテルとは，ドイツの温泉保養地であるバーデン・バーデンに建設された「バーディシュ・ホーフ」，フランス・パリの「グランドホテル」や「ホテル・ド・ルーブル」，またドイツ・ベルリンの「カイゼル・ホーフ」などである。

これらのホテルは，伝統的な特権階級である王侯貴族や新興ブルジョアジーを主たる利用客として，その建設資金も彼らが拠出した。また，国家が自ら出資した場合も少なくなかった[5]。

このうち後者の場合は，19世紀の半ばから，西欧各国の首都で万国博覧会が開催され，また国際的な会議も少なくなく，それらの機会を利用し，国威を誇示するための媒体として，国家自身がこうした立派なホテルを必要としたからであると思われる[6]。

そして，その後 19 世紀後半までに，このようなホテルが欧州各地で誕生し，その集大成が，1880 年にパリで開業した「ホテル・リッツ」であった。

19 世紀西欧型ホテルのコンセプト

上記のホテル群は，通常「グランドホテル」と呼ばれており，それは，少数の高級，高単価顧客を顧客ターゲットにしていた。そして，そのコンセプトは，以下であった[7]。

① どのような顧客ニーズであれ，それに対応することを理想として掲げる。そのため，ホテル組織をあげて顧客の召僕となることを企図する。
② 提供するサービスの価格を，重要視しない。ホテル営業上の損益勘定は，第二義的要素にすぎず，むしろ，それを度外視して，高品質なサービスをいかに顧客に提供するかを主眼とする。
③ 人的サービス面ばかりでなく，施設面においても，徹底的に豪華さを追求する。

このように，西欧の「グランドホテル」は，顧客ターゲットを一部の富裕者層に限定していた。そのうえで，たとえどのようなコストがかかろうと，顧客ニーズの充足を至上命令とするコンセプトをもっていた。

この結果，一般に「グランドホテル」では，利益構造が著しく不安定であった。また，この理由から，単体の施設をかろうじて維持していただけであり，チェーン化されたグランドホテルは，ほとんど見出すことができない。

さらに，投資家の関心は，投下資本が生み出す利潤ではなく，ホテル投資家になることそのものであった。つまり，経済社会において成功した人びとが，社会的名誉やステータス・シンボルを求めてホテル投資家になったり，オーナーの地位に就いたりした。そして，それは，このコンセプトをより一層強固に維持する風土を提供した。

「グランドホテル」を学習，模倣する意義

西欧では，上述した「グランドホテル」が出現するずっと以前から，宿泊施設として，「イン」(inn)，「タバーン」(tavern) や「ハウス」(house) などの形態が存在していた。

しかし，それらの大半は，家族経営による小規模施設であり，通常1つか2つの大きな寝室をもち，それぞれの寝室は3個ないし10個のベッドを内包していた。そして，各ベッドは，複数人で共用されていた。さらに，環境衛生や提供される食事サービスの品質などの点で劣っていたから，宿泊者は，あまり快適でない一夜を明かさなければならなかった[8]。

これに対して，「グランドホテル」は，その豪華さや規模の大きさだけでなく，客室は個室化し，独立したバスルームを備え，大広間，大小の応接室，バルコニー，娯楽室，読書室や食堂など，それまでのイン，タバーンなどではみられなかった諸施設をもっていた。そのためそれは，施設面，サービス面から捉えても，当時の最先端に位置する宿泊施設であった。

他方，前述したようにわが国のホテルは，明確なコンセプトを持っていなかった。また，ホテルに対する当時のわが国の認識は，「洋式の宿泊施設」程度でなかったかと推察される。そして，そうであるとすれば，このコンセプトの学習，模倣先としては，「イン」や「タバーン」であっても，また「グランドホテル」であっても，大差なかったはずである。

しかし，わが国は，「グランドホテル」を選択する。それは，同ホテルが上述したような時代の先進性を有していたからである。しかし，それ以上に，「グランドホテル」をもつ国々は同時に，世界の一流国であったことがこの選択を左右した。

つまり，それらの国々は，積極的に近代化を推進していたわが国が希求する理想の姿，手本でもあったのである。そのため，この「グランドホテル」をモデルとし，それを国内に再現することは，わが国が西欧社会の仲間入りをすることにつながり，国家的な視点からみても必要な行為と考えられた[9]。

3．草創期のホテルの特徴

草創期のわが国のホテルが，上述した「グランドホテル」を学習し，それを模倣しようとしたことは，その後の歴史を観察すれば，容易に理解できる。つまり，多くのホテルが，以下のような「グランドホテル」的なコンセ

① たとえば，帝国ホテルのように，出資者が宮内省であったり，のちに華族に列せられた人が経営首脳者に就くなど，経営全般にわたって貴族的矜持と品格を保持する努力がなされていた[10]。

② ホテル施設としては，客室，食堂のほか舞踏室，奏楽室，談話室，新聞縦覧室などを設け，室内の各種調度品には，海外の一流品を集めていた[11]。

③ 利用料金は極めて高く，たとえば開業当時の帝国ホテルでは，わが国の総人口1人当たりの年間国民所得が58円程度にすぎなかった時代に[12]，宿泊料金は最低でも1泊50銭，3食付きで2円75銭であった[13]。

④ 上述のような高価格政策にもかかわらず，どのホテルも絶対的な利用者不足による収入の欠如と膨大な建築，運営コストの圧迫により，事業的には，いつ倒産しても不思議ではない状態が長く続いた[14]。

たとえば，帝国ホテルでは，創業から10年近く欠損がつづき，15年目にあたる1905（明治38）年下半期に至るまで安定的な配当ができなかった[15]。しかし，ホテル業は，株主や経営者の社会的名誉を満足させるいわば「アクセサリー」的な事業であったので，その損失は彼らの有名税として捉えられ，さほど深刻に考えられていなかった。

第3節　米国で起こったホテル・イノベーション

わが国の草創期のホテルは，主として来訪または在留する外国人を顧客ターゲットにしていた。そして，ホテルのコンセプトは，国策的な意図もあり，西欧型の「グランドホテル」から学んだ。しかし，わが国がその学習を行っていたとき，太平洋を挟んで反対側に所在する米国では，ホテル・マネジメント上の一大イノベーションが起こっていた。

1. 米国における初期のホテル概況

シティ・ホテルの誕生とその歴史的意義

16世紀の入植時代から18世紀末までの米国の宿泊施設は、インが主流を占めていた。そのような米国でホテルと称する宿泊施設がはじめて生まれたのは1793年であり、ニューヨークで開業した「シティ・ホテル」がその第1号であった。

この「シティ・ホテル」は、それまでのインがしばしば自宅や賃借した家作を改造して使用していたのに対して、はじめから宿泊施設を目的に建設された。また、このホテルは、従来のインの客室が数室程度であったのを、一挙に73室へと増大させた。

その後、米国東海岸の大都市に、たとえばボストンの「エクスチェンジ・コーヒー・ハウス」やフィラデルフィアの「マンション・ハウス」などのホテルがつぎつぎに建てられた。ただし、上述した「シティ・ホテル」を含めこれらは、ホテルというよりも、旧来のインやハウスが大型化したものにすぎなかった[16]。

「トレモント・ホテル」の近代性

だが、1829年になるとボストンで、本格的、かつ近代的なホテルである「トレモント・ホテル」が開業する。このホテルは、当時世界最大の170室を擁し、それまでの米国内でもっとも高額な建設費が投下されたきわめて豪華なホテルであった。さらに、それは、西欧型の「グランドホテル」の系譜に立脚しているが、それらが有していないいくつかの近代性をもっていた。

そして、その近代性とは、以下である[17]。

① その客室は、今日的な「シングルルーム」と「ツインルーム」で構成され、ドアに施錠できるなど、宿泊者のプライバシーに配慮していた。
② 各部屋に洗面用のボールと水差し、および無料の石鹸が常備されていた。
③ 宿泊者のさまざまな要求に対応するベルボーイがはじめて配置され

た。そして，呼び出し表示器（ブザーが鳴り，その部屋の番号を表示する機械）を全室に設置し，宿泊者は在室したままベルボーイを呼ぶことができるようにした。
④　ホテルのマネジメントのために，プロフェッショナルな経営者が雇用された。
⑤　ホテルで初めてフランス料理が提供された。

その後，19世紀末から20世紀初頭にかけて米国経済はめざましく発展し，名実ともに世界第1の富裕国になる。世界的な金持ちがぞくぞくと生まれ，いわゆる「金めっき時代」を迎える。そして，この新興の金持ちたちは，西欧風の贅沢にあこがれ，どのような分野においても世界一になろうと目論んだ[18]。

そして，そのような時代背景下で，米国内の新興諸都市内に，西欧型の「グランドホテル」的な性格を持ち，さらに「トレモント・ホテル」が創造した近代性をより一層高度化させた豪華で大規模なホテルがつぎつぎに建設された。

その代表例として，たとえばシカゴの「グランド・パシフィック」，「パーマー・ハウス」，「シャーマン・ハウス」，サンフランシスコの「パレス・ホテル」やニューヨークの「ウォルドルフ・アストリア」などを指摘できる。

国内旅行者数の増大と大量な宿泊ニーズの発生

前述のように，20世紀初頭になると，米国内の主要都市に，「グランドホテル」が出現する。しかし，この時期の重要性は，それだけではない。なぜなら，この時期は同時に，その後の米国ホテルのあり方を決定づける重要な転換点として位置づけることができるからである。

そして，その萌芽は，つぎの3つの要因によりもたらされた。
①　米国の経済成長にともない，ビジネスで国内を旅行する人が増大した。
②　他方，この経済成長は，大量の中産階級を生み出した。そして，この中産階級が旺盛なレジャー，旅行意欲をもっていた。
③　自動車の普及や高速道路網の整備などにより，人びとはより容易に，

より安価に移動できるようになった。

　これらの要因が重なり合い，米国人は国内を頻繁に移動する。そして，この国内旅行の増大が，低廉で快適な宿泊施設を強く求めた。

　しかし，当時の米国には，高級な「グランドホテル」のほかには，旧来のインか，駅前に所在する下宿屋的な小規模宿泊施設しか存在していなかった[19]。ところが，前者は金銭的に利用することができず，また後者は料金的には安くても，サービスや食事の内容，清潔さなどの点で劣っており，人びとの欲求水準に満たなかった。そのため，中産階級の宿泊ニーズが未充足状態であった。

2．「コマーシャルホテル」の誕生

　この増大する中産階級に属する旅行者ニーズにはじめて組織的に対応したのが，1908（明治40）年にニューヨーク州バッファローでオープンした「スタットラー・ホテル」である。

　このホテルは，中産階級を主体とした一般旅行者を顧客ターゲットにしていた。そして，以下のようなコンセプトをもっていた[20]。

① 「グランドホテル」的な高価格政策を採用せず，むしろ「1ドル半でバス付きの部屋」をモットーとし，価格の妥当性を追求する。

② 王侯貴族的なホテルの豪華さ，贅沢さでなく，快適さ，便利さ，清潔さを提供する。

③ 低料金を維持するために，徹底的なコスト削減が行われ，食物，飲料の原価管理，財務や利益の管理などに，最新の経営技法であった科学的管理技法を導入する。また，ホテルで使用する物品，従業員の仕事や組織についても，科学的にこれを管理するために標準化を図る。

コンセプトに関する「グランドホテル」との差異

　このように「スタットラー・ホテル」は，それ以前の「グランドホテル」とは異なり，明らかにマスマーケットを狙っていた。また，科学的なマネジメント手法を導入し，サービス水準を高く保ちながら大衆的な料金でそれを

提供することにより,「グランドホテル」や,駅前の小規模宿泊施設との差別化を図った。そして,ホテル経営を,国家の威信の反映でも,また経営者の社会的名誉の発露でもない,純粋な意味での営利事業として捉えたところに特徴がある。

さらに,それまでの大半の「グランドホテル」が数百室程度の客室しかもっていなかったのに対して,この「スタットラー・ホテル」は,それを一挙に巨大化させ,1,000室を擁していることに注目される。この巨大化は,上述した低価格政策へのひとつの対処であった。つまり,規模の経済性をフルに活用し,コストを下げることで低価格を実現しようと図ったのである。

「スタットラー・ホテル」は,科学的管理法と薄利多売方式などの革新的なコンセプトを最初に取り入れたホテルであった。そして,このコンセプトの革新性により,バッファローでの第1号店が大成功をおさめたばかりでなく,その後の20年間で,デトロイト,セントルイス,ニューヨークやボストンなどの諸都市に6軒のホテルをつぎつぎに開業させることができた(表1-4参照)。

表1-4 スタットラー・ホテル発展の軌跡

開業年度	進出都市名	客室数
1908年	バッファロー	1,000
1912年	クリーブランド	1,450
1915年	デトロイト	1,000
1917年	セントルイス	1,000
1919年	ニューヨーク	2,200
1923年	バッファロー	1,100
1927年	ボストン	1,300

〈出所〉:鳥羽欽一郎(1971)『ヒルトンホテル』東洋経済新報社,73頁。

大恐慌が立証した「スタットラー・ホテル」的コンセプトの有効性

また,1929(昭和4)年に起こった大恐慌が,「スタットラー・ホテル」がもつコンセプトの威力をより一層際立たせた。なぜなら,この大恐慌により米国内のホテルの85%が破産するというきわめて異常な事態が生じたにもかかわらず,スタットラー・チェーンのホテルは,1軒の閉鎖もなく営業を続けることができたからである[21]。

この衝撃的な事実は，それまで米国で主流であった「グランドホテル」の限界を露呈させ，その地位を著しく低下させた。他方，「中産階級を顧客とし，近代的なビジネスとして合理的な経営基盤に立つホテルでないかぎり，激しい不況下では最早企業として存続できない」[22]ことを証明する。

　この大恐慌を契機に米国のホテルは，西欧型の「グランドホテル」的なコンセプトと決別する。そして，中産階級者を顧客ターゲットとし，合理性と能率性を支柱にした新しいコンセプトが追求されるようになった。

　このコンセプトの始祖である「スタットラー・ホテル」をはじめ，それに立脚してホテル・マネジメントを行う「ヒルトン」，「シェラトン」などのホテルは，通常，「コマーシャルホテル」と呼ばれている。

第4節　わが国における「コマーシャルホテル」の萌芽と挫折

　草創期のわが国のホテル業は，例外なく来訪外国人賓客や観光旅行者，または在留外国人を顧客ターゲットにしていた。一方，わが国の一般的な人びとのあいだには，価格の高さに加えて，生活様式の相異などの理由から，ホテルを敬遠する気持ちが強かった。だが，そのようなわが国のホテル業にも，大正時代から昭和初期ごろになると，転換期が訪れる。

1．「東京ステーションホテル」が与えた光明

　わが国のホテルは，誕生時から明治時代を通じて，営利事業とみなされていなかった。それは，第1節で述べたように，ホテルが外国人のための宿泊施設であったことに遠因がある。

　確かに，外国人は，わが国の人びとには高額であったホテル代金を受容することができた。しかし，最大のホテル需要者であった外国人の人数が著しく少なく，たとえば大正時代初頭になっても在留者と来訪者を合計して年間3万人から4万人程度にすぎなかった（表1-5参照）。

　これに対して，当時のホテルの供給能力を表す指数としてその収容人員を

みると，1日当たり3,175人であった[23]。これを年間に換算すると約116万人に相当する。これにより，需要と供給の単純な比較ではあるが，明らかに需要不足が存在していることがわかる。

そのうえ，外国人のホテル利用は，しばしば春，秋の2シーズンに限定されていた。これによりホテルは，自己を維持するために必要な安定的かつ十分な収入が確保できず，つねに苦しい経営を強いられていた。

表1-5　大正時代初頭の在留および来日外国人数　　　　　　(人)

年度	1912年 (大正1)	1913年 (大正2)	1914年 (大正3)	1915年 (大正4)	1915年 (大正5)	平均
在留者	16,127	18,763	18,619	18,218	18,310	18,007
来訪者	16,964	21,886	17,023	13,846	19,908	17,925
合計	33,091	40,649	35,642	32,064	38,218	35,932

〈出所〉：在留者数は東洋経済新報社編（1988）『明治大正国勢総覧（復刻版第4刷）』651頁，また，来訪者数は株式会社帝国ホテル編（1990）『帝国ホテル百年史』162頁による。

しかし，1915（大正4）年に開業した「東京ステーションホテル」が，そのような状況下で苦闘するわが国のホテルに対して，一条の光明を与える。この「東京ステーションホテル」は，その名前が示すとおり東京駅構内に建設され，客室数は72室あり，120名を収容できた。

同ホテルの営業成績は良好で，開業時からほぼ満室状態が続く[24]。そして，宿泊者に占めるわが国の人びとの割合が過去のホテルに比べきわめて高く，たとえば1917（大正6）年の上半期では，外国人客4,500人に対して2,500人であり，全体の約36％に達していた。

「東京ステーションホテル」の宿泊料金は，食事なしの最も安い部屋を利用した場合でも，1泊1円50銭となり，依然として高額である。それゆえ，この料金を支払える人は，大企業の重役や高級官僚などに限られていた。

だが，そうであったとしても，それまでのわが国でホテルを利用できた人は一部の富裕な特権階級に限られていたから，「東京ステーションホテル」の開業がもたらしたホテル利用者層の拡大は，多くのホテルにとって，明るい未来を暗示する光と捉えられたのではなかろうか。

2．「ジャパンホテル」プロジェクトの出現

「東京ステーションホテル」の成功は，わが国の人びとでもホテルを使用できるようになったことを示していた。そしてそれは，大正時代の到来により，わが国の経済力が大幅に向上し，人びとの生活水準が改善され，洋風化しつつあったという事実に裏付けられている。

大正時代初頭の経済成長

1914（大正3）年第一次世界大戦が勃発する。そしてこの大戦は，わが国に大量の軍需品の受注をもたらし，輸出を急増させた（表1-6参照）。またそれは，造船業，鉄鋼業などの重化学工業を発展させるとともに，製造業全体の生産額を飛躍的に伸長させる（表1-7参照）。

表1-6　貿易額の推移　　　　　（百万ドル）

年　度	1912年	1914年	1916年	1918年	1920年
輸　出	303	331	617	1,106	241
輸　入	340	331	457	984	254

〈出所〉：日本統計協会編（1988）『日本長期統計総覧　第3巻』110頁。

表1-7　製造業の生産額の推移　　　　　（千円）

年　度	1912年	1914年	1916年	1918年	1920年
生産額	3,697,511	3,543,959	4,714,574	5,854,107	5,688,986
指　数	1	0.96	1.28	1.58	1.53

〈出所〉：日本統計協会編（1988）『日本長期統計総覧　第2巻』434頁。

表1-8　民間企業数の推移　　　　　（軒）

年　度	1914年	1915年	1916年	1917年	1918年	1919年	1920年
企業数	20,204	22,204	23,696	25,981	30,601	37,424	42,488

〈出所〉：日本統計協会編（1988）『日本長期統計総覧　第4巻』162頁。

このような経済成長は，一方で民間企業を増加させ（表1-8参照），また行政機構も拡大させた。そしてそれは，大都市，とくに首都東京を中心に，中産階級に属するいわゆる「給与所得者」を生み出す。

他方，この経済成長は，わが国の人びとの生活水準を向上させた。たとえば，主要都市にはガスや水道が普及し，電灯は農村にも広がった。そして，

食生活では肉や牛乳がしばしば摂取されるようになり、また洋服の着用も進んだ。

「ジャパンホテル」プロジェクトとそのコンセプト

　このように大正初期は，わが国の国力がかつて前例がないほど増強された時代であった。そして，この国力の増強は，わが国を東洋の小国から1920（大正12）年に発足した国際連盟の常任理事国へと押し上げる。そのような時代背景下で，鉄道院，日本郵船，東洋汽船，三菱地所などのあいだから「ジャパンホテル」プロジェクトが想起された[25]。

　このプロジェクトは，1,000室の客室と2,500人を収容できる大宴会場，500人を収容する一般食堂などの諸施設を擁する巨大ホテルを東京に出現させようというものであった。また，同プロジェクトは，既存のホテルに対して2つの面で多大な衝撃を与えた。

　第1の衝撃は，それまでの常識を超えた客室規模によりもたらされた。この客室規模に関して，やや時代は下るが1930（昭和5）年に国際観光局が実施した146ホテルを対象にした調査によれば，30室以上の客室をもつホテルが全体の30％にすぎなかったことから，その巨大さが理解できよう。

「ジャパンホテル」が抱くホテル経営上のコンセプト

　もう1つの衝撃は，同プロジェクトが内包していたコンセプトである。同ホテルの創立趣意書は，このコンセプトをつぎのように捉えている[26]。

　「現下帝国ホテル其の他の新築工事実行せられつつある時に際して，別に本設計の如き大ホテル設立を計画するは無謀なりとの誹りなきを保せざるも両者自ら其の目的を異にし前者の専ら上流向にして貴族的なるを特長とするに反し，後者は実用向を主として所謂コマーシャルホテルとも称す可くしかも上述の如く外人旅行者の外汎く一般邦人旅客の宿泊に供せんとするものにして時勢の要求に適応し両者相俟って帝都に欠くべからざるの機関たるべしと信ず」（傍点引用者）

　以上から，「ジャパンホテル」は，外国人賓客や一部の特権的な邦人を顧客ターゲットにしていたそれまでのホテルと異なり，もっぱら一般の邦人旅

行客のニーズに対応する,前節で述べた「スタットラー・ホテル」式の大規模化した「コマーシャルホテル」を目指していたことがわかる。

そして,同ホテルが「コマーシャルホテル」というコンセプトをはじめてわが国に紹介したことは,画期的な出来事であり,それは既存の事業者にホテル・マネジメントのあり方を再考させる契機になった。

3.「第一ホテル」の開業

他方,「ジャパンホテル」と同じ系譜上にあるホテルとして,1938(昭和13)年に開業した「第一ホテル」をあげることができる[27]。その理由は,「第一ホテル」も,客室が多ければ宿泊料金を安くできるという考え方,換言すれば規模の経済性を活かしたホテル料金の低額化を信奉していたからである。そしてそれは,同ホテルの客室626室となって表出する。

いま,この「第一ホテル」と「ジャパンホテル」は,同類であると述べた。しかし,実際の両者のあいだには,大きな差異が存在していた。つまり,「ジャパンホテル」は,どちらかといえば観念的,総論的に「コマーシャルホテル」を模索していたにすぎなかった。

なぜなら,「ジャパンホテル」は,「コマーシャルホテル」を創造する場合のキー・ファクターであるホテル料金に関して,それをどの程度まで安くすべきか,また安くした料金をどのような手法で維持するのかという戦略実行上の具体策をもっていなかったからである。

「第一ホテル」の価格戦略

これに反して,「第一ホテル」は,この問題を解決するための明確な実行プログラムを有していた。まず,同ホテルは,それまでの業界の通例であった「コスト・オン」方式による価格設定を退ける。そのうえで,顧客ターゲットを想定し,そのターゲットが実際に支払える金額をホテル代金とした。

これをより詳述すれば,「第一ホテル」は,顧客ターゲットとして当時興隆しつつあった私企業の部・課長クラスを選ぶ。そして,彼らの出張旅費のうち宿泊関連支出に相当する金額が汽車の2等寝台料金(上段3円,下段4

円50銭）にほぼ等しかったため，この金額を宿泊料金にした。

「第一ホテル」のコスト戦略

そのうえで，「第一ホテル」は，上記の料金設定を維持するために，不必要な投資を省き，冗費を削り，ホテル運営に要する費用を可能なかぎり圧縮しようと試みた。そして，そのうちの主たる試みは，以下である。

① 客室内の居住性を高めるため全室に冷暖房を完備する反面，一定の機能性を達成すればそれ以上のフリンジ的な投資を控えるなどにより，投資にメリハリをつけた。
② 建設費を全額前払いすることにより，その金額を抑制した。
③ 無駄なサービス，たとえばルームサービスを，喫茶室やバーを別に用意しその利用を誘引することで取り止め，その分従業員を削減する。
④ チップ制を廃止し，従業員の賃金を月給制にする。なぜなら，チップ制を存続させれば，利用者が結果としてホテルに支払う金額が減らないからである。
⑤ 購買部門を調理部門から引き離し，仕入れ機能を前者に一元化する。これにより，調理人と納品業者との癒着を防止し，合理的な仕入れを促進するとともに，原価管理を専門に行うことができるようにする。

4．「コマーシャルホテル」の挫折

「ジャパンホテル」と「第一ホテル」は，顧客ターゲットを従来の外国人中心からわが国の人びと中心へと転換させることで，ホテル・マネジメントのあり方そのものの改革を目論んでいた。しかし，残念ながらこの改革は，かならずしも実現しなかった。

「ジャパンホテル」と「第一ホテル」のその後

「ジャパンホテル」プロジェクトは，1919（大正8）年4月10日に創立協議会を開催するまでに進捗した。だが，その実現を目前にして，1920（大正9）年に起こった第一次世界大戦後の経済恐慌にわが国が直撃され，幻の

第4節　わが国における「コマーシャルホテル」の萌芽と挫折　　　　47

計画として終焉する。

　この終焉をもたらした直接的な原因は，有力出資者になるはずであった日本郵船，東洋汽船などの船会社が，世界的な船腹過剰により船価，運賃傭船料が激落し，経営が赤字に転落したため，プロジェクト推進に要する資金繰りが困難になったことである[28]。

　これに対して「第一ホテル」は，開業時から盛況をきわめ，客室稼働率が100％を超えることもしばしばあった。また，宿泊者は関西方面の実業家や商人が多く，外国人は約1割にすぎなかった。さらに，同ホテルは，開業初年度から黒字を計上し，株主への配当まで行うことができた。そして，それは，わが国のホテル史のなかで最も輝かしい実績のひとつであった。

　このように，「ジャパンホテル」は，計画半ばで挫折した。だが，その後継者であった「第一ホテル」は，前者が考えていたコンセプトの正しさを実証した。ところが，このコンセプトは，米国の「スタットラー・ホテル」の場合と異なり，それ以上のインパクトをホテル業界に与えることがなかった。そして，その理由は，以下であると推察される。

「コマーシャルホテル」の普及を阻害した原因

　上述したように，「第一ホテル」開業以前のわが国のホテルが慢性的に抱えていた問題は，利用者の不足であった。そこで，同ホテルは，それまでなかなか獲得できなかった邦人国内旅行者を取り組むことでその拡大を図った。

　それゆえ，「第一ホテル」的な手法に他ホテルが追随するためには，少なくともそれぞれのホテルが分け前にあずかれるだけの十分な邦人国内旅行者が存在していなければならないことになる。

　この点について，昭和時代を迎えると，ビジネスがその主たる目的であったが，国内旅行の気運が確かに高まっていた。その傍証として，たとえば，「ジャパン・ツーリスト・ビューロー」(現在の「日本交通公社」)が東京と大阪で行っていた鉄道省線の乗車券の販売枚数が，1932(昭和7)年ごろから急速に増大しているという事実を指摘できよう(表1-9参照)。

　また，1939(昭和14)年には万国博覧会，同30(昭和15)年にはオリン

表1-9　ジャパン・ツーリスト・ビューローによる乗車券販売の推移

年　度	1931年	1932年	1933年	1934年	1935年	1936年
販売数	300,520	922,052	1,057,801	1,614,397	1,886,065	2,345,706
指　数	0.3	1	1.1	1.8	2.0	2.5

〈出所〉：財団法人日本交通公社編（1982）『日本交通公社七十年史』59頁。

ピックの開催がわが国で予定されており，ビジネスだけでなく観光やレジャーを目的にした国内旅行も活発化するはずであった。これらから判断して，「コマーシャルホテル」化が進展する環境的要件は，徐々に整いつつあったといえよう。

だが，期待されていた万国博覧会も，またオリンピックも，日中戦争により中止を余儀なくされる。そのうえ，1941（昭和16）年には太平洋戦争が勃発したため，人びとは国内旅行どころではなかったし，ましてホテル建設など不可能に近かった。

この結果，「第一ホテル」の成功が与えた「コマーシャルホテル」の萌芽は，戦争の進展という時代の激流にいとも簡単に押し潰されてしまう。それゆえ，同ホテルは自己の継承者を育てることができず，それは昭和初期に唯一咲いた「コマーシャルホテル」の徒花とならざるをえなかったのである。

第5節　第二次世界大戦後の発展

昭和時代に入り起こった日中戦争，太平洋戦争は，「コマーシャルホテル」を挫折させると同時に，わが国のホテルに対して癒しきれない痛手を与えた。そして，ホテルがその痛手から回復し，再出発が図れたのは，1960年代になってからである。だが，そのときホテルは，自己のありさまを革新する必要性に迫られていた。そこで以下は，この戦後の発展過程について述べることにする。

1．大戦後の状況

第二次世界大戦中，つまり1943（昭和18）年から1945（昭和20）年にか

第5節　第二次世界大戦後の発展　　　　　　　　　　49

けて，極端な物資不足や交通・輸送状況の悪化により，ホテルは次第に営業を継続することが困難になっていた。また，多くのホテルが軍や政府機関に徴用され，病院や外交使節の疎開用施設などに転用される。

そして，空襲により破壊されたホテルも少なくなかった。たとえば，1946（昭和21）年に運輸省観光課が全国の主要ホテルを対象に行った調査によると，戦前には112軒，9,042人を収容できたホテルが，戦後は73軒，6,737人となり，それぞれ約35％，約25％を失ったことがわかる[29]。

そのうえ戦後になると，焼失を免れた著名なホテルは，連合軍の進駐とともに1945（昭和20）年8月から12月にかけてつぎつぎに接収され，営業の自由を失う。そして，この接収が解除されるのは，一部例外はあったものの，対日講和条約が発効した1951（昭和26）年9月8日以降になる（表1-10参照）。

表1-10　主な接収ホテルとその接収解除日

ホ　テ　ル　名	接収解除日	ホ　テ　ル　名	接収解除日
ホテル・ニューグランド（横浜）	1952年 6月	札幌グランドホテル（札幌）	1952年 8月
逗子なぎさホテル（逗子）	1952年 3月	越中屋ホテル（小樽）	1952年10月
第一ホテル（東京）	1956年 8月	奈良ホテル（奈良）	1952年 6月
帝国ホテル（東京）	1952年 3月	蒲郡ホテル（愛知県・蒲郡）	1952年 6月
名古屋観光ホテル（名古屋）	1956年10月	富士屋ホテル（箱根）	1952年 6月
丸ノ内ホテル（東京）	1952年 6月	強羅ホテル（箱根）	1952年 3月
都ホテル（京都）	1952年 5月	日光金谷ホテル（日光）	1952年 2月
新大阪ホテル（大阪）	1952年 6月	軽井沢万平ホテル（軽井沢）	1952年 5月

〈出所〉：株式会社帝国ホテル編『帝国ホテル百年史』1990年，466〜468頁。

表1-11　日本ホテル協会加盟ホテルの規模　　　（1956年現在）

営業形態	軒数	客室数	一軒当たりの客室数
自由営業	86	4,327	50.3
接収・軍契約	12	1,366	113.8
合計	98	5,693	平均58.1

〈出所〉：重松敦雄（1966）『ホテル物語：日本のホテル史』柴田書店，114頁。

これらの出来事により，わが国のホテルは，戦中，戦後の長い冬の時代を堪え忍ばなければならなかった。この結果，ホテルのありさまは，1955（昭和30）年ごろになっても，明治期，大正期と大差がなかった。

つまり，施設規模は小さく，利用者も依然として特定の人びとに限られて

表1-12　各国の平均ホテル料金（1956年現在，シングルルーム，バス付き）

わが国	イギリス	フランス	イタリア
2,700円	2,600円	2,000円	1,620円

〈出所〉表1-1に同じ，108頁。

いたし，年間の客室稼働率も客室が少ない割に低調であった（表1-11参照）。また，料金も諸外国に比べ決して安いとはいえず，むしろ，割高といっても過言ではない状態であった（表1-12参照）。

2．ホテル建設ブームの到来

しかし，そのようなホテルにも，1960年代を境にして転換期が訪れる。

オリンピック開催を契機に起こった建設ブーム

わが国は，1950年代後半を過ぎると，敗戦による経済的混乱から脱却し，経営の合理化や積極的な設備投資，またオートメーション化やコンピューターの導入などの効果により，経済成長の道程をたどりはじめる。

そのようなとき，1959（昭和34）年の第55次国際オリンピック委員会が第55回大会の東京開催を決定した。そして，この決定が，1960年代初頭開催地東京を中心にしてホテル建設ブームを誘発する。

たとえば，1960年には「ホテルニュージャパン」（346室）と「銀座東急ホテル」（424室），1961年には「パレスホテル」（413室），また1962年には「ホテルオークラ」（552室）などが開業している（表1-13参照）。

表1-13　1960年代初頭に開業した主要なホテル

ホテル名	ホテルニュージャパン	銀座東急ホテル	パレスホテル	ホテルオークラ
開業年度	1960年3月	1960年5月	1961年10月	1962年5月
客室数	346室	424室	413室	552室
ホテル名	東京ヒルトン	ホテル高輪	羽田東急ホテル	東京プリンス
開業年度	1963年6月	1964年2月	1964年8月	1964年9月
客室数	478室	222室	150室	501室
ホテル名	ホテルニューオータニ	新阪急ホテル		
開業年度	1964年9月	1964年8月		
客室数	1,085室	222室		

〈出所〉：オータパブリケーション編（2000）『ホテル年鑑』。

さらに、このブームに便乗するかのように、鉄道業や航空業などの異業種からホテル業に参入する企業が出現する。その企業とは、たとえば、東京急行電鉄（前出の「銀座東急ホテル」や「羽田東急」：1964年開業、150室）、西武電鉄（「東京プリンスホテル」：1964年開業、501室）や日本航空（「銀座日航ホテル」：1959年開業、112室）などである。

この結果、オリンピック挙行前後の1962（昭和37）年から66（昭和41）年までの5ヵ年間で、わが国のホテルは施設数で1.6倍、客室数で1.8倍に増強された（表1-14参照）。

表1-14 ホテル施設数・客室数の推移

年　度	1962年	1963年	1964年	1965年	1966年
施設数（軒）	177	197	239	258	281
客室数（室）	14,444	15,912	22,083	24,169	25,507

〈出所〉：厚生省編『衛生行政業務報告（各年度版）』。

万国博覧会などが生み出した建設ブーム

他方、1970（昭和45）年の大阪万国博覧会を契機にして京阪神地区では、さまざまな新規ホテルが開業する。また、1972（昭和47）年の冬季札幌オリンピックでは、地元の札幌市を中心にして、北海道にホテル建設ラッシュをもたらす。これに加え、1975（昭和50）年の沖縄海洋博覧会では、沖縄県もホテルブームにみまわれた（表1-15参照）。

表1-15 1970年以降のオリンピック、博覧会を契機に開業した主なホテル

京　阪　神　地　区		北　海　道　地　区		沖　縄　地　区	
開業年度	ホテル名	開業年度	ホテル名	開業年度	ホテル名
1960年	大阪ロイヤルホテル	1972年	函館国際ホテル	1973年	ホテル西武オリオン
1967年	ホテル阪神	1973年	札幌東急ホテル	1973年	ホテル日航那覇
1968年	六甲オリエンタルホテル	1973年	センチュリーロイヤルホテル	1974年	沖縄都ホテル
1969年	大阪エアポートホテル			1975年	沖縄ハーバービューホテル
1969年	プラザホテル	1974年	札幌全日空ホテル		
1969年	リーガロイヤル京都	1974年	ホテル函館ロイヤル	1975年	ホテルムーンビーチ
1970年	千里阪急ホテル				
1970年	京都プリンスホテル				

〈出所〉：前掲の株式会社帝国ホテル『帝国ホテル百年史』を参照し、筆者が作成。

このように，わが国のホテルは，オリンピックや博覧会という国家的なイベントを梃子にして，全国に拡散していく。そして，その後も，1990（平成2）年のバブル崩壊に至るまでのあいだに断続的なブームが発生し，ほぼ30年間にわたりそれは，右肩上がりの拡大成長を享受する。

3．ホテル市場の変質

上述した1960年代以降のホテル建設ブームを背景に，それまでみられなかったような新しい現象がホテルを襲った。その現象とは，ホテルの「大衆化」，「大型化」と「チェーン化」の進展である。

ホテルの大衆化

ホテル建設ブームを招いた直接的な原因は，オリンピックや博覧会などの国家的イベントの挙行であった。しかし，その背後には，戦後のめざましい経済発展が創造した豊かな大衆社会の到来があったことを忘れてはならない。

この社会のもとで人びとは，可処分所得の増大がもたらした利益と労働時間の短縮にともなう余暇時間の拡大を謳歌していた。他方，大衆社会は，人びとのライフスタイルを変化させ，イス，テーブルでの生活，ベッドでの就寝や洋食の摂取を進めるなど嗜好を洋風化させる。

これらにより，長期間にわたりわが国の人びとのホテル利用を妨げていた経済的，社会的な要因が取り除かれた。逆に，余暇時間や可処分所得の増大は，レジャーや旅行ニーズを生み出し，ホテル需要を高める。この結果，ホテルが人びとにとって身近な存在になってゆく。

さらに，ホテルの利用者と利用目的も変化した。つまり，前者では，成人男性ばかりでなく，10代，20代の若年者や女性が顧客に加わる。後者では，ビジネスだけでなく，家族旅行のため，または友人や家族との会食のためなどのさまざまな目的でホテルが利用されるようになった。

ホテルの大型化

第2の現象は、ホテル規模の大型化である。つまり、ホテル建設ブームがまだ始動していなかった1960（昭和35）年以前のホテルは、多くの場合100室未満であった。しかし、同年を過ぎると100室を超えるホテルが増えはじめ、1965（昭和40）年にはそれが全体の約7割、1970（昭和45）年には8割近くにまで達する。

また、この間に500室から1,000室を超える大規模ホテルも出現した。そして、1970年になるとこの大規模ホテルは、100室を超えるホテルの約4割を占めるようになる（表1-16-1および表1-16-2参照）。

表1-16-1　規模別ホテル客室の推移　　　　（%）

年　度	～49室	50～99室	100室超	合計
1955年	25	41	34	100
1960年	25	30	45	100
1965年	9	20	71	100
1970年	6	17	77	100

〈出所〉：池田誠（1978）『ホテル経営概論』日本出版制作機構、27頁。

表1-16-2　1970年の100室超ホテル（77%）の内訳（%）

100～499室	500～999室	1,000室超	合計
62	18	20	100

〈出所〉：表1-16-1に同じ。

ホテルのチェーン化

第3の現象は、チェーン化の進展である。ホテル建設ブーム前のわが国では、軽井沢、東京、熱海および名古屋で5軒のホテル経営を行った「万平ホテル」などの例外はあったものの、複数のホテルをチェーンとして一元的にマネジメントすることはきわめてまれであった。

しかし、1960年代以降、国内の交通網が整備され、人びとの頻繁な国内移動を促す。そして、これに歩調を合わせて、それまで大都市や観光地、リゾート地に限定されていたホテルの立地が地方の中、小都市へと広がる。たとえば、1965年に開通した山陽新幹線が、広島、岡山地区でホテル建設ブームをもたらしたことは、その傍証のひとつになろう。

そして、このホテルの広域化という事業チャンスを捉え、国内各地に自己の支店網を構築し、それをチェーン化するホテルが現れた。ただし、その運

営者は，従前のホテル事業者ではなく，しばしば他産業からの新規参入者であった（表1-17参照）。

表1-17　ホテル建設ブーム以降形成された主要なホテル・チェーン

私鉄業界から		航空業界から		観光・不動産業界から	
企業名	ホテル名	企業名	ホテル名	企業名	ホテル名
西武電鉄	プリンスホテル	日本航空	日航ホテル	藤田観光	ワシントンホテル
京王電鉄	京王プラザ	全日空	全日空ホテル	三井不動産	アーバンホテル
東急電鉄	東急ホテル，東急イン				
近畿電鉄	都ホテル				
阪急電鉄	阪急ホテル				

〈出所〉：表1-10に同じ，711～712頁。

4．「プラザホテル」化の進展

1960年代以降続いたホテル建設ブームは，上述のようにわが国のホテル市場を変質させた。そして，それは，この市場に対してもう1つの重大な変化を与える。その変化とは，「プラザホテル」化の進展である。

ただしこれは，上述した3つの大きな変化とは異なり，1960年代以降になって新たに出現した現象ではない。むしろ，ホテルの草創期から引き続くものであり，それが市場の急成長にともないより一層顕在化したといえる。

「プラザホテル」化をもたらした原因

この「プラザホテル」化は，わが国では客室収入をベースにしたホテル・マネジメントが伝統的に困難であったという事実に起因している。この客室収入の少なさに関して，たとえば昭和初期の「帝国ホテル」と「都ホテル」の売上構成比をみると，客室収入のシェアは，前者で20％，後者で30％程度であった。

これに対して，本来であれば付帯的なサービスにすぎない飲食や宴会，およびその他の電話，クリーニングや店舗の賃貸などによる収入が全収入のそれぞれ80％，70％を占めている。つまり，わが国のホテルは，宿泊事業といっても，収入的にはむしろ宿泊以外のレストランや宴会部門の方がメインであったのである（表1-18参照）。

第5節　第二次世界大戦後の発展

表1-18　帝国ホテル，京都ホテルにおける部門別営業収入割合（1927年～29年）（％）

帝　国　ホ　テ　ル				京　都　ホ　テ　ル			
年　度	客　室	料理・飲食	その他	年　度	客　室	料理・飲食	その他
1927年	22	68	10	1929年	32	62	6
1928年	18	72	10	1930年	32	62	6
1929年	18	72	10	1931年	30	63	7

〈出所〉：木村吾郎（1994）『日本のホテル産業史』近代文芸社，263頁。

表1-19　主要ホテルの部門別収入割合（1998年度実績）　（％）

ホ　テ　ル　名	ホ　テ　ル　規　模	客　室	料理・飲食	その他
ホテルオークラ	7軒　2,467室	18.3	46.8	34.9
帝国ホテル	4軒　1,606室	18.0	52.1	29.9
パレスホテル	5軒　1,394室	20.6	56.0	23.4
京王プラザホテル	4軒　2,424室	26.2	44.3	29.5
東急ホテル	20軒　6,267室	33.1	35.1	31.8
日航ホテル	28軒　5,604室	36.6	58.0	5.4
ワシントンホテル	30軒　7,294室	38.5	46.3	15.2
平　　　均		27.3	48.4	24.3

〈出所〉：表1-13に同じ，1867頁。

　そして，この傾向は，今日においてもしばしば観察できる（表1-19参照）。しかし，一般に欧米のホテルでは，わが国とは逆に，客室収入が全体の6割以上を構成しているといわれている[30]。そのため，この宿泊収入に重きを置かない，または重きを置けなかったホテル・マネジメントは，わが国特有の現象といえよう。

「プラザホテル」化の意義

　わが国のホテルが飲食や宴会などに比重をかけたマネジメントを行っていたという事実は，それが遠距離から来訪する旅行者よりも，周辺に居住する人びとや所在する公官庁，企業に利用されていたことを物語っている。

　換言すれば，わが国では，近隣の地域社会に依存したホテル・マネジメントを行わざるをえなかったのである。そして，そのような地域からの顧客の来店頻度を高めることが，自己の生存上不可欠であった。

　それゆえ，現在多くのホテルが，結婚式場，ショッピング・アーケード，会員制フィットネスクラブなどの本来のホテル機能とは無縁の諸施設を併設しているが，それもこの文脈からみれば容易に納得できよう。

また，とくに1960年代以降，そのような諸施設の併設にとどまらず，商業施設や駅ビル，または事務所施設と一体化したホテルが増えはじめている（表1-20参照）。そして，そのような複合型のホテルは，しばしば地方都市に所在していることが興味深い。

　地方都市は，大都市に比べ来訪する旅行者が少なく，客室収入の補完が急務になっていると推察される。そこで，大量の人びとを年間通じて平均的に集客できる商業施設などと合体し，それら施設への来館者をホテルが取り入れることで，飲食部門などの収入を向上させ，この補完を行おうと意図していると思われる。

表1-20　複合化したホテルの事例

商業施設との合体		駅ビルとの合体	
ホテル名	開業年度	ホテル名	開業年度
サンルート釧路	1973年	旭川ターミナルホテル	1982年
浜松サゴーホテル	1974年	盛岡ターミナルホテル	1981年
秋北ホテル	1973年	高崎ターミナルホテル	1982年
宇都宮東武ホテル	1973年	小田急厚木ホテル	1982年
赤坂東急ホテル	1969年	新宿プリンスホテル	1977年
新潟東急イン	1981年	岡山ターミナルホテル	1975年
金沢スカイホテル	1973年	広島ステーションホテル	1965年
高松グランドホテル	1971年	小倉ステーションホテル	1958年

〈出所〉：作古貞義『ホテル事業論』柴田書店，1990年，24～25頁。

　どちらにしても，わが国のホテルは，宿泊施設というよりも，いろいろな人びとが，いろいろな目的をもって集まる交流のための「広場」，つまり「プラザ」的な空間になることが多い。その意味においてそれは，「プラザホテル」であることが求められている。そして，この「プラザホテル」的なコンセプトに従うホテルが，市場の拡大とともに，わが国各地へと広がっていった。

第6節　並存するコンセプト

　前節でみたように，わが国のホテルは，1960年代以降つぎつぎに新しい

ビジネス・チャンスに恵まれた。そして，それを巧みに捉えた結果，ホテル市場は急速に拡大する。

だが，一方でそのビジネス・チャンスは，ホテルに対してそれまでの歴史の延長線上からは決して導き出されない大衆化，大型化，チェーン化などの課題を残した。そこで，以下は，わが国のホテルがこの課題に対してどのように克服したのかについて考察する。

1．露呈した「グランドホテル」的コンセプトの限界

わが国のホテルは，その誕生以来ずっと国家の近代化を象徴していた。なぜなら，それは，各時代の最先端技術を駆使して建設され，最新の諸設備をもっていたからである。また，主たる顧客が外国人であったことから，その館内は外国の文物や情報が横溢していたためでもある。

そして，このような外見をもつホテルは，わが国でもっとも先進的な事業と考えられていた。さらに，外見がそうである以上，そこで行われているマネジメントの水準も当然にしてもっとも進化したものであると思われていた。それゆえホテルは，1960年代以降に現れた大衆化などの経営課題に，十分対処できるはずであった。

ところが，当時のわが国が有していたホテル・コンセプトは，100年以上も前の19世紀中葉に勃興した「グランドホテル」に基づいて，形成されていた。そのうえ，この「グランドホテル」的なコンセプトでは，以下の理由から，上記のマネジメント課題にうまく対処することができなかった。

① 元来，「グランドホテル」的コンセプトは，少数の特権的な富裕者を対象に開発されていた。そのため，このコンセプトでは，市場に大量に流入するようになった中産階級に属する人びとを，効果的，効率的に対処することができない。

② 「グランドホテル」が少数者のための施設であったことから，その規模は全般的に小さかった。それゆえ，500室を超える大型ホテルは，「グランドホテル」的コンセプトの想定外であった。

③ チェーン・オペレーションされる「グランドホテル」は，まさしく例外であった。そのため，チェーン・オペレーションも，上記の規模と同様，「グランドホテル」的コンセプトの範疇から外れていた。

この結果，わが国のホテルは，自分たちが草創期から信奉していた「グランドホテル」的コンセプトの限界を知ることになる。そこで，新たな課題に対応できるコンセプトを探しはじめた。そして，この探求は，米国の「コマーシャルホテル」に行き着く。

2．「コマーシャルホテル」的コンセプトが有用であった理由

わが国のホテルが，米国を新たなモデルに選択した理由は種々あろう。そのうちの主なものは，以下であると思慮する。

① その第1の理由は，米国のホテル事業への熟練度がきわめて高かったからではなかろうか。たとえば，1968（昭和43）年わが国にはホテルが351軒，2万9,443室しかなかったのに対して，米国は8万3,400軒，253万6,000室のホテルを擁していた[31]。つまり，米国は，わが国よりも施設数で約238倍，客室数で約86倍のホテル・マネジメントの経験が蓄積されていた。

② 米国では，1950年代から1960年代を通じて国内市場の構造が変化し，大規模ホテルのシェアが上昇していた（表1－21参照）。これにより米国は，わが国に一歩も二歩も先んじて，大規模ホテル時代に突入していた。

表1－21　米国のホテルでみられた構造変化　　（室，％）

ホテルの規模	1948（昭和23）年	1977（昭和52）年
300室以上	255,399　（17.5）	398,292　（20.9）
100～299室	390,996　（26.8）	710,992　（37.3）
50～99室	335,222　（22.9）	377,886　（19.8）
25～49室	285,852　（19.5）	260,435　（13.7）
25室未満	194,890　（13.3）	157,215　（ 8.3）
合　計	1,462,359（100.0）	1,904,820（100.0）

〈出所〉：Cornell Hotel & Restaurant Administration Quarterly（1985），"The Eoolution of the Hospitality Industry", Vol.10, May, p.41.

③ 1950年代中葉からホテルのチェーン化が急速に進展し,「ヒルトンホテル」と「シェラトンホテル」の2大ホテルが激突する時代を迎えるなど,チェーン・オペレーションのノウハウを有していた（表1-22参照）。

表1-22　1962（昭和37）年の米国チェーン・ホテルの売上ベスト5　（千ドル）

順　位	第1位	第2位	第3位	第4位	第5位
ホテル名	シェラトン	ヒルトン	ハワード・ジョンソン	ホテル・コープ・アメリカ	ホット・ショッパー
売上高	226,630	223,247	111,106	85,786	75,671

〈出所〉：鈴木博（1968）『近代ホテル経営論』柴田書店，43頁。

米国のホテルは，1930（昭和5）年の大恐慌に襲われ，壊滅的な打撃を被った。その後，1940（昭和15）年になるとそのダメージがやっと鎮静化する。そして，第二次世界大戦が起こると，今度は逆に平均稼働率90％以上というブームを迎え，不死鳥のように再興する。

だが，米国のホテルは，大恐慌時代の苦い経験を決して忘れなかった。そこでは，以前の「グランドホテル」ではなく，一般大衆を顧客対象とし，大規模でチェーン・オペレーションされるホテル，つまり「スタットラー・ホテル」を始祖とする「コマーシャルホテル」が一大潮流となっていた。

それゆえ，米国が1940年代から50年代に克服してきた大衆化，大型化，チェーン化というマネジメント課題に遅れて直面するようになったわが国のホテルにとってそれは，まさしく必修の教科書であった。そこで，わが国は，この米国の「コマーシャルホテル」的コンセプトを挙って学習，模倣しはじめる。

3．共存するホテル・コンセプト

以上述べたわが国のホテルの歴史を，それが準拠したコンセプトの観点から整理し直すと，それは1960年代をターニングポイントにして西欧的な「グランドホテル」のそれが有効であった時代と，米国的な「コマーシャルホテル」のそれが効果的であった時代に大別できることに気づく。

ただし，ホテルに関するコンセプトについては，この2者のほかにも，わ

が国が独自に開発した「プラザホテル」がある。これは，上記両時代を通じて維持されているが，どちらかといえば「コマーシャルホテル」的コンセプトと同様 1960 年代以降にしばしば活用されるものである。

これらのうち，「コマーシャルホテル」的コンセプトと「プラザホテル」的なそれは，ともに中産階級を主たる顧客ターゲットにしていたから，共通性は見出せる。しかし，「コマーシャルホテル」的コンセプトと「グランドホテル」のそれとのあいだには，相容れるものがない。

つまり，この両者では，それらが構築された時代背景が異なるばかりでなく，明らかに顧客ターゲットが相違している。それゆえ，コンセプトの内容自体もまったく異質なものになっている（表1-23参照）。これにより，両者を併存させることは，明らかな矛盾になる。

表1-23 「グランドホテル」と「コマーシャルホテル」のコンセプトに関する差異

比較項目	「グランドホテル」的コンセプト	「コマーシャルホテル」的コンセプト
構築された時代背景	19世紀後半の西欧	20世紀初頭の米国
顧客ターゲット	一部の特権的富裕階級	中産階級に属する人びと
コンセプトの内容	王侯貴族趣味の具現化 顧客の従僕 施設面における豪華絢爛さの追求 コストを無視した高品質サービスの提供	一般の旅行者ニーズの充足 機能的，効率的なサービスの提供 簡素化，標準化 低コスト化，薄利多売

（筆者作成）

そのため，1960 年代になりわが国が「コマーシャルホテル」的コンセプトを志向した以上，前時代の遺物である「グランドホテル」的なそれは放棄されるべきであった。ところが，現在においてもそれが破棄された形跡がない。むしろ，両者が並立するという奇妙な現象が起こっている。

4．「グランドホテル」的コンセプトが存続する理由

第2節で述べたように，米国のホテルは，長いインの時代を経て，20世紀初頭に「グランドホテル」の全盛期を迎える。しかし，「コマーシャルホテル」的コンセプトが導入されて，その効果性が実証されると「グランドホ

テル」的コンセプトは急速に精彩を失った。

ところが，現在のわが国では，米国と同じように「コマーシャルホテル」の時代を迎えたにもかかわらず，「グランドホテル」的コンセプトが消滅していない。なぜ，このコンセプトが残るのか。それは，主に以下のふたつの要因によりもたらされていると考える。

① 「グランドホテル」が経済社会で果たす役割
② わが国における中産階級の出現と国内旅行成長の遅れ

「グランドホテル」が経済社会で果たす役割

「グランドホテル」は，19世紀の西欧で生まれ，その後わが国や米国などへ拡散する。しかし，このホテルが，どの国，またはどの地域に再生されようと，つねにひとつの共通した役割を担っていた。それは，このホテルを有する国家や地域の豊かさと文明の進捗度合いを示す象徴としての役割である。

この役割は，米国における「グランドホテル」の第1号であった「トレモント・ホテル」のその後を観察すればよく理解できる。開業当時の同ホテルは，その規模，豪華さの点でまさしく世界一であった。しかし，そのような「トレモント・ホテル」も開業から20年経過しただけで，施設は陳腐化し，改良のために営業を一時休止しなければならなかった。そして，その全生涯65年間のうち最後の20年間は，単なる2流のホテルに成り下がってしまった。

それは，米国内の新興諸都市が自己の繁栄を来訪者に誇示するために，「トレモント・ホテル」をはるかに凌駕する規模と豪華さをもつホテルを競ってつくりつづけたからである。これらの都市にとって，そのようなホテルを維持するだけの経済的な基盤があるか，いなかは，問題ではなかった。「グランドホテル」をもつこと自体に意義があったのである。

中産階級の出現と国内旅行成長の遅れ

他方，米国で発展してきた「コマーシャルホテル」的コンセプトは，大量な中産階級の創出と彼らの頻繁な国内移動がもたらした産物である。換言す

れば，それは，今日的な大衆社会が生み出した寵児であるといえよう。

ところが，わが国においてこの中産階級が台頭したのは，1960年代以降であり，130年を超えるホテルの歴史から見れば，まだまだ現代的な現象にすぎない。また，国内の道路，鉄道，航空網が整備され，人びとの旅行が活発化したのも，やはり1960年代以降である。

さらに，わが国の人びとがホテルを身近な存在と感じるようになったのは，過去15年間程度のことではないかと推察する。それは，供給サイドの動きを観察するとよく理解できる。つまり，現存する施設と客室の半数が，この短期間内に創造されているからである（表1-24参照）。

表1-24　開業年度別のホテル施設，客室数

開業年度	1985（昭和60）年まで	1985年以降1999（平成11）年3月末まで	合計
施設数（軒）	3,332（41.9）	4,612（58.1）	7,944（100.0）
客室数（室）	267,397（44.9）	328,442（55.1）	595,839（100.0）

〈出所〉：表1-14に同じ。

以上から，「コマーシャルホテル」を支えるだけの需要が，わが国には長いあいだ存在していなかったことが理解できよう。その結果，主たるホテルの利用者は，ホテル生誕時から，1960年代を迎えるまでのほぼ100年間，終始外国人であった。それゆえ，わが国では米国と異なり，当初学習した「グランドホテル」的コンセプトを自主的に変革する必要性を感じなかったのである。

この結果，「グランドホテル」的コンセプトは，心理学がいう「インプリンティング」，つまり，最初の体験がその後の行動や思考パターンを左右する現象となり，わが国のホテル・マネジメントのあり方を固定させた。換言すれば，わが国でホテルといえば，「グランドホテル」にほかならなかったのである。

そのため，短期間で急激に流入しはじめた中産階級に属する人びとが現在の繁栄をもたらしたにもかかわらず，ホテル業に携わる人たちは，「グランドホテル」を自己の脳裏から消し去ることができなかった。

これにより，異なる思想のもとで考案された3種類のコンセプトが，相互

に止揚されることなく，図1-2が示すように，共存的に存在していると考える。

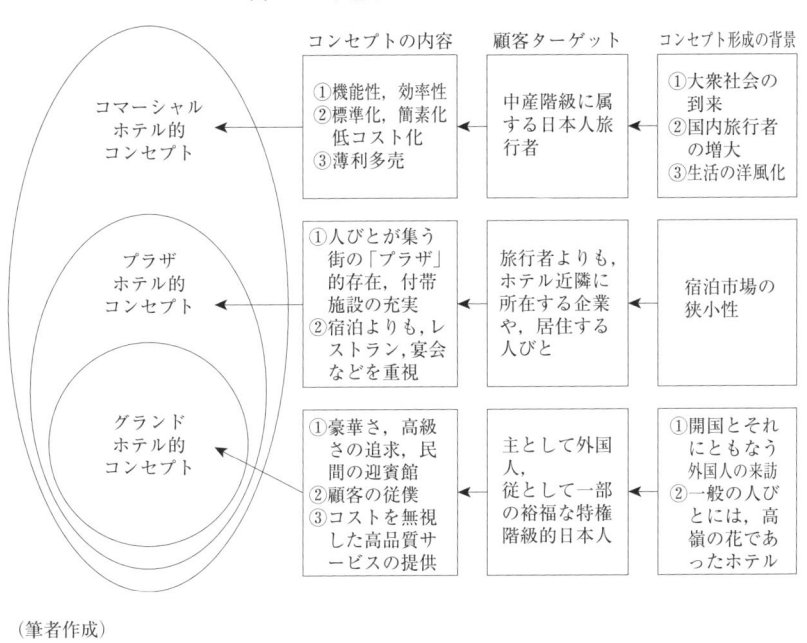

図1-2 共存する3つのコンセプト

コンセプト	コンセプトの内容	顧客ターゲット	コンセプト形成の背景
コマーシャルホテル的コンセプト	①機能性，効率性 ②標準化，簡素化，低コスト化 ③薄利多売	中産階級に属する日本人旅行者	①大衆社会の到来 ②国内旅行者の増大 ③生活の洋風化
プラザホテル的コンセプト	①人びとが集う街の「プラザ」的存在，付帯施設の充実 ②宿泊よりも，レストラン，宴会などを重視	旅行者よりも，ホテル近隣に所在する企業や，居住する人びと	宿泊市場の狭小性
グランドホテル的コンセプト	①豪華さ，高級さの追求，民間の迎賓館 ②顧客の従僕 ③コストを無視した高品質サービスの提供	主として外国人，従として一部の裕福な特権階級的日本人	①開国とそれにともなう外国人の来訪 ②一般の人びとには，高嶺の花であったホテル

(筆者作成)

第7節　小　活

1．特異な生い立ちをもつわが国のホテル

わが国のホテルは，開国にともない，来訪しはじめた外国人賓客の接遇を目的に建設され，西洋化のための人為的な産物として誕生した。

ここで，「人為的」と表現した理由は，伝統的な宿泊施設である旅籠や旅館が人びとの社会生活上の必要性から自然発生的に生まれ，発展してきたのに対して，ホテルは，①それを支える国内市場がまったくの未成熟であったからであり，②それを建設し，マネジメントし，オペレーションするための

ノウハウやテクノロジーが皆無であったにもかかわらず、わが国の近代化を推進する目的と国威発揚を誇示するための施設として、いわば国策的要請に基づき意図的に創造されたからである。

わが国のホテルは、このような特異な生い立ちをもっている。そして、この特異性が、以下に述べるコンセプトの並存を招いた最大の原因であると考える。

２．コンセプトの変遷：顧客ターゲットとの関連に関して

他方、草創期のホテルにとって、それを建設し、運営するためには、膨大な費用がかかった。そのため、この費用を購うことができる人は、来訪する外国人か、一部の富裕な邦人に限定された。

そこで、ホテルは、この両者を顧客ターゲットに設定し、それに合致するコンセプトを模索する。そして、その模索は、イギリス、フランス、ドイツなどの国々に存在していた「グランドホテル」に行きあたる。

わが国のホテルが「グランドホテル」を選択した理由は、提供されるサービスの価格に拘泥しない富裕者を顧客ターゲットにしていたからである。そのうえ、「グランドホテル」が当時の最先端に位置する宿泊施設であったことが、この選択に強い影響を与えた。

「グランドホテル」は、たとえどのようなコストがかかろうと顧客ニーズの充足を最優先する、というコンセプトをもつ。それは、元来このタイプのホテルが、王侯貴族や産業資本家を顧客ターゲットにしていたからである。これにより、そこでは、顧客の召僕に徹することをコンセプトの中核に据えていた。

しかし、そうだとすれば、優秀な召僕としての従業員が多数必要であろうし、マンツーマン的なサービスをする以上、多くの顧客を取り扱うことができないであろう。また、客数が少なければ、ホテルの規模も、中、小規模にとどまらざるをえない。さらに、コスト意識が希薄であれば、営業成績も苦しくなろう。事実、「グランドホテル」を学習、模倣したわが国の草創期のホテルは、そのような性格をもつ。

第 7 節　小　活　　　　　　　　　　65

顧客の変貌とコンセプトの変質

　ところが，1960年代をターニングポイントにして，ホテルの顧客像が大きく変わる。それは，戦後の目覚しい経済成長の結果，わが国に豊かな大衆社会が創造されたからである。そして，この社会のもとで人びとは，余暇時間や可処分所得を増大させ，旺盛なレジャー，旅行ニーズを抱くようになる。さらに，この大衆社会は，人びとのライフスタイルを洋風化させる。

　そして，わが国の経済社会で生起したこれらの変化が合体した結果，これまでの外国人や一部の富裕な邦人でなく，中産階級に属する旅行者がホテルを需要するようになった。そこで，新たな顧客ターゲットである中産階級の旅行者にマッチするコンセプトとして，米国生まれの「コマーシャルホテル」的なそれを取り入れた。

　他方，わが国のホテルは伝統的に，宿泊よりも，飲食や宴会などに比重を置いたマネジメントを行ってきた。これに加え，1960年代を過ぎると，多くの人びとが，さまざまな目的でホテルを利用するようになった。これにより，ホテルは，宿泊施設というよりも，人びとと交わる，いわば「社交のための施設」としての性格をますます強める。

　この結果，わが国のホテルでは，上述した中産階級の旅行者だけでなく，近隣の地域社会から，飲食や宴会，買い物などで来館する人びとを顧客ターゲットにして開発されたコンセプト，つまり，「プラザホテル」的コンセプトがより一層求められるようになった。

3．並存するコンセプト

　このように，わが国のホテルは，顧客ターゲットの変化に合わせて，3種類のコンセプトを創出してきた。しかし，130年を超えるホテルの歴史を振り返ると，外国人や一部の邦人を顧客ターゲットにして，「グランドホテル」的コンセプトに従う時代が，ほぼ100年間近く続いていたことがわかる。

　そのため，この100年間という長い時間が，ホテルに対するイメージを固定させ，「グランドホテル」的コンセプトが旧時代の産物であるにもかかわらず，この業界に携わる人びとを支配している。

この結果，表面的には「コマーシャルホテル」や「プラザホテル」的コンセプトに則って今日のホテル・マネジメントを行っているようにみえるものの，その内部では，依然として「グランドホテル」が精神的なバック・ボーンとなり生きつづけるという奇妙な現象が起こっている。

　そのうえ，それは，今日のホテル・マネジメントに対してさまざまな問題を投げかけている。そして，この問題については，本書の終章で詳述したい。

注
1）運輸省大臣官房観光部編（1970）『ホテル業の現状と問題点』大蔵省印刷局，9頁。
2）同上，1頁。
3）木村吾郎（1994）『日本のホテル産業史』近代文藝社，15～23頁。
4）同上，14頁。
5）山口祐司（1985）「ホテル・旅館経営発展史」，観光経営センター編『ホテル・旅館経営全集1：ホテル・旅館経営総論』柴田書店，152頁。
6）鳥羽欽一郎（1971）『ヒルトン・ホテル：サービス産業の革新企業』東洋経済新報社，55頁。
7）原勉・岡本伸之・稲垣勉（1991）『ホテル産業界』教育社，117～119頁。
8）臼田昭（1986）『イン：イギリスの宿屋のはなし』駸々堂。シュライバー，H，関楠生訳（1962）『道の文化史：一つの交響曲』岩波書店。
9）その典型例が，1890（明治23）年11月に開業した帝国ホテルである。このホテルの開業が国家的要請に基づくものであることは，以下の浅野総一郎の追憶談から窺える。
　「憲法発布頃外務省より首都にホテル一つ持たぬは国辱なりとての東京の富豪十四，五名を呼び出しホテル創立の相談があり，集まるもの近藤，岩崎など世に時めく御歴々になりしも一人一萬円の醵金が如何にも大金であった。それがため醵金も思うように捗らず到頭五萬円を宮内省の持株に願ってけりがつき出来上がったのが帝国ホテルである」
（出所：運輸省鉄道総局業務局観光課編（1946）『日本ホテル略史』33頁）
10）木村前掲書，88頁。
11）犬丸徹三（1964）『ホテルと共に七十年』展望社，108頁。
12）木村前掲書，260～261頁。
13）同上，105～108頁，130～131頁，143～145頁。
14）鳥羽前掲書，61頁。
15）『澁澤栄一伝記資料』渋沢青淵記念財団竜門社編，第14巻，398頁。
16）Williamson, J. (1975), *The American Hotel*, Arno Press, p.13～37.
17）鳥羽前掲書，61頁。
18）運輸省編（1970）前掲書，6頁。
19）鈴木博（1968）『近代ホテル経営論』，柴田書店，15～16頁。運輸省編（1970）前掲書，9頁。
20）鳥羽前掲書，79～80頁。
21）佐々木宏茂（1994）「宿泊業」，足羽洋保編『新・観光学概論』ミネルヴァ書房，286

22)　鳥羽前掲書，79 頁。
23)　運輸省 (1970) 前掲書，8 頁。
24)　以下の記述は，日本ホテル株式会社編 (1980)『東京ステーションホテル 65 年の歩み』日本ホテル株式会社，9 〜 10 頁を参照した。
25)　以下の記述は，運輸省 (1946) 前掲書，126 〜 128 頁を参照した。
26)　運輸省 (1946) 前掲書，128 頁。
27)　以下の記述は，株式会社第一ホテル編 (1992)『夢を託して：第一ホテル社史』株式会社第一ホテル，27 〜 58 頁を参照。
28)　木村前掲書，339 頁。
29)　運輸省編 (1949) 前掲書，75 頁。
30)　たとえば，1997 年の平均的な米国ホテルは，宿泊収入が全収入の 73%を占めている。これに関しては，柴田書店編 (1998)『HOTERES』3 月 26 日号を参照。
31)　鈴木博前掲書，20 頁を参照。

第2章
フロント・オフィス従業員の役割とストレス

第1節　本章の目的

われわれは，日々の仕事の中で，種々のストレスに絶え間なく曝されている。事実，労働省の『平成9年労働者健康状況調査』によると，調査対象者の約63％が，仕事や職業生活のうえで強い不安，悩み，ストレスがあると回答している。そして，この数値は，同調査が開始された1982（昭和57）年に50.6％であったことから，不安やストレスを感じる人の割合は，着実に増えつづけているといえよう[1]。

ストレスマネジメントの意義

このストレスは一般に，外部から心に加えられた歪みと解されている。しかし，心に歪みが生じたからといって，そのすべてが問題になるわけではない。ストレスも，それが適度であるかぎり，われわれに覚醒をもたらし，行動を喚起し，動機づけ要因になる[2]。

ところが，適度を超えたストレスは，われわれの正常な肉体や精神の働きを阻害し，神経症，うつ病，心身症などの心の病，身体の病を引き起こすことがある。また，それは，われわれの職務態度へも影響をおよぼし，仕事への不満，勤労意欲の減退や，それに起因する欠勤，転職などを誘発する[3]。

このように，過度のストレスは，われわれの精神衛生を害する要因であると同時に，組織にとっても，労務管理上の諸問題を生み出す素因になっている。それゆえ，組織は，人びとの至福を守るという人道的な見地からも，また自己の効率を維持，促進するというマネジメント的な見地からも，この過度のストレスに関心を払わざるをえない。

第1節　本章の目的

既存のストレス研究に対する評価

　他方，われわれは，組織の構成員として，組織のなかで果たすべき役割を負っている。しかし，その役割を簡単に果たせないこともある。そのようなとき，役割そのものがストレスの起因，つまりストレッサー（stressor）になる。

　そして，この「役割ストレス」は，音，光，温度などの職場の物理的条件や職場の人間関係のあり方などがもたらすストレスと同様に，仕事のなかで常時存在する。それゆえ，それは，経営学がストレスについて語るとき，ひとつの大きなテーマになっている。

　だが，この役割ストレスをめぐる従来の研究は，どちらかといえばモノづくり組織に焦点が当てられ，サービス組織をさほど注視していなかった。そして，いくつかの例外はあるものの，一般従業員ではなく，主にマネージャーや組織のリーダーを研究対象にしていた[4]。

　しかし，役割ストレスについて考えるときには，モノづくり組織よりもサービス組織を，またマネージャーや組織のリーダーよりも第一線の現場で働く従業員，つまり「フロント・オフィス」の従業員（以下，「フロント・オフィス従業員」という。）を対象にしたほうが，示唆に富む結果を得られるのではなかろうか。

本章がサービス組織とフロント・オフィス従業員に注目する理由

　本章がサービス組織を重視する理由は，サービス組織研究が遅れていることに加えて，この組織がモノづくり組織よりも有機的で，オープン・システム的な組織構造をとるからである。

　つまり，オープン・システム的であるサービス組織では，従業員が果たす役割への期待が，組織の内部だけでなく外部においても形成される。それゆえ，そこにおける役割ストレスは，閉鎖的な組織のそれよりもダイナミックで，複雑になりやすい。

　他方，本章が，フロント・オフィス従業員に注目する理由は，彼らが組織と外部環境，つまり顧客との接点に位置し，その両者を結節する役割を果たしているからである。

この役割により、フロント・オフィス従業員は、内外のさまざまな利害を調整するなどのむずかしい職務を担うことになる。そして、その結果、パーキントンとシュナイダー（Parkington, J. J. & Schneider, B.）が言うように、マネージャーやリーダーよりもストレスを感じやすい[5]。

本章の目的

このように、役割ストレスに関する考察を、上記理由からサービス組織とフロント・オフィス従業員へと拡張した場合、われわれは、この問題に関するひとつの興味ある視点の存在に気づく。

それは、サービス組織のフロント・オフィス従業員が負う役割に起因するストレスに対して彼らがとる防御的な対処行動であり、その対処行動が組織や顧客に与えるインパクトである。そして、とくにこのインパクトに関しては、これまでの研究では、ほとんど触れられることがなかった。

そこで、本章は、上記の認識のもとで、以下の問題を取り扱いたい。まず、フロント・オフィス従業員が果たす役割を概観する。そのうえで、その役割がなぜストレスを生みやすいのかについて論述する。

その後、そのストレスに対してフロント・オフィス従業員が行う防御的なストレス対処行動の内容と、それが顧客や組織におよぼす影響について検討する。そして、本章の最後に、役割ストレスに対するマネジメント課題について付言したい。

第2節　フロント・オフィス従業員の役割と役割ストレス

組織で働く人びとは、そこで一定の役割を果たすことを周囲から期待されている。しかし、彼らは、かならずしもこの役割を、組織が定める職務分掌によって認知しているわけではない。

むしろ、それは、自分の占める地位、職務の内容、職場の人間関係などを背景にした日ごろの行為に対して、他の人びとがどのように反応するかを観察し、自習しながら自覚する[6]。換言すれば、役割は、顧客や組織の上司、

または同僚などの社会的な関係にある人びととの相互作用を通じて形成される。

他方，この役割がストレスに転化する理由は，上述の相互作用が，互いに意図し，期待する方向に進まないからである。そして，場合によっては，相対立するようになるからでもある。サービス組織の従業員が経験する役割ストレスも，まさにそのような対人関係の「もつれ」によるものにほかならない。

しかし，このもつれに対する責任のすべてを，従業員に負わせることはできない。なぜなら，それを生起させる要素が，彼らが行うサービス取引のなかにもともと組み込まれているからである。

1．役割ストレスの土壌となる「相克的相互依存関係」

サービスは，顧客と従業員との相互作用によって提供され，消費される。そして，この相互作用は，組織という名前の「演出家」によりあらかじめ設定された状況下，または，舞台上で演じられる。そこでは，顧客も従業員も，演出家が定める台本に従って行動することが期待されている[7]。

たとえば，テーマパークの乗り物乗り場で顧客は，そのテーマパーク，つまり組織が定めた手順に従い，自分の順番まで並んで待つことを期待される。一方，従業員は，定員を越えないように顧客を乗車させ，所定の時間だけその乗り物を稼働させることを期待されている。

しかし，サービスの生産，提供と消費に関するこの3者の思惑と利害は，つねに一致しているわけではない。その理由は，以下である[8]。

① 組織は，利潤と価格競争力を維持するために，サービスの提供を可能なかぎり効率的に行いたいと考えている。それゆえ，提供するサービスの内容を画一化し，生産，提供手段を規格化して，その遵守を従業員に強制しようとする。そして，同時に組織は，これにより顧客側の自由度を制限し，それへの個別対応を排除しようと企図する。

② 従業員は，顧客に対して，それとの接触により生じる軋轢を可能なかぎり少なくしたいと考えている。そのため，顧客の行動を自分に都合の

よいようにコントロールしたいと思っている。一方，彼らは，組織に対して，それが強制する煩瑣な規則や手続きによる束縛から解放されたいと望んでいる。
③ 顧客は，生産，提供されたサービスから最大限のベネフィットを得たいと思っている。そこで，その生産，提供過程を自分の意思どおりに進めたいと考える。そのため，顧客は，組織と従業員に対して，自己の意思に沿った行動を求める。

このように，サービス取引という「劇」に登場する組織，従業員，および顧客の3人の登場人物は，一定の役割を演じることが期待されているものの，実際には，図に示すような相克的な相互依存関係にある（図2-1参照）。

そして，このサービス取引における相克的な相互依存関係が，フロント・

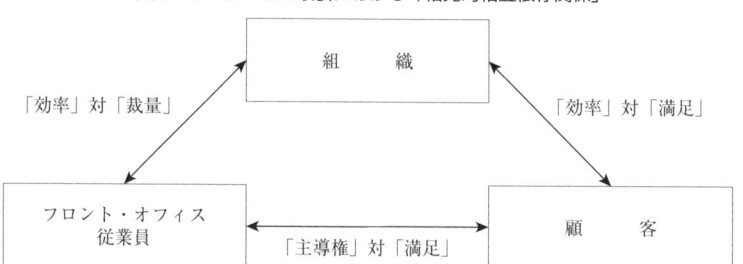

図2-1 サービス取引における「相克的相互依存関係」

```
                    組　　織
        ／                      ＼
  「効率」対「裁量」        「効率」対「満足」
    ／                              ＼
フロント・オフィス                顧　　客
    従業員      「主導権」対「満足」
```

〈出所〉：Bateson, J. R. (1985), "Perceived Control and Service Encounter", in J. A. Czepiel et al. eds, *The Service Encounter*, Lexington Books, pp.67-82 を一部修正。

オフィス従業員の役割ストレスを生起させる土壌になる。なぜなら，それが相克的であるために，この関係は，他者を支配することにより，その相克さから離脱し，自己の立場を有利にしようとする圧力を潜在的に内包しているからである。つまり，それは，もともと不安定で，もつれやすい。

しかし，ここで「土壌」と表現した理由は，この関係が存在するからといって，即時にサービス従業員にストレスをもたらすわけではないからである。むしろそれは，ストレスを生み出す環境的な要素にすぎず，実際には，この土壌の上にストレスの「種」が蒔かれて，はじめて「実」としてのストレスが生まれる。

その「種」とは，相互依存的でありながら，同時に相克的であるサービス取引の過程で，従業員が具体的に果たす役割である。そして，その役割とは，以下で説明する「境界関係役割」(boundary spanning role) と「下僕的役割」(subordinate role) である。

2．フロント・オフィス従業員の「境界関係役割」

境界関係役割とは，トンプソン (Thompson, J. D.) によれば，組織を外部環境と結びつける役割をさす。そして，それは，組織の構成員と非構成員との相互作用によって達成される[9]。サービス組織においてこの役割は，フロント・オフィス従業員によって担われている。

サービス組織のフロント・オフィス従業員がこの境界関係役割を負う理由は，彼らが属する組織がもつ特異性による。その特異性とは，以下である。

① 多くのサービス組織にとって，サービスを生産，提供するためには，顧客との接触が不可避である。つまり，たとえば患者が具合の悪い箇所を医師に説明したり，レストランの客がウェイトレスに注文を伝えないかぎり，サービスは生産できないし，提供できない。

② そして，この接触は，組織と顧客が出会う場所，つまり組織の境界 (boundary) で生じる。そのため，そこで行われる活動は，活発にならざるをえない。また，組織の重要な意思決定は，しばしば外部の事情に熟知したこの境界部分で行われる。

③ 顧客との接触の開始は，つねに予測可能であるわけではない。むしろ，突発的にはじまるといった方が適切である。それゆえ，組織は，その開始を常時待ち続けなければならない。

　また，顧客との接触が予測困難であることから，組織が顧客から受けるインパクトは強力になり，その内容は不確実になりやすい。そのうえ，組織は，突発的に開始される顧客との接触を，即応的に対処しなければならないことも多い。

④ 顧客との接触が不可避であることは，別の視点から見れば，顧客がサービス生産過程へ参加することを意味する。つまり，サービス組織に

おいて顧客は，いわば「部分的従業員」(partial employees)[10]として，または「共同生産者」として，サービスの生産，提供に参画する。

そして，顧客は，サービスの生産に際して，しばしば固有の自我（ego）を主張し，自己のニーズへの特別な配慮を求め，特別な手法による充足を望む。これにより，組織が目論むサービス提供の画一化を阻む。むしろ，独特な解決手法を要求する状況を顧客が絶え間なく創出し，組織はそれへの対応を強いられるといった方が正確になろう。

サービスは，顧客と接触して，はじめて生産し，提供することができる。そのため，サービス組織は，その外部環境（顧客）との相互作用を避けることができず，つねに不確実性への対応を迫られる。

サービス組織において，外部環境に対面し，不確実性に対処しているのがフロント・オフィス従業員である。つまり，彼らは，組織と外部環境（顧客）を結びつける「連結ピン」[11]の役割を担っている。

そして，フロント・オフィス従業員は，この境界関係役割を果たすうえで，以下のサブ的な役割を遂行する[12]。

① 従業員は，組織を代表し，代理して，顧客と交渉し，取引を行う。そのため，彼らは，それぞれが独自に，裁量的に行動することが多くなる。

② サービスでは，顧客が提供する情報，つまりそのニーズやウォンツが，製造業における原材料に相当する。そして，従業員は，この情報を顧客と接触して獲得する。

③ 従業員は，この顧客情報を取捨選択し，組織にとって好ましいものを取り入れ，好ましくないものを排除する。つまり彼らは，情報のフィルター機能を果たしている。

④ 従業員は，この顧客情報に基づき，顧客が望むサービスを提供する。そのため，彼らは，マーケティング活動と生産活動を同時に果たしている。

このように，フロント・オフィス従業員は，境界関係役割を果たすことにより，組織と顧客の中間に位置し，両者を結びつけるためにさまざまなサブ的な役割も負っている。そして，この従業員の位置づけと広範囲にわたる役

割が，後述するストレスの「種」になる。

3．フロント・オフィス従業員の「下僕的役割」

　一方，フロント・オフィス従業員は，上述した境界関係役割を果たすと同時に，あたかも顧客の「下僕」のようにふるまうことが期待されている。ただし，この役割は，すべてのフロント・オフィス従業員によって担われているわけではない。

　たとえば，レストランのウェイターやウェイトレス，タクシーやバスの運転手，各種窓口の受付係，小売店の販売員，または理美容師などがその典型例であり，より一般的にいえば，仕事の性格が以下である場合に，しばしばこの役割が生起する[13]。

① 従業員は，教育や指導，助言などにより顧客の思考や行動様式を変えること，または，この思考や行動様式を形成することを，自分が果たす仕事の使命や目的と考えていない。

② そのため，従業員は，知的専門家とも，その分野における権威者とも思われていない。

③ 顧客が当該組織を利用するか，いなかは，顧客側の自由意志に委ねられている。つまり，顧客には，その組織を利用する義務はない。しかし，組織は，自分を利用するように顧客を動機づけなければならない。そこで，フロント・オフィス従業員は，顧客の選択が組織に向かうように顧客を誘引すべき責務を負う。

　この下僕的役割を果たすフロント・オフィス従業員は，以下を甘受して，その役割を遂行しなければならないことが多い。

① 従業員は，顧客との接触の開始と終了を制御できない。それは，顧客の意思次第である。そのため，従業員は，顧客に対して，「いつでも喜んで顧客を迎える姿勢」と「満足ゆくまで対応する姿勢」をつねに示さなければならない。

② サービスの提供過程における従業員側の感情，希望や要求は，しばしば無視される。それゆえ，彼らは，欲求不満を感じるが，その不満を抑

えて職務を遂行しなければならない。
③　顧客側の明らかなミスであっても，そのミスを指摘できない。逆に，自分の責任であるといわなければならないことも多い。また，顧客の無理難題も，「顧客は神様」というモットーのもとに，しばしば受容しなければならない。
④　顧客を「王様」や「女王様」のように扱わなければならなかったり，顧客を呼ぶ時には，必ず尊称を使用しなければならない。しかし，従業員は，しばしば「ウェイトレス」，「運転手」などの職名や，「君」，「彼」などの代名詞で呼ばれる。
⑤　従業員は，喜んでその職務を行っていると顧客に思われなければならない。それゆえ，彼らは，それを示す表現，たとえば笑顔，を意識してつくらなければならない。
⑥　従業員は，この下僕的役割を果たすためにふさわしいと顧客が考えるような外見，たとえば，服装，ヘアスタイル，化粧法などの採用や言葉づかい（たとえば，丁寧語や謙譲語の利用）を強いられる。

このように，フロント・オフィス従業員は，顧客の下僕としてふるまうことをしばしば期待される。そして，この結果，彼らは，顧客に対して従属的な立場に立つ。他方，組織内におけるフロント・オフィス従業員の地位は，多くの場合低い。そのため，この両者から矛盾した役割期待を受けても，彼らには，それを拒絶したり，制御したりすることができない。そして，これが，彼らのストレスの「種」になっている。

4．フロント・オフィス従業員の役割ストレス

サービス組織のフロント・オフィス従業員は，サービス取引のなかで，境界関係役割と下僕的役割を果たすことにより，強いストレスを経験する。それは，これら役割が，葛藤を生みやすく，曖昧であるからである。そして，カーン（Kahn, R. L.）らがいうように，その役割の葛藤性と曖昧性は，ストレッサーになりやすいからである[14]。

だからこそ，米国ストレス協会は，サービス労働を米国でもっともストレ

スを受けやすい仕事のひとつと認定するのである。また，米国のノースウェスタン生命の調査によれば，フロント・オフィス従業員は，ストレスの進行した状態であるバーンアウト（burnout）にもっとも陥りやすいといわれている[15]。

フロント・オフィス従業員の役割葛藤

この役割葛藤とは，2人以上の人から異なる仕事の要求を同時に受けたり，自分がしたくない，あるいは自分ではしなくともよいと思っている仕事をするように求められたときに生じる。

フロント・オフィス従業員が役割葛藤を感じやすい理由は，サービス取引そのものが相克的であるにもかかわらず，そのなかで彼らが境界関係役割を担うことにより，組織と顧客の中間に位置せざるをえないからである。

また，フロント・オフィス従業員は，もともと組織内での地位が相対的に低く，そのうえ，顧客に対して下僕的な役割を果たすため，組織と顧客の両者に従属的でなければならないからでもある。

つまり，彼らは，組織からは，それが規定するサービス提供に関する方針や取り決めごとへの服従を求められ，顧客からは，そのような組織の規範からの逸脱を要求される。そのため，組織への忠誠と顧客ニーズへの対応のはざまに立ち，ジレンマに陥る。また，これは，彼らに2人以上の人物から相対立する役割期待を受けることにより発生する「送り手間葛藤」（Inter-sender Conflict）をもたらすことになる。

フロント・オフィス従業員が境界関係役割を負うためには，組織内部の情報に熟知し，対外的交渉能力にたけ，かつ，外部の状況に合わせて組織が有する諸資源を柔軟に活用できるような能力や資質が要求される。しかし，すべての従業員がそれを有しているわけではない。そのため彼らは，「自己の能力や資質と要求されるそれとの間のギャップに基づく葛藤」を経験することが多い。

さらに組織は，フロント・オフィス従業員に対して，顧客の下僕のようにふるまうことをしばしば期待する。組織は，それにより，顧客の好意を醸成したいからである。だが，これは，従業員に「送り手内葛藤」（Intra-sender

Conflict），つまり同一人物（役割の送り手）から両立しえない役割を期待されることを生み出す。

なぜなら，そのような役割を果たすことは，上例を借用すれば，組織が，従業員に規格化されたサービス提供手法への厳格な遵守を求めながら，同時に顧客のニーズやウォンツへの柔軟な対応を迫るからである。

また，フロント・オフィス従業員は，この下僕的な役割を担うことにより，「個人的役割葛藤」（Personal Role Conflict），つまり周囲から期待される役割が，個人の内的な倫理観や価値観などに反することから生じる葛藤を感じることがある。

それは，かれらがこの役割を忠実に果たすと，たとえば顧客側の明らかなミスであり，自分には何の責任もないのに謝罪しなければならないときがあるからである。さらに，顧客が投げるチップを物乞いのように拾わなければならないなどによって，人間としての尊厳を傷つけられることもあるからである。

だが，フロント・オフィス従業員は，1人の顧客をいつも相手にしているわけではない。複数の顧客を同時に扱うことも多い。この場合，彼らは，その顧客数に相当する役割期待を受けることになる。

しかし，その役割期待の内容は，かならずしも同一ではない。そのようなとき，彼らは，「役割間葛藤」（Inter-role Conflict），つまり，あるグループから期待されている役割と別のグループから期待されている役割が異なることにより生じる葛藤を感じるであろう。

フロント・オフィス従業員の役割曖昧性

一方，役割曖昧性は，果たすべき役割について不適切または少ない情報しか得られなかったり，仕事の内容や手順が明らかでなかったりして，責任の所在や範囲が不明確なときに生起する。

そして，フロント・オフィス従業員が役割曖昧性を感じやすい理由は，以下である。

① フロント・オフィス従業員は，マニュファクチャラーであり，マーケッターである。これは，彼らの職務範囲の広範さを示す。しかし，そ

第2節　フロント・オフィス従業員の役割と役割ストレス　　79

れは，同時に彼らの役割を曖昧にさせる。つまり，果たすべき役割が特定しにくいからである。

② 顧客がサービスの提供過程に参加し，固有のニーズやウォンツへの対応を求めるため，フロント・オフィス従業員は，それらに即応的に対処しなければならない。しかしそれは，仕事の内容や手順，手続きを明確化できないという意味において，彼らの役割の特定を妨げる。

③ 組織がフロント・オフィス従業員に下僕的な役割を負わせながら，組織の規範への服従を同時に求めることは，前述した送り手内葛藤ばかりでなく，役割曖昧性をも生み出す。つまり，彼らにとって，どちらを自己の目標とすべきか，また，組織は，どちらの役割を彼らに求めているのかが明確ではないからである。

このように，フロント・オフィス従業員は，自己と組織，および顧客との間で展開される相克的なサービス取引において，境界関係役割と下僕的役割を果たすことにより，さまざまな役割葛藤と役割曖昧性を感じる。そして，

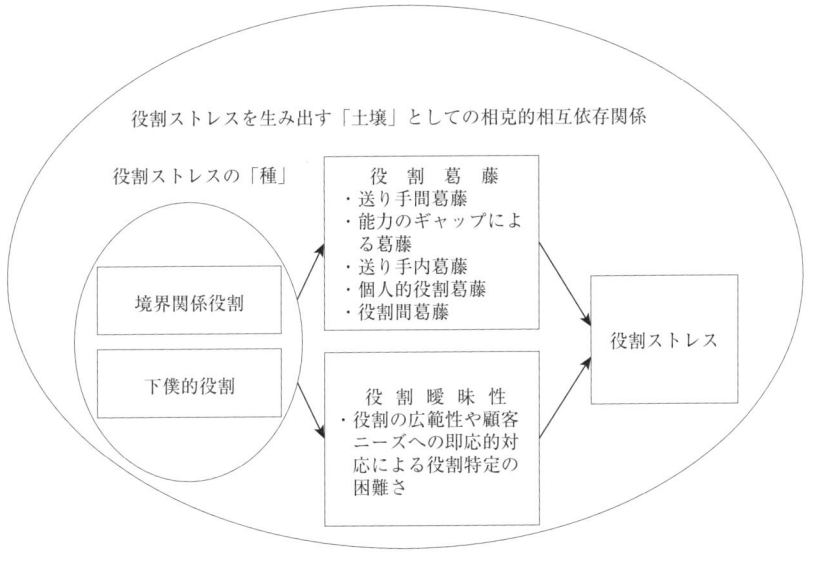

図2-2　サービス従業員の役割ストレスの構図

役割ストレスを生み出す「土壌」としての相克的相互依存関係

役割ストレスの「種」

- 境界関係役割
- 下僕的役割

役割葛藤
・送り手間葛藤
・能力のギャップによる葛藤
・送り手内葛藤
・個人的役割葛藤
・役割間葛藤

役割曖昧性
・役割の広範性や顧客ニーズへの即応的対応による役割特定の困難さ

→ 役割ストレス

（筆者作成）

それらが彼らにストレスを与える。以上をまとめると，図2-2になる。

第3節　従業員の防御的なストレス対処

　フロント・オフィス従業員は，上記のようなさまざまな役割ストレスを経験する。そして，彼らは，そのストレスに対して，身体的，心理的，行動的なさまざまなストレス反応を起こす。
　たとえば，身体的なストレス反応は，心身症と呼ばれる身体諸器官の疾病，機能不全となって現れることが多い。また，心理的なストレス反応としては，ノイローゼやうつ病がある。さらに，ストレスにより，欠勤や離職に至る場合もある。
　しかし，フロント・オフィス従業員は，ストレスをただ受動的に受け止めるだけでなく，それをなくしたり，緩和しようと努力する。つまり，ストレスへの対処（coping）を行う。

ストレスへの対処

　フォルクマンとラザルス（Folkman, S. & Lazarus, R. S.）は，この対処を「情緒中心」（emotion-focused）と「問題中心」（problem-focused）の2つに区分する[16]。前者は，ストレスを受けることによって生じる情緒的な苦痛を弱めたり，なくしたりする手法を求める対処であり，後者は，ストレスの原因である問題そのものを軽減したり，排除したりする対処である。
　このうち，情緒中心型の対処は，どちらかと言えば，ストレッサーである問題の直接的な解消を意図していない。むしろ，物事を楽天的に考えたり，飲酒やスポーツなどで気を紛らわしたりするような間接的な手法によりストレスを乗り切ろうとするものである。そのため，その効果は，個人の精神内界（intraphychic）にとどまりやすい。
　一方，問題中心型の対処は，ストレスを生み出す問題自体をその対象とする。そして，フロント・オフィス従業員の役割ストレスは，役割の送り手である顧客と組織によってもたらされているため，彼らが問題中心型のストレ

ス対処をとった場合，それは，この顧客と組織を目的としたものになる。

役割ストレスの起因になる顧客
だが，アダムス（Adams, J. S.）によれば，境界関係役割を果たすサービス従業員は，組織の内部から受ける役割期待よりも，組織の外部，つまり顧客から受ける役割期待を制御しづらく，それを適当にあしらうことができないという[17]。そこで，彼らは，自分たちのストレスが，顧客から期待される役割によってもたらされていると思うようになる。

そのため，フロント・オフィス従業員のストレス対処は，この顧客を第一義的な目標にしたものになりやすい。しかし，自分たちのストレスの原因が顧客であると認知したとしても，彼らには，その原因を抜本的に解消することができない。

それは，どのような場合であれ，ある問題を自己に有利に解決するためには，その問題を起こしている相手方に対して，交渉し，譲歩を引き出し，説き伏せるなどを可能にするパワーが必要だからである[18]。ところが，顧客に対して従属的であることが多いフロント・オフィス従業員には，このパワーを発揮することができない。

フロント・オフィス従業員の防御的なストレス対処
他方，前述のラザルスは，問題となる状況を変えうると判断したときには問題中心型の対処になり，それが困難であると認知した場合には情緒中心型の対処になるという[19]。

だが，現実のストレス対処は，そのような二者択一的なものではない。状況を変えられそうにないと思っても，問題中心的な対処を行うことがある。防御的な対処がそれである。

つまり，ストレッサーそのものを除去する代わりに，自分たちの周囲に，いわば「バリアー」を張りめぐらし，ストレッサーから受ける影響を可能なかぎり遮断しようとする。その具体的な手法としては，以下が考えられる。

1．組織への過剰な同調

　フロント・オフィス従業員が陥る役割ストレスのひとつの源泉は，彼らが組織と顧客の中間に位置しているという事実である。そのため，両者からしばしば矛盾した役割期待を受けなければならない。そこで，自己の立場を両者のどちらかに移す，つまり顧客か組織のどちらか一方と一体化することにより，葛藤的な状況から離脱しようとする。
　そのための手法が，組織への「過剰な同調」(over-conforming) である[20]。つまり，組織が定める規則や標準的なサービスの提供手法，組織の上司からの命令や前例に過剰に固執するのである。
　これによりフロント・オフィス従業員は，顧客ニーズに関する個別具体的な差異を無視することができる。また，規則やサービス提供手法を顧客に合わせて柔軟に適用する必要性を避けることもできる。この結果，彼らは，顧客側から受ける役割期待に関するプレッシャーを軽減できるようになる。

2．顧客への迎合

　サービス従業員は，顧客との葛藤を避けるため，上記とは逆に，意図して顧客に迎合することがある。この場合，従業員は，顧客の好意を得るため，あえて組織が定める規則やサービスの提供手法などを破ることがある。
　シャミアー (Shamirt, B.) の研究によれば，バスの乗客から「良いサービス」と評価された多くのケースにおいて，まさにそれが起こっている[21]。つまりそれは，組織が許容しがたい顧客の特殊な要求を受容したときのものであった。運転手は，その顧客の特殊な要求を会社の方針に従って拒絶した場合に生じる顧客との葛藤を避けるために，その要求に意図的に迎合したのである。

3．顧客との接触の回避

　フロント・オフィス従業員は，組織への過剰な同調や顧客への意図的な迎合のほかにも，顧客との接触を避けることにより，役割ストレスを制御することがある。これにより従業員は，顧客との接触を自己の意思でコントロールしているという意識を高めることができるからである。

　たとえば，前述のシャミアーによるイスラエルのバス運転手を対象にした実証的研究では，彼らにとっての理想的な乗客は，アラブ人であった。それは，アラブ人が，彼らの目を見ずに，一言も発せず料金を支払い，すぐに後部座席へ移るためである。つまり，彼らにとっての理想的な乗客は，顧客接触をもっとも必要としない人びとであった。

　また，この顧客との接触回避は，責任の転嫁によって行われることがある。つまり，ある仕事を遂行する責任を，「それは自分の仕事ではない」や「自分には権限がない」などといって，他人に転嫁することにより回避する。

　たとえばメンジーズ（Menzies, I. E. P.）は，看護学校の学生は，権限を上位者に「委譲」することにより，仕事を避けるという[22]。また，ペイロット（Peyrot, M.）によると，精神科の治療士は，好ましくない患者に対して他の治療プログラムや治療機関を勧めることにより，それとの接触を避けるという[23]。

4．顧客との接触の抑制

　しかし，フロント・オフィス従業員は，一般に組織の境界に位置しているため，顧客との接触を完璧に避けることができない。そこで，彼らは，その代替として，顧客との接触を可能なかぎり抑制しようとする。その手法としては，以下がある。
　① 「忙しさを装う」ことによる抑制
　　これは，自分が忙しいことを動作に表して，顧客に意識的に顕示することにより，顧客との接触を抑制することである。そして，その典型例が，

バレリーナのように忙しく飛び回るウェイトレスである[24]。

　また，上記の変形であるが，サービスの提供を長引かせることによって顧客との接触を抑制しようとすることがある。たとえば，顧客がつくる待ち行列を放置し続けることにより，顧客との接触を抑制する。なぜなら，顧客は，その行列を見て，サービスの利用を諦めることがあるからである。

② 　物理的コントロールの付加による抑制

　フロント・オフィス従業員は，顧客に対して物理的なコントロールを意図的に加えることにより，顧客との接触を抑制することがある。たとえば，フライト中の煩わしい顧客との接触を避けるために，シートベルトを締め続けさせるスチュワーデスがその典型例である。

③ 　リーダーシップによる抑制

　フロント・オフィス従業員は，サービス提供過程で主導権を握ることにより，顧客との接触を抑制しようとする。たとえば，レストランのウェイトレスは，顧客が選択すべきメニューを一方的に示唆したり，食事の終わった顧客のテーブルをさっさと片づけたりすることによって，顧客との接触を抑制しようとする[25]。

④ 　教育または罰則による抑制

　従業員は，顧客を教育することにより，それとの接触を抑制することがある。つまり，サービスの提供に関する組織のルールを顧客に教えるという手法により，顧客接触をコントロールしようとする。

　たとえば，勝手に席につく顧客に対して，並んで待つのがルールであり，そうしなければサービスを提供できないと伝えることにより，この教育が行われる。

　また従業員は，顧客に「罰」を与えることによって顧客との接触を抑制する場合がある。たとえば，リッチマン（Richman, J.）のバス運転手を対象にした調査によれば，運転手は，バスの遅延に苦情を述べる乗客に対して，運行計画を逆に遵守して，彼らを困らせることにより，2度とそのような苦情を言い出さないようにさせるという[26]。

⑤ 　役割からの逃避

　従業員は，役割ストレスを回避するために，その役割自体から逃避する

ことがある。ただし，白日夢に耽ったり，他のことを考えることは，サービス業ではむずかしい。顧客から自分を物理的に隔離することができないからである。

そこで彼らは，この隔離に類似した行為をとるのである。たとえば，タクシーの運転手が車内のラジオの音量を上げて，乗客との間にバリアーを築き，他のことに没頭できるようにする，などがその例になる。

⑥　顧客の「機械的な取扱い」

顧客が生身の人間であるからこそ，従業員は，それから種々の役割期待を受けてストレスに陥る。そこで，顧客を人間というよりも生命のないモノや数字として扱うことにより，このストレスに対処する場合がある。たとえば，ミズラヒ（Mizrahi, T.）によると，医者は，患者との対人的なストレスを避けるため，その名前ではなく病名で呼び，患者には理解不能な医学用語を使い，その視線を避け，質問にはそっけなく，恩きせがましく返答するという[27]。

このように，フロント・オフィス従業員は，自分が経験する役割ストレスが，その役割の送り手である顧客によってもたらされていると考えることが多い。しかし，彼らには，このストレスを完全に除去できない。そこで，上述したさまざまな防御的な対処行動を採用することにより，それを可能な限り軽減しようとする。

第4節　ストレス対処が顧客と組織へおよぼすインパクト

上述したフロント・オフィス従業員が行う防御的なストレス対処のインパクトは，以下で述べるように，当該従業員を超えて，顧客や組織におよぶことがある。そして，このインパクトのモーメントは，防御的なストレス対処が顧客を目的にして行われることが多いため，第一次的には顧客へ向かい，究極的には組織へと向かう。

1．顧客へのインパクト

　まず，顧客に向かうインパクトのひとつが，彼らが抱くフロント・オフィス従業員のサービス提供姿勢への懐疑である。つまり，顧客は，この防御的な対処行動が続くと，彼らには自分のニーズやウォンツを充足する意思がないのではないか，と疑うようになる。

　この懐疑は，時間の経過にともなって確固としたものになっていく。そして，顧客は，このフロント・オフィス従業員を，手ごたえがなく，融通がきかず，寛容さに欠け，親しみのない，近づきがたい存在であると考えるようになる。

　他方，顧客側も，従業員の防御的なストレス対処に合わせて，次第にそれへの対抗策を講じるようになる。その対策とは，「告発」（voice）と「退出」（exit）である[28]。

　顧客は，不充足な自己のニーズやウォンツの存在を認知すると，それに対する不満を表明する。しかし，不満を抱く顧客のほとんどは，この不満を生み出したフロント・オフィス従業員や組織に向かって直接苦情を述べない。むしろ，それは，当該組織の潜在的な顧客に伝えられることが多い[29]。

　この結果，不満が人びとの間に拡散され，共有されていく。そのうえ，この不満が嵩じると，顧客は，もはやその組織に期待しなくなり，場合によっては敵意を抱いたりする。さらに，この不満が彼らの許容量を超えたとき，組織から離れてしまう。そして，この離脱した顧客のほとんどは，2度とその組織に戻らない。

2．組織へのインパクト

　組織への影響は，上述から明白であろう。つまり，組織は，フロント・オフィス従業員の防御的なストレス対処により，そのサービス品質に対する評価を著しく損ね，顧客を失う。

　また，組織は，新規顧客を獲得するために，多大な投資を行っている。そ

第4節 ストレス対処が顧客と組織へおよぼすインパクト

れゆえ，顧客の喪失は，この投資を無意義にする。そして，組織は，将来の豊かな果実をも同時に失うことになる。なぜなら，組織の収益性は，顧客との友好関係が長期化すればするほど，高まるからである[30]。

また，不満足な顧客が拡散する組織の悪評判は，潜在的な顧客の組織に対する評価にも影響を与える。その理由は，サービスではその品質を示す有形の証拠物が乏しいため，顧客は，つねにリスクを感じながらそれを利用しているからである。そこで，このような悪評価を得ると，その組織を利用したくないと考えはじめる。

さらに，このフロント・オフィス従業員の防御的なストレス対処が，組織内で制度化されることがある。つまり，それがサービスの生産と提供に関する規範となり，人びとに共有され，すべての人の態度となり，それに従うのが当然と考えられるほどになる[31]。そして，最終的にこのような組織は，顧客ニーズに鈍感で，その充足に非効率的な，いわゆる典型的な「官僚制的組織」になる。

一方，フロント・オフィス従業員の防御的なストレス対処は，顧客ばかりではなく，組織の外部にいる他の人びととの評価を落とし，財務的な支援を求める際や，従業員の募集を行うときなどに，組織を不利な状況に追い込むことが多い。

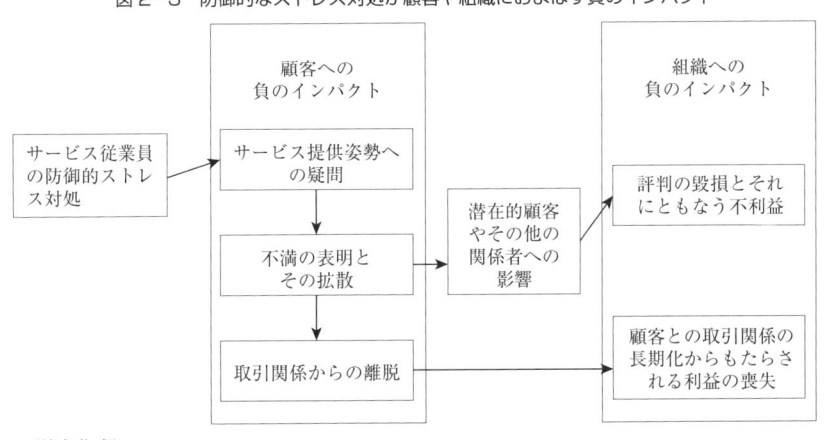

図2-3 防御的なストレス対処が顧客や組織におよぼす負のインパクト

(筆者作成)

なぜなら，顧客からの評価が低い組織にあえて就職したいと考える人は少ないからである。また，そのような組織には，マネジメントに関するなんらかの問題があると見なされがちであり，このことが人びとの積極的な融資や投資意欲を損なうからである。

このように，フロント・オフィス従業員の防御的なストレス対処は，その従業員自身にとっては有効であったとしても，顧客や組織に対しては，ネガティブなインパクトを与えることが多い。

そして，これをまとめると，図2-3になる。

3．役割ストレスへのマネジメント課題

以上，フロント・オフィス従業員の役割ストレスと，彼らがそのストレスを回避するために行う防御的なストレス対処について説明した。そして，ストレス対処の効果は，個人の精神内界にとどまるだけでなく，防御的なストレス対処を通じて，組織やその顧客へおよぶことがあると述べた。

しかし，サービス組織の経営者やマネージャーは，その防御的なストレス対処のすべてを逐一管理できない。なぜなら，それを管理するためには，フロント・オフィス従業員と顧客が行う相互作用の一部始終を監視しなければならないからである。逆に，もしそれをするならば，従業員と同数の監督者が必要になる。

また，この防御的なストレス対処が顧客や組織におよぼすインパクトの効果は，瞬時に現れるわけではなく，むしろボクシングのボディブローのように徐々に効いてくる。それゆえ，その把握が非常にむずかしい。

一方，この防御的なストレス対処は，フロント・オフィスの従業員が担う役割が根本的な原因になっている。つまり，その役割がストレスを生み，そのストレスが，防御的なストレス対処を生起させている。

それゆえ，防御的なストレス対処を抑制するためには，その根本原因であるフロント・オフィス従業員の役割そのものをマネジメントする必要がある。そして，そのためには，以下の問題について再考する必要があろう。

　① 適切な人材の採用

ストレスに対する耐性は，一様ではなく，個人差がある。サービスは，顧客との接触が不可避であるから，他者との交わりを厭う人は，フロント・オフィス従業員として不向きである。

フロント・オフィス従業員として成功するためには，思いやり深さ，慎み深さ，陽気さや親切さなどのパーソナリティが必要である。逆に，そのようなパーソナリティをもっていない人がこの仕事に就いた場合，求められる役割，とくに下僕的役割を果たすうえで，強度のストレスを経験するであろう。

それゆえ，サービス組織は，この役割の負荷に耐えうるだけの人材を採用できているか，いないかが，役割ストレスのマネジメントに関して，もっとも基礎的な要因になる。

② 適切な教育訓練の実施

フロント・オフィス従業員がサービス組織で成功するためには，サービス提供についての適切な技能や知識を有していることが望ましい。しかし，そのためには，伝統的な「スマイルトレーニング」やマナーの学習だけでは不十分である[32]。

フロント・オフィス従業員には，顧客ニーズを的確に理解する洞察力が求められる。また，そのニーズに即応的に対応しなければならないから，自分自身で考え，事態に対処する能力も要求される。

さらに，顧客接触に起因するストレスを軽減するためには，顧客からの信頼が不可欠である。信頼関係を構築し，それを長期的に維持できれば，スムーズなサービス提供が可能になり，ストレスを感じにくくなるからである。

そのため，サービス組織は，顧客に笑顔をふりまき，親切にし，気むずかしい顧客をうまくなだめ，顧客をおだてることにより，サービス提供を円滑化する手法ばかりでなく，上述した洞察力，能動的な思考力や顧客との信頼関係の創造と維持に関する手法などを教育し，訓練する必要がある。

③ エンパワーメント（Empowerment）

フロント・オフィス従業員は，組織と顧客の中間に挟まれ，しばしば両

方から相容れない役割期待を受ける。そして，この役割期待の2面性が，役割葛藤をもたらし，ストレスを生む。

それゆえ，組織からの役割期待と顧客からの役割期待が一致していれば，フロント・オフィス従業員は，両者を満足させることができ，その結果，役割葛藤も，ストレスも感じない。

他方，フロント・オフィス従業員は，組織の境界部で，組織を代理し，代表して顧客に接触している。だが，従業員が対処する顧客ニーズは，変幻自在であり，予測困難である。そのため，とくにサービス組織では，彼らの臨機応変な対応が重要視される。

ところが，多くの場合彼らは，この顧客接遇を自主的に処理するだけの権限を与えられていない。むしろ，多くの組織は，従業員をマニュアルや規則で束縛し，組織の意思のままに操ることにより，安心感を覚えている[33]。

だが，これでは，フロント・オフィス従業員の役割葛藤を解消できない。そこで，彼らに権限を委譲し，詳細なマニュアルや規則から開放し，能動的な意思決定者として行動させることが肝要になる。

④ 組織全体でのサービス志向の追及

フロント・オフィス従業員の責務は，優れたサービスを提供することにある。一方，組織もその提供を目標にしている。しかし，シュナイダー(Schneider, B.)は，従業員の方が組織よりも，しばしば強いサービス志向，または顧客志向をもつという[34]。

つまり，同じようにサービス志向，顧客志向を目標にしていても，その熱意に関して，両者の間に微妙な温度差があることをシュナイダーの研究は伝えている。換言すれば，組織のサービス志向性は，対外的なポーズであり，リップサービスであることが少なくない。

そのため，組織の本心が，官僚的で，画一的なサービス提供にあれば，それが日ごろ従業員に求めている顧客志向と実際とのギャップに従業員は戸惑い，どちらを遵守すべきかがわからず，彼らの役割を曖昧にする。また従業員は，顧客と組織の板ばさみになり，葛藤を感じるであろう。

そこで組織は，サービスの提供，究極的には顧客満足をどのように考え

ているのかをフロント・オフィス従業員に明示し,それを矛盾なく信奉することにより,この曖昧さと葛藤を解消する必要がある。

第5節　小　　括

1．サービス組織におけるフロント・オフィス従業員の位置づけと役割

　サービスは,モノとは異なり無形であるため,その品質を推し量る客観的な尺度に乏しい。それゆえ,顧客は,サービス提供に付随する有形物を手がかりにして,この品質判断を行っている。そして,この有形物のなかで,顧客がもっとも重視するのが,彼らを接遇するフロント・オフィス従業員である[35]。
　一方,顧客は,フロント・オフィス従業員との接触に満足したとき,提供されたサービスそのものに対して満足を感じる[36]。そして,この顧客満足は,サービス取引過程においてフロント・オフィス従業員が果たすべき役割と,顧客が知覚した実際の役割が一致する場合に生起する。
　それゆえ,フロント・オフィス従業員は,当該組織が提供するサービス品質を体現すると同時に,彼らが負う役割は,そのサービスへの総合的な顧客満足を獲得するための重要な手段になっている。

2．フロント・オフィス従業員の役割ストレス

　サービスは,顧客,組織,従業員の3者で構成される相互依存関係に基づき生産,提供され,消費される。しかし,この依存関係は,対等的ではない。顧客は,組織が,たとえば役所や病院,法律事務所などが,合法的な権威性を有していると認めた場合,それが定める顧客との接触に関するルールを受容する[37]。しかし,多くのサービス組織は,この権威性をもっていない。
　そのため,一般的なサービス組織の顧客は,組織が定めるルールに素直に従うとはかぎらない。むしろ顧客は,従業員との相互作用の過程へ自我を持

ち込み，個別的な対応を要求する。そして，その要求は，しばしば組織の思惑に反することがある。それゆえ，従業員がそれを許容すれば，組織の意思を代弁するという役割を放棄することになる。

ところが，フロント・オフィス従業員には，顧客の要求を制御できない。彼らは，顧客から逃げることができないからであり，多くの場合，顧客の下僕として奉仕することが求められているからである。この結果，彼らは，組織と顧客から両立しにくいさまざまな要求を受けることになる。

だが，フロント・オフィス従業員は，この両者の利害を1人で調整しなければならない。これにより，彼らは，しばしば役割葛藤を経験する。また，彼らの職務範囲を，モノづくり組織のそれのようにある一定のものに限定することは困難である。顧客をベルトコンベアに乗せ，自分の職務を果たし，次の係へ送ることが，つねに可能ではないからである。

むしろ，この顧客を1人で最後まで担当しなければならないことが多い。さらに，すべての顧客が，同一のニーズやウォンツをもっているわけではない。そこでフロント・オフィス従業員は，そのニーズやウォンツに，柔軟に対応しなければならない。しかしそれは，彼らの役割を，特定しづらいという意味において，曖昧にする。

3．フロント・オフィス従業員の防御的なストレス対処

このように，サービス組織の従業員が果たす役割は，ストレスに満ちている。だが彼らは，そのストレスを漫然と受け止めているわけではない。ストレスから身を守るために，さまざまな防御的な対処行動をとることがある。

しかしそれは，従業員自身のストレス軽減には有効であったとしても，顧客や組織にネガティブな影響をおよぼすことが多い。なぜなら顧客は，そのような対処行動を続ける組織に失望し，それから離れてしまうからである。

そして顧客の離脱は，当該組織への悪評判となり，将来の顧客を奪う。さらにそれは，就職希望者や投資家など，その組織になんらかの意味で関心を抱く人びとをも遠ざけてしまう。

4. 役割ストレスへのマネジメント課題

　サービス組織は，フロント・オフィス従業員の防御的なストレス対処が組織自身やその顧客に負のインパクトを与えるため，それを適切にマネジメントする必要がある。だが，この対処行動の起因は，彼らが果たす役割にある。

　つまり，彼らの役割が葛藤に満ちており，曖昧であることが多いから，それがストレスに転化し，結果として防御的なストレス対処を導き出す。そのため，このストレス対処をマネジメントするためには，役割そのものをマネジメントしなければならない。

　そして，その手法としては，①適切な人材の採用，②適切な教育，訓練の実施，③権限の付与，④組織全体でのサービス志向の追及，などが考えられる。

注
1）　労働省大臣官房政策調査部編（1994）『労働者健康状況調査報告（平成9年度版）』を参照。
2）　McGrath, J. E. (1976), "Stress and Behavior in Organizations", in M.D.Dunnette, eds., *Handbook of Industrial and Organizational Psychology*, Rand McNally.
3）　原岡一馬・若林満（1989）『組織の中の人間』福村出版。
4）　この点に関しては，たとえば，French, J. R. P. & Caplan, R. D. (1972), "Organizational Stress and Individual Strain", in A. J. Marrow eds., *The Failure of Success*, AMACOM, pp.30-60 および，Rogers, P. R. & Molnar, J. (1976), "Organizational Antecedents of Roles Conflict and Ambiguity in Top Level Administration", *Administrative Science Quarterly*, Vol.21, No.4 pp.528-610 が典型例である。
5）　Parkington, J. J. & Schneider, B. (1979), "Some Correlates of Experienced Job Stress：A Boundary Role Study", *Academy of Management Journal*, Vol.22, No.2, pp.270-281.
6）　原岡一馬・若林満（1993）『組織コミュニケーション』福村出版。
7）　サービスの提供と消費に関する相互作用を，組織（演出家），従業員（俳優）および顧客（観客者）で構成される「ドラマ」として捉える考え方については，たとえば，Grove, S. J. & Fisk, R. P. (1983), "The Dramaturgy of Service Exchange：An Analytical Framework for Service Marketing", in Berry, L. L., Shostack, G.L. & Upah, G.D. eds., *Emerging Perspectives in Service Marketing*, American Marketing Association, pp.191-195 を参照。
8）　Bateson, J. R., (1985), "Perceived Control and Service Encounter", in J.A. Czepiel, M.

R. Solomon & C. F. Surprenant eds., *The Service Encounter*, Lexington Book, pp.67-82.
9) Thompson, J. R. (1962), "Organizations and Output Transactions", *American Journal of Sociology*, Vol.68, Nov., pp.309-324.
10) サービスにおいて顧客は，生産に積極的に関与することが多い。この結果，顧客は，生産という視点から捉えれば，従業員の一部として機能している。この点については，たとえば，Mills, P. K. & Morris, J. H. (1986), "Clients as Partial Employees of Service Organizations : Role Development in Client Participation", *Academy of Management Review*, Vol.11, No.4, pp.726-735, および Parsons, T. (1970), "How Are Clients Integrated into Service Organizations", in W. R. Rosengren & M. Lefton eds., *Organizations and Clients : Essays in the Sociology of Service*, C. Merrill & Co.を参照のこと。
11) Organ, D. W. (1971), "Linking Pin Between Organizations and Environment", *Business Horizons*, Vol.14, No.6, pp.73-80.
12) 以下の記述は，Aldrich, H. & Herker, D. (1977), "Boundary-Spanning Roles and Organizational Structure", *Academy of Management Review*, Vol.2, No.2, pp.217-230, および, Sasser, W. E. (1976), "Match Supply and Demand in Service Industries", *Harvard Business Review*, Vol.15, Mar./Apr., pp.133-140 を参照した。
13) 以下の記述は，Shamir, B. (1980), "Between Service and Servility : Role Conflict in Subordinate Service Role", *Human Relations*, Vol.33, pp.741-756 を参照した。
14) Karn, R. L., Wolf, D. M., Quinn, R. P. & Snoek, J. D. (1964), *Organizational Stress : Studies in Role Conflict and Ambiguity*, NY : John Wiley & Sons, Inc. (西昭夫監訳『組織のストレス』産業能率短大出版部，1973年).
15) Millers, A., Springen, K., Gordon, J., Murr, A., Cohen, B. & Drew, L. (1988), "Stress on the Job", *Newsweek*, April 25, pp.40-45.
16) Folkman, S. & Lazarus, R.S. (1980), "An Analysis of Coping : a Middle-Aged Community Sample", *Journal of Health & Social Behavior*, Vol.21, pp.219-239.
17) Adams, J.S. (1976), "The Structure and Dynamics of Behavior in Organizational Boundary Roles", in Dunnette, M. D. eds., *Handbook of Industrial and Organizational Psychology*, Rand Mcnally.
18) Mintzberg, H. (1983), *Power In and Out Organization*, Prentice-Hall, Inc.
19) Lazarus, R. S. (1966), *Psychology Stress and the Coping Process*, Mcgraw-Hill.
20) Lipsky, K. (1980), *Street-Level Bureaucracy : Dilemmas of Individual in Public Services*, Russen Sage (田尾雅夫・北大路信郷共訳『行政サービスのディレンマ：ストリートレベルの官僚制』木鐸社，1986).
21) Shamir (1980) op. cit.
22) Menzies, I. E. P. (1960), "A Case-Study in the Functioning of Social System as a Defense Against Anxiety", *Human Relations*, Vol.13, No.2, pp.95-121.
23) Peyrot, M. (1982), "Case Load Management : Choosing Suitable Clients in a Community Health Clinic Agency", *Social Problems*, Vol.29, No.2, pp.157-167.
24) Terkel, S. (1972), *Working*, Aron Books.
25) Whyte, W. F. (1948), *Human Relations in the Restaurant Industry*, McGraw-Hill.
26) Richman, J. (1969), "Business Vs The Public", *New Society*, Vol.16, pp.243-245.
27) Mizrahi, T. (1984), "Coping with Patients : Subculture Adjustments to the Conditions of Work Among Internists-in-Training", *Social Problems*, Vol.32, pp.156-16 を参

照。
28) Hirshman, A.O. (1970), *Exit, Voice, and Loyalty*, Harvard Univ. Press（三浦隆行訳『組織社会の理論構造』ミネルヴァ書房，1975 年）.
29) この点に関しては，本書第 4 章を参照のこと。
30) Reichman, F. F. & Sasser, W. E., Jr. (1990), "Zero Defection Comes to Services", *Harvard Business Review*, Vol.68, Sep./Oct., pp.105-111.
31) Riley, P. (1983), "A Structurationist Account of Political Cultures", *Adminidtrative Science Quarterty*, Vol.28, No.3, pp.414-437.
32) サービス従業員に対する教育・訓練のあり方については，たとえば Albrecht, K. (1988), *At America's Service*, Dow Jones-Irwin, Inc.
33) Tushman, H. L. & Scanlan, T.J. (1981), "Characteristics and External Orientations of Boundary Spanning Individuals", *Academy of Management Journal*, Vol.24, No.1, pp.83-98.
34) この点については，Schneider, B. (1980), "The Service Organization: Climate Is Crucial", *Organizational Dynamics*, Vol.9, Autumn, pp.52-65, および Schneider, B. & Bowen, D. E. (1985), "Employees and Customer Perceptions of Service in Banks: Replication and Extension", *Journal of Applied Psychology*, Vol.70, No.3, pp.432-433.
35) 1988 年に米国のギャラップ社が，1,005 人の消費者を対象に実施した調査によると，「サービスの品質とはなにか」という問いに対して，回答者の 3 分の 1（これがもっとも多い回答であったが）は，「従業員の礼儀正しさ」，「態度」や「役立とうとする姿勢」をあげていた。この調査の詳細に関しては，Gallup Organization Inc. (1988), *Customers' Relations Concerning the Quality Of American Products and Services*, ASQC Publication, No.T711, October.
36) たとえば，Crosby, L. A. & Stephens, N. J. (1987), "Effects of Relationship Marketing on Satisfaction, Relation and Prices in the Life Insurance Industry", *Journal of Marketing Research*, Vol.24, Nov., pp.404-441 の生命保険加入者を対象にした調査では，保険商品そのものに対する満足度は，顧客が保険会社の従業員と接触したときに得た印象に左右されていた。

第3章
ホテル業における従業員の離職とそのインパクト

第1節 本章の目的

　従業員の離職は，今世紀初頭から欧米の，とくに米国の実務家や，人的資源論，または組織行動論の研究者にとって，1つの大きな関心領域になっている[1]。そして，そこにおいては，モノづくり組織が主たる研究対象であったが，1980年までに，1,000を超える研究事例と，少なくとも13の研究批評が存在する[2]。

離職研究をもたらした背景
　これに対して，今日の欧米における離職研究は，モノづくり組織よりもサービス組織に焦点をあて，とくにホテル業やレストラン業を題材として取り上げることが多い。なぜなら，ホテル業やレストラン業が成長産業であるため人手不足が顕在化しているにもかかわらず，従業員の離職が頻発しているからである[3]。

　たとえば，この点に関して，ウッズとマッカレー（Woods, R. H. & Macaulay, J. F.）が米国のチェーン・レストランとチェーン・ホテルをそれぞれ6社ずつ抽出して行った調査によると，時間給従業員の年間平均離職率は，前者で約93％，後者で約87％であった。また，マネージャーのそれは，前者で約49％，後者で約52％という結果になっている[4]。

　このような欧米の現状に反して，これまでのわが国では，従業員の離職がほとんど注目されなかった。その理由は，わが国の企業では長期雇用が一般的であり，その外部への人的移動は，一部従業員の定年や疾病による退職，または出向などの配置転換を除くと，きわめて安定的，固定的に推移してき

たからである[5]，と思われる。

事実，わが国の過去の離職率は，他の先進諸国のなかで，もっとも低い部類に属していた[6]。さらに，わが国では，1980年以降とくに顕著であったが，労働市場に入職超過状態が常態化していた[7]。そのため，研究者は，従業員の離職を真剣に考察する必要性を感じなかったのであろう。

わが国宿泊業の離職状況

だが，そのようなわが国においても，いくつかの例外があった。そのひとつが，宿泊業である。宿泊業は，他の産業に比べ相対的に離職者が多く，またそれは，今日的というよりも，以前から観察できたことであった。

そのため，宿泊業では，早くからこの問題の重要性が実務的に認識されていた。たとえば，1988（昭和63）年に行われた労働省の『サービス実態調査（産業労働事情調査）』では，従業員の離職，換言すれば「従業員の定着」が，「就業意欲の維持・向上」につぐ関心事になっている（表3-1参照）。

また，1994（平成6）年に実施された日本労働機構による『ホテル・旅館

表3-1 宿泊業における労働面の課題（複数回答） (％)

人手不足	余剰人員対策	従業員の定着	研修・教育の充実	就業意欲の維持・向上	労働時間	賃金対策
24.6	1.2	35.4	30.2	37.5	20.5	23.1

〈出所〉：労働省編（1988）『サービス実態調査（昭和63年産業労働事情調査）』。

表3-2 人事・労務面の課題（複数回答） (％)

	労働時間の短縮	高齢化	労働コストの高騰	福利厚生の充実	従業員の確保	従業員の定着	就業意欲の向上	人事制度の整備	能力開発の遅れ	経営者との意思疎通
全　　　　体	64.0	52.0	44.3	36.6	35.4	31.0	31.0	28.2	26.6	14.4
都市ホテル	69.4	21.8	56.5	43.5	21.8	43.5	23.4	37.1	29.8	12.9
ビジネスホテル	55.4	28.2	44.1	33.3	30.3	24.1	35.9	25.1	28.7	15.4
観光地ホテル	60.5	60.5	46.5	55.8	41.9	34.9	34.9	37.2	25.6	16.3
リゾートホテル	69.6	32.9	48.1	38.0	22.8	36.7	38.0	34.2	32.9	15.2
都 市 旅 館	64.9	62.2	59.5	37.8	43.2	29.7	29.7	27.0	29.7	18.9
温泉地旅館	68.4	74.1	39.1	36.7	43.8	27.3	30.3	26.9	24.6	12.5
観光地旅館	71.4	69.7	42.0	32.8	42.0	30.3	27.7	25.2	23.5	16.0

〈出所〉：日本労働機構編（1994）『ホテル・旅館業界の労働事情』11頁。

業界の労働事情調査』においても，全回答者の約 31 % が，「従業員の定着」を人事・労務上の課題と考えている。そして，とくに都市ホテルでは，この数値が約 44 % にまで高まり，「労働時間の短縮」と「労働コストの高騰」につぐ，第 3 番目の経営課題になっていた（表 3-2 参照）。

この結果，少なくとも宿泊業では，従業員の離職に関する上述した実務的な関心度合いと従前の学術的な研究成果とのあいだには，明らかなギャップが存在していたといえよう。

既存の離職研究に対する評価

他方，このような従業員の離職に対して，既存の研究は，主として離職を決定する要因，たとえば，外部的要因（失業率，求人率，組合の存在など）や仕事に関連した要因（給与，仕事での業績，仕事への満足感，仕事の内容や性格など），および離職者本人の属性（年齢，在籍期間，性，教育の程度など）と離職との相関性の究明に焦点を当ててきた[8]。そして，どちらかといえば，従業員側の視点を通じて離職を考察する研究が主流であった。そのため，組織側の立場から従業員の離職をみる研究が不足していた。

他方，組織の視点から従業員の離職を捉え直したとき，それが組織の内外に与えるインパクトがひとつの研究テーマとして浮かび上がる。なぜなら，従業員の離職は，組織自体とその構成員や顧客に対して，または当該組織を超えて他の組織に対して，直接的，間接的，または目に見える，見えないさまざまなインパクトを与えているからである。

離職がもたらすインパクト

たとえば，組織が採用や教育などに費やした金銭は，従業員の離職を契機に投資から損失に変化する。また，残留した従業員に対しては，同僚の離職が彼らの勤労意欲や生産性を低下させることがある。

さらに，現在の仕事や待遇などに疑問を感じている従業員にとって，同僚の離職は，よりよい仕事や雇用条件の存在を暗示させる役割を果たし，結果として離職が連鎖化することもある。

このように，従業員の離職は，組織とその構成員に種々のインパクトをも

第1節　本章の目的

たらすと推察される。そして，欧米のホテル業やレストラン業，またはわが国の宿泊業では，離職者が多いため，このインパクトが生起する可能性も高まると思われる。

さらに，上述したインパクトは，離職者を生み出した組織内にとどまらず，それを超えて，他の組織や産業全体におよぶことがある。その1例としては，人びとが個人的に有していたノウハウや技術，または顧客などが，従業員の離職と同時に組織外へ流出し，それらが他の組織や産業全体へ伝播していくことを指摘できよう。

このノウハウの流出と他の組織や産業への伝播に関して稲垣は，ホテル業を事例に，つぎのように述べている。

　「わが国産業一般と比較して，ホテル業は労働力の水平移動が頻繁な産業といわれてきた。(中略)。ホテル建設ブームの最中には，パーソナルな人的関係で結ばれたホテル運営チーム全体が移籍した例も散見される。(中略)。こうしてホテル経験者が新設ホテルに水平移動することは，チェーン化とともにホテル運営ノウハウの伝播経路として無視することができない役割を果たしてきた。」[9]（傍点引用者）

稲垣は，ホテル従業員が離職し，新設ホテルがその離職者を採用することで，ホテル運営ノウハウを獲得してきた，といっている。また，彼は，このホテル従業員の離・入職が頻発したことにより，ホテル運営ノウハウがホテル産業全体へ広がったと考えている。そして，この稲垣の見解が正しければ，それは，まさしく従業員の離職が生み出した組織外へのインパクトと認められよう。

本章の目的

そこで，本章は，まず宿泊業の離職実態を把握する。そして，そこにおいて離職が多発し，それがいわば「構造化」している事実を指摘する。その後，この離職が組織内の従業員や組織の顧客におよぼすインパクトについて論述する。

しかし，従業員の離職には，さまざまな形態がある。たとえば，離職者本人の意思に基づく自発的な離職もあれば，組織や企業の意図に基づく離職も

ある。また，自己都合のように，その発生が回避できたかもしれない離職もあれば，死亡や疾病などのように回避できない離職も存在する。

それゆえ，離職のインパクトを考察するためには，多様な離職を分類，整理することが求められよう。そこで，本章では，組織自身とその構成員や顧客に与えるインパクト（以下，これを「離職の組織内インパクト」という。）について言及するまえに，この分類，整理を行う。

一方，離職の組織外へのインパクトについては，前述した稲垣の見解に焦点をあて，議論を展開する。だが，稲垣は，このインパクトの存在を実証していないし，また他の研究者もこれを「自明の理」と捉えている。

しかし，それは本当に自明の理といえるのだろうか。そこで，本章は，この疑問に答えるために，1994年以降に開業した200ホテルを対象にアンケート調査を行うことにより，上述のホテル運営ノウハウが離職者を媒介にして新設ホテルへ伝播しているのか，いなかについて検証したい。

第2節　雇用動向調査にみる宿泊業の離職実態

離職のインパクトを考える前に，労働省が毎年実施する「雇用動向調査」を用いて，わが国の宿泊業における離職の実態を概観する。「雇用動向調査」は，全国で5人以上の常勤労働者を雇用する民間，公営，および国営の約1万4,000事業所を対象にして，産業別の総労働人口，入職者数，離職者数などを調査している[10]。

1．離職率

この調査結果を利用し，平成9年度の産業別離職率を示すと，表3-3になる。そして，この表から，以下がわかる。
① 第2次産業（製造業，鉱業および建設業）と第3次産業間，つまり大分類での産業間では，離職率に関する著しい格差はみられない。
② しかし，各産業を構成する中分類での産業間では，相対的に離職率が

高い産業がいくつか存在する。そして，それらは，すべて第3次産業に属し，これを具体的に列挙すれば，「宿泊業」，「娯楽業」と「不動産業」になる。

③　これら3産業の年間平均離職率は，それぞれ24.5％，32.2％，25.4％になり，この数値は製造業全体の平均値の2倍から2.7倍高くなっている。また，同じ第3次産業内の他の諸産業に比べても，それらの数値は，かなり高いといえる。

表3-3　産業別の離職率（平成9年度雇用動向調査結果）　　　　（％）

産業名	調査産業全体	鉱業全体	建設業全体	製造業全体	第3次産業全体	
離職率	15.2	10.2	17.5	12.1	16.2	
製造業	食品・飲料等製造業	繊維業	衣服・繊維製品製造業	木材・木製品製造業	家具・装飾品製造業	パルプ・紙製品製造業
	17.5	12.5	15.7	15.2	14.0	12.0
	出版・印刷関連業	化学工業	石油・石炭製品製造業	プラスチック製造業	ゴム製品製造業	なめし革・毛皮製造業
	11.0	8.6	7.2	14.3	10.8	13.0
	窯業・土石製品製造業	鉄鋼業	非鉄金属製造業	金属製品製造業	一般機械器具製造業	電気機械器具製造業
	13.8	9.7	9.4	9.4	9.4	10.6
	輸送機械器具製造業	精密機械器具製造業	武器,その他製造業			
	12.4	8.5	12.1			
第3次産業	電気ガス水道業	運輸業	通信業	卸売業	小売・飲食業	金融・保険業
	5.0	12.8	9.0	14.4	18.8	12.8
	整備,修理業	宿泊業	娯楽業	医療業	不動産業	その他サービス
	10.0	24.5	32.2	17.7	25.4	15.2

〈出所〉：労働省編（1999）『雇用動向調査：平成10年版数字で見る雇用の動き』。

構造化する宿泊業の高い離職率

他方，宿泊業，娯楽業と不動産業の離職率を1985（昭和60）年から1996（平成8）年まで調べると，不動産業のそれは，1990年代初頭以降に高くなったことがわかる。これに対して，宿泊業と娯楽業では，上記期間中つねに離職率が高い。そのため，この2産業における高離職率は，今日的というよりも，両産業内にいわば「構造化」された現象といえるのではなかろうか

(表3-4参照)。

表3-4 宿泊業，娯楽業，および不動産業の離職率の推移　　　(%)

	1985年 (昭和60)	1987年 (昭和62)	1989年 (平成元)	1991年 (平成3)	1993年 (平成5)	1995年 (平成7)	1996年 (平成8)
宿　泊　業	22.9	22.8	22.3	23.0	23.4	23.5	25.5
娯　楽　業	27.3	30.2	37.5	32.8	35.2	30.3	26.4
不 動 産 業	15.3	14.6	13.0	16.6	25.6	23.5	24.5
調査産業全体	14.8	13.9	15.2	15.2	14.0	14.3	13.8
製造業全体	13.6	12.4	13.6	13.1	12.1	12.1	11.5

〈出所〉：労働省編『雇用動向調査（各年度版）』。

2．離職の特徴

　従来わが国では，第3次産業と製造業や鉱業などの第2次産業とのあいだには，離職率に関する明確な差異がないと論じられてきた[11]。そして，その主張自体は，上表3-3が示すように誤りではなかった。
　だが，それは，第3次産業を大きな枠組みで観察した場合のことであり，特定の産業ごとにそれをみれば，つねに真実であったわけではない。つまり，わが国の第3次産業においても，従業員がしばしば離職する産業があった。そして，その産業のひとつが，宿泊業である。
　宿泊業では，離職率が他の産業に比べきわめて高いだけでなく，それは以前から引き続く現象であった。さらに，この産業における従業員の離職には，たとえば平成5年から平成9年までの雇用動向調査を捉えてみても，他の産業にみられないいくつかの特徴を見出せる。その特徴とは，以下である。

高い早期離職者割合
　宿泊業の離職者は，早期離職者，つまり勤続期間が短い離職者であることが多い。なぜなら，この産業では，離職者の約45％が，入社して1年未満で辞めているからである。また，逆に，5年以上勤めて辞めた人の割合が，全体の17％に満たないからでもある。

一方，製造業に従事し1年未満で離職した人の割合は，約29％であり，宿泊業に比べ4割程度少ない。逆に，製造業では，5年以上勤めて辞めた人の割合が38％と多くなっている。

さらに，宿泊業は，宿泊業以外の第3次産業（以下，「その他の第3次産業」という。）とも異なった傾向を示している。つまり，前者の1年未満の早期離職者割合は，後者よりも2割程度高く，逆に5年以上在籍して辞めた人の割合は，後者より3割以上低い（表3-5参照）。

表3-5　離職までの勤続年数の内訳（平成5年〜平成9年までの平均値）　　（％）

勤続年数	6ヶ月未満	6ヶ月〜1年未満	1年〜2年未満	2年〜5年未満	5年〜10年未満	10年以上	合計
調査産業全体	18.8	16.9	14.8	22.0	12.5	15.0	100.0
宿泊業	25.7	19.4	17.5	20.9	10.3	6.2	100.0
その他の第3次産業	20.1	16.2	16.5	22.9	12.2	12.1	100.0
製造業全体	15.9	13.2	12.1	20.3	14.8	23.7	100.0

〈出所〉：表3-4に同じ。

若年従業員に高い離職率

そして，宿泊業では，若年従業員の離職率が高くなっている。つまり，離職率を年代別に調べると，宿泊業では10歳代と20歳代の離職率がもっとも高く，両年代とも35％に達している。そして，60歳代以上の人の離職率がやや高まるものの，この19歳以下と20歳代をピークにして，数値が下降する傾向が見受けられる。

これに対して，その他の産業では，若年者と高年者の離職率が相対的に高く，中年者のそれが低くなっている。そのため，製造業やその他の第3次産業では，年齢別の離職率がU字カーブを描く傾向がある（表3-6参照）。

表3-6　年齢別の離職率（平成5年〜平成9年までの平均値）　　（％）

年齢	10歳代	20歳代	30歳代	40歳代	50歳代	60歳代以上
調査産業全体	29.4	20.2	11.0	8.4	9.3	28.8
宿泊業	35.3	35.2	21.9	21.3	16.5	20.0
その他の第3次産業	32.9	21.9	11.5	7.5	9.0	26.4
製造業全体	20.3	16.3	9.6	8.7	8.0	36.3

〈出所〉：表3-4に同じ。

相対的に高い男性の離職率

また，宿泊業では，他の産業と同様に男性よりも女性の離職率の方が高くなっているものの，男性の数値は女性のそれにほぼ匹敵している。ところが，製造業やその他の第3次産業では，両者の格差が2倍から1.8倍程度に拡大している（表3-7参照）。

表3-7　性別の離職率（平成5年～平成9年までの平均値)(%)

性　　　　別	男　　性	女　　性
調 査 産 業 全 体	11.7	16.8
宿　　泊　　業	21.1	24.4
その他の第3次産業	11.8	14.4
製 造 業 全 体	9.8	17.6

〈出所〉：表3-4に同じ。

一般従業員，パートタイマーともに高い離職率

さらに，就業形態別，つまり一般労働者とパートタイム労働者別にみても宿泊業の離職率は他の産業とは異なっている。なぜなら，宿泊業では，一般労働者とパートタイム労働者の離職率にほとんど差異を見出せないからである。

確かに，両者を比較すれば，宿泊業においてもパートタイム労働者の離職率の方が高い。しかし，そこでは，パートタイム労働者の離職率が29.0％に対して，一般労働者の離職率が約22％まで高まっている。この結果，他の産業で観察される一般労働者とパートタイム労働者間の離職率の格差が，かなり縮小されていることがわかる（表3-8参照）。

表3-8　就業形態別の離職率（平成5年～平成9年までの平均値）
(%)

就　業　形　態	一般労働者	パートタイム労働者
調 査 産 業 全 体	12.9	24.4
宿　　泊　　業	22.3	29.0
その他の第3次産業	13.1	19.7
製 造 業 全 体	11.0	25.8

〈出所〉：表3-4に同じ。

規模を問わず高い離職率

以上に加え，規模別，つまり各事業所が雇用する総労働者数（パートタイム労働者を含む）別にみた離職率に関しても宿泊業は，他の産業と相違している。

それは，宿泊業以外の産業では，雇用人員が「1,000人以上」の事業所でもっとも低く，規模が小さくなるにしたがいその率が高くなる傾向があるからである。ところが，宿泊業では，「999人から300人」の事業所でやや離職率が低下するものの，規模を問わずそれが高くなっているからである（表3-9参照）。

表3-9　規模別の離職率（平成5年～平成9年までの平均値）　（％）

規　　　模	1,000人以上	999人～ 300人	299人～ 100人	99人～ 30人	29人～ 5人
調査産業全体	11.6	12.4	14.7	12.3	16.5
宿　泊　業	23.4	19.0	25.1	25.2	26.0
その他の第3次産業	12.5	13.7	15.8	15.7	17.4
製　造　業　全　体	9.6	10.4	12.0	19.6	14.2

〈出所〉：表3-4に同じ。

3．離職の形態

前段では，宿泊業における高離職率と離職の特徴について論述した。しかし，一概に離職といっても，つねに同一の形態であるとはかぎらない。むしろ，離職に至った経緯や，当該離職がだれの意思やイニシアチブに基づいて行われたのかなどの観点からみれば，この形態は多岐にわたるといえよう。

3種類の離職形態

そこで，通常離職は，その形態の差異により，以下の3つに分類され，整理される。
 ①　「自発的離職」と「非自発的離職」
 ②　「回避できた離職」と「回避できない離職」
 ③　「機能的離職」と「非機能的離職」

このうち「自発的離職」と「非自発的離職」は，「離職者本人の自由意思とイニシアチブに基づき行われていたか，いなか」[12]というメルクマールにより離職を大別する手法である。そして前者は，離職者の自由意思とそのイニシアチブ下で行われた離職であり，そうでないものが後者になる。

　たとえば，転職や結婚，または出産・育児などの「個人的都合や家庭の事情」による離職は，本人の意思とイニシアチブに従い発生したと考えられるから，自発的離職となる。逆に，「契約期間の満了」，「経営上の都合による解雇」，「出向」，「定年」や「本人の責めによる解雇」，および「死亡・疾病」による離職は，かならずしも本人の意思とイニシアチブに基づいていないため，非自発的離職に該当する[13]。

　つぎに，「回避できた離職」と「回避できない離職」とは，文字どおり，「組織側の努力によって，当該離職を回避しえたか，いなか」による分類である。たとえば，従業員の「死亡・疾病」が回避できない離職の典型例になる。

　また，「契約期間の満了」，「経営上の都合による解雇と出向」，および「定年」は，組織側にその発生を避ける意志がなかったという意味において，回避できない離職になる。だが，「個人的理由や家庭の都合」と「本人の責め」による離職は，組織による事前の慰留や矯正的行為により，その発生を防ぐことができたかもしれないため，回避できた離職と解される。

　さらに，「機能的離職」と「非機能的離職」とは，離職者の業績や能力に着目し，「組織にとって当該離職が機能的であるか，いなか」という基準によって離職を分類する手法である。

　たとえば，業績や能力の面で劣った人が辞めた場合，それは，人体が老廃物を体外に排出する浄化作用と同様の結果を組織にもたらすため，機能的な離職と評価される。だが，優秀な人の離職は，組織に損失をもたらすことが多いと推察されるから，非機能的な離職とみなされる。

離職の分類

　このように，離職は，上述した3つの大きな基準にしたがい，分類できる。そして，そのうちの自発性は，どちらかといえば離職者本人の視点による分

類であり，機能性と回避可能性は，組織の視点による分類であるといえよう。

つまり，従業員の離職というひとつの事象に対して，異なったふたつの視点が存在している。それゆえ，離職を分類する際は，この従業員と組織の視点を合体させ，融合する必要がある。そして，その場合離職は，下図3-1に示したように，8通りに分類，整理できよう。

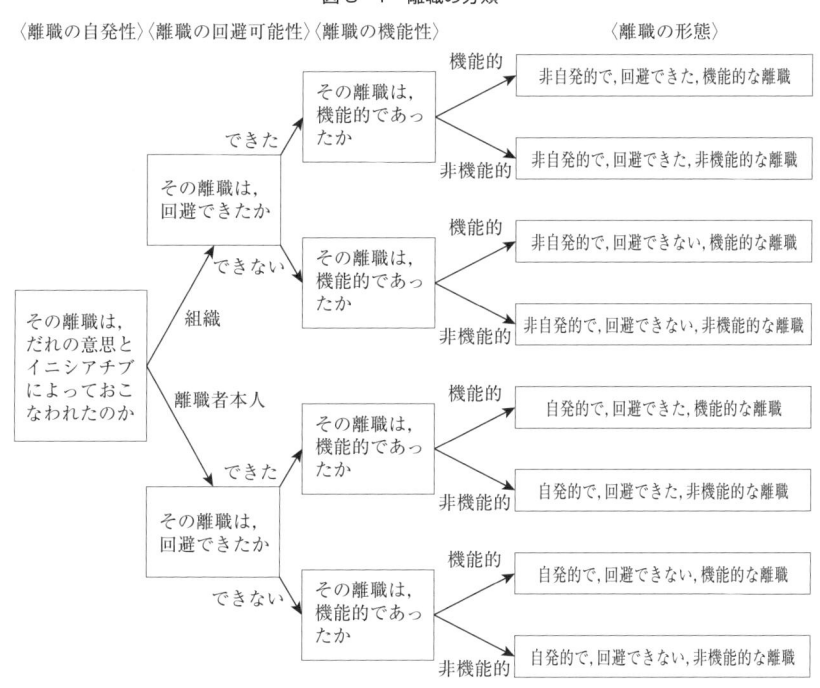

図3-1　離職の分類

〈離職の自発性〉〈離職の回避可能性〉〈離職の機能性〉　　　　〈離職の形態〉

- その離職は，だれの意思とイニシアチブによっておこなわれたのか
  - 組織
    - その離職は，回避できたか
      - できた → その離職は，機能的であったか
        - 機能的 → 非自発的で,回避できた,機能的な離職
        - 非機能的 → 非自発的で,回避できた,非機能的な離職
      - できない → その離職は，機能的であったか
        - 機能的 → 非自発的で,回避できない,機能的な離職
        - 非機能的 → 非自発的で,回避できない,非機能的な離職
  - 離職者本人
    - その離職は，回避できたか
      - できた → その離職は，機能的であったか
        - 機能的 → 自発的で,回避できた,機能的な離職
        - 非機能的 → 自発的で,回避できた,非機能的な離職
      - できない → その離職は，機能的であったか
        - 機能的 → 自発的で,回避できない,機能的な離職
        - 非機能的 → 自発的で,回避できない,非機能的な離職

（筆者作成）

宿泊業における離職の形態

このように，一口に離職といっても，上述した8種類の形態が考えられる。そのため，宿泊業のそれを把握するためには，図3-1に示したような手法により離職を分類し，考察する必要がある。そして，この整理のためには，

本来であれば，詳細な実態調査が必要とされよう。

だが，前出の「雇用動向調査」は，調査対象先の事業所ごとに離職者の離職理由を聴取している。そして，この結果を分析すると，宿泊業の離職に関して，少なくとも以下がわかる（表3-10および表3-11参照）。

① 宿泊業の離職のうち，約8割は「自発的離職」である。
② 宿泊業の離職のうち，約8割は「避けられた離職」である。

表3-10 宿泊業における自発的，非自発的離職者の割合（平成5年～平成9年までの平均値）(%)

離職理由	自発的離職	非自発的離職					合計
	個人的な理由	契約期間の満了	経営の都合による解雇・出向	定年	本人の責め	死亡・疾病	
割　合	78.9	4.7	9.9	1.4	3.9	1.2	100.0
合　計	78.9	21.1					100.0

〈出所〉：表3-4に同じ。

表3-11 宿泊業における回避できた，回避できない離職者の割合（平成5年～平成9年までの平均値）(%)

離職理由	回避できた離職		回避できない離職				合計
	個人的な理由	本人の責め	経営の都合による解雇・出向	契約期間の満了	定年	死亡・疾病	
割　合	78.9	3.9	9.9	4.7	1.4	1.2	100.0
合　計	82.8		17.2				100.0

〈出所〉：表3-4に同じ。

第3節　離職の組織内インパクト

1．負のインパクトを与える宿泊業の離職

前段で宿泊業における離職の形態を分類した真の理由は，その形態の相違により，異なる内容のインパクトを組織とその構成員に与えるからである。

離職の形態とインパクトの内容との関係

たとえば，自発的離職では，組織よりも，離職者本人の意志とイニシアチブが強く作用している。そのため，組織は，この発生を予知しにくく，制御しづらい。その結果，組織は，この形態の離職に起因するインパクトをネガ

ティブなものとしてイメージしやすい。

　逆に，非自発的離職は，組織側のイニシアチブによって行われることが多いため，従業員の突然の死亡を除けば，組織は，高い確率でその発生を予測できる。また，組織は，人件費の削減などを図ろうとして，このタイプの離職を積極的に誘引する場合も多い。それゆえ，組織は，非自発的離職から受けるインパクトを，ポジティブなものとして捉えるのではなかろうか。

　一方，組織の構成員にとっても，この2つの離職がおよぼすインパクトの性質は異なるであろう。たとえば，経営上の都合により同僚が解雇された場合，彼らは自分自身の将来に不安や恐れを感じるであろう。

　これに対して，同僚が自発的に転職し，自分よりも良い給料を得たり，高い地位に就いた場合には，羨望や嫉妬が生まれるのではないか。そして，そのような感情は，経営の都合により同僚が解雇されたときには生起しがたい。

　また，機能的，非機能的な離職についても，同様である。組織は，前者から受けるインパクトをポジティブ，後者からはネガティブなものとして受け止めるであろう。そして残留した構成員にとっても，優秀な同僚をつぎつぎに失ったときには，現在の仕事を続けることに懐疑の念を深めるであろう。逆に，不良な人を失っても何の痛痒を感じないか，むしろ当然と考えるのではないか。

　さらに，離職の回避可能性についても同様である。つまり，組織とその構成員は，死亡や疾病を原因とする回避できない離職については，諦めやすい。しかし，それが回避可能であれば，事情は異なるであろう。

組織に「恩恵」を与える離職

　このように，離職は，統計上のカウントとしては同一の取り扱いを受けるものであっても，「どのような人が辞めたか」によっては，まったく相違したインパクトを組織やその構成員におよぼす。

　この点に関して，ダルトンとトダー（Dalton, D. R. & Todor, W. D.）は，組織を離れる人は，離職せずに残留した人よりも仕事上の成果・達成度の点で劣っていることが多い，という[14]。

また，ダルトンらが行った1,389人の銀行窓口係を対象にした調査は，監督者の離職者への評価を尺度とすれば，離職の71％は会社にとって有益であったことを明らかにした[15]。さらに，ホーレンベックとウイリアム（Hollenbeck, J. R. & William, C. R.）が元小売販売員で離職した112人を対象に実施した調査によれば，その53％は，金銭的な販売実績の点で劣った販売員であった[16]。

このように，仕事上の成果・達成度の面で劣った人が離職するのであれば，離職が組織やその構成員におよぼすインパクトは，前述とはまったく逆になる。むしろ，離職は，それらに「恩恵」を与えることになろう。

また，その離職を契機として，以下が起こる可能性も生じる[17]。

① 離職者の代わりに入職した人が，組織が元来有していなかった新しい考え方や意識または技術・技能を持ち込む。
② その離職を契機に仕事のやり方や慣行が変わる。
③ 内部昇格や昇進の道をひらくなどにより，人事面での流動性が生まれ，組織に柔軟性を与える。
④ 人件費などの経費の節約や整理ができる。
⑤ 離職に類似したその他の行為，たとえば欠勤やサボタージュ的な行為などがなくなる。なぜなら，離職前には勤労意欲が著しく低下し，これら行為が頻発すると思われるが，離職によってそれがやむからである。

宿泊業におけるインパクトの性質

確かに，上述した離職にともなう恩恵は，一般的に否定しえないであろう。しかし，宿泊業においては，この効果がほとんど顕在化しないのではなかろうか。それは，前述したこの産業における離職の特徴から推察できる。

つまり，宿泊業の離職者は，そのほぼ半数が1年未満で辞めた早期離職者であり，5年以上勤めてやめた人の割合が全体の6分の1にも満たない（表3-5参照）。このような短期間の離職では，仕事の内容が単純反復的な作業で，すぐに習熟しやすいものでないかぎり，企業に貢献する暇もなかろうし，企業側にもこの人の能力や成果を評価するだけの余裕がないであろう。

また，宿泊業では，若年者の離職も多かったから，その代わりに入社する

人から上述したような種々の恩恵を享受できるとは思えない。そのため，宿泊業における従業員の離職がもたらすインパクトの性質は，ポジティブというよりも，むしろネガティブになるのではないかと思慮する。

2．離職がもたらす組織内インパクト

以上から，宿泊業に就業する従業員の離職が惹起するインパクトは，ネガティブな性質をもつことがわかった。しかし，ネガティブといっても，具体的にはどのような内容になるのであろうか。これについては，「直接的なインパクト」と，「間接的なインパクト」があると考えられる。そこで，以下は，それぞれについて検討する。

離職の直接的なインパクト

組織は，他の経営資源と同様，従業員に対価を支払い獲得し，維持している。それゆえ，彼らを失うことは，この対価が損失に転化することを意味する。そして，それは，離職が組織に与える第一義的なインパクトになる。

この損失については主に，つぎの3つが考えられる[18]。

① 募集・採用に要した経費

募集のために支出した求人広告費，募集用パンフレットなどの資料の作成費，人材斡旋会社への手数料，採用担当者の人件費，各種採用試験費，応募者に支給した交通・旅費，健康診断や会社見学に要した費用など。

② 教育・訓練に要した費用

導入教育経費（会場費，教材費など），導入教育期間中の従業員および指導者の人件費，その他各種教育研修に要した費用など。

③ 離職者の業務を補完するために要した費用

退職金，離職者の仕事を代替するためのアルバイトなどの人件費，および離職せずに残留した従業員が離職者の業務を補完するために行った残業に対する手当など。

1人の離職者がもたらす経済的損失の程度は，産業や組織ごとに異なるし，また，同じ組織内であっても，職種間や事業所間などで差異が生ずる。それ

は、それぞれが、独自の費用構造をもっているからである。それゆえ、上記の損失を正確に計算するためには、個別の事例ごとに、それを把握する必要がある[19]。

だが、その金額面を別にすれば、この損失は、従業員の離職にともない直接的に生じる。また、これは、離職の形態を問わず、それが発生すればかならず生じる。換言すれば、離職の頻度に比例する損失である。そのため、これは、離職が与える頻度的インパクトといえよう[20]。

離職の間接的なインパクト

上記した損失は、その計量化が可能であるため、これをインパクトとして知覚しやすい。また、それは、組織そのものに影響を与えるだけであり、組織の構成員にはおよばない。

しかし、実際には、離職に際して間接的に発生し、目に見えにくく、その効果が現れるまでに長い期間を要し、その損失を金銭的に評価しにくいインパクトが存在する。そのうえ、それは、組織の構成員や顧客などに対して負の影響を与える蓋然性が高い。

そのインパクトとは、以下である。

① 離職の連鎖化

同僚の離職が増えると、離職せずに残留した従業員は、組織に所属し続ける意義について疑問を感じはじめる[21]。とくに、潜在的な離職願望をもつ人にとって同僚の離職は、より良い条件の就職先が存在することを伝える役割を果たす。

そしてそれは、現在の金銭的、待遇的な雇用条件や、職務環境などに関して再考する機会を彼らに与える。この結果、同僚の離職が、今度は残留者の離職を生み、離職の連鎖反応が起こる蓋然性が高まる[22]。また、離職者が本来辞めるべきではない人であった場合には、残留した優秀な従業員ほど、この連鎖反応的な影響をより強く受けやすくなる[23]。

② 組織の不安定化

もし、上述のように従業員が同僚の離職を契機につぎつぎに辞めてしまえば、組織は不安定になる。また、離職者がチームリーダーである時には、

チーム全体が分裂することもある[24]。

さらに,この組織の不安定化は,離職者を代替するために入職してきた人びとによってもたらされることがある。つまり,新人が組織に組み込まれると,組織内の人びとはこの新人に,新人は組織内の人びとに対して順応しなければならない。

そのため,互いの気心がわかるまで,組織内には緊張が存在し続け,これが仕事の質や成果を低下させたり,事故やあらそいごとが起こしやすくなる。それゆえ,この相互順応行為に失敗すると,新人はまた辞めてしまうし,このような状態が繰り返されると,結果的に組織は不安定になる[25]。

③ 勤労モラールの低下

離職のインパクトは,残留した従業員によって感じられ,組織が行う対策も彼らの手を通じて実施される。とくに,離職による人員の欠員に補充がない場合には,往々にしてその欠員分が残留した従業員のオーバーワークになるため,彼らは不平を抱きはじめ,その勤労モラールが低下することが多い[26]。

また,残留した従業員は,離職者が就いた仕事が金銭的に好条件であったり,興味深いものであるなど,またはその他の点で自分の仕事よりも良いものであった場合には,自分の現状と比較して,不平等さを感じやすくなる。そして,これが,彼らの仕事への態度をより一層ネガティブにする[27]。

④ 組織におけるコミュニケーションの劣化

従業員の離職が増えると,従業員間の仕事に係わる情報の流れが悪くなる。確かに,コミュニケーションの量は,離職の増加にともなって増える。それは,入職者を教育したり,組織へ同化させる必要性などがあるからである。

しかし,コミュニケーションの質は,明らかに劣化する。なぜなら,入職者は情報の受け渡しに不慣れであることが多いからであり,それによりメッセージの流れがしばしば混乱するからである[28]。

⑤ 統制・効率追求型人材管理手法への転換

一方,離職が増えるとそのための事務処理が増加し,補充人員の募集,

採用を行う必要性が高まる。そこで，組織はこれによるマネジメント効率の低下を解消したいと考えるようになる。この結果，その人材管理手法が，インフォーマルなものから，手続きや規則を重視したフォーマルで統制的，効率追求的なものに変わりやすくなる[29]。

⑥　生産性の低下

離職にともない2種類の生産性が低下する。1つは，残留した従業員側で発生し，もう1つは，新たに入職した人のところで生じる。

残留した従業員側では，上記③で述べた不平等感に関連して，離職者が仕事や組織への不満を表明して辞めた場合，よりこの不平等感が強くなる。そこで，彼らは，自分が抱く不平等感を埋め合わせるために，仕事への関与度を変える。つまり，離職者とのつり合いを保つために，故意に生産性を下げてこの不平等感を償おうとする。

一方，離職にともない，新たに入職した者が，離職者と同一のレベルに到達するまでの間，組織の生産性が低下する。その期間は，ホテル業などを対象にしたある調査によれば，時間給労働者で2ヵ月間，マネージャーで6ヵ月間[30]，また別の調査によれば，それぞれ6ヵ月間，1年間かかるという[31]。

⑦　評判の棄損と顧客の喪失

離職者が多いという事実が第3者に伝わると，そのような組織には何か問題があるのではないかと疑われ，営業活動や将来の人材採用などに悪影響を与える。また，従業員の離職は，企業のみの関心事ではない。企業の顧客も，それを気にかける。そのため，従業員の離職により，顧客が当該組織から離れてしまうこともある[32]。

さらに，従業員の離職意向と顧客の忠誠心は負の相関関係にあり，離職意向が強ければ強いほど，顧客の組織への忠誠心が低くなる[33]。そして，この結果，そのような組織の売上高は，そうでない組織に比べて低くなる傾向がある。たとえば，ウッズとマッカレー（Woods, R. & Macauly, J.）によれば，高離職率を有する会社は，安定した離職率を有するそれよりも，売上高が平均で25％程度低いという[34]。

第4節　離職の組織外インパクトに関する調査の概要
――ホテル経験者が伝播するホテル運営ノウハウをめぐって――

このように，従業員の離職は，組織自身とその構成員にさまざまなインパクトを与えている。そして，その効果は，顧客や投資家，または取引先など，当該組織となんらかの利害関係を有する人びとや組織に波及する。

しかし，このインパクトの波及範囲は，それらにとどまらない。それらを超えて，離職者を創出した組織とは一切の関係性をもたない人びとや組織へと拡散することがある。本章では，この拡散されたインパクトを，「離職の組織外インパクト」と呼ぶ。そして，そのひとつの事例として，第1節で引用した稲垣の見解を取り上げた。そこで，本節以下は，この見解の是非を検証したい。

1．調査票の設計

ホテル経験者が伝播するホテル運営ノウハウ

前出の稲垣見解は，ホテル経験者がホテル運営ノウハウを俗人的に有していることを所与の事実として扱っている。そのうえで，ホテル経験者が新設

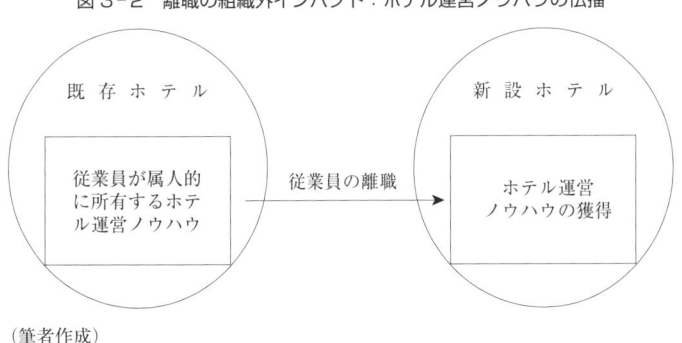

図3-2　離職の組織外インパクト：ホテル運営ノウハウの伝播

（筆者作成）

ホテルへ水平移動することで、同ホテルは運営ノウハウを獲得すると考える。

そして、この関係を図示すると図3-2になる。

稲垣見解を裏付ける状況証拠

稲垣の主張は、ホテル経験者がつねにホテル運営ノウハウを有しているか、いなかを別にすれば、決して荒唐無稽な説ではない。なぜなら、それを裏付ける状況証拠が存在するからである。そして、その状況証拠とは、1960年以降に観察されたわが国ホテル業の急激な成長ぶりである。

たとえば、1964（昭和39）年から1998（平成10）年末までのホテル施設数の増加をみると、この35年間で、7,705軒のホテルが誕生している。ところが、わが国のホテル業ではチェーン化が著しく遅れているため、市場はきわめて細かく分割されている。それゆえ、この7,705軒の大半は、既存のチェーン・ホテルの支店ではなく、新規に市場参入した企業によって経営されていると推察できる。

また、わが国では、フランチャイズ方式と運営受託方式のように他者の助力を得てホテル運営を行うことは例外であり、直営方式が圧倒的に主流である。それゆえ、新たに市場参入したほとんどのホテルは、この直営方式に基づき運営されていると思われる。

しかし、そうであるとすれば、過去にホテル運営経験もなく、かつ独力でホテル運営を行っている企業は、どこからそのノウハウを入手したのだろうか。やはり、稲垣の主張のとおりであったのか。

調査票の設計

このように、稲垣の見解には、それを支える状況証拠がある。そのため、これを検証することは、意義あると考える。しかし、検証する価値があるとしても、いくつかのハードルを越えなければならないだろう。そこで、本章は、このハードルを主たる内容にする調査票を、つぎのように設計した[35]。

ホテル経験者の採用の有無

まず第1番目の，そして最大のハードルは，新設ホテルにおけるホテル経験者採用の有無であろう。そこで，同ホテルが開業に際して，ホテル経験者を社員（パート，アルバイトを除く）として採用したか，いなかを尋ねる（Q1）。

また，ホテル経験者を採用していない場合には，①その理由（Q2），②ホテル経験者以外の社員採用の有無（Q3），③その社員の新卒，既卒の区別（Q4），④既卒の社員がそれまでに従事していた職業（Q5）を聴取する。

その理由は，ホテル経験者を採用しないときには，同時に一切の社員を採用しないのか，またホテル経験者を採用しない場合でも，類似の職種，たとえば飲食店での接客や調理，または，一般的なセールス経験者を採用することがあるのではないかなどと考えるからである。

他方，新設ホテルは，ホテル経験者の採用を通じて，運営ノウハウを習得するという。そして，そうであれば，そのノウハウが構築された後には，もはやホテル経験者を採用しないのではなかろうか。そこで，開業後の経験者採用の有無について尋ねる（Q19）。

経験者の経験度合い

一方，一概にホテル経験者といっても，その経験度合いはさまざまであろう。そして，その経験度合いは，入社後の地位に影響を与えるのではないか。たとえば，経験の長い人が，組織内において指導的な地位に就くのではなかろうか。

そこで，本調査では，その地位を，「幹部社員（部・課長職相当）」，「中間管理職社員（係長，主任相当職）」，「一般社員」，および「契約・嘱託社員」に4分する。そのうえで，経験度合いと地位との関係について調べる（Q6）。

つぎに，ホテル経験者の①年齢（Q10），②ホテル業での経験年数（Q10），③求められた資質（Q12）を各地位別に聴取する。

経験者の採用時期

運営ノウハウは，開業後だけでなく，開業前の準備段階においても要求さ

れる。たとえば，客室は，顧客対象や販売価格を想定しないかぎり，また日々のオペレーション計画が決まらないかぎり設計できない。

また，商品・サービスの開発，人材採用や教育手法の立案，または事前のマーケティング活動にも，このノウハウは不可欠であろう。そのため，ホテル経験者の入社日も，開業準備の初期，遅くとも中期までに集中するのではないかと推察される。

そこで，この入社日を上記の4地位ごとに把握する（Q9）。また，ホテル経験者の採用に関連して，彼らを採用した手段も合わせて調べる（Q13）。

経験者の配属

ホテル経験者がもつ運営ノウハウの内容は，それまでの職歴に関連したものになっているのではないか。なぜなら，職歴に反して配属すれば，彼らのノウハウを活用できないのではないかと思うからである。

そして，そうであれば新設ホテルは，これまでの職歴に即してホテル経験者を配属するはずである。そこで，新設ホテルの配属先における仕事の内容と，従来のそれとの関連性について尋ねる（Q8）。

この配属先に関連して，新設ホテルは，どのような部門にホテル経験者を必要としているのか，たとえば，営業部門だけでなく，企画や管理部門においてもホテル経験者が必要であったのかなどを把握する（Q7）。

経験者の処遇

ホテル経験者は，新設ホテルが有していない，または不足する運営ノウハウという財産をもっている。そして，そうであれば彼らは，その財産によって採用時の給与や役職が前職よりも高まるのではないか。そこで，この給与と役職について聴取する（Q11）。

総支配人の選任

ホテル業において，マネジメント上の統括者，つまり「総支配人」は，キーマンになると思われる。そのため，総支配人も，ホテル出身者であり，かつホテル業に関する広範な職歴をもつ人ではなかろうか。

第4節　離職の組織外インパクトに関する調査の概要　　　119

そして，とくにホテル業の経験がない企業では，そのような人を既に保有しているとは考えにくいから，総支配人も開業に際して採用されているのではないか。そこで，これら疑問に関する質問を展開する。具体的には，①総支配人の採用ルート（Q20，Q20‐1，Q20‐2），②総支配人の出身業界（Q21），および，③総支配人がホテル業で経験した部門（Q22）を聞く。

経験者への評価

新規ホテルがホテル経験者を採用する理由はなにか。換言すれば，新設ホテルは，彼らを採用するメリットをどのように考えているのか。それは，稲垣がいうように，彼らがもつホテル運営ノウハウなのだろうか。また，新設ホテルは，採用したホテル経験者をどのように評価しているのか。そこで，これらの点についてホテル側の意見を尋ねる（Q14，Q18）。

経験者の離職

新設ホテルも，開業の翌日から既存ホテルになる。そして，稲垣の見解が正しいとすれば，今度はホテル経験者を輩出する立場に変わると思われる。そこで，その一例として，開業時に採用されたホテル経験者の在籍率（Q15）と，その経験者がすでに離職している場合には，その離職理由（Q16）を聴取する。

フェースシートの設計

本調査のフェースシートは，①調査対象ホテルが開業する以前に運営していたホテル数，②開業年度，③業態（都市ホテル，リゾートホテル，ビジネスホテル），④客室数，⑤全営業収入に占める宿泊収入の割合，⑥従業員数（正社員数，パート・アルバイト数），および⑦本調査に対する感想，により構成した。

2．回答ホテルのプロフィール

本アンケート調査は，「ホテル開業時の社員採用に関して」と名付け，

1994（平成6）年から1999年までに開業したホテル200軒を対象に実施した。回答を得たホテル（以下「回答ホテル」という。）は，89軒であり，回答率は44.5％である。

回答ホテルの業態は，「都市ホテル」が37軒（全体の41.6％），「リゾートホテル」が9軒（全体の10.1％），および「ビジネスホテル」が43軒（全体の48.3％）となり，「リゾートホテル」の割合が少ない（表3-12参照）。

表3-12　回答ホテルの業態　　　　　　　　　　　　　　　　（％）

業　態	都市ホテル	リゾートホテル	ビジネスホテル	合　計
割　合	41.6 (37)	10.1 (9)	48.3 (43)	100.0 (89)

〈注〉：カッコ内は実数。

また，回答ホテルの開業年度は，1996（平成8）年が26軒（全体の29.1％）ともっとも多かった。そして，データ数は，この1996年をピークにして，ほぼ正規分布的な分散度合いをもっていた（表3-13参照）。

表3-13　回答ホテルの開業年度　　　　　　　　　　　　　　　　（％）

開業年	1994年 （平成6年）	1995年 （平成7年）	1996年 （平成8年）	1997年 （平成9年）	1998年 （平成10年）	1999年 （平成11年）	合　計
割　合	12.4 (11)	12.4 (11)	29.1 (26)	18.0 (16)	15.7 (14)	12.4 (11)	100.0 (89)

〈注〉：カッコ内は実数。

また，回答ホテルの人的，および施設的規模をみると，正社員数は，56軒（全体の62.9％）のホテルが「50人以下」であり，これに「50以上100人未満」を加えると，74軒（全体の83.1％）にまで達する（表3-14参照）。この結果，従業員数から判断すると，回答ホテルは，全般的に小規模である

表3-14　回答ホテルの正社員数　　　　　　　　　　　　　　　　（％）

正社員数	50人未満	50人以上 100人未満	100人以上 200人未満	200人以上 300人未満	300人以上 400人未満	500人以上	合　計
割　合	62.9 (56)	20.2 (18)	6.8 (6)	4.5 (4)	2.2 (2)	3.4 (3)	100.0 (89)

〈注〉：カッコ内は実数。

第4節　離職の組織外インパクトに関する調査の概要

ことがわかる。

　この正社員数に対して，回答ホテルの客室数は，「100室以上200室未満」が37軒（全体の41.6％）ともっとも多く，ついで「200室以上300室未満」が20軒（全体の22.5％），「100室未満」が18軒（全体の20.2％）の順になっている（表3-15参照）。

表3-15　回答ホテルの客室数　　　　　　　　　　　　　　（％）

客室数	100室未満	100室以上200室未満	200室以上300室未満	300室以上400室未満	400室以上500室未満	500室以上	合計
割合	20.2 (18)	41.6 (37)	22.5 (20)	9.0 (8)	5.6 (5)	1.1 (1)	100.0 (89)

〈注〉：カッコ内は実数。

　他方，回答ホテルは，それを運営する企業にとってはじめてのホテルであることが多く，56軒のホテル（全体の62.9％）では，それまでホテルを運営した経験がなかった。ただし，5軒以上のホテルをすでに運営するチェーン・ホテルも，20軒（全体の22.5％）含まれている（表3-16参照）。

表3-16　回答ホテルが開業する以前に運営していたホテル軒数　（％）

軒数	0軒	1軒	2軒	3軒	4軒	5軒以上	合計
割合	62.9 (56)	9.0 (8)	2.3 (2)	1.1 (1)	2.2 (2)	22.5 (20)	100.0 (89)

〈注〉：カッコ内は実数。

　さらに，回答ホテルの宿泊収入が全営業収入に占める割合は，「100％未満80％以上」が35軒（全体の39.3％），ついで「80％未満60％以上」が21軒（全体の23.6％），「100％」が18軒（全体の20.2％）の順になっている（表3-17参照）。

表3-17　回答ホテルの宿泊部門収入が全営業収入に占める割合　（％）

割合	100％	100％未満80％以上	80％未満60％以上	60％未満40％以上	40％未満20％以上	20％未満	合計
割合	20.2 (18)	39.3 (35)	23.6 (21)	9.0 (8)	7.9 (7)	0 (0)	100.0 (89)

〈注〉：カッコ内は実数。

第5節　調査結果の分析

1．経験者採用の有無

まず，新設ホテルにおけるホテル経験者の採用について，考察する。この点に関して，回答ホテルの76.4％は，ホテル経験者を採用している。

これを業態別にみると，「都市ホテル」と「リゾートホテル」では，この数値がそれぞれ97.3％，88.9％に達する。しかし，「ビジネスホテル」では，ホテル経験者を採用したホテルが55.8％，採用しなかったホテルが44.2％となり，ほぼ拮抗していた（表3-18参照）。

表3-18　ホテル経験者採用の有無　　　　(%)

	全　体	都市ホテル	リゾートホテル	ビジネスホテル
採用あり	76.4	97.3	88.9	55.8
採用なし	23.6	2.7	11.1	44.2
合　計	100.0	100.0	100.0	100.0

開業後の経験者採用

新設ホテルは開業後，さらにホテル経験者を採用するのだろうか。これについては，全体の75.0％が採用していた。ただし，「都市ホテル」では，この数値が88.9％と高く，逆に，「ビジネスホテル」では54.2％と低くなっている（表3-19参照）。

表3-19　開業後のホテル経験者採用の有無　　　　(%)

	全　体	都市ホテル	リゾートホテル	ビジネスホテル
採用あり	75.0	88.9	75.0	54.2
採用なし	25.0	11.1	25.0	45.8
合　計	100.0	100.0	100.0	100.0

2. 採用された経験者の属性

新設ホテルは、どのようなホテル経験者を採用していたのか。これを彼らの①役職・地位,②年令,③ホテル業における経験年数,および④能力や資質,の点から観察すると以下のようになった。

役職・地位とその内訳

本調査では,社員の役職・地位を,「幹部社員」,「中間管理職社員」,「一般社員」,および「契約・嘱託社員」に4区分した。そして,この役職のどれに該当するホテル経験者を採用したのかについて調べたところ,「幹部社員」が83.3％,「中間管理職社員」が93.3％,「一般社員」が83.3％,「契約・嘱託社員」が56.7％となった。

これにより、新設ホテルは、特定の役職に相当するホテル経験者を集中的に求めていたわけではなく,各役職に幅広い人材を採用していることが理解できる(表3-20参照)。

表3-20 役職・地位別の採用の有無(全体) (％)

	幹部社員	中間管理職社員	一般社員	契約・嘱託社員
採用あり	83.3	93.3	83.3	56.7
採用なし	16.7	6.7	16.7	43.3
合　計	100.0	100.0	100.0	100.0

しかし、採用されたホテル経験者に占める各役職ごとの構成比をみると、それぞれの人数は均一ではなく,「一般社員」と「中間管理職社員」を中心にしていたことがわかる。そして,これら社員で経験者の7割から9割近くを形成し,「幹部社員」を全体の10％台にとどめ,残余が「契約・嘱託社員」

表3-21 採用した経験者の内訳 (％)

	幹部社員	中間管理職社員	一般社員	契約・嘱託社員	合　計
調査ホテル全体	13.5	32.2	44.2	10.1	100.0
都市ホテル	12.1	26.1	47.7	14.1	100.0
リゾートホテル	9.8	47.2	40.8	2.2	100.0
ビジネスホテル	18.1	32.6	40.6	8.7	100.0

になっている（表3-21参照）。

年齢層

また，採用されたホテル経験者の年令を役職・地位別にみると，「幹部社員」は30歳代，40歳代を中心にそれ以上の年令であり，逆に20代以下の人はほとんど含まれていない。そして，「中間管理職社員」は，30歳代を中心にその前後の人であることが多い。さらに，「一般社員」と「契約・嘱託社員」の主流は，20歳代である。

この結果と，上述した役職とを考えあわせると，両者のあいだに関係性があること，つまり採用されたホテル経験者の年令に相応しい役職が与えられていたこと，または，役職に相応しい年齢の人が採用されていたことがわかる（表3-22参照）。

表3-22 採用した経験者の年齢層　　　　　　　　　　(%)

	幹部社員	中間管理職社員	一般社員	契約・嘱託社員
10歳代	0	3.5	5.8	2.9
20歳代	1.7	19.0	82.7	71.4
30歳代	40.7	63.8	9.6	11.4
40歳代	40.7	10.3	1.9	8.6
50歳代	16.9	1.7	0	5.7
60歳代以上	0	1.7	0	0
合　計	100.0	100.0	100.0	100.0

経験年数

さらに，採用された経験者のホテル業での経験年数をみると，「幹部社員」は10年以上であることが多く，15年以上の人も全体の40.6％含まれていた。しかし，幹部社員で10年未満の経験しかない人は，全体の23.8％にすぎない。

他方，「中間管理職社員」で10年以上の経験をもつ人は39.6％であり，逆に10年未満の人が過半数を占めている。そして，「一般社員」と「契約・嘱託社員」は，1年から6年間程度の短期間経験者であり，前者の90.4％，後者の63.9％はこれに該当している。この結果から，役職・地位が下がる

ほど，経験年数も短くなっていることが理解できる（表3-23参照）。

表3-23　経験者のホテル業での経験年数　　　　　　　　（%）

	幹部社員	中間管理職社員	一般社員	契約・嘱託社員
1年～3年	0	8.6	48.1	36.1
4年～6年	13.6	12.1	42.3	27.8
7年～9年	10.2	39.7	7.7	16.7
10年～14年	35.6	37.9	1.9	11.0
15年～19年	27.0	1.7	0	2.8
20年以上	13.6	0	0	5.6
合　　計	100.0	100.0	100.0	100.0

求められた能力や資質

以上のような属性をもつホテル経験者に，新設ホテルはどのような能力や資質を求めたのだろうか。これを役職・地位ごとにみると，つぎになる。

まず，「幹部社員」に関して，「ホテル事業全般に関する知識と経験」を求めたホテルが全体の91.2％あった。そして，「リーダーシップ力」が59.6％になっている。しかし，このふたつ以外に過半数を超える項目は存在しない。

これに対して，「中間管理職社員」に求められた能力や資質で50％を超える項目は4つある。それらは，「ホテル事業全般に関する知識と経験」が50.0％，「リーダーシップ力」が53.7％，「オペレーション知識」が68.6％，および「顧客サービス技能」が52.5％であった。このうち前2者の数値は「幹部社員」のそれよりも低く，また後2者は「幹部社員」にさほど求められていなかったものであることがわかる。

さらに，「一般社員」と「契約・嘱託社員」に求められた能力や資質で，50％を超えた項目は，「オペレーション知識」がそれぞれ66.7％，87.1％，「顧客サービス技能」がそれぞれ79.2％，93.5％，および「仕事に対する積極性」がそれぞれ83.3％，58.1％になっていた。

このことから両タイプの社員には，「ホテル事業全般に関する知識と経験」や「リーダーシップ力」よりも，実践的なオペレーション知識や技能が主として要求されていることがうかがえる（表3-24参照）。

表3-24　経験者に求めた能力や資質（複数回答）　　　　　　（%）

	ホテル事業全般に関する知識と経験	調査、分析、企画力	社内外での折衝力、調整力	リーダーシップ力	対外的な知名度、ネットワーク構築力	オペレーション知識	顧客サービス技能	人材教育力	仕事に対する積極性	人格の高邁さ	その他
調査ホテル全体	56.8	4.2	12.1	33.6	4.2	62.6	55.3	12.6	41.1	3.7	3.7
幹部社員	91.2	8.8	22.8	59.6	8.8	40.4	19.3	24.6	15.8	5.3	3.5
中間管理職社員	50.0	3.7	9.3	53.7	1.9	68.6	52.5	16.7	20.4	5.6	0
一般社員	43.8	2.1	6.3	6.3	2.1	66.7	79.2	2.1	83.3	2.1	2.0
契約・嘱託社員	25.8	0	6.4	0	6.4	87.1	93.5	0	58.1	0	12.9

3．経験者の入社時期と採用手段

　ホテル経験者がホテル運営ノウハウの伝播者だとすれば，その入社時期も重要になる。なぜなら，このノウハウは，開業後だけでなく，開業準備段階においても必要とされるからである。そうであるとすれば，彼らの入社時期は，その準備段階を「初期」，「中期」，および「後期」に3区分すれば，いつごろだったのであろうか。

経験者の入社時期
　そこで，各役職の地位ごとにこの入社時期を尋ねたところ，「幹部社員」は，準備段階の「初期」を中心に，遅くとも「中期」までに入社している。逆に，「後期」に入社した「幹部社員」は，3.9％しかいない。
　一方，「中間管理職社員」は，準備段階の「中期」を中心にして，「後期」

表3-25　経験者の入社時期の割合　　　　　　（%）

	幹部社員	中間管理職社員	一般社員	契約・嘱託社員	合計
初期	53.8	7.1	8.6	0	100.0
中期	42.3	53.6	3.2	5.9	100.0
後期	3.9	39.3	88.2	94.1	100.0
合計	100.0	100.0	100.0	100.0	100.0

にかけて入社している。そして，この両者で92.9％に達する。これに対して，「一般社員」と「契約・嘱託社員」は，9割近い人びとが「後期」に入社している（表3-25参照）。

経験者の採用ルート

このような入社時期をもつホテル経験者の主たる採用ルートを役職・地位別にみると，「幹部社員」は，「他ホテルからの紹介」である場合が27.6％，「ホテルの総支配人や他の幹部社員の紹介」が19.0％，「ホテル運営会社役員の紹介」が16.6％になり，「紹介」という手法により入社した人が多いことがわかる。

これに対して「中間管理職社員」は，「ホテルの総支配人や他の幹部社員の紹介」が32.8％，「他ホテルからの紹介」が29.3％となり，「幹部社員」と同様「紹介」の割合が高いものの，「幹部社員」ではさほど見られなかった「新聞，雑誌等での求人」というルートも24.1％含まれていた。

他方，「一般社員」と「契約・嘱託社員」では，その過半数が「新聞，雑誌等での求人」であり，「紹介」により入社した人は，少数派にすぎなかった（表3-26参照）。

表3-26　経験者の採用ルート　(%)

	新聞、雑誌等での求人	ハローワークなどの公的斡旋機関の紹介	ヘッド・ハンティング	銀行や納品業者などの取引先からの紹介	他ホテルからの紹介	ホテルの総支配人や他の幹部社員の紹介	ホテル運営会社役員の紹介	親会社からの紹介	その他	合計
幹部社員	10.3	1.7	14.5	0	27.6	19.0	16.6	1.7	8.6	100.0
中間管理職社員	24.1	6.9	3.4	0	29.3	32.8	1.7	1.8	0	100.0
一般社員	54.0	10.0	0	0	8.0	22.0	6.0	0	0	100.0
契約・嘱託社員	66.7	3.7	0	0	7.4	14.8	7.4	0	0	100.0

4. 経験者の配属

つぎに，採用したホテル経験者の配属について観察する。その理由は，経験者はホテル運営ノウハウを過去の仕事を通じて獲得してきたと考えられるから，このノウハウを活用するためには，新設ホテル内においてもその仕事と同じ仕事に就かせる必要があると推測するからである。

そこで，配属先の仕事と過去の仕事のあいだの関連性を聴取したところ，「すべて関連していた」と答えたホテルが全体の61.8％，また「どちらかといえば関連していた」が38.2％となり，この両者で100％に達していた。つまり，すべてのホテルにおいて，両者の関連性を強く認めることができた（表3-27参照）。

表3-27 採用した経験者の配属先と過去の職歴との関係　　(％)

関連性の度合い	すべて関連していた	どちらかといえば関連していた	どちらかといえば関連していなかった	まったく関連していなかった	どちらともいえない	合計
割合	61.8	38.2	0	0	0	100.0

5. 経験者の処遇

新設ホテルがホテル経験者を採用するのは，彼らがホテル運営ノウハウという財産をもっているからだと想定される。そして，新設ホテルにはその財産がないから彼らを採用するのであろうから，ホテル経験者は有利な条件で雇用されることが多いのではないか。そこで，その雇用条件の例として，給与と役職を抽出し，それらを前職と比較する質問を行った。

給与面の処遇

まず，給与面では，「幹部社員」の19.2％が「前職より明らかに高く」，

また，38.5％は「どちらかといえば高い」給与で雇用されていた。換言すれば，「幹部社員」の 57.7％の給与は前職よりも高かった。

他方，「中間管理職社員」の給与は，「前職と同水準」が 42.9％ともっとも多く，ついで「どちらかといえば高い」が 28.6％であった。このため，このクラスの社員は，前職と同様か，やや高い給与で採用されていたことになる。

これに対して，「一般社員」と「契約・嘱託社員」では，前者は「中間管理職社員」と同じ傾向を示しているものの，後者は前職と同様か，それよりもやや低い給与で雇用されていることがわかる（表 3-28 参照）。

表 3-28　経験者の給与面の処遇（前職との比較）　　　　　　　　（％）

	幹部社員	中間管理職社員	一般社員	契約・嘱託社員
明らかに高い	19.2	7.0	0	0
どちらかといえば高い	38.5	28.6	20.8	17.6
前職と同水準	36.9	42.9	58.3	47.1
どちらかといえば低い	11.5	17.9	16.7	29.4
明らかに低い	3.9	3.6	4.2	5.9
合　　計	100.0	100.0	100.0	100.0

役職面の処遇（前職との比較）

役職面での処遇も給与と同じ傾向を示し，「幹部社員」の約 8 割はそれが前職よりも高い。また，「中間管理職社員」と「一般社員」では，前者の 86.9％，後者の 95.3％が前職と同様か，やや高い役職に就いている。そして，「契約・嘱託社員」では，94.1％が前職と同様か，やや低い役職で採用されていた（表 3-29 参照）。

表 3-29　経験者の役職面の処遇（前職との比較）　　　　　　　　（％）

	幹部社員	中間管理職社員	一般社員	契約・嘱託社員
明らかに高い	23.9	4.3	0	0
どちらかといえば高い	57.1	47.8	21.4	5.9
前職と同水準	14.3	39.1	73.9	76.5
どちらかといえば低い	4.8	8.8	4.4	17.6
明らかに低い	0	0	0	0
合　　計	100.0	100.0	100.0	100.0

6. 総支配人の選任とその出身業界および過去のキャリア

　新設ホテルは，ホテル・マネジメントにおいて中心的な役割を果たすと思われる「総支配人」を，どのようにして確保したのであろうか。また，総支配人は，ホテル業の出身であり，かつホテル内の諸業務を統括するにふさわしい過去のキャリアをもっていたのであろうか。以下，これらの点について検討を加える。

選任の手法

　新設ホテルが総支配人を確保した手法としては，「社内から選任」が51.5％，「社外から選任」が48.5％となり，両者ともほぼ同率であった。これをホテル業態別にみると，「リゾートホテル」がこの傾向に従うものの，「都市ホテル」では，「社内から選任」が61.1％になり，逆に「ビジネスホテル」では，「社外から選任」が62.5％になっている（表3-30参照）。

表3-30　総支配人の選任手法　　　　　　　　　　（％）

	全体	都市ホテル	リゾートホテル	ビジネスホテル
社内から選任	51.5	61.1	50.0	37.5
社外から選任	48.5	38.9	50.0	62.5
合計	100.0	100.0	100.0	100.0

社内から選任した場合の手法

　そこで，社内から総支配人を選任した場合の手法を詳しく尋ねてみると，「会社のトップ経営者が兼務することによって」が32.5％，ついで「自社が展開する他のホテルからの異動によって」が30.0％，「親会社，関連会社からの出向によって」が25.0％になり，3者合計で87.5％に達していた。この結果，社内から選任する場合の手法としては，ほぼこの3つに集約できるといえよう（表3-31参照）。

第5節 調査結果の分析

表3-31 社内から総支配人を採用した場合のルート　　　(%)

	全体	都市ホテル	リゾートホテル	ビジネスホテル
自社が展開する他のホテルからの異動によって	30.0	36.4	25.0	21.4
会社のトップ経営者が兼務することによって	32.5	31.8	25.0	35.7
親会社，関連会社からの出向によって	25.0	22.7	25.0	28.6
その他	12.5	9.1	25.0	14.3
合計	100.0	100.0	100.0	100.0

社外から採用した場合のルート

他方，社外から総支配人を選任する場合には，「新規採用」が全体の62.2％を占めていた。ついで，「ホテル運営に関する業務委託契約を締結したホテルからの派遣によって」が17.2％であった。これをホテル業態別にみると，「新規採用」の割合が，「都市ホテル」と「リゾートホテル」では下がるものの，「ビジネスホテル」ではこれが90.0％に達している（表3-32参照）。

表3-32 社外から総支配人を採用した場合のルート　　　(%)

	全体	都市ホテル	リゾートホテル	ビジネスホテル
新規に採用して	62.2	50.0	40.0	90.0
銀行などの取引先からの出向，派遣によって	3.4	0	20.0	0
業務委託契約を締結したホテルからの派遣によって	17.2	21.4	20.0	10.0
その他	17.2	28.6	20.0	0
合計	100.0	100.0	100.0	100.0

総支配人の出身業界

総支配人がこれまでのキャリアの大半をすごした業界をみると，どのホテル業態においても，その半数は「ホテル業」出身者であった。とくに，「都市ホテル」では，全体の75.0％が「ホテル業」の出身者である。しかし，

「リゾートホテル」や「ビジネスホテル」では、「ホテル、旅館、飲食業以外のサービス業出身者」の総支配人が3割から4割近くいることがわかる（表3-33参照）。

表3-33　総支配人がキャリアの大半を過ごした業界　　(%)

	ホテル業	旅館業	飲食業	ホテル、旅館、飲食業以外のサービス業	製造業	その他	合計
都市ホテル	75.0	0	0	19.4	2.8	2.8	100.0
リゾートホテル	50.0	12.5	0	37.5	0	0	100.0
ビジネスホテル	62.4	0	0	29.2	4.2	4.2	100.0

総支配人がホテル業で経験した部門

そこで、もっとも多かったホテル業出身の総支配人を抽出し、その人が過去、ホテル業において経験した部門を尋ねたところ、ホテルの業態を問わず、7割から8割近くの総支配人は、「宿泊部門」で働いた経験があった。

ついで、「宴会部門」と「レストラン部門」になる。ただし、その割合は、「宿泊部門」に比べ、かなり低くなっており、たとえば、「都市ホテル」では、それぞれ、44.0％、55.0％と「宿泊部門」を経験した割合の半数程度にすぎない。他方、上記3部門以外の部門を経験した総支配人は、きわめて少ない。

この結果、ホテル業界出身の総支配人には、「宿泊部門」に加え、「レスト

表3-34　総支配人がホテル業で経験した部門（複数回答）　　(%)

	宿泊部門	レストラン部門	宴会部門	調理部門	顧客管理部門	営業企画、広報部門	総務、経理、人事などの管理部門	コンピューター・システム部門	施設管理部門	購買、原価管理部門	その他
都市ホテル	81.5	44.4	55.0	3.7	0	14.8	29.6	3.7	7.4	0	18.5
リゾートホテル	75.0	50.0	75.0	25.0	50.0	50.0	50.0	25.0	25.0	50.0	25.0
ビジネスホテル	66.7	26.7	46.7	6.7	6.7	26.7	26.7	6.7	13.3	6.7	0

ラン部門」か「宴会部門」のどちらかの経験がある人が主として採用されているといえよう（表3-34参照）。

7．経験者採用のメリットと経験者への評価

経験者を採用するメリット

新設ホテルは，ホテル経験者を採用するメリットをどのように考えているのか。この点に関して，自由に回答してもらったところ，「開業を迎えて，即戦力として役立つ」，「教育，研修が不要である」を指摘するホテルが回答数の8割近くあった。また，「ホテル業で働いていたという経験」を指摘するホテルも多い（表3-35参照）。

確かに，ホテル経験者採用のメリットを表現する言葉は，上述のようにさまざまである。しかし，それら全体を通してみると，新設ホテルは，ホテル経験者がホテル業に関するなんらかのノウハウをもっているとみなしていることが理解できる。

それゆえ，経験者にはなんらの教育，研修を施す必要がなく，すぐに第一線に立てるから，即戦力になると考えているのであろう。また，「ホテル業で働いていたという経験」も，突き詰めてみれば，これと同じ意味をもっているのではなかろうか。

表3-35　経験者を採用するメリット（自由回答，回答件数43件，複数回答）

経験者を採用するメリット	回答件数
開業にあたって即戦力として役立つ	36
ホテル業に携わったという経験	22
教育，研修が不要であること	33
その他（これまで培ってきた人脈が利用できる，作業マニュアルを作成できる，新人教育を任せられるなど）	13

経験者への評価

新設ホテルは，ホテル経験者がもつ運営ノウハウに期待して彼らを採用したはずである。しかし，実際のホテル経験者は，この期待に添った働きをしていたのであろうか。

この点に関して，役職ごとにみると，どの役職においても，「期待どおりである」と「どちらかといえば期待どおりである」の両者が全体の半数以上を占めている。ただし，「幹部社員」と「中間管理職社員」では，「どちらかといえば期待はずれである」と「期待はずれである」の合計がそれぞれ18.6％，22.2％ある。ところが，「一般社員」と「契約・嘱託社員」では，これらを指摘するホテルは存在しない（表3-36参照）。

表3-36　経験者に対する評価　　　　　　　　　(％)

	期待どおりである	どちらかといえば期待どおりである	なんともいえない	どちらかといえば期待はずれである	期待はずれである	合計
幹　部　社　員	18.5	48.1	14.8	7.4	11.2	100.0
中間管理職社員	25.9	33.3	18.6	14.8	7.4	100.0
一　般　社　員	17.4	47.8	34.8	0	0	100.0
契約・嘱託社員	20.0	44.6	26.7	0	0	100.0

8．経験者の離職

新設ホテルも，開業を過ぎれば既存ホテルの一員に加わる。その場合，ホテル経験者を需要する立場から，供給する立場に変わるのではなかろうか。そこで，ここでは，開業に際して採用したホテル経験者の在職率と，離職者がいるときには，その離職理由を調べる。

採用した経験者の在職率

ホテル経験者で，開業後から調査実施日（1999年6月）まで在社している人の割合を尋ね，それと開業年度との関係をクロス収集する。この結果，回答ホテルのうち，調査実施日から遠い1994年と1995年に開業したホテルでは，採用されたホテル経験者がすべて在社していると答えたホテルは1軒もなかった。

むしろ，そのようなホテルでは，在職率が 50 ％前後であることが窺える。逆に，調査実施日に近い 1999 年や 1998 年に開業した 8 割以上のホテルでは，まだ 8 割以上のホテル経験者が在職している。

この結果，開業後，経年するにしたがい，開業時に採用したホテル経験者が少しずつ離職していることが推察される（表3-37 参照）。

表3-37 経験者の在職率　(%)

在籍率	すべて在社している	全体の9割以上在職している	全体の8割以上在職している	全体の7割以上在職している	全体の6割以上在職している	全体の5割以上在職している	全体の4割以上在職している	全体の3割以上在職している	在職は3割未満である	合計
94年開業	0	0	7.7	3.8	19.2	42.4	7.7	3.8	15.4	100.0
95年開業	0	4.3	4.3	13.1	13.1	39.1	8.7	4.3	13.1	100.0
96年開業	3.8	11.5	14.1	20.5	14.1	15.3	10.3	5.2	5.2	100.0
97年開業	22.2	13.3	26.7	6.7	8.9	20.0	2.2	0	0	100.0
98年開業	34.2	24.4	21.9	9.8	2.4	4.9	2.4	0	0	100.0
99年開業	64.7	23.5	5.9	5.9	0	0	0	0	0	100.0

経験者ですでに離職した人の離職理由

だが，そのような離職者は，なぜホテルを辞めたのだろうか。その理由を役職ごとにみると，「幹部社員」の 61.5 ％は，「他のホテルへの就職」であった。また，「中間管理職社員」では，「他のホテルへの就職」が 52.0 ％，「ホテル業以外の企業への就職」が 38.9 ％になっていた。

表3-38 経験者の離職理由　(%)

退職理由	病気	結婚	他のホテルへの就職	ホテル業以外の企業への就職	家事手伝い	その他（独立など）	合計
幹部社員	15.4	0	61.5	7.7	0	15.4	100.0
中間管理職社員	4.5	0	52.0	38.9	4.6	0	100.0
一般社員	13.2	0	11.8	58.2	16.8	0	100.0
契約・嘱託社員	6.7	0	33.3	60.0	0	0	100.0

さらに,「一般社員」と「契約・嘱託社員」では, 6割近くが「ホテル業以外の企業への就職」であった。この結果から, 役職が上昇するにしたがい,「他のホテルへの就職」が増え, 逆に低下するにつれて,「ホテル業以外の企業への就職」が増えることがわかった（表3-38参照）。

第6節　稲垣見解への評価と離職の組織外インパクト

前節では, アンケート調査の概要を説明し, 調査結果の分析を行った。そこで, 本節は, この分析に基づき, 稲垣の見解を検討したい。

1. 新設ホテルにおける経験者採用の有無

稲垣は, ホテル経験者が新設ホテルへ移動することにより, ホテル運営ノウハウが伝播したと主張する。だが, その主張を肯定するためには, 少なくとも,「新設ホテルは, ホテル経験者を採用する」, という事実を示さなければならない。そこで, 以下は, この事実の有無に関する検証を行う。

新設ホテルにおける経験者採用の有無

新設ホテルは, つねにホテル経験者を採用しているのか。この点に関して, 確かに回答ホテルの76.4％は, ホテル経験者を採用していた。また, これを業態別にみると,「都市ホテル」と「リゾートホテル」では, この数値がそれぞれ97.3％, 88.9％に達する。

そのため, 両業態をみるかぎり, 稲垣の見解はほぼ肯定されよう。しかし,「ビジネスホテル」を捉えると, ホテル経験者を採用したホテルが55.8％, 採用しなかったホテルが44.2％となり, 両者がほぼ拮抗している。それゆえ, このタイプのホテルの存在が, 彼の主張を妨げているように見受けられる（表3-18参照）。

「ビジネスホテル」に焦点をあてた経験者採用に関する分析

そこで，ホテル経験者を採用した「ビジネスホテル」と，採用しなかった「ビジネスホテル」を再度比較してみると，以下がわかった。

① 過去運営していたホテルの軒数は，ホテル経験者の採用，不採用に影響を与えていない。つまり，採用した場合においても，採用しなかった場合でも，その大半は，1軒のみの運営か，または過去にホテル運営経験がまったくないホテルであった（表3-39参照）。

表3-39 経験者採用のビジネスホテルと採用しないビジネスホテルが
それまでに運営していたホテル数の比較 (％)

	0 軒	1 軒	2 軒	3 軒	4 軒	5軒以上	合 計
経験者採用あり	61.8	10.3	2.9	0	1.5	23.5	100.0
経験者採用なし	70.6	5.9	0	0	5.9	17.6	100.0

② ホテル経験者を採用したホテルは，採用しなかたホテルよりも，全営業収入に占める宿泊収入比率が相対的に低い。換言すれば，宿泊部門以外のレストランや宴会などから得られる収入が相対的に多いホテルが経験者を採用している。

なぜなら，経験者を採用した場合で，この宿泊収入比率が「100％」と回答したホテルは1軒もなく，「100％未満80％以上」が44.5％となっている。これに対して，経験者を採用しなかった場合には，「100％」が42.1％，「100％未満80％以上」が36.8％となり，この両者を合計すると，78.9％になる（表3-40参照）。

表3-40 経験者採用のビジネスホテルと採用しないビジネスホテルの
宿泊部門が営業収入に占める割合の比較 (％)

	100％	100％未満 80％以上	80％未満 60％以上	60％未満 40％以上	40％未満 20％以上	20％未満	合 計
経験者採用あり	0	44.5	33.3	11.1	11.1	0	100.0
経験者採用なし	42.1	36.8	10.5	5.3	5.3	0	100.0

③ ホテル経験者を採用したホテルは，採用しなかったホテルよりも，相対的に客室数が多い。たとえば，客室規模のうち，「100室未満」と「100室以上200室未満」の割合をそれぞれ加算すると，前者は58.3％

になり，後者は 76.5 ％になる。つまり，ホテル経験者を採用しなかったホテルは規模が小さく，逆に，採用したホテルではそれが大きいことがわかる（表 3-41 参照）。

表 3-41　経験者採用のビジネスホテルと採用しないビジネスホテルの客室数の比較（％）

	100室未満	100室以上 200室未満	200室以上 300室未満	300室以上 400室未満	400室以上 500室未満	500室以上	合計
経験者 採用あり	20.8	37.5	33.3	4.2	4.2	0	100.0
経験者 採用なし	23.5	53.0	17.6	0	0	5.9	100.0

④　ホテル経験者を採用したホテルは，採用しなかったホテルよりも，相対的に従業員数が多い。つまり，前者の平均は 24.2 人，後者の平均は 12.9 人となり，前者は後者のほぼ 2 倍になっている（表 3-42 参照）。

表 3-42　経験者採用のビジネスホテルと採用しないビジネスホテルの従業員数の比較（人）

	平均従業員数
ホテル経験者採用あり	24.2
ホテル経験者採用なし	12.9

これらから，全営業収入に占める宿泊収入の割合が高い，つまり，レストランや宴会収入などが少なく，宿泊機能に特化したホテルで，かつ客室数が「100 室から 200 室」前後と少なく，そのため従業員も少ない「ビジネスホテル」では，ホテル経験者の採用がまれであることが理解できる。

また，そのようなホテルでは，当初から，ホテル経験者を求めていなかっ

表 3-43　経験者を採用しなかった理由（複数回答）　　　　　（％）

	既存社員にホテル経験者が多数いたから	ホテルの性格から考えてホテル経験者がさほど必要でなかったから	ホテル経験者からの応募がなかったから	応募はあったが，適任者がいなかったから	過去の経験や慣習にとらわれずにホテル運営を行いたかったから	ホテル経験者は，給与などの雇用条件が高く，採用できなかったから	その他
割合	14.3	52.4	0	19.0	57.1	9.5	0

たことが推察される。なぜなら，彼らを採用しなかった理由として，「ホテルの性格から考えてホテル経験者がさほど必要でなかったから」と，「過去の経験や慣習にとらわれずにホテル運営を行いたかったから」を指摘するホテルが，それぞれ半数以上存在していたからである（表3-43参照）。

以上の考察から，稲垣の見解は，つねに成立するわけではなく，「宿泊機能に特化し，人的，施設的な規模が相対的に小さいビジネスホテル」を除いた場合に支持されるといえよう。

チェーンホテルにおける経験者採用の有無

他方，稲垣のように，新設ホテルであればホテル経験者を採用すると考えた場合，そのホテルには，すでにホテル業の経験があるチェーンホテルの新規支店も含まれるのか。それとも，チェーンホテルの新しい支店は，例外になるのであろうか。

そこで，新設ホテルを開業する以前に運営していたホテル数を聴取したところ，確かに，「0軒」が61.8％，「1軒」が10.3％であった。この結果，ホテル経験者を採用したホテルの約4分の3は，過去にホテル運営経験がまったくない，または，ほとんどなかったことになる（表3-44参照）。

表3-44 経験者採用のホテルがそれまでに運営していたホテル数 （％）

軒　数	0　軒	1　軒	2　軒	3　軒	4　軒	5軒以上	合　計
割　合	61.8	10.3	2.9	0	1.5	23.5	100.0

しかし，「4軒」や「5軒以上」のホテルを運営していたホテルでも，支店の開業に際して，ホテル経験者を採用している。いわばチェーン化したホテルが，なぜ，経験者を必要とするのか。この疑問に答えるため，チェーンホテルで経験者を採用したホテルの性格を調べ直すと，以下がわかった。

① 4軒以上のホテルをすでに運営していたにもかかわらず経験者を採用した新設ホテルは，全営業収入に占める宿泊収入比率が相対的に低い。つまり，この数値が，「80％未満60％以上」と，「60％未満40％以上」に該当するホテルを合計すると，全体の70.6％を占める。これに対し

て，1軒以下のホテルしか運営した経験がないホテルで，経験者を採用していたホテルのそれは，32.6％にすぎない（表3-45参照）。

表3-45　4軒以上を運営し，かつ経験者を採用したホテルにおける宿泊収入のシェア（％）

	100％	100％未満 80％以上	80％未満 60％以上	60％未満 40％以上	40％未満 20％以上	20％未満	合計
4軒以上のホテル運営経験がある場合	0	17.6	41.2	29.4	11.8	0	100.0
1軒以下でホテル経験者を採用した場合	20.2	39.3	23.6	9.0	7.9	0	100.0

② 4軒以上のホテルを既に運営していたにもかかわらず経験者を採用したホテルは，相対的に客室数が多い。たとえば，客室規模のうち，「100室未満」と「100室以上200室未満」の割合をそれぞれ加算すると，35.4％にすぎない。これに対して，1軒以下でホテル経験者を採用していたホテルのそれは，61.8％であった（表3-46参照）。

表3-46　4軒以上のホテルを運営し，かつ経験者を採用したホテルの客室数（％）

	100室未満	100室以上 200室未満	200室以上 300室未満	300室以上 400室未満	400室以上 500室未満	500室以上	合計
4軒以上のホテル経験がある場合	6.0	29.4	17.6	29.4	17.6	0	100.0
1軒以下で経験者を採用した場合	20.2	41.6	22.5	9.0	5.6	1.1	100.0

③ 4軒以上のホテルをすでに運営していたにもかかわらず経験者を採用した新設ホテルは，相対的に従業員数が多い。たとえば，そのようなホテルで，「200人以上」の社員を雇用するホテルが全体の35.3％ある。他方，1軒以下でホテル経験者を採用していたホテルのそれは，10.1％にすぎない（表3-47参照）。

表3-47　4軒以上のホテルを運営し，かつ経験者を採用したホテルの従業員（％）

	50人未満	50人以上 100人未満	100人以上 200人未満	200人以上 300人未満	300人以上 400人未満	400人以上	合計
4軒以上のホテル経験がある場合	35.3	29.4	0	23.5	0	11.8	100.0
1軒以下で経験者を採用した場合	62.9	20.2	6.8	4.5	2.2	3.4	100.0

第6節　稲垣見解への評価と離職の組織外インパクト　　141

　以上から，「営業収入に占める宿泊収入の割合が相対的に低い，換言すれば料飲や宴会などの収入が多いホテルで，相対的に客室数が多く，かつ従業員が多いホテルでは，チェーンの支店であってもホテル経験者を採用することがある」，といえよう。
　この結果，稲垣の見解の前段部分，つまり新設ホテルはホテル経験者を採用する，に関しては，一部の例外はあったものの，基本的には妥当であったことがわかる。

2．経験者が伝播するホテル運営ノウハウ

　しかし，問題は，残りの半分，つまり新規ホテルはホテル経験者を通じて運営ノウハウを獲得するという部分である。
　前節で述べたように，新設ホテルは，ホテル経験者がホテル業に関するノウハウをもっていると考え，彼らを採用していた（表3-35参照）。そして，大半のホテルが，この採用に満足していたことから（表3-36参照），ホテル経験者を媒介にしたノウハウの移転があったと推察できる。
　しかしながら，そのノウハウは，ホテル・マネジメント全般にわたるものではなく，また，人事，総務，経理などの管理面に関するものでもない。むしろ，それは，宿泊やレストラン部門などの営業に偏ったものであった。その理由は，以下である。
　①　ホテル・マネジメントの統括者である総支配人は，かならずしもホテル業の出身者ではなかった。また，ホテル業出身の総支配人であっても，営業部門，そのなかでも宿泊部門と，レストラン部門，または宴会部門で働いた経験があるだけであり，ホテル内のすべての仕事を経験しているわけではなかった。
　②　総支配人以外で採用されたホテル経験者も，宿泊，レストラン，宴会，調理など，主として営業部門の出身者であり，人事，総務，経理，または企画などの管理的な仕事を経験した人ではなかった。さらに，このホテル経験者は，新規ホテルにおいても，過去のキャリアに合致した部門に配属されていた。

このように，ホテル経験者が伝播するノウハウは，ホテルの営業に関するものであった。しかし，そうだといっても，その内容は，日々のオペレーションから各部門のマネジメントに至るまでの広汎なものであったことが窺える。

なぜなら，採用されたホテル経験者の職歴や求められた能力，資質が多様であったからである（表3-23および表3-24参照）。たとえば，一般社員，嘱託社員として採用されたホテル経験者は，数年のホテル経験しかない人が多かった。そのため，彼らが有するノウハウは，日常のオペレーション的なものに限定されるのではなかろうか。また，そうであるからこそホテル側も，このランクの社員にそのような能力，資質をもつ経験者を求めていた。

他方，幹部社員として処遇された人の職歴や求められた能力，資質から考えて，彼らは，営業部門のマネジメントに関するノウハウを有していたと思われる。そして，中間管理職として採用されたホテル経験者は，営業部門のマネジメントと日々のオペレーションの双方を有していたようである。

そして，新規ホテルは，まず幹部社員に就任できるホテル経験者を採用し，営業部門のマネジメントやオペレーションの基本方針を決定させ，ついで中間管理職社員を採用することでこの基本方針を具体化していたように見受けられる。そのうえで，一般社員や契約社員を雇用し，オペレーションの詳細を確定していたのではないか（表3-25参照）。

さらに，新設ホテルは，営業部門ごとに，かつ部門内の階層ごとにホテル経験者を採用し，彼らがもつノウハウを導入することで，基礎固めを行い，その配下に多数の新入社員を配属させ開業を迎えていたのである。

以上の考察から，新規ホテルがホテル経験者から得るホテル運営ノウハウは，ホテル・マネジメント全般にわたるものではなく，ホテル内の営業部門のオペレーションとマネジメントに関するものであったといえよう。

この結果，稲垣の見解は，①小規模で宿泊中心のビジネスホテルが例外になり，また，②伝播するノウハウの内容に限定があったものの，大筋で正しかったと認めてよい。

さらに，今回の調査から，主として幹部社員であったが，開業後数年経過すると離職し，他のホテルへ移っていくホテル経験者の存在が確認できた。

図3-3 新設ホテルの典型的な人材構成とホテル経験者により伝播されるノウハウ

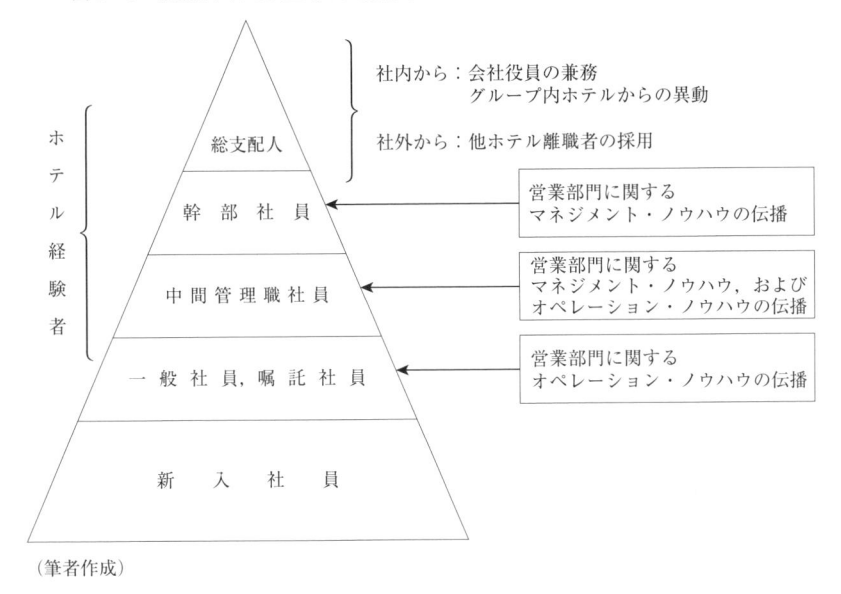

```
           総支配人      ┤ 社内から：会社役員の兼務
                              グループ内ホテルからの異動
ホテル経験者            社外から：他ホテル離職者の採用

         幹 部 社 員    ← 営業部門に関する
                          マネジメント・ノウハウの伝播

       中間管理職社員    ← 営業部門に関する
                          マネジメント・ノウハウ，および
                          オペレーション・ノウハウの伝播

     一 般 社 員，嘱 託 社 員  ← 営業部門に関する
                              オペレーション・ノウハウの伝播

         新 入 社 員
```

（筆者作成）

　そして，この業界内を流転するホテル経験者は，稲垣の見解の正しさを支えるもうひとつの論拠になるであろう。

　以上から，新設ホテルの典型的な人材構成とホテル経験者の位置付け，および彼らが伝播する運営ノウハウをモデル化し，図示すると図3-3になる。

第7節　小　　括

1．わが国における離職研究の現状

　従来のわが国において，従業員の離職は，ポピュラーな研究テーマではなかった。確かに，わが国でも1930年代前半以前の離職率は，高かった[36]。しかし，戦後の経済発展の過程で，従業員の長期雇用が一般化し，また従業員側も，「経営家族主義」や「運命共同体」的な価値観を共有し，その「家

族」や「共同体」からの離脱を忌避する意識を抱いた。そのため，従業員の離職は，特異な現象とみなされがちであった。この結果，わが国は，経営学的な視点による離職研究をほとんど有していない。

ところが，そのようなわが国においても，従業員がしばしば離職している産業があった。そして，そのひとつが宿泊業である。だが，われわれは，上述した研究の立ち遅れから，なぜこの産業において離職が頻発するのか，その離職は組織とその構成員にどのような影響を与えるのか，またこの離職をどのようにマネジメントすべきなのかについて，かならずしも明解な説明を加えることができない。

2．宿泊業における従業員離職とそのインパクト

宿泊業における従業員離職は，その頻度だけでなく，他の産業では観察できないいくつかの特徴をもっていた。その特徴とは，①早期離職者割合の高さ，②若年者にみられる高い離職率，相対的に高い③男性の離職率と④一般社員の離職率，⑤企業規模を問わずみられる高い離職率であった。

換言すれば，この産業では，正社員として採用された人で，入社後の基礎教育が終わり，そろそろ一人前の従業員として活躍を期待されたころ，辞める人が多いといえる。そのうえ，彼らの大半は，自発的離職者であり，かつ，そのほとんどが回避できた離職であった。

それゆえ，宿泊業の従業員離職がもたらすインパクトは，ネガティブな内容になると推察される。つまり，離職者を輩出した組織では，それまでに投下した採用や教育に関する費用を回収できず，また離職者の連鎖化や組織内コミュニケーションの質の劣化などを組織にもたらしていると考えられる。

3．離職の組織外インパクトと研究課題

一方，従業員の離職がもたらすインパクトは，当該組織を超えて，他の組織へおよぶことがある。そこで，本章では，この組織外インパクトのひとつの事例として，ホテル業の離職者を媒体にしたホテル運営ノウハウの伝播を

捉え，その実態を把握する調査を実施した。

その結果，調査対象になった89軒のホテルのうち，4分の3に相当するホテルは，ホテル経験者を採用し，彼らから運営ノウハウを得ていたことがわかった。そして，そのノウハウの内容は，ホテルの営業部門のマネジメントに関するものから，日常的なオペレーションに関するものまでが含まれていることが理解できた。

ただし，そのノウハウの詳細は，本章が行った量的なアンケート調査では，残念ながら掌握できなかった。なぜなら，それがホテル経験者に属人的に所有されているからこそ，換言すれば，明文化されていないからこそ，新規ホテルは，ホテル経験者を採用せざるをえなかったと思われるからである。

それゆえ，伝播させたノウハウの内容を知るためには，各新規ホテルに対する質的な調査，たとえばインタビュー調査などが求められる。そして，それは，将来の研究課題になろう。

4．ホテル業における離職研究の重要性

宿泊業には，ホテル業，旅館業，簡易宿泊業，および下宿業が含まれる。このうち，事業所数では，ホテル業と旅館業が主流になる。しかし，旅館業は，近年次第に衰退化しはじめている。

この理由から，雇用面からいえば，ホテル業が宿泊業の中心的な地位を得る。だが，そのホテル業では，潜在的な離職願望をもつ人がきわめて多い。たとえば，レジャー・サービス産業労働情報開発センターが行った調査では，回答者780人中，まったく離職を考えていない人は，全体の18.1％しかなかった（表3-48参照）。

表3-48　ホテル従業員の離職願望　　　　　　　　　　(％)

まったく思わない	ときどき考える	しょっちゅう考える	具体的に行動している	合　計
18.1	64.1	15.9	1.9	100.0

〈出所〉：レジャー・サービス産業労働情報開発センター編（1994）『成熟社会における宿泊産業の社会的役割』。

一般に，離職願望は，実際の離職を生み出す最大の要因になるといわれて

いる。それゆえ，ホテル業では，将来的にも離職が多発する可能性が高い。さらに，今回の調査から，業界内を流転するホテル経験者の姿を垣間見ることができた。

しかし，なぜ彼らは，転職を繰り返すのであろうか。残念ながら，この理由については，いまだ解明されていない。どちらにしても，ホテル業では，離職のマネジメントに配慮しなければならないと考える。

その考察のための参考として，最後に以下を付言したい。

離職原因の追求

宿泊業において，なぜ離職がしばしば起こるのかを知るためには，まず離職者の離職理由を把握する必要がある。しかし，一般に離職者は，所属していた組織との軋轢，たとえば再就職への妨害など，を避けるために，なかなか本当の理由を述べない。

それゆえ，組織のマネジメントがそれを聞けば，結婚とか，家業を継ぐなどの「自己都合」を申し出ることが多い。そこで，いかに真実を聴取するかが，ポイントになる。そのためには，離職時からある一定期間経過した後に，第3者によるカウンセリングを行うことが望ましいと思慮する。

さらに，離職理由とは逆であるが，従業員がなぜ仕事を続けるのかを知ることは，この問題を理解するうえで貴重な視野を与えるであろう。つまり，従業員は，何のために働いているのか，仕事から何を得たいのか，それは金銭なのか，地位，名誉なのか，それとも自己実現なのか。また，彼らは，組織からどのように扱われたいのかなどを調査するのである。さらに，彼らに対して，会社，仕事，上司や同僚への不平，不満などを聞くことも，この離職の原因に関するヒントを得る手段となろう。

人材募集のあり方に関する再考

従業員の離職は，遍在的な現象であり，それが生起しない組織は，むしろまれである。そのため，すべての離職，たとえば「定年齢での離職」や「死亡による離職」までをも回避することは無理であり，すべきではない。また，業績や仕事の達成度の点で劣った人を慰留する必然性は，乏しい。

第 7 節 小 括

　組織にとって問題になるのは，従業員の非機能的な離職である。それゆえ，この非機能的な離職をどのように防ぐかが重要になる。また，優秀な従業員をいかに選別し，彼らを維持することに対しても配慮しなければならない。そして，そのためには，具体的な実行プログラムをいかに構築するかが肝要になろう。

　一方，宿泊業のように，短期離職者が多いところでは，入社時の導入教育ばかりでなく，従業員の募集に問題があったのではないかと思われる。つまり，入社前に，将来彼らが就く仕事の内容や処遇的な事項などを適切に伝えていたか，いなかが問題になる。換言すれば，非現実的な期待を与えていなかったかである。そのためには，人材募集のあり方を再問する必要があると考える。

注
1）Price, J. L. (1977), *The Study of Turnover*, Iowa State Univ. Press を参照。
2）Steers, R. M. & Mowday, R. T. (1981), "Employee Turnover and Post-decision Accommodation Process", in B. M. Staw & L. L. Cummings eds., *Research in Organizational Behavior*, Vol.3, JAI Press, pp.235-282.
3）この点に関しては，たとえば，Mark, A. B. (1992), "Reducing Turnover in the Hospitality Industry : An Overview of Recruitment, Selection & Retention", *International Journal of Hospitality Management*, Vol.11, No1, pp.47-63 を参照のこと。
4）Woods, R. & Macaulay, J. (1989), "Rate for Turnover Retention Programs That Work", *Cornell Hotel & Restaurant Administration Quarterly*, Vol.30, May, pp.79-80.
5）山下昌美（1994）『現代労働管理の再構築』白桃書房，30頁。
6）主要先進国の離職率については，以下のとおりである。

(%)

年　度	73年	74年	75年	76年	77年	78年	79年	80年	81年	82年	83年	84年	平均
日　本	19	17	16	15	15	14	14	14	14	14	13	14	15
西ドイツ	33	31	28	28	28	28	29	30	29	25	—	—	28
イタリア	26	17	14	15	14	12	13	15	15	14	—	—	28
イギリス	31	33	30	25	24	24	24	25	22	21	21	21	25
米　国	56	59	50	46	46	47	48	48	41	—	—	—	49
フランス	—	—	—	—	17	18	16	14	16	—	—	14	15

　〈注〉：上記は，西ドイツ以外は製造業の離職率であり，同一企業内の事業所間移転を含む。
　〈出所〉：OECD, Flexibility In Labor Market, table Ⅱ-3, 1986.

7）わが国の離職率および入職超過状態の推移については，以下のとおりである。

148　　　第3章　ホテル業における従業員の離職とそのインパクト

(%)

年　度	1983年	1984年	1985年	1986年	1987年	1988年	1989年	1990年	1991年	1992年	平　均
入職率	13.7	14.9	15.7	14.6	14.5	16.1	15.8	16.8	16.7	15.8	15.5
離職率	13.2	14.1	14.8	14.5	13.9	14.7	15.2	15.3	15.2	14.6	14.6
入職超過率	0.5	0.8	0.9	0.1	0.6	1.4	0.6	1.5	1.5	0.8	0.9

〈注〉：入職超過率　＝　入職率　－　離職率。
〈出所〉：労働大臣官房政策調査部編『雇用動向調査（平成4年度版）』, 299頁。

8)　欧米における離職研究のレビューに関しては，Mark (1992)　前掲書が詳しい。
9)　稲垣勉 (1994)『ホテル産業のリエンジニアリング戦略』第一書林, 52頁。
10)　『雇用動向調査』は，離職を「雇用関係の終了により組織から離れること」と定義する。しかし，同調査をはじめとして，一般にわが国の労働統計は，離職に系列企業への出向を含めているため，「組織構成員としての身分の喪失による組織からの離脱」と広く解する方が適切であろう。一方，離職率は，以下により算出される。
　　　離職率＝離職者数／常用労働者数（＝一般労働者＋パートタイム）
11)　たとえば，労働大臣官房政策調査部編 (1988)『経済のサービス化とこれからの労働』大蔵省印刷局, 138頁を参照。
12)　Bluedorn, A. C. (1982), "The Theories of Turnover", in S. Bacarah eds., *Perspectives In Sociology: Theory & Research*, JAI Press, pp.75-128.
13)　この非自発的離職のうち，「契約期間の終了」と「経営上の都合による解雇や出向」は，組織のイニシアチブにしたがって行われるため，離職者本人からすれば非自発的離職となる。一方，「定年」，「本人の質による解雇」と「死亡・疾病」は，たとえば定年齢の到達や勤務上の懈怠などが生じれば，離職者本人の意志にかかわらず離職が発生するため，「非自発的離職」とされる。
14)　Dalton, D. R & Todor, W. D. (1982), "Turnover : A Lucrative Hard Dollar Phenomenon", *Academy of Management Review*, Vol.7, No2, pp.212-218.
15)　Dalton, D.R., Krackhardt, D. M. & Porter, L. M. (1981), "Functional Turnover : An Empirical Assessment", *Journal of Applied Psychology*, Vol.66, No.6, pp.716-721.
16)　Hollenbeck, J. R & William, C. O. (1986), "Turnover Functionality versus Turnover Frequency : A Note on Work Attitude and Organizational Effectiveness", *Journal of Applied Psychology*, Vol.71, No.4, pp.606-611.
17)　Dalton, D. R., Todor, W. D. & Krackhardt, D. M., "Turnover Overstated : The Functional Taxonomy", *Academy of Management Review*, Vol.7, No.1. pp.117-123.
18)　Cascio, W. F. (1982), *Costing Human Resources : The Financial Impact of Behavior in Organization*, Kent Publishing Co., pp.20-43.
19)　米国において行われた種々の研究によっても，その損失は，従業員1人当たり400ドルから4,700ドルと大きな差異がある。これに関しては，以下を参照のこと。
　　　McEvoy, G. M. & Cascio, W. F. (1985), "Strategies for Reducing Employee Turnover : A Meta Analysis", *Journal of Applied Psychology*, Vol.70, No.3, pp.342-353.
20)　しかしながら，このすべてが損失になるわけではない。つまり，「死亡・疾病」を除く「非自発的離職」は，組織側の意図にしたがい，その管理下で行われている。そのため，この損失は，あらかじめ予測可能であり，反対給付としての便益，たとえば人件費などの

削減も享受できる。
　それゆえ，組織にとって問題になる損失は，本来なら不要であったもの，つまり，当該離職が，自発的であり，それが回避可能であったにもかかわらず発生し，さらに業績などの点で優れた従業員によってもたらされた損失になる。そして，その損失は，以下の計算式により算出される。

　　本来不要であった損失 ＝（離職により発生する損失）×（自発的離職率）
　　　　　　　　　　　　×（離職の回避可能性率）×（機能的離職の割合）

21) Mueller, C. W. & Price, J. L. (1989), "Some Consequences of Turnover : A Work Unit Analysis", *Human Relations*, Vol.42, No.5, pp.389-402.
22) Kracklardt, D.M. & Porter, L.M. (1986), "The Snow Ball Effect : Turnover Embedded In Communication Networks", *Journal of Applied Psychology*, Vol.71, No.1, pp.50-55.
23) Dreher, G. F. (1982), "The Role of Performance in the Turnover Process", *Academy of Management Journal*, Vol.25, March, pp.137-147.
24) Rosemen, E. (1981), *Managing Employee Turnover : A Positive Approach*, NY: AMACOM, pp.65-70.
25) Pigors, P. & Myers, C. A. (1969), *Personnel Administration : A Point of View and Method* (6th eds.), McGrow-Hill, pp.308-309.
26) McEvoy & Cascio (1985), *op. cit.*
27) Sheeham, E. (1991), "Consequences of a Colleague Quitting : Their Effects on Those Who Stay", *Journal of Social Behavior & Personality*, Vol.6, pp.343-354.
28) Mowday, R. T. (1981), "View Turnover from the Perspective of Those Who Remain : Relationship of Job Attitude Attributions of the Causes of Turnover", *Journal of Applied Psychology*, Vol.66, No 1, pp.120-123.
29) Price (1977), *op. cit.*
30) Sheeham (1991), *op. cit.*
31) Woods & Macaulay (1989), *op. cit.*
32) Schneider, B. J. (1980), "The Service Organization : Climate Is Crucial", *Organizational Dynamics*, Vol.9, Automn, p.52-65.
33) Schneider, B. J., Parkington, J. J. & Buxton, V. M. (1980), "Employee and Customer Perceptions of Service in Banks", *Administrative Science Quarterly*, Vol.25, June, pp.252-267.
34) Woods & Macavlay (1989), *op. cit.*
35) 　調査票については，別添資料2-1「ホテル開業にともなう社員の採用に関する調査票」を参照のこと。
36) 　わが国における戦前の離職率については，たとえば，尾高煌之助著（1984）『労働市場分析』岩波書店を参照のこと。

第4章
顧客の苦情とホテル業における組織対応の実態

第1節　本章の目的

　世界の主要先進国では，1990年代を迎えると，「顧客満足」が同時並行的に大きくクローズ・アップされるようになった。これは，各国が一様に，成熟化した市場に直面しており，この状況をいかに打開すべきかを真剣に模索した結果であるといえる。

　つまり，そのような市場環境下で組織が永続的に成長しつづけるためには，「顧客の創造」が不可欠であり，顧客を創造するためにはその満足が前提になると気づいたからにほかならない[1]。

　これにより，今日の多くの組織では，顧客満足をマネジメント上の中心課題に据え，それに基づく組織づくり，マーケティング活動や人材開発などが積極的に志向されるようになっている。

苦情への関心の低さ

　しかし，この顧客満足の隆盛に反して，これまでの多くの組織は，それと表裏一体の関係にある顧客の不満（dissatisfaction），およびその表出である苦情（complain）について，ほとんど注目することがなかった。それは，ひとたび苦情を引き出してしまえば，顧客が過剰な要求をするのではないかと恐れていたからであろうか。

　また，一方で，「当社のサービスや製品になにか問題はないか」と顧客に尋ねれば，逆に，「それらに欠陥や不完全な点が存在するのではないか」と疑われ，組織への認識をネガティブにさせると考えていたのかもしれない。事実，ランク・ゼロックス社（Rank Xerox）が，同じ質問をしたとき，一

部の顧客から,「自分は現状に満足しているのだが,なにか問題があるのか」という疑義が生じた[2]。

顧客情報としての苦情

しかし,そのような疑義は,少数派であり,同社が得た回答の 80％は,いままで得たことがない苦情に関するものであった。つまり,この質問を発しなければ同社は,顧客が抱える問題に気づかなかったことになる。そして,これにより同社は,自己のサービスや製品をいつまでたっても改善できなかったであろう。

一般に,苦情への対応といえば,顧客の怒りをなだめるという,いわば「消火,または鎮静」的な活動をイメージしやすい。だが,その本旨は,上述のランク・ゼロックス社でみたように,自社のサービスや製品を向上させるために,顧客からのフィードバックを得るシステムにほかならない[3]。

換言すれば,それは,マーケティング調査と同様の機能を果たしている。そして,両者の相違点は,顧客情報の収集に関する主体者が,顧客(苦情)であるか,組織(マーケティング調査)であるかにすぎない。

サービス組織における苦情マネジメントの意義

他方,サービス組織では,モノづくり組織以上に,苦情のマネジメントが重要になる。それは,サービスを生産し,提供する際に,人的要素が介在する度合いが高いからである。つまり,そこでは,機械ではなく,人間がこの生産と提供活動を行っている。

だが,人間は,機械と異なり,均質的なサービスをつねに創造しつづけることができない。むしろ,サービスの品質は,時間帯や曜日ごと,または従業員ごとに変わることが多い。そして,この品質の変動は,顧客の不満,ひいては苦情をまねく最大の要因になる。

ところが,サービスでは,この品質に生じたムラを 100％解消することができない。なぜなら,サービスの生産,提供と消費はしばしば同時に進行するから,モノのように生産の途中や提供前に検品して不良品を取り除くことがむずかしいからである。また,生産,提供と消費の同時性から,生産,提

供サイドに起こったミスは，瞬時に顧客に知覚され，それを隠蔽することが困難になるからでもある。

　そのため，サービスでは，苦情の防止も重要であるが，発生した苦情をいかに処理し，失地回復を図るかが，より重要な課題になっている[4]。

既存研究への評価

　顧客の苦情は，欧米においても地味な研究分野である。そのため，顧客満足と異なり，豊富な先行研究があるとはいいがたい。しかし，これまでの研究者の努力により，顧客が苦情を感じたときどのような行動をとるのか，またその行動が組織にどのような影響を与えるのか，そして組織が苦情に対してどのように対処すれば顧客は満足するのか，などが次第に解き明かされるようになってきた。

　しかし，顧客側の視点からみた苦情研究が進展しているのに対して，組織側のそれからこの問題に取り組む研究は，意外に少ない。たとえば，上述した苦情への組織対応と顧客満足との関係が明らかになっている以上，そこから組織対応に関する理論的ガイドラインを導き出すことができよう。

　そして，そうであるとすれば，現実の組織は，果たしてこのガイドラインに従って日々の苦情を処理しているのかが，大きな疑問として浮かび上がる。ところが，この疑問に動機づけられる研究は，ほとんど見出すことができない。

本章の目的

　そこで，本章は，以下を取り扱う。まず，不満を感じた顧客がとるであろう行動について整理する。つぎに，苦情への組織対応が苦情者の満足や，再購買，または組織への忠誠心にどのような影響を与えるのかにつき概説する。そして，これらにより，苦情処理に際して組織が行うべき理論的ガイドラインを明らかにする。

　他方，本章では，国内の 300 軒のホテルを対象にしたアンケート調査，および都内の主要 10 ホテルを対象に苦情の手紙を送付することにより，前段で述べた理論的ガイドラインと，実践とを比較し，両者の異同を観察する。

また，本章の最後に，苦情への組織対応に関する今後の研究課題について言及したい。

第2節　不満顧客の行動と苦情への組織対応

1．不満顧客の行動

　顧客は，不満を感じたとき，どのような行動をとるのか。この行動を，シン（Signh, J.）は，以下の4つのタイプに分類する[5]。
　①タイプA：不満を感じながら，結果として何らの行動を起こさない。
　②タイプB：サービスや製品を提供した組織ではなく，知人や友人，または家族などの自分の周囲にいる人びとに不満を告げる。
　③タイプC：サービスや製品を提供した組織に向かって，不満を表明する。
　④タイプD：サービスや製品を提供した組織ではなく，消費者センターやマスコミ，または裁判所などの公的な第3者に不満を告げ，その解消に関与させる。
　上記のうち，「タイプC」が，組織に認知され，日常的に対処される苦情になる。しかし，苦情は一般に，顧客の不満が表出して，なんらかの行為をともなったものと，解されている。そのため，この解釈に従えば，「タイプB」も，「タイプD」も苦情に相当する。この両者と「タイプC」は，行為の方向性が異なるだけである。
　また，この行為の方向性をみれば，「タイプB」は，顧客の個人的な人間関係へ向かっているのに対して，「タイプC」と「タイプD」は，組織や公的な第3者を目標にしている。そのため，前者は「私的な苦情行動」，後者は「公的な苦情行動」と呼べよう。
　一方，「タイプA」は，不満が顧客の内面にとどまり，表出していない。その意味では，苦情とはいいがたい。しかし，不満を抱いている点では，相違がない。そのため，苦情をマネジメントする際には，これも領域に含める

必要がある。

苦情を表明しない顧客

不満を感じた顧客がとる行動を前述した。しかし，不満を感じたとしても，このような行動を実際にとる人は，意外に少ない。オッセルら（Ossel, G.V. & Stremersch, S.）によれば，その割合は，不満な顧客の9％程度であるという[6]。

また，アボニフォフら（Agbonifoh, B.A. & Edoreh, P.E.）の調査によれば，不満を抱く顧客の半数は，上述した「タイプB」をとっていた。これに対して，「タイプC」は，3分の1しか採択されていない[7]。

この結果から，組織が認知する顧客の苦情は，海面から顔をのぞかせる氷山の一角と同様に，顧客の不満を象徴するごく一部の事例であるとともに，その入手がきわめて困難なものであることがわかるであろう。

しかし，なぜ顧客は，不満を感じてもそれを表明しないのか，また表明してもなぜそれを組織に向けないのだろうか。それは，顧客が忍耐強いからでも，寛容だからでもない。むしろ，彼らは，はじめから諦めているのである。

つまり，彼らは，苦情を述べても，それに対してだれも関心を示してくれないから，時間の無駄だと思っている。また，苦情を打ち明けることで，新たなトラブルに巻き込まれるのではないかと疑っている。さらに，苦情をどこに持ち込めばよいかがわからず，最終的に諦めてしまう人も多い[8]。

2．苦情への組織対応

しかし，そうだからといって組織は，水面下に存在する大半の不満を放置しつづけてよいわけではない。その理由は，米国の消費者問題室（United States Office of Consumer Affairs）の調査により，不満を放置しつづけるデメリットが明らかになっているからである[9]。

苦情を放置するデメリット

同調査は，顧客の不満を，金銭的な損失が100ドルを超える重度な不満と，

1ドルから5ドルの軽度の不満に大別する。そして、この2種類の不満に対して、①苦情を述べなかった人、②苦情を述べたが、適切に対処されなかった人、③苦情を述べ、かつ適切に対処された人ごとに苦情原因になったサービスや製品を再購買するか、いなかについて聴取している。

そして、この調査結果から、以下が明確になった（表4-1参照）。

① 「苦情を述べなかった人」が苦情を惹起したサービスや製品を再購買する割合は、その不満が重度であれば9％、また軽度の場合でも37％にすぎなかった。

つまり、重度の不満を感じた人がもし100人いれば、その91人は当該サービスや製品を提供する組織に見切りをつけて他の提供者を捜すようになる。また、軽度であっても、そのうちの63人は、2度と戻らない。

そのうえ、去っていった顧客は、何も語ろうとしないから、組織は、なぜ急に彼らが自分を利用しなくなったのかがわからない。

② 「苦情を述べたが、適切に対処されなかった人」の再購買の割合は、重度の不満の場合で19％、軽度の場合で46％であった。とくに、重度の不満では、再購買の可能性が、「苦情を述べなかった人」の2倍になっていることに注目される。つまり、苦情を表明させることにより、再購買の可能性が高まったのである。

③ 「苦情を述べ、かつ適切に対処された人」の再購買の割合は、重度の不満の場合で54％、軽度の場合で70％に達している。つまり、苦情を表明させ、それを適切にマネジメントすれば、半数以上の人びとが将来的にもサービスや製品を購入しつづけることになる。

表4-1　不満を抱く顧客が再購買する確率　　　　　　（％）

	苦情の程度が著しい場合 （100ドル以上の損失）	苦情の程度が軽度である場合 （1ドル〜5ドルの損失）
苦情を表明しない場合	9	37
苦情を表明して対処されない場合	19	46
苦情を表明して対処された場合	54	70

〈出所〉：Ossel, G. V. & Stremersch, S. (1988), "Complaint Management", B. V. Looy et al., eds., *Service Management : An Integrated Approach*, Pitman Pub., p.174.
〈原典〉：TARP (1986), *Consumer Complaint Handling in America : An Update Study*, United States Office of Consumer Affairs.

以上の調査結果から，顧客は，組織にもう一度名誉挽回のチャンスを与えてくれることがわかる。そして，このチャンスを活かせば，不満を感じ組織から離れようとする顧客の半数以上を引き戻せることをわれわれに教えている。

逆に，組織が苦情を放置することは，このチャンスを放棄することを意味する。そして，それは，顧客の喪失を招き，終局的には組織に損失をもたらす。それゆえ，苦情は放置すべきでなく，むしろ積極的に引き出した方が有利になるといえよう。

また，苦情を引き出すことができれば，かりに顧客を失っても，その後に雲泥の差が生じる。つまり，組織が苦情を認知すれば，不幸な顧客を1人でとどめることも可能になる。しかし，それを知らなければ，顧客の喪失が連鎖化する蓋然性が高まるからである。

顧客が苦情を表明しやすい環境の創造

以上から，苦情への組織的対応の第1歩は，いかに顧客の不満を引き出すかになる。だが，そのために組織は，顧客が知覚する上述した心理的，物理的，または時間的な抵抗感を取り除かなければならない。そして，逆に，顧客が気軽に苦情を表明できるような環境を創造する必要がある。

その環境の創造は，顧客の苦情に関心を示し，積極的に対応する姿勢を示すとともに，顧客がどのようにすれば組織とコンタクトできるのかを明らかにすることからスタートすべきである。そして，コンタクトするための手段や仕組みを開発することが肝要になる。

しかし，実際の組織は，その手段や仕組みをどの程度もっているのか。ブルジー（Bourgeois, S.）がベルギーのサービス企業350社を対象に実施した調査によれば，その手段や仕組みをまったく持っていない企業が全体の37％存在していた[10]。

逆に，それを有している企業では，「苦情カード」を用意する企業が38％ともっとも多く，ついで「アンケート調査」が28％，「顧客サービス窓口」が21％，「専用の電話回線」が13％になっていた（表4-2参照）。

これに対して，顧客が組織に苦情を表明するとき，どのような手段を用

第2節 不満顧客の行動と苦情への組織対応　　157

表4-2　サービス組織が苦情を知るために用意する手段　　(%)

手段をもっている					手段をもっていない	合　計
63					37	100.0
苦情カード	アンケート調査	顧客サービス窓口	専用の電話回線	合計		
38	28	21	13	100.0		

〈出所〉：表4-1に同じ。p.176.
〈原典〉：Bourgeois, S. (1996), *Klachtenmanagement in de Dienstensector*, University of Ghent, Faculty of Economics, 1996.

いているのかといえば，ルイスとモレス（Lewis, R.C. & Morris, S.V.）がホテル利用者479人を対象に行った調査では[11]，つぎがわかった（表4-3参照）。

表4-3　ホテルの顧客が苦情を表明する場合の手段　　(%)

不満が生じたときその場で苦情を述べる	無料の専用電話回線を利用する	個人的な手紙を書く		ホテル備え付けのアンケート用紙を利用する		合計
		総支配人宛てに書く	ホテルの社長宛てに書く	総支配人宛てに出す	社長宛てに出す	
		22	21	14	14	
5	24	43		28		100.0

〈出所〉：Lewis, R. C. & Morris, S. V. (1987), "The Positive Side of Guest Complaints", *Cornell Hotel & Restaurant Administration Quarterly*, Vol.28, Feb., p.14.

① 個人的な手紙を書くことによって苦情を表明する人がもっとも多く，全体の43％を占めていた。
② ついで，ホテル備え付けのアンケート用紙を利用する人が28％，料金無料の電話回線を利用する人が24％になっている。
③ 逆に，不満が生じたその場で苦情を述べると回答した人は，全体の5％しかいない。

この結果から，顧客は，組織の従業員と対面して苦情を述べることが少ないことがわかる。他方，個人的な手紙は，顧客の自主性に基づくものであるため，組織が関与しづらい。そこで，この調査から類推すれば，組織が顧客の苦情を引き出すためには，少なくともなんらかのアンケート用紙や，専用の電話回線を設けるべきことが理解できよう。

苦情に100％対応する必要性

前段では，顧客の不満を顕在化させる意義について言及した。しかし，いったんそれを引き出すと，つぎにそれへの対応を誤った場合，顧客の不満は，以前の状態以上に高まってしまう。この点に関して，前出のルイスとモリスの調査結果を利用して説明すると，つぎになる。

同調査は，苦情を表明し，かつ，①家族以外の人びとに自分の不満を話した人，および②当該ホテルの利用を思いとどまるようアドバイスした人，の割合を聴取している。そして，この聴取の結果，以下がわかった（表4-4参照）。

① 「苦情の解消，未解消を問わず，自分の不満を家族以外の人びとに話した人」の割合は，全回答者の62％存在していた。しかし，苦情が解消されないとき，この割合は，11ポイント高まり，73％に達する。

② 「苦情の解消，未解消を問わず，他人に当該組織の利用を思いとどまるようアドバイスした人」は，43％いた。だが，苦情が解消しなかったとき，この数値は28ポイントも上昇し，71％になる。

表4-4 顧客が伝播する口コミの発生率と苦情の解消,未解消との関係 （％）

家族以外の人びとに自己が体験した不満を話す確率 （苦情の解消，未解消を問わず）	62
苦情が解消されないとき，自己の不満を家族以外の人びとに話す確率	73
そのホテルを使用するなと，家族以外の人びとにアドバイスする確率 （苦情の解消，未解消を問わず）	43
苦情が解消されないとき，そのホテルを使用するなと，家族以外の人びとにアドバイスする確率	71

〈出所〉：表4-3に同じ，p.14.

この調査結果は，われわれにつぎの3つの教訓を与える。

① 顧客は，前述した「タイプC」の行動（つまり，上例では不満をホテルに伝える）をとりながら，同時に「タイプB」の行動（つまり，不満を知人，友人に告げる）もとっている。

② 同じ「タイプB」の行動であっても，「自己の体験を単に物語的に話す場合」と，「自己の評価を交え，第3者の行動を抑制するように働きかける場合」とがある。

③ 自分の苦情が解消されないとき、この「タイプB」の行動のうち、後者を採用する人の割合が増加する。

以上の苦情表明行動のなかで、サービス組織にもっともダメージを与えるのは、最後のそれである。その理由は、サービスは基本的に無形であるため、事前の品質判断がむずかしいからであり、逆に、消費してはじめて理解できることが多いからである。だが、それではリスクが高まるから、顧客は、このリスクを可能なかぎり軽減しようと試みる。

そこで、彼らは、当該サービスの品質に関する情報を可能なかぎり求めようと努力する。そのようなとき、知人や友人などの周囲の人びとから、懸案になっているサービスの利用をやめるようアドバイスされると、素直に従いやすい。

これにより組織は、潜在的な顧客を1人失うことになる。それゆえ、この喪失を防ぐために組織は、表明された苦情にかならず対応し、その解消を図らなければならないことになる。

回答までに要する期間の重要性

苦情への組織的対応に関連して、前出の合衆国消費者問題室の調査では、①苦情を受理し、回答するまでの期間とその後の顧客満足との関連性、および②苦情の解決に関与する組織側の人員と、顧客の再購買意思、または他者へ当該組織を推薦する意思との関連性、を調べている。

そこで、まず、回答に要する期間と顧客満足との関連性について述べる。この期間を顧客満足から捉えたとき、1週間が一応のめどになることがわかる。つまり、上記調査によると、回答期間が1週間以内であれば、顧客の半数は満足するが、それを過ぎるとむしろ不満の方が多くなる。そして、これが3週間を超えると、苦情を表明した顧客の3分の1しか満足させることができない（表4-5参照）。

表4-5　苦情への回答に要した期間と顧客満足との関係　　(%)

回答に要した期間	1日～7日間	8日～21日間	22日～28日間	28日以上
満足した人の割合	52	42	36	23

〈出所〉：表4-1に同じ。p.180.
〈原典〉：表4-1に同じ。

この結果から，たとえ同じ内容の回答を顧客に提示しても，回答に費やした日数が，顧客満足に大きな影響を与えているといえよう。換言すれば，組織は苦情処理をできるだけ迅速に行うべきである，と同調査は伝えている。

苦情を処理するために関与する組織側の人数の重要性

他方，顧客は自己の苦情を解消するために接触しなければならない組織側の人数が多くなればなるほど，当該組織を再利用する意思が弱まり，またそれを他者に推薦する意思もなくなる。

つまり，その人数が1人であれば，再利用し，推薦する人の割合が51％存在するにもかかわらず，3人以上の人と交渉しなければならないときには，この数値が18％と，約3分の1に減少してしまう（表4-6参照）。

これにより，苦情を処理するために顧客と接触する組織側の人は，1名であることが望ましい。逆にいえば，顧客は，組織内の担当者間を「たらい回し」されるのを嫌っている。また，それは，上述した苦情の解消にスピードを求める顧客心理の反映でもあろう。

表4-6　苦情への組織側の関与者数と顧客忠誠心との関係　　　　（％）

関　与　者　数	1人	2人	3人以上	合　　計
当該組織を再利用し，また他者に推薦する人の割合	51	31	18	100

〈出所〉：表4-1に同じ，p.181.
〈原典〉：表4-1に同じ。

回答を伝達する手法の重要性

上述した回答に要する期間に加え，その回答をどのような手段で顧客に伝えるかという点も，苦情への組織対応を考える際には重要になる。この点に関しては，ピアソン（Pearson, M. M.）の調査が参考になる[12]。この調査では，233人の調査対象者が書いたサービスや製品に関する苦情，または賞賛の手紙に対する組織からの回答手法と，顧客の満足との関係を調べている。

そして，同調査では，組織からの回答は，①手紙のみ，②手紙に加え謝罪または感謝の意味を込めたプレゼント（たとえば，当該組織の商品やその引

換券，割引券，パンフレット，または現金小切手など）の提供，③手紙と電話，または手紙と組織側の担当者による訪問，の3手法により伝達されていた。

そして，これを苦情と賞賛の手紙ごとにみると，前者への回答は，「手紙のみ」が40.5％，「手紙に加え謝罪の意味を込めたプレゼントの提供」が44.7％，「手紙と電話，または手紙と組織側の担当者による訪問」が11.8％になっており，「手紙のみ」と「手紙に加え謝罪の意味を込めたプレゼントの提供」がほぼ拮抗していた。

これに対し，賞賛への回答は，「手紙のみ」が71.4％，「手紙に加え感謝の意味を込めたプレゼントの提供」が24.5％，「手紙と電話，または手紙と組織側の担当者による訪問」が4.1％になっており，圧倒的に「手紙のみ」が多かった（表4-7参照）。

表4-7　組織が行う苦情への回答手法　　　　　　　　　　(％)

	手紙のみ	手紙とプレゼント	手紙と電話，手紙と個人的訪問など	合計
賞賛の手紙の場合	71.4	24.5	4.1	100.0
苦情の手紙の場合	40.5	44.7	11.8	100.0
平均	50.0	40.6	9.4	100.0

〈出所〉：Pearson, M. M. (1976), "A Note on Business Replies to Customer Letter of Praise and Complaint", Journal of Business Research, Vol.4, No.1, p.64.

そこで，ピアソンは，上記3種類の手法のなかから，「手紙のみ」と「手紙とプレゼントの提供」を抽出して，それらを受け取った人の満足度を分析する。この結果，以下が，わかった（表4-8参照）。

表4-8　組織の苦情対応と顧客満足との関係　　　　　　　　(％)

	手紙のみ		手紙とプレゼントの提供	
	賞賛	苦情	賞賛	苦情
満足した	94.3	33.3	100.0	69.8
どちらかといえば満足した	5.7	31.1	0	22.6
満足しない	0	35.6	0	7.6
合計	100.0	100.0	100.0	100.0

〈出所〉：表4-7に同じ。

① 賞賛の手紙に対して，組織が「手紙のみ」で回答した場合，調査対象

者の94.3％は満足していた。しかし，苦情の手紙を出した人で，「手紙のみ」の回答を得て満足した人は，全体の33.3％しかいなかった。
② ところが，この苦情の手紙を出した人が，「手紙とプレゼントの提供」による回答を得たとき，満足した人の割合が2倍以上に増大し，69.8％になった。一方，賞賛の手紙を書いた人で，「手紙とプレゼントの提供」を受けた人は，100％満足していた。

上述したピアソンの調査は，賞賛の場合には手紙だけでも問題ないが，苦情であれば，手紙に何らかのプレゼントを添えたほうが，顧客の満足度が明らかに高まることを示している。しかし，この数値の上昇は，プレゼントそのものに価値があり，それが顧客の満足度を高めたためにもたらされたわけではない。

むしろ，顧客は，プレゼントを追加するという組織の行為を評価したのであろう。つまり，顧客は，自分の苦情に対して組織があえてプレゼントを追加するほど真剣に取り扱い，謝罪していると知り，満足したと思慮する。

第3節　調査の概要

前節では，既存研究を通じて，顧客の苦情を放置する危険性と，苦情への組織的対応が苦情顧客のその後の満足や当該組織への忠誠心などに対してどのような影響を与えるのかを概観した。そして，この概観の結果，苦情を処理する際に組織がとるべき理論的ガイドラインが明らかになってきた。そのガイドラインとは，以下である。
①ガイドライン1：顧客が苦情を表明しやすい環境を創造すること。
②ガイドライン2：受け取った苦情は，かならず回答すること。
③ガイドライン3：苦情の処理は，迅速に行うこと。
④ガイドライン4：苦情の処理は，なるべく1人の担当者が行うこと。
⑤ガイドライン5：苦情の伝達手法にも配慮すること。

しかし，現実の組織は，この理論的ガイドラインに沿って顧客の苦情を処理しているだろうか，疑問が残る。そこで，本章は，この疑問の解明を目的

第 3 節　調査の概要　　　　　　　　　　　163

にして，2 種類の調査を実施した。
　そのひとつは，国内のホテルを対象にしたアンケート調査である。そして，もうひとつは，都内に所在する都市ホテル 10 軒を選び，それらに宿泊した体験に基づく苦情の手紙を出し，その手紙に対するホテル側の反応を観察する調査である。

1．アンケート調査の概要と回答ホテルのプロフィール

(1) 調査の概要
　まず，アンケート調査であるが，ここでは，株式会社オータパブリケーション編『ホテル年鑑（1999 年度版）』を使用し，その掲載ホテルのなかから，無作為に 300 軒のホテルを抽出し，これを調査対象にした。
　また，その調査票は，上記目的を追求するため，以下のように設計した[13]。

　ガイドライン 1 に関して
　各ホテルは，顧客の苦情を引き出すためにどのような手段をあらかじめ用意しているのか，を中心に質問を構成する。具体的には，①ホテル館内におけるアンケート用紙の有無（Q1），②アンケート用紙の設置場所（Q2），③アンケート用紙の種類（Q3），④アンケート用紙を後日無料で郵送できるか，いなか（Q3-1，Q3-2），⑤無料の電話回線，および専用の相談窓口の有無（Q4），を尋ねる。
　また，一方で，⑥各ホテルが受ける苦情の主たる到達経路（Q5）も聴取する。それは，この経路と上述したホテルが準備する苦情抽出用の手段との関連性を判断するためである。

　ガイドライン 2 に関して
　ここでは，苦情に対するホテル側の回答度合いに関する質問を行う。具体的には，①苦情に対する回答率（Q9），②すべての苦情に回答していないホテルに対しては，その理由（Q11）を尋ねる。

ガイドライン3に関して

ここでは，回答の迅速さに関する質問を中心に展開する。そこで，まず，苦情を受理してから，最終的な回答を伝達するまでに要する平均的な日数（Q12）を尋ねた。

他方，顧客は，回答を得るまでのあいだ，はたして自分の苦情が受理され，なんらかの対応がなされているのだろうかと不安を感じるのではないか。そのため，ホテルは，最終的な回答を行うまでのあいだの「繋ぎ」として，少なくとも苦情を受理したという事実を顧客に伝え，それへの対応を開始した旨を伝達する必要があると考える。そこで，その通知度合いについて聴取する（Q9）。

ガイドライン4に関して

ここでは，苦情を処理する際，どのような人びとが関与するのかを把握するための質問を用意した。つまり，苦情の受理から，回答の伝達までの各作業を想定し（図4-1参照），さらに「ホテル内のレストランAに関する総支配人宛ての苦情の手紙を受け取った」という仮想的な質問を設定し，上記作業がだれ，またはどのような部門が行っているのかを尋ねた（Q7）。

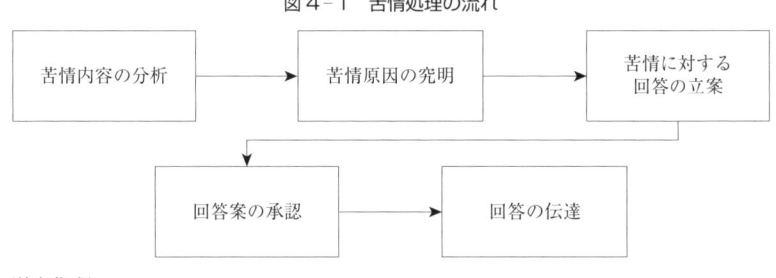

図4-1 苦情処理の流れ

苦情内容の分析 → 苦情原因の究明 → 苦情に対する回答の立案 → 回答案の承認 → 回答の伝達

（筆者作成）

ガイドライン5に関して

この点に関しては，①回答の伝達手段（Q13），および回答に際して物品や追加的なサービスを提供することがあるか，いなか（Q14），③その提供

第3節　調査の概要

がある場合には，その物品やサービスの内容（Q15）を尋ねる。

回答伝達後のフォローアップ

　以上が，理論的ガイドラインに沿った質問内容である。しかし，苦情への組織対応には，以上に加えて，回答伝達後のフォローアップが必要になると思われる。そして，このフォローアップは，2方面で行わなければならないであろう。そのひとつは，顧客が対象になる。もうひとつは，組織内の人びとに対してである。

　顧客が対象になる理由は，顧客がかならずしも組織から得た自己の苦情への回答に満足しているわけではないからである。そのため，組織がとった対応が果たして適切であったのかについては確認する必要がある。そこで，調査では，このフォローアップを各ホテルがどの程度行っているかを聴取する（Q16）。

　他方，苦情のマネジメントの要諦は，苦情に受身的に対処することではなく，苦情を教材にして，組織のサービス・デリバリー・システムを改良することである。そして，そのためには，苦情の存在を組織の構成員全員に周知し，彼らの英知を集結して，改善策を練り，実行する必要があろう。

　そこで，本調査では，①顧客の苦情をどの程度従業員に伝えているのか（Q17），②すべて伝えていない場合にはその理由（Q18），③苦情の再発を防ぐために各ホテルが実施する施策（Q19）について尋ねている。

(2) **回答ホテルのプロフィール**

　他方，アンケート調査に回答したホテル（以下「回答ホテル」という。）は，112軒であり，回答率は37.3％であった。それらホテルの業態別の内訳は，「都市ホテル」が74軒（全体の66.1％），「リゾートホテル」が17軒（全体の15.2％），および「ビジネスホテル」が21軒（全体の18.7％）とな

表4-9　回答ホテルの業態　　　　　　　　　（％）

業態	都市ホテル	リゾートホテル	ビジネスホテル	合計
割合	66.1 (74)	15.2 (17)	18.7 (21)	100.0 (112)

〈出所〉：カッコ内は実数。

り,「都市ホテル」が中心のデータ構成になっているのが特徴である（表4-9参照）。

また，その客室数からみた規模は,「200室以上300室未満」に該当するホテル数がモードになっていた。また，データをみるかぎり，中規模ホテルが多く，逆に「100室未満」のホテルは全体の10.7％にすぎない（表4-10参照）。

表4-10　回答ホテルの客室数　　　　　　　　　　　　（％）

客室数	100室未満	100室以上 200室未満	200室以上 300室未満	300室以上 400室未満	400室以上 500室未満	500室以上	合計
割合	10.7 (12)	23.2 (26)	38.4 (43)	16.1 (18)	8.0 (9)	3.6 (4)	100.0 (112)

〈出所〉：カッコ内は実数。

2．苦情の手紙送付調査の概要と調査対象ホテルのプロフィール

他方，苦情を表明する手紙を送付し，ホテル側の反応を観察する調査の対象になったホテルは，都内に所在する10軒のホテルであり，そのプロフィールは以下である（表4-11参照）。ただし，ホテル名は，匿名にしてある。また，この調査は，1997（平成9）年の夏季に行った各ホテルでの宿泊体験に基づいている。そして，苦情の手紙の発送は，同年8月下旬から9月上旬に行った。

表4-11　調査対象ホテルのプロフィール

ホテル名	ホテルA	ホテルB	ホテルC	ホテルD	ホテルE
所在地	港区	千代田区	新宿区	新宿区	千代田区
ホテル名	ホテルF	ホテルG	ホテルH	ホテルI	ホテルJ
所在地	港区	新宿区	千代田区	港区	港区

そして，本調査では，これら10軒のホテルに対して，以下のような内容の手紙を郵送した（表4-12参照）。なお，その宛先は，すべて総支配人である。

第3節　調査の概要

表4-12　送付した苦情の手紙の内容

ホテル名	ホテルA	ホテルB	ホテルC
手紙の内容	①客室タイプに関する予約時の希望が実際に対応されていなかった。②パンフレットに記載されているサービスが施設工事のため利用できなかった。その利用が不可である旨を事前に周知徹底すべきである。③プールの従業員の態度が悪い。④プール使用時、ロッカーの位置、鍵の開閉の仕方などに関する説明が不充分だった。⑤夕食の料理が全体的に塩辛く、パンも温かくなかった。	①眺めのよい部屋を希望したところ、清掃中だがすぐ終わるというので、2時間待った。しかし、実際に部屋に入ると清掃はまだ終わっていなかった。そのためか、部屋には、湯茶の準備もなかった。②備品類もタオルが古く、トイレットペーパーの予備もない。③プールの利用方法に関する案内がなく、不便である。④プールが全体的に小さく、大変混雑していた。	①ベルボーイの案内がなく、また館内の案内図も少ない。②浴室の洗面台下にゴキブリ駆除器が置いてあった。③低層階、高層階用のエレベーター表示がわかりづらい。④プールの更衣室の清掃が雑である。⑤メインバーが騒々しい。⑥夕食の内容がファミリーレストラン並で大衆的である。⑦朝食が出るまでの時間がかかりすぎる。

ホテル名	ホテルD	ホテルE	ホテルF
手紙の内容	①駐車場が事務所ビルと共用しているため、使用しにくい。駐車可能なスペースをもう少し明確にしてほしい。②宿泊者に駐車料金を徴収するのは納得ができない。③コーヒーショップの深夜料金を廃止できないか。④ロビーのソファーの数が少ない。	①客室の湯のみ茶碗の肉質が薄いため,お茶を入れると熱くて持てない。②夕食時、店内には空席が多かったのに、また当客者は4組8人しかいなかったのに、全員が同じコーナーに固まって座らされた。	①チェックアウトの清算カウンターが大変混雑していた。もう少し、柔軟な対応を望みたい。②メインバーはオーダーミスが多く、客の注文に対する注意力に欠ける。③ルームサービスを注文したが、その食器が2時間経っても廊下に放置されたままだった。④従業員の質が全般的に低い。ベルボーイの案内がなく、また館内の案内図も少ない。

ホテル名	ホテルG	ホテルH	ホテルI
手紙の内容	①チェックイン時、5分間待たされたが、「お待たせしました」の一言がない。②チェックイン時に朝食に関する説明が不足していたため、翌朝戸惑った。③ベルボーイが荷物を運ぶ姿を見かけない。④プールの更衣室に備品（ドライヤーや整髪料）が少ない。⑤ロビーにソファーが少ない。	①ベルボーイにメインバーの位置を尋ねたが答えられなかった。②客室のナイトデスクは古臭く、客室の雰囲気に合わない。③バスルームは生臭いにおいがする。④部屋にソーイングセットを置いてほしい。⑤夕食に飲み物が出るまで15分もかかった。⑥駐車場への案内表示がわかりにくい。	①チェックイン時フロントに従業員がいない。②フロント従業員は愛想が悪く、不快な思いをした。③部屋に、湯茶の準備がなかった。④コーヒーハウスの清掃が不充分である。テーブル下にパンくずなどが落ちていた。

ホテル名	ホテルJ
手紙の内容	①プールの受付け係の接客態度が最低である。②ターンベッドの時間が早すぎる。また、何の前触れもなく係員が部屋にきた。③レストラン従業員の教育をもう少し徹底したほうがよい。④ルームサービスで利用した食器が翌朝まで廊下に残っていた。

第4節　調査結果の分析

1．アンケート調査の分析

(1)　ガイドライン1に関して

苦情への組織対応の第一歩は，顧客が苦情を表明しやすい環境づくりを行うことであった。そして，そのためには，苦情を申し出る際に，顧客が利用できる手段をあらかじめ準備することが，第2節で紹介した諸調査の結果から求められていた。

また，その場合の手段としては，提案カードやアンケート用紙，または料金無料の専用電話回線や利用者相談窓口などが考えられた。そこで，以下は，各ホテルがそれらの手段をどの程度有しているのかにつき観察する。

アンケート用紙や提案カードの有無

本調査では，回答ホテルの83.9％がアンケート用紙をホテル内に備えていることがわかった。そして，その装備率は，「都市ホテル」，「リゾートホテル」では，9割近くまで高まっている。だが，「ビジネスホテル」では，その数値が57.1％に下落し，逆にその42.9％はアンケート用紙を有していなかった（表4-13参照）。

表4-13　アンケート用紙の有無　　　　(%)

	ある	ない	合　計
全　　体	83.9	16.1	100.0
都 市 ホ テ ル	89.2	10.8	100.0
リゾートホテル	94.1	5.9	100.0
ビジネスホテル	57.1	42.9	100.0

アンケート用紙の種類

つぎに，そのアンケート用紙の種類を尋ねたところ，「1種類」と答えた

ホテルは,「リゾートホテル」の68.8％,「ビジネスホテル」の75.0％に達した。また,「都市ホテル」においても,その52.3％は1種類であったが,「複数」のアンケート用紙があるホテルも47.7％存在しており,割合的には両者拮抗していた(表4-14参照)。

表4-14 アンケート用紙の種類 (％)

	1種類	複 数	合 計
全 体	56.4	43.6	100.0
都 市 ホ テ ル	52.3	47.7	100.0
リゾートホテル	68.8	31.2	100.0
ビジネスホテル	75.0	25.0	100.0

アンケート用紙,提案カードの設置場所

アンケート用紙,提案カードを有するホテルは,それをどこに置いているのだろうか。多くの場所にあればあるほど,顧客はそれを容易に入手しやすく,その結果苦情を述べやすい環境が生まれると考えられる。

しかし,回答ホテルの9割以上がそれを「客室内」に置いているものの,その他の場所といえば,「レストラン・バー内」が40.4％であり,「宴会場」や「ロビー」などにはほとんど据え付けられていなかった。

また,「レストラン・バー内」の数値が相対的に高い理由は,「都市ホテル」の50.0％がそこにアンケート用紙,提案カードを設置しているからである。逆に,「リゾートホテル」や「ビジネスホテル」で,「レストラン・バー内」に置くホテルは,むしろ少数派である。そのため,両ホテルにおけるアンケート用紙は,「客室内」にのみにあるといったほうが正しい解釈になろう。

他方,「都市ホテル」の47.7％が複数のアンケート用紙,提案カードをもっていると上述した。そして,この種類と,上記の設置場所を考え合わせ

表4-15 アンケート用紙の設置場所(複数回答) (％)

	客室内	レストラン・バー内	宴会場・会議室内	宴会承りコーナー内	ロビーなどの公共スペース内	その他の場所
全 体	96.8	40.4	2.1	4.3	6.4	8.5
都 市 ホ テ ル	98.5	50.0	1.5	4.5	4.5	9.1
リゾートホテル	93.8	18.8	6.3	6.3	12.5	6.3
ビジネスホテル	91.7	16.7	0	0	8.3	8.3

ると，複数といっても2種類にすぎず，それらはほぼ，「客室内」と「レストラン・バー内」にあると推察できよう（表4-15参照）。

アンケート用紙，提案カードを無料で送付できる可能性

　上記調査結果から，アンケート用紙，提案カードは，多くのホテルで用意されていることがわかった。しかし，ホテルを利用しているときに苦情を感じたとしても，その苦情を文章にしてこれら用紙に書き表す時間的余裕がない人も多いのではなかろうか。

　そのような人びとにとって，アンケート用紙，提案カードをホテル館内のアンケート回収箱に投函したり，フロント係員に提出するだけでなく，後刻自宅や仕事先からそれを無料で郵送できれば便利であろう。

　しかし，アンケート用紙，提案カードが無料で郵送できるホテルは，少数派である。つまり，その種類がひとつで，かつ郵送可能な事例は，全体の4分の1から3分の1程度にすぎない。

　また，複数ある場合で，すべて郵送可能なアンケート用紙は，「都市ホテル」で36.4％，「リゾートホテル」で40.0％であった。さらに，「ビジネスホテル」では，複数のアンケート用紙，提案カードがあった場合であっても，それらがすべて郵送可能と答えたホテルは1軒も存在しない（表4-16参照）。

表4-16　アンケート用紙を無料で郵送できる可能性　　　　　（％）

	アンケート用紙が1種類の場合			アンケート用紙が複数ある場合			
	できる	できない	合計	すべてできる	できるものとできないものがある	すべてできない	合　計
全　　体	26.4	73.6	100.0	34.1	34.1	31.8	100.0
都市ホテル	24.2	75.8	100.0	36.4	33.3	30.3	100.0
リゾートホテル	27.3	72.7	100.0	40.0	60.0	0	100.0
ビジネスホテル	33.3	66.7	100.0	0	0	100.0	100.0

専用の電話回線や専用の利用者相談窓口の有無

　据え置きのアンケート用紙は，文章をまとめ，それを書き上げるという作業を顧客に求めることになる。それゆえ，顧客は，わずらわしさを感じるこ

とも多いだろう。また、苦情の程度が軽度であれば、このわずらわしさから、苦情を表明しないのではないか。しかし、それでは、苦情を表明しやすい環境は生まれない。

そこで、顧客側の負担を軽減し、苦情を述べやすくする手法が求められる。その手法の代表例が、「無料でかけられる専用の電話回線」であり、「利用者相談窓口」である。これらの手法は、わが国においても、大手メーカーや流通業者が既に使用しているが、ホテルではどうであろうか。

結論から先に述べれば、回答ホテルの4分の3から5分の4以上が、専用の電話回線も、専用の利用者相談窓口ももっていないことがわかった。逆に、このふたつをもっているホテルは、回答ホテル112軒中1軒しかなかった（表4-17参照）。

表4-17 無料の専用電話回線と専用相談窓口の有無　　(%)

	専用電話回線、相談窓口ともにある	専用の電話回線のみある	専用の相談窓口のみある	専用電話回線、相談窓口ともにない	合計
全体	0.9	8.9	11.6	78.6	100.0
都市ホテル	1.4	9.5	13.5	75.6	100.0
リゾートホテル	0	5.9	11.8	82.3	100.0
ビジネスホテル	0	9.5	4.8	85.7	100.0

苦情を受け取る経路

以上から、大半のホテルは、アンケート用紙、または提案カード以外には顧客の苦情を聴取する手段をもっていないことがわかった。しかし、実際の苦情は、どのような経路を経てホテルに到達しているのだろうか。

そこで、この経路のうちもっとも多いと思われるものを尋ねたところ、「備え付けのアンケート用紙」が47.7％になっていた。ついで、「従業員を通じて」が39.6％になり、この2者でほぼ9割を占める。逆に、「苦情者からの電話」や「苦情者からの手紙」を指摘するホテルは、きわめて少ない。

この結果から判断すれば、ホテルは、アンケート用紙だけを用意しておけばよいことになる。しかし、ホテルが苦情の約4割を従業員経由で得ているとすれば、顧客は彼らに対面して口頭で苦情を伝えていることになる。そう

であるとすれば，第2節で述べたルイスとモリスの調査結果とは著しく異なることになる（表4-3参照）。

表4-18 もっとも多い苦情の受け取り経路　　　　　　　　　　　　(%)

	従業員を通じて	苦情者からの電話	従業員を通じて	備え付けアンケート用紙	社外の第3者を通じて	その他	合計
全体	39.6	7.3	4.5	47.7	0	0.9	100.0
都市ホテル	38.8	4.2	4.2	51.4	0	1.4	100.0
リゾートホテル	40.9	13.6	9.1	36.4	0	0	100.0
ビジネスホテル	41.2	11.8	0	47.0	0	0	100.0

(2) ガイドライン2に関して

苦情への回答率

ホテルは，受け取った苦情に対して，なんらかの回答，つまり，苦情者に謝罪を表明したり，苦情原因を説明したり，苦情への対応策を示すなどを行っているのだろうか。

この疑問に関して，回答ホテルの50％は，「すべての苦情に回答している」と答えている。ついで，「すべてではないが全体の4分の3以上回答している」が29.3％，「すべてではないが，全体の2分の1以上回答している」が11.8％になる。

これをホテルの業態別にみると，「リゾートホテル」と「ビジネスホテル」における「すべての苦情に回答している」の割合が，50％を割り込み回答率が悪化していることに気づく（表4-19参照）。

表4-19 苦情への回答率　　　　　　　　　　　　(%)

	すべて回答している	全体の4分の3以上回答している	全体の2分の1以上回答している	全体の4分の1以上回答している	まったく回答していない	合計
全体	50.0	29.3	11.8	5.9	3.0	100.0
都市ホテル	54.1	31.1	5.4	5.4	4.0	100.0
リゾートホテル	40.0	26.7	26.7	6.6	0	100.0
ビジネスホテル	42.8	23.8	23.8	4.8	4.8	100.0

すべての苦情に回答していない理由

そこで，すべての苦情に回答していないホテルにその理由を尋ねたところ，

「苦情のなかには重要なものと，重要でないものがあるから」が 33.4％，「匿名の苦情が多いから」が 31.4％，「苦情のなかには一方的な主張や非難が含まれているから」が 19.6％になった（表 4-20 参照）。

このうち，確かに，匿名の苦情には回答しにくいであろう。しかし，苦情の重要性は，顧客の視点に立って考えるべき事項である。また，かりに顧客の一方的な主張や非難であったとしても，それに回答しなければ，顧客は自己の主張が正しいと考えるはずであり，得策とはいえない。

どちらにしても，すべての苦情に回答していないホテルは，苦情をホテル側の主観に基づき選別し，回答するかどうかを決めていることが上記結果から推察できる。

表 4-20　すべての苦情に回答していない理由　　　　　　　　　　(％)

	重要なものとそうでないものがあるから	苦情の量が多いから	匿名の苦情が含まれていることが多いから	原因究明に時間を費やし，時宜を逸するから	苦情者の怒りを考え，躊躇しがちになるから	一方的な主張や非難が含まれているから	その他	合　計
全　　体	33.4	2.9	31.4	2.9	1.0	19.6	8.8	100.0
都市ホテル	30.0	0	34.0	2.0	0	22.0	12.0	100.0
リゾートホテル	45.5	9.1	18.2	0	0	22.7	4.5	100.0
ビジネスホテル	30.0	3.3	36.7	6.7	3.3	13.3	6.7	100.0

(3)　ガイドライン 3 に関して

回答に要する日数

苦情への回答に要する平均的な日数は，「1 日から 2 日」が 38.9％，「3 日から 4 日」が 32.4％，「5 日から 7 日間」が 24.1％となり，回答ホテルの 95.4％は，1 週間以内で苦情に回答している（表 4-21 参照）。

表 4-21　苦情への回答に要する日数　　　　　　　　　　(％)

	1～2 日	3～4 日	5～7 日	10 日以内	2 週間以内	3 週間以内	それ以上	合　計
全　　体	38.9	32.4	24.1	1.9	0.8	1.9	0	100.0
都市ホテル	35.2	33.8	28.2	1.4	0	1.4	0	100.0
リゾートホテル	37.4	31.2	18.8	6.3	0	6.3	0	100.0
ビジネスホテル	52.3	28.6	14.3	0	4.8	0	0	100.0

苦情受理の伝達

上記から,ほとんどのホテルが1週間以内に回答していることがわかる。しかし,その間最短と最長では5日の差がある。それゆえ,この期間中組織からなんの情報も得られなければ,顧客は果たして自分の苦情がどのような状態にあるのかと不安に思うのではなかろうか。

そこで,この不安の解消のためにホテルは,中間報告,少なくとも苦情の受理とその苦情への対応を検討している旨を顧客に伝えておくとよいのではないか。

この点に関して,回答ホテルの54.9%は,すべての苦情に対してこの通知を行っているという。さらに,100%ではないが,全苦情の50%以上についてその受理を通知していると回答したホテルが全体の3分の1あった(表4-22参照)。

表4-22 苦情者に対する苦情受理を伝える程度 (%)

	すべて伝えている	100%未満75%以上	75%未満50%以上	50%未満25%以上	ほとんど伝えていない	合計
全体	54.9	18.6	15.0	6.2	5.3	100.0
都市ホテル	58.7	18.7	12.0	5.3	5.3	100.0
リゾートホテル	41.2	17.6	35.3	5.9	0	100.0
ビジネスホテル	52.5	18.6	15.0	6.2	7.7	100.0

(4) ガイドライン4に関して

苦情の処理は,可能なかぎり少人数で行うことが望ましい。それにより,処理のスピードが早まり,処理に関する責任と権限の所在が明確になるからである。

そこで,本調査ではこの人数を把握するため,「レストランAに関する総支配人宛ての苦情の手紙を受理した」という仮想的な状況を設定した。

また,その後の苦情処理に対する業務の流れを,①苦情内容の分析,②苦情原因の究明,③苦情への回答の立案,④回答案の承認,および,⑤回答の伝達の5つに分類した。そして,各業務を組織内のだれが行っているのかを聴取した。

苦情内容の分析者

まず，苦情内容の分析者であるが，手紙の宛先であった「総支配人」がこの分析者に相当すると答えたホテルは，全体の 29.8 % にすぎなかった。むしろ，苦情をもたらした「レストラン A の責任者」を指摘するホテルが全体の 40.5 % を占め，これがもっとも多い回答であった。そして，ホテルの業態が変わっても，この「レストラン A の責任者」をあげるホテルがもっとも多かった（表 4-23 参照）。

表 4-23 苦情内容の分析者 (%)

	総支配人	レストラン A の責任者	レストラン A を管理する部門の責任者	副総支配人などの総支配人を補助する人	苦情処理を専任で行う人や部門	レストラン A を管理する部門以外の営業系部門	総務部などの管理部門	その他	合計
全体	29.8	40.5	10.8	12.6	2.7	0.9	0.9	1.8	100.0
都市ホテル	30.1	38.4	13.7	9.6	4.1	1.4	0	2.7	100.0
リゾートホテル	37.5	37.5	6.3	18.7	0	0	0	0	100.0
ビジネスホテル	22.8	50.0	4.5	18.2	0	0	4.5	0	100.0

苦情原因の究明者

また，苦情原因の究明者としては，前述の分析者と同様，「レストラン A の責任者」を指摘するホテルが全体の 52.8 % 存在していた。ついで，「レストラン A を管理する部門の責任者」をあげるホテルが全体の 30.6 % あった。

しかし，「総支配人」が苦情原因を究明しているホテルは，全体の 6.5 %

表 4-24 苦情原因の究明者 (%)

	総支配人	レストラン A の責任者	レストラン A を管理する部門の責任者	副総支配人などの総支配人を補助する人	苦情処理を専任で行う人や部門	レストラン A を管理する部門以外の営業系部門	総務部などの管理部門	その他	合計
全体	6.5	52.8	30.6	5.5	0.9	1.9	0.9	0.9	100.0
都市ホテル	5.5	53.4	32.8	4.1	1.4	1.4	0	1.4	100.0
リゾートホテル	7.1	42.9	42.9	0	0	7.1	0	0	100.0
ビジネスホテル	9.5	57.1	14.3	14.3	0	0	4.8	0	100.0

にすぎない。このことから，総支配人は，原因究明段階になると苦情処理業務から外れることがわかる（表4-24参照）。

苦情への回答立案者

苦情原因が明確になれば，顧客への正式な回答も可能になろう。そこで，回答のための作業，たとえばお詫び状の作成などを行うことになると思われる。しかし，このお詫び状の作成などは，だれが立案しているのか。

これに関して，「レストランAを管理する部門の責任者」を指摘する回答ホテルが全体の37.6％，「レストランAの責任者」を指摘するホテルが全体の28.4％と，ほぼ伯仲していた。

これを業態別にみると，「都市ホテル」では「レストランAを管理する部門の責任者」，また「リゾートホテル」と「ビジネスホテル」では，「レストランAの責任者」をもっとも多く指摘していた。どちらにしても，苦情の回答立案段階になると，「レストランAを管理する部門の責任者」のウエイトが相対的に高まることが理解できよう（表4-25参照）。

表4-25 苦情への回答立案者 (％)

	総支配人	レストランAの責任者	レストランAを管理する部門の責任者	副総支配人などの総支配人を補助する人	苦情処理を専任で行う人や部門	レストランAを管理する部門以外の営業系部門	総務部などの管理部門	その他	合計
全体	14.7	28.4	37.6	11.9	0.9	0.9	2.8	2.8	100.0
都市ホテル	16.4	21.9	42.5	12.3	1.4	1.4	2.7	1.4	100.0
リゾートホテル	0	50.0	25.0	18.8	0	0	0	6.2	100.0
ビジネスホテル	20.0	35.0	30.0	5.0	0	0	5.0	5.0	100.0

回答案の承認者

前段で，主として，「レストランAを管理する部門の責任者」，または「レストランAの責任者」により作成された回答案に対してだれが承認を与えているのかについて尋ねたところ，「総支配人」と答えたホテルが圧倒的に多く，回答ホテルの82.6％に達していた。そして，この傾向は，ホテル

業態別にみても変わらない（表4-26参照）。

表4-26　回答案の承認者　　　　　　　　　　　　　　　（％）

	総支配人	レストランAの責任者	レストランAを管理する部門の責任者	副・総支配人他、総支配人の援助者	苦情処理を専任で行う人や部門	レストランAを管理する部門以外の営業系部門	総務部などの管理部門	その他	合計
全体	82.6	1.8	1.8	10.1	0	0	2.8	0.9	100.0
都市ホテル	84.9	0	1.4	9.6	0	0	2.7	1.4	100.0
リゾートホテル	75.0	6.3	6.3	12.4	0	0	0	0	100.0
ビジネスホテル	80.0	5.0	10.0	0	0	0	5.0	0	100.0

回答の伝達者

　苦情処理の最終段階である回答の伝達は、だれが行うのか。この設問に対して、回答ホテルの32.2％は「総支配人」、また22.9％は「レストランAを管理する部門の責任者」、さらに21.1％は「レストランAの責任者」と回答していた。そのため、回答の伝達者は、この3者に集約することができよう（表4-27参照）。

表4-27　回答の伝達者　　　　　　　　　　　　　　　　（％）

	総支配人	レストランAの責任者	レストランAを管理する部門の責任者	副総支配人などの総支配人を補助する人	苦情処理を専任で行う人や部門	レストランAを管理する部門以外の営業系部門	総務部などの管理部門	その他	合計
全体	32.2	21.1	22.9	12.9	1.8	0.9	7.3	0.9	100.0
都市ホテル	34.2	16.4	23.3	11.0	2.7	1.4	9.6	1.4	100.0
リゾートホテル	37.5	18.8	31.2	12.5	0	0	0	0	100.0
ビジネスホテル	20.0	40.0	15.0	20.0	0	0	5.0	5.0	100.0

　以上、苦情処理に関する主たる業務を5つに区分し、各業務の中心的作業者、または部門を聴取した。この結果、回答が多かった中心的作業者、または部門をまとめ、図示すると以下になる（図4-2参照）。

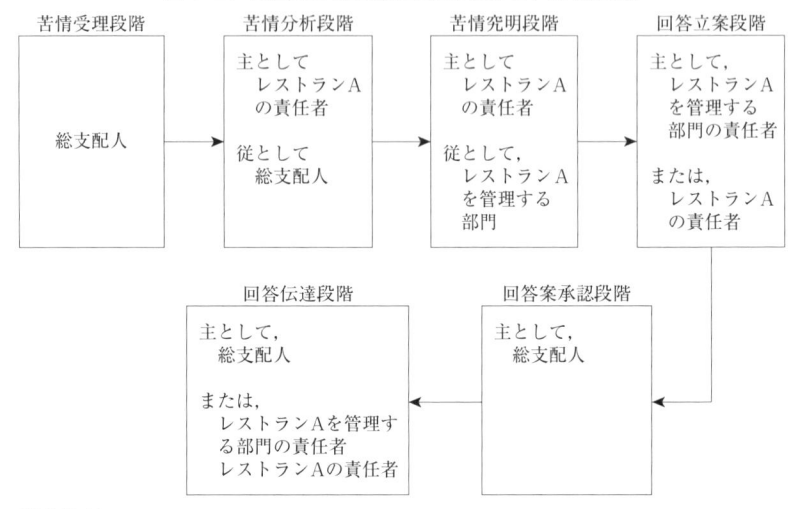

178　第4章　顧客の苦情とホテル業における組織対応の実態

図4-2　苦情処理の各段階と段階における中心的作業者

```
[苦情受理段階]      [苦情分析段階]       [苦情究明段階]        [回答立案段階]
                   主として            主として            主として,
                   レストランA         レストランA         レストランA
                   の責任者            の責任者            を管理する
                                                          部門の責任者
 総支配人    →     従として    →     従として,    →     または,
                   総支配人            レストランA         レストランA
                                      を管理する          の責任者
                                      部門

                   [回答伝達段階]       [回答案承認段階]
                   主として,           主として,
                   総支配人            総支配人
                              ←
                   または,
                   レストランAを管理す
                   る部門の責任者
                   レストランAの責任者
```

（筆者作成）

(5)　ガイドライン5に関して

回答を伝達する手法

　苦情への回答手法は,「手紙」が64.3％となり,これがもっともポピュラーな手法であった。この手紙についで,「電話」が18.8％,「苦情者を訪問して」が10.7％になっている。

　この結果を,ホテル業態別にみると,「リゾートホテル」では「手紙」の採用率が76.4％に高まり,「ビジネスホテル」では,「電話」を利用するホテルが33.3％になるという特徴が観察できる（表4-28参照）。

表4-28　回答を伝達する手段　　　　　　　　　　　　　　（％）

	手　紙	電　話	苦情者を訪問	その他	合計
全　　　体	64.3	18.8	10.7	6.2	100.0
都 市 ホ テ ル	64.9	16.2	13.5	5.4	100.0
リゾートホテル	76.4	11.8	5.9	5.9	100.0
ビジネスホテル	52.4	33.3	4.8	9.5	100.0

回答に添える謝罪の品の有無

苦情への回答に際して、「謝罪の気持ちを表すために、なんらかの物品やサービスを提供することがあるか」という設問に対して、33.0％は、「しばしば提供している」と答えている。また、29.8％は、「どちらかといえば提供することが多い」といっている。逆に、「まったく提供していない」と答えたホテルは、5.3％しかなかった。

これをホテル業態別にみると、「リゾートホテル」では、その62.5％が「しばしば提供している」と答えており、注目される。また、「ビジネスホテル」では、「しばしば提供している」が54.5％あったにもかかわらず、同時に「まったく提供していない」と答えたホテルも18.2％存在していた（表4-29参照）。

表4-29　プレゼントを回答に添える度合い　　　　　　（％）

	しばしば提供する	どちらかといえば提供する	どちらかといえば提供しない	まったく提供しない	合計
全　　　体	33.0	29.8	31.9	5.3	100.0
都市ホテル	26.7	33.3	36.0	4.0	100.0
リゾートホテル	62.5	25.0	12.5	0	100.0
ビジネスホテル	54.5	9.1	18.2	18.2	100.0

プレゼントの内容

回答に添付するプレゼントの内容としては、「ホテルのオリジナル商品」（テレホンカードやクッキーなど）が49.0％になり、ほぼ過半数のホテルは、これを利用していることがわかる。

一方、「無料の宿泊券や食事券」、または「割引券」をプレゼントとして利用する割合は、それぞれ、16.3％、11.5％であり、これらはあまり使用されていない。むしろ、この2つよりも、「その他」（たとえば、地元の名産品な

表4-30　提供する場合の商品内容　　　　　　（％）

	無料の宿泊券・食事券	割引券	ホテルのオリジナル商品	その他	合計
全　　　体	16.3	11.5	49.0	23.2	100.0
都市ホテル	18.8	13.0	43.6	24.6	100.0
リゾートホテル	6.3	6.3	62.5	24.9	100.0
ビジネスホテル	15.8	10.5	57.9	15.8	100.0

(6) 苦情へのフォローアップに関して

回答伝達後の顧客へのフォローアップの程度

苦情に対して最終的な回答を行った後に,「その回答の適否や,回答に対する顧客の満足度を聴取するフォローアップ的な調査を行うことがあるか」という設問に対して,「すべての苦情に対してフォローアップを行っている」と答えたホテルは全体の 8.0 ％しかなかった。

逆に,「フォローアップをほとんど行っていない」と答えたホテルが,42.0 ％あり,大勢であることがわかる（表 4-31 参照）。

表 4-31 苦情者へのフォローアップを行う度合い (％)

	すべて行っている	100％未満 75％以上	75％未満 50％以上	50％未満 25％以上	ほとんど行っていない	合計
全体	8.0	16.0	17.0	17.0	42.0	100.0
都市ホテル	10.8	12.2	13.5	17.6	45.9	100.0
リゾートホテル	0	17.7	29.4	23.5	29.4	100.0
ビジネスホテル	4.8	28.6	19.0	9.5	38.1	100.0

他方,受け取った苦情をどの程度従業員に伝えているかといえば,「すべて伝えている」と答えた回答ホテルが 63.4 ％あった。逆に,「全体の 25 ％未満しか行っていない」というホテルは,3.6 ％にすぎなかった。そして,この傾向は,ホテルの業態が異なっても変化していない（表 4-32 参照）。

表 4-32 従業員への苦情の伝達度合い (％)

	すべて伝えている	100％未満 75％以上	75％未満 50％以上	50％未満 25％以上	25％未満	合計
全体	63.4	20.5	8.9	3.6	3.6	100.0
都市ホテル	62.1	18.9	10.8	4.1	4.1	100.0
リゾートホテル	64.7	23.5	5.9	0	5.9	100.0
ビジネスホテル	66.6	23.8	4.8	4.8	0	100.0

従業員にすべての苦情を伝えていない理由

そこで,すべての苦情を従業員に伝えていないホテルに対して,その理由を聴取した。その結果,「苦情のなかには重要なものと,重要でないものが

第4節　調査結果の分析

あるから」が49.5％を占め，もっとも多い答えであった。

そして，これについで多い答えとしては，「従業員が知るべき苦情は担当業務に関するものだけでよいから」が17.4％になっていた。どちらにしても，苦情をすべて伝えていない場合には，マネジメントサイドにおいて，従業員に告知すべき苦情を取捨選択していることがわかる（表4-33参照）。

表4-33　苦情を従業員に伝えない理由　　　　　　　　　　　　　（％）

	重要なものとそうでないものがあるから	量が多いためすべてを伝えると手間がかかるから	すべてを伝えると従業員のモラールが低下するから	苦情はなるべく従業員に隠しておきたいから	知るべき苦情は担当業務に関するものだけでよいから	幹部社員が把握していれば十分だから	特定の従業員名や施設名が含まれているから	その他
全　　　体	49.5	1.4	4.3	1.4	17.4	1.4	15.9	8.7
都市ホテル	51.5	0	3.0	0	18.2	0	21.2	6.1
リゾートホテル	57.1	0	0	0	14.3	0	14.3	14.3
ビジネスホテル	41.0	4.5	9.1	4.5	18.2	4.5	9.1	9.1

苦情の再発を防ぐための方策

さらに，「苦情の再発に向けてどのような方策をたてているのか」という設問について，「従業員の再教育を行う」と答えたホテルが，全体の67.9％に達していた。一方，「問題の多い部門内にQCサークルをつくる」は3.6％，「覆面の調査員を派遣してサービスをチェックする」は0.6％，「全社的な改善チームにより防止策を検討する」が20.0％になっている。

この結果，大半のホテルは，従業員の教育に配慮するのみで，組織をあげ

表4-34　苦情の再発を防ぐための手段　　　　　　　　　　　（％）

	従業員の再教育を行う	問題の多い部門にQCサークルをつくる	覆面の調査員を派遣し再チェックする	全社的な改善チームにより防止策を検討する	具体的にはなにも行っていない	その他	合計
全　　　体	67.9	3.6	0.6	20.0	3.6	4.3	100.0
都市ホテル	69.5	3.2	1.1	18.8	3.2	4.2	100.0
リゾートホテル	68.4	5.3	0	26.3	0	0	100.0
ビジネスホテル	61.6	3.8	0	19.2	7.7	7.7	100.0

て再発防止のためのシステムを構築したり，苦情を通じて現在のサービスを検討し直そうという姿勢は乏しいように思われる（表4-34参照）。

2．苦情の手紙送付調査の分析

他方，苦情の手紙送付調査の結果は，つぎのようになった（表4-35参照）。

① 調査対象ホテルのうち，差し出した10通の苦情の手紙に対して回答を寄せたのが10軒中7軒，逆に，まったく回答がなかったホテルが3軒あった。
② 苦情の手紙を出し，回答を得るまでの期間をみると，「2日間」がもっとも早い場合であり，もっとも遅い事例で91日かかっていた。そして，この2つを除いた5ホテルの平均到達日数は，24.4日であり，3週間を超えていた。
③ ホテル側からの回答は，すべて手紙によるものであった。また，その手紙に添えて，ホテルオリジナルのテレフォンカード，レストランの無料の食事券を提供したホテルがそれぞれ1軒づつあった。
④ 総支配人宛ての手紙に対して，総支配人名で回答していたホテルは4軒しかなく，残りの3軒は，宿泊部長，宿泊部次長，アシスタントマ

表4-35 苦情の手紙送付調査の結果

ホテル名	苦情の発送日	回答の到達日	所要日数	送付者	備考
ホテルA	1997年9月7日	1997年9月29日	22日	宿泊部次長	
ホテルB	同 9月9日	1998年12月10日	91日	総支配人	テレフォンカードの添付あり
ホテルC	同 8月31日	なし	—	—	
ホテルD	同 9月2日	1997年9月14日	12日	総支配人	
ホテルE	同 9月5日	1997年10月22日	47日	同上	
ホテルF	同 9月3日	1997年9月5日	2日	同上	
ホテルG	同 8月28日	なし	—	—	
ホテルH	同 9月8日	1997年10月3日	25日	アシスタントマネージャー	
ホテルI	同 9月10日	なし	—	—	
ホテルJ	同 8月28日	1997年9月13日	16日	宿泊部長	レストラン招待券の添付あり

第4節　調査結果の分析

⑤　1ホテルを除き，回答は，苦情の原因や苦情の再発を防ぐための方策などには一切触れていない。ただ，不手際を謝罪するだけの内容であり，すべての苦情に利用できる事務的，マニュアル的な文章であった（表4-36参照）。

表4-36　苦情の手紙の内容と評価

ホテル名	ホテルA	ホテルB	ホテルD
手紙の内容	内容は苦情に対する個別的処置を述べたものでなく，お詫びと，意見を参考にすると述べていた。また，今後とも愛顧を願うと付言していた。しかし，内容的には，すべての苦情に利用できるマニュアル的な文章であった。	客室整備の不手際を詫び，担当者を厳重注意した旨を述べている。茶器などの用意がない点に関しては，ルームサービスへ連絡するようにとのアドバイスがある。その他の点に関しては，今後の検討資料にするといっている。また，回答が遅れたお詫びとして，ホテルオリジナルと思われるテレフォンカードが同封されていた。	内容は，ホテルAと同様のマニュアル的なものであった。
ホテル名	ホテルE	ホテルF	ホテルG
手紙の内容	客室の湯のみ茶碗は，翌月からすべて陶器に代えるといっている。レストラン担当者を厳重注意した旨を述べていた。	苦情にほとんど触れていない単なるお詫びの手紙であった。また，その文章は，ホテルAと同様，マニュアル的であった。	問題のあった担当者には，注意したとあるのみであった。
ホテル名	ホテルH		
手紙の内容	内容は，マニュアル的であったが，レストランの食事券が同封されていた。そして，それを利用する際に，ゆっくり話しを聞きたいとあった。		

第5節　苦情への組織対応に関する理論と実践との異同

　前節まで，苦情への組織的対応に関する理論的ガイドラインを指摘するとともに，2種類の調査を利用し，わが国のホテル業における苦情処理の実態を観察した。そこで，本節では，この両者を合体させ，理論的ガイドラインがどの程度実践されているのかにつき考察したい。

1．アンケート調査に基づく異同

　まず，アンケート調査結果から先に考察する。そして，ガイドラインごとに苦情処理に関する理論と現実との異同を把握する。

ガイドライン1に関して
　苦情を表明しやすい環境づくりに関する理論的ガイドラインについては，これが多くのホテルに遵守されているとは思われない。その理由は，以下である。
①　顧客の苦情を引き出すための手段をなにももっていないホテルが，調査回答ホテルのうち約16％存在する。また，それをもっているホテルであっても，その大半は，アンケート用紙，または提案カードのみであった。

　　確かに，アンケート用紙や，提案カードは，多くの顧客に利用されているようである。しかし，この手法は，「書く」という行為を顧客に要求する。そのため，それを負担に感じる人も多いと思われる。そこで，この負担を軽減する代替的な手法，少なくとも専用の電話回線程度は併設すべきではなかろうか。
②　多くのホテルが使用するアンケート用紙，提案カードは，そのほとんどが客室に置かれていた。しかし，ホテルの顧客は，宿泊者ばかりではなかろう。そのため，宿泊者以外の顧客への配慮が，まだ十分でないよ

③　さらに，アンケート用紙，提案カードは，ホテルを利用し終わったのちになっても無料で郵送できるようにすべきではないか。なぜなら，すべての宿泊者に，滞在時間中このアンケートに答えるだけの時間的余裕があるとは限らないからである。

ガイドライン 2 に関して

　上記の環境づくりに加え，苦情への回答率に関しても現実は，理論と異なっていることになる。今回の調査では，すべての苦情に回答していると答えたホテルは，全体の半分にすぎなかった。換言すれば，残りの半数は，顧客の苦情を無視することがあるといえる。

　また，すべての回答に答えない理由として，「苦情のなかには重要なものとそうでないものがあるから」，「苦情のなかには一方的な主張や非難が多いから」をあげるホテルが相対的に多かった。だが，重要か，いなかは，顧客が決めるべきものであり，ホテルが判断すべきではない。また，一方的な主張や非難であったとしても，顧客の誤解を解く必要があるのではないか。

　そのため，これらの理由は，すべての苦情に回答していない「言い訳」にすぎないと思われる。調査結果をみるかぎり，苦情の量が多いわけではなく，またその処理に時間がかかりすぎるわけでもない。そして，そうであるならば，すべての苦情に回答できたはずだし，そうすべきであったと考える。

ガイドライン 3 に関して

　前 2 者と異なり，回答を伝達するまでの日数については，アンケート調査をみるかぎり，理論的なガイドラインに従っていることがわかる。なぜなら，回答ホテルの 95％が 1 週間以内になんらかの回答を顧客に伝えているからである。ただし，苦情受理の通知に関しては，改善の余地があろう。

ガイドライン 4 に関して

　各ホテルの苦情処理を観察すると，複数の関与者が存在しているように見受けられる。確かに，今回の調査は，限定された状況下での対応を聴取して

いたため，すべての場合にあてはまるとはいいがたい。

　しかし，その結果から判断すると，どのような苦情であれ，総支配人宛にそれが到達したとしても，苦情をもたらした人や部門にいったん苦情処理の作業が振り当てられ，原因究明や回答の立案が行われ，再度総支配人に戻されるという組織内でのキャッチボールが行われているのではなかろうか。

2．苦情の手紙送付調査に基づく異同

　苦情の手紙を送付した調査から得られた理論と実践との異同は，つぎのとおりである。

ガイドライン2に関して

　今回の調査に対して回答を寄せなかったホテルが10軒中3軒あった。そして，この3軒に対する苦情の内容は，重度とはいえないものの，けっして軽度ではなかった。

　たとえば，回答がなかった「ホテルC」では，浴室の洗面台下の扉内にゴキブリの駆除器が置かれていた。たとえ，駆除の必要があったとしても，それを顧客の視界から隠すのが最低限のマナーではなかろうか。これを発見して不快に思わない人は少ないであろう。それにもかかわらず，「ホテルC」は，この苦情を無視した。それゆえ，このホテルは，顧客の不満に不感症になっていると判断しても誤りではなかろう。

　しかし，そのようなホテルがあと2軒存在していた。この事実は，顧客の苦情を無視するホテルがあるという前述したアンケート調査結果を裏打ちしている。しかし，今回の手紙の内容には，一方的な主張や非難は含まれていない。単純な事実の叙述である。それにもかかわらず，回答がなかった。このことから，それらのホテルでは，苦情の内容を取捨選択しているのではなく，単に無視しているといっても過言ではなかろう。

ガイドライン3に関して

　今回の調査では，苦情の手紙を発送してから回答を得るまでの期間が，2

日から 91 日かかった。また，この両極を除いても，平均 24.4 日であり，きわめて遅い対応であった。また，遅れた謝罪はあったものの，遅延理由に関する説明はなかった。

　そして，これと前述したアンケート調査による日数とを比較すると，両者の差異が著しい。逆に，本調査の結果をみるかぎり，アンケート調査の信憑性が問われる。なぜなら，そこでは，95％のホテルが，1週間以内に返答すると答えていたからである。

　苦情の手紙を送付した調査のサンプルは7つしかなかった。そのため，どちらがより通常のパターンに近いのかが，よくわからない。そこで，この点に関しては，本調査のサンプル数を増やし，再検討する必要があろう。

ガイドライン4に関して
　苦情の手紙は，すべて総支配人宛であった。しかし，回答の発信人は，かならずしもその総支配人ではなかった。苦情の手紙が宿泊体験に基づくものであったためか，この発信人は，宿泊部長などの宿泊部門の責任者であった。ここにおいても，前述したアンケート調査の結果とほぼ一致し，やはり苦情が組織内でキャッチボールされていた。

　一方，苦情者は，総支配人に手紙を書いた以上，総支配人からの返事がくることを期待するはずである。また，調査対象にした全ホテルには，総支配人が存在していた。それにもかかわらず，組織内の地位が総支配人より低い人から返事が来たとき，この苦情者はどのように思うのであろうか。これは，マネジメントというよりも，日常的な文書交換における常識の問題ではなかろうか。

第6節　小　　括

1．苦情をマネジメントする意義

　顧客があるサービス組織を選好する理由は，主にふたつ存在する。そのひとつは，サービス組織が生産，提供するサービス品質の高さであり，もうひ

とつが顧客の苦情に対するサービス組織の対応である[14]。

そのため,当該組織がつねに苦情を解消しているという評判を得ることができれば,既存顧客の忠誠心は向上し,新規顧客の獲得も容易になる。だが,逆に,苦情対応に消極的である,またはそれを回避しているとの評価を受ければ,次第に顧客を失うであろう[15]。それゆえ,顧客の苦情への対応は,サービス組織の存立を左右する重要な活動になる。

他方,顧客の苦情は,組織がもつサービス・デリバリー・システムの不完全さを警告する役割を果たしている。それゆえ,苦情を知ることは,その不完全さの存在を認知し,それを改善するチャンスをサービス組織に与える。そして,この改善を行えば,将来的により多くの顧客満足を生み出すことができよう。

2．苦情マネジメント上のポイント

ところが,多くの顧客は,自己の不満をサービス組織に向かって表明しない。それは,彼らがもともと他者との争いごとを好まない性格であることに加えて,たとえ苦情を伝えたとしてもサービス組織が真剣に対処しないと考えているからである。

そこで,彼らは,沈黙したままサービス組織から離れていく。そして,彼らは,自分が抱く当該サービス組織に関するネガティブな批評を,口コミにより他者に伝達する。それゆえ,苦情マネジメントの第1歩は,沈黙したまま立ち去る顧客を引き止め,その不満を表明させる仕組みを創造することになる。

しかし,顧客が苦情を表明したにもかかわらず,サービス組織がそれへの対応を怠ると,顧客の不満はますます強くなる。そのため,組織は,顧客の苦情にはかならず対処しなければならない。

一方,苦情を表明した人は,組織の都合を押し付けられるのではなく,その人の立場に立ち,かつ,敬意をもって取り扱われることを期待している。そして,そのような対応を受け,正義が行われたと感じる顧客は,サービス組織を再度利用する可能性が高まり,ポジティブな口コミにより,組織のイ

メージが高まる[16]。

　だが，公正な解決や適切な対処を得られなかった顧客は，公平感を保つために，サービス組織に関するネガティブな情報を流布し，さらに他者に働きかけてその組織の利用を断念させることがある[17]。そのため，サービス組織は，苦情者にいかに対応し，彼らの満足を獲得するかが重要になる。

3．ホテル業における苦情マネジメントの実態

　本章では，苦情に対応する際，組織が遵守すべき5つのガイドラインを提示した。そして，サービス組織が，このガイドラインにどの程度則って日々の苦情を処理しているのかにつき，ホテル業を対象に2種類の調査を行った。

　この結果，5つのガイドラインのうち，苦情を表明しやすい環境づくりに関しては，多くのホテルがそれを遵守していないことがわかった。つまり，顧客が苦情を表明するために利用できる手段は，客室内に据え置かれたアンケート用紙，提案カードしかなかったからである。これに加え，このアンケート用紙，提案カードすら有していないホテルが回答ホテルの16.1％，ビジネスホテルでは42.9％存在していた。

　また，苦情への回答率についても問題があった。なぜなら，今回の調査では，すべての苦情に回答していると答えたホテルは，全体の半分にすぎなかったからである。換言すれば，残りの半数は，顧客の苦情を無視することがあるといえる。

　以上に加え，顧客の苦情は，ホテルの部門内をキャッチボールされていることが観察された。そして，それは，苦情の手紙を送付した調査においても明確に現れている。つまり，同調査では，苦情の手紙を総支配人宛てに出したにもかかわらず，回答の発信人は，かならずしも総支配人ではなかったからである。

　さらに，苦情のスピーディーな対応に関しても，疑問が残った。それは，アンケート調査では，全回答ホテルの95％が1週間以内に返答すると答えていたにもかかわらず，実際に送った苦情の手紙に対してホテル側から得た

回答7件は，最短2日，最長91日，平均30.7日後に到達していたからである。

そのうえ，回答後のフォローアップにも問題があった。それは，アンケート調査において，その頻度は別にしても，半数以上のホテルがこのフォローアップを行っていると答えたにもかかわらず，上記7件からは1件もそれがなかったからである。

以上から，本章が提示した5つのガイドラインは，つねに遵守されているわけではないことがわかった。しかし，なぜそうなのか。つまり，ガイドラインが理論的すぎて応用できないのか，それとも各ホテルがガイドラインの存在を知らないのであろうか。この点に関しては，今後の研究課題になると考える。

注
1) 顧客満足が経営上の中心課題になった背景については，嶋口光輝 (1994)『顧客満足型のマーケティングの構図』有斐閣，ⅰ～ⅱ頁を参照のこと。
2) Ossel, G. V. & Stremersch, S. (1998), "Complaint Management (Chapter10)", in Looy, B. V. et al., eds., *Service Management : An Integrated Approach*, Pitman Pub., p.175.
3) 苦情のマネジメントの意義については，Goodwin, C. & Ross, I. (1992), "Consumer Responses to Service Failures", *Journal of Business Research*, Vol.25, pp.149-164, および Singh, J. & Wilkes, R. E. (1996), "When Consumers Complain : A Path Analysis of the Key Antecedents of Consumers Complaint Response Estimates", *Journal of the Academy of Marketing Science*, Vol.24, pp.350-365 を参照のこと。
4) Hart, C. W. L., Heskett, J. L. & Sasser, Jr., W. E. (1990), "The Profitable Art of Service Recovery", *Harvard Business Review*, Vol.90, No.4, pp.148-156 を参照。
5) Singh, J. (1988), "Consumer Complaint Intentions and Behavior : Definitional and Taxonomical Issues", *Journal of Marketing*, Vol.52, No.1, pp.93-107.
6) Ossel & Stremersch (1998) 前掲稿，174頁。
7) Agbonifoh, B. A. & Edoreh, P. E. (1986), "Consumer Awareness and Complaining Behavior," *European Journal of Marketing*, Vol.20, No.7, pp.43-49 を参照。
8) Goodman, J. A. & Ward, D. S. (1993), "The Importance of Customer Satisfaction", *Direct Marketing*, Vol.56, No.8, pp.23-26 を参照。
9) TARP (1986), *Consumer Complaint Handling in America : An Update Study*, United States Office of Consumer Affairs.
10) Bourgeois, S. (1996), *Klachtenmanagement in de Dienstensector*, University of Ghent, Faculty of Economics.
11) Lewis, R. C. & Morris, S. V. (1987), "The Positive Side of Guest Complaints", *The Cornell Hotel & Restaurant Administration Quarterly*, Vol.28, Feb., p.14.
12) Pearson, M. M. (1976), "A Note on Business Replies to Consumer Letter of Praise and Complaint", *Journal of Business Research*, Vol.4, No.1, pp.61-67.

13) 調査票本体について,別添資料 2-2「苦情のマネジメントに関する調査票」を参照のこと。
14) Goodwin, C. & Ross, I. (1990), "Consumer Evaluations of Responses to Complaints : What's fair and Why", *Journal of Service Marketing*, Vol.4, Summer, pp.53-61.
15) Blodgett, J. G., Granbois, D. H., & Walter, R. G. (1993), "The Effect of Perceived Justice on Complaints Negative Word-of-Mouth Behavior and Repatronage Intentions", *Journal of Retailing*, Vol.69, Winter, pp.399-428.
16) Blodgett, J. G., Wakefield, K. L., & Barnes, J. H. (1995), The Effect of Customer Service on Consumer Complaint Behavior", *Journal of Service Marketing*, Vol.9, No.4, pp.31-42.
17) Folkes, V. S. (1984), "Consumer Reactions to Product Failure : An Attributional Approach", *Journal of Consumer Research*, Vol.10, No.2, pp.384-409.

第5章
物理的環境としての顧客
―― ホテル業における顧客整合性マネジメントの実態をめぐって ――

第1節　本章の目的

　サービス組織と顧客は，フロント・オフィスの従業員を媒介にして，さまざまな相互行為を行いながら，サービスを生産，提供し，消費する。そのため，フロント・オフィス従業員の行動，態度，外見，または知識や技能は，顧客が行うサービス組織への評価を左右する重要な要素になる。そして，この重要性から，彼らと顧客との相互作用を，「サービス・エンカウンター」(Service Encounter) と呼び，独立した研究分野として取り扱う研究者も多い[1]。

　だが，顧客は，フロント・オフィスの従業員のみを判断材料にして，サービス組織を評価しているわけではない。顧客は，サービスの生産，提供と消費をとりまき，それらが演じられる舞台や背景，または環境を形成する物理的事物をも評価対象にしている。

　このような物理的事物は，しばしば，「物理的環境」と呼称される[2]。そして，この物理的環境には，サービス組織の建物や景観，施設の外装と内装，設備や備品，またはそのレイアウト，従業員のユニフォーム，絵画や観葉植物，空調，温度，音，香りなど，「顧客がサービスを消費する際に五感で知覚するすべてのもの」が含まれる[3]。

物理的環境となる「他の顧客」

　しかし，顧客が知覚する物理的環境は，サービス組織が用意する建物や施設，備品などにとどまらない。なぜなら，複数の顧客が同時にサービスを消

費するような場合，ある1人の顧客にとって，「他の顧客」は，物理的環境そのものになるからである。

そして，「他の顧客」は，その態度や行動，または外見などを通じて，顧客のサービス消費，終局的には組織が生産，提供するサービス品質に対して多大な影響を与える。この点について藤村は，「たとえば，高級レストラン内に泥酔して大声で騒ぐ客がいれば，店内の設備や従業員の態度，出された料理などが"高級"という看板に相応しいものであったとしても，顧客はそこでの経験に満足しないであろう」，という[4]。

上例では，泥酔した客が他の顧客の食事をとりまく環境になり，前者の存在が，後者の食事体験をネガティブにさせている。そして，レストランにとって1人の顧客にすぎない泥酔者が，当該レストランのサービスに対する他の顧客の不満をもたらしたのである。

顧客整合性マネジメント

このように，「他の顧客」は，物理的環境を形成するひとつの要因になっている。そして，それは，顧客のサービス評価に影響を与える。それゆえ，組織は，この「他の顧客」の存在や，彼らの行動，または態度をコントロールする必要がある。

だが，物理的環境となる「他の顧客」が問題になるのは，顧客と「他の顧客」のあいだに，ニーズや嗜好，習慣，性や年令，またはサービスを消費する目的などに差異があるときである。そして，この差異が増幅されると，感情の対立やコンフリクトを招くからにほかならない。

そこで，組織は，顧客間の対立やコンフリクトを回避するため，顧客のなかから共通項を探し出し，その共通項で彼らをグループ化し，分割してマネジメントしようとする。そして，この共通項に基づき顧客を分割的にマネジメントすることを，本章では，「顧客整合性マネジメント」と呼ぶ。

本章の目的

だが，顧客をテーマにした従前の研究は，主として，①「顧客」対「組織」（たとえば，リレーションシップ・マーケティングなど），②「顧客」対「従

業員」(たとえば,相互作用マーケティングやサービス・エンカウンターなど),③「顧客」対「サービス」(たとえば,ブランド・ロイヤリティやサービス品質と顧客満足との関係など),の3視点に基づくものであった。そのため,顧客間の整合性や同質性を問題にする研究が著しく少なかったといえる[5]。

そこで,本章はまず,物理的環境と,物理的環境になる「他の顧客」,および顧客整合性マネジメントに関するこれまでの研究成果を紹介する。そして,わが国のホテル企業を対象に,アンケート調査を実施することで,ホテル業における顧客整合性マネジメントの実態とその問題点について議論したい。

第2節 物理的環境が果たす役割

顧客は,物理的環境を用いて,たとえば,レストランであればイスやテーブル,旅行代理店であればパンフレットや時刻表を使用しながら,サービスを消費している。他方,顧客は,それを手がかりにしてサービスの内容や品質を判断する。それゆえ,物理的環境は,顧客の消費対象になると同時に,組織が生産,提供するサービスを具現化する役割を果たしている。

さらに,顧客は,この物理的環境と相互作用を行うことで,組織がサービスを生産,提供するために用意した施設,たとえば店舗など(以下,「サービス施設」という。)に可能なかぎり長く滞在しつづけたいと思ったり,逆に一刻でも早くそこから退出したいと思うようになることがある。つまり,物理的環境は,顧客に対して,接近や回避,または退出や滞在などの行動をもたらしている。そこで,以下は,物理的環境が担うこれらの役割について検討する。

1．顧客の消費対象となる物理的環境

顧客は,物理的環境を用いてサービスを消費している。そして,物理的環

境が顧客の消費対象になることは，それがサービスの品質に関する顧客の評価対象になることを意味する。

だが，この品質評価に際して，物理的環境がどの程度の影響力を与えているのかは，当該サービスの性質によって異なる。そこで，その性質に言及するまえに，顧客がサービスの品質を判断するときに使用する一般的な評価基準について説明したい。

サービス品質の評価基準

このサービス品質の評価基準として，パラシュラマンら（Parasuraman, A. et al.）は，①信頼性（Reliability），②反応性（Responsibility），③確信性（Assurance），④共感性（Empathy），⑤物的要素（Tangibles），の5つを指摘する[6]。

このうちの「信頼性」とは，組織が顧客に約束したことを確実に守ることができるか，いなかであり，換言すれば，約束ごとを遵守しようとする組織側の努力に対する顧客の評価を意味している。また，「反応性」とは，顧客が抱える問題やニーズに，組織が速やかに，かつフレキシブルに対処しているかどうかに関する評価基準である。

そして，「確信性」とは，組織が創造するサービスを消費しても失敗することがないと，顧客が感じることができるか，いなかを示している。たとえば，「100％の満足を提供する」や，「不満な場合は無条件で代金を返還する」などの当該サービスに対する組織側の自信が，この「確信性」を生み出すことになる。

他方，「共感性」とは，顧客を単なる取引先と捉えるのではなく，顧客の悩みや喜びは，組織自身の悩みであり，喜びであると受けとめ，彼らと組織が一体化することで，顧客を満足させることができるかどうかを意味する。さらに，最後の「物的要素」は，ほぼ物理的環境に読み替えることができる。

物理的環境が重視されるサービスの性格

顧客はこの5つの基準にしたがい，サービス組織が生産，提供するサービ

スの品質を判断している。しかし，顧客はこの5つに対して，つねに同じウェイトを置いているわけではない。むしろ，顧客とサービス組織とのあいだの相互作用性の度合いにより，そのウェイトは移動する。

　つまり，クリーニング・サービス，各種物品のレンタルサービス，修理サービスなどの相互作用の度合いが相対的に低く，そのため，サービス施設に顧客が滞在する時間が短いサービスでは，上述した5つの基準のなかでも，信頼性，反応性や確実性のような無形の基準に焦点をあてて品質を評価する傾向がある。その反面，これらのサービスにおいて顧客は，物的要素をさほど気にしない[7]。

　たとえば，クリーニング客の主たる関心は，預けた衣服が約束された日時までに出来上がるのか，また，汚れやシミが約束どおり除去されているかであり，クリーニング店の内装の新しさや豪華さは副次的な関心にすぎない。つまり，物理的環境が著しく劣っていれば問題になるが，逆にそれがきわめて優れていたとしても，顧客が行うサービス品質に対する評価を上方へシフトさせることが少ない。

　これに対して，組織と顧客の相互作用性の度合いが高いサービス，そしてその結果，顧客がサービスの生産，提供過程中ずっとサービス施設内に滞在しつづけなければならないサービスでは，物的要素がしばしば重視される。

　たとえば，高級なレストランでは，食事の味やサービス係の接客態度に加え，内装の高級さ，ゆったりとレイアウトされたテーブルや備品，またはそれらがもつ洗練されたデザインなどがサービス品質を判断する重要な要素になっている。そのため，そのようなサービスを提供する組織では，物的要素，つまり物理的環境のマネジメントに充分留意しなければならない。

2．サービスの内容や品質を伝える物理的環境

　他方，顧客は，サービスを実際に消費する以前においても物理的環境を評価している。そして，それは，サービスの無形性に起因する。つまり，サービスには物質的な形がないことから，顧客はその内容や品質を知るために，手に持って眺めたり，事前にそのサンプルを得て試用することができない。

そこで，顧客は，その内容や品質を察知できる物質的，有形な手がかりを探すようになる[8]。そして，その手がかりとして，上述した物理的環境がクローズアップされる。つまり，サービスがもつ無形性の度合いが高まれば高まるほど，物質的，有形な手がかりとしての物理的環境を整備し，顧客に提示することが重要になる[9]。

しかし，顧客が物理的環境を知覚してサービスの品質を判断するということは，逆に，物理的環境がその品質に関するなんらかのメッセージを顧客に発信しており，顧客はそれを解読して品質判断を行っていると解釈できないだろうか。

このメッセージとして，主としてつぎの4つが考えられる[10]。

サービスに関するイメージ

物理的環境は，サービスに関する一定のイメージを顧客に伝達している。たとえば，ファミリーレストランの明るく，軽快な内装は，カジュアルな食事の提供と，ほどほどな料金をイメージさせるメタファーになる。逆に，高級なフランス料理店の重厚でシックな内装は，高級さとゆったりとした食事を顧客にイメージさせることができる。

求められる相互作用の様態

物理的環境は，顧客と従業員，または顧客間の相互作用のあり方を伝えている。たとえば，役所や銀行などにある背の高いカウンターは，顧客がそれ以上，従業員に近づいてはいけないことを伝えている。また，駅のホームの白線は，電車を待つ顧客同士の並び方を示している。さらに，中華料理店の丸いテーブルは，全員が手を伸ばすことで同じ料理が食べられることから，会食者相互の親密さを求めている。

サービスのユニークさ

物理的環境は，他のサービス組織との差異，つまり，自己のサービスのユニークさを伝達する。たとえば，米国のヒルトンホテルは，一般客室に加え，「スリープ・タイプ・ルーム」という客室を設けている。この部屋は，壁を

厚くし，厚い絨毯を敷き，窓を遮光性と遮音性に優れた特殊ガラスを使っている。ヒルトンは，このような客室をつくることにより，顧客に安眠を保証すると同時に，他ホテルの客室との差別化を図っている。

サービスを消費する楽しさ

　物理的環境は，それを知覚するだけで，顧客に楽しさを感じさせることがある。たとえば，待合室の壁を人気キャラクターの絵で装飾したり，室内にキャラクターグッズを置く医院，とくに小児科医院が近年散見される。このような物理的環境に接した子供たちは，医院を訪れる不安や苦痛から一時的に開放される。そして，それは，この医院の待合室が子供たちに楽しさを与えているからだと思われる。

3．物理的環境に対する顧客の反応

　このように，物理的環境は，サービスの内容や品質に関するメッセージを顧客に伝達している。しかし，それは，このメッセンジャー機能に加え，顧客になんらかの行為を導き出すことがある。つまり，顧客は，物理的環境から得た情報をもとに，当該サービスを消費しても失望することがないと思えば，サービス組織と接触し，逆であればその接触を回避するからである。
　他方，物理的環境は，顧客がサービス組織に接触したのちになっても，顧客の行動を誘引する。つまり，顧客は，それを知覚し，体験することで，それらに関する満足，または不満足を感じることがある。たとえば，騒々しい図書館では落ち着いて読書や勉強ができないと不満を感じるし，劇場のイスが座りごこちがよければ，リラックスして観劇に没頭できるため，満足する。
　そして，満足した顧客は，サービス施設に滞在しつづけるし，再度その施設に来訪し，サービスを購買する可能性が高まる。しかし，不満を感じた顧客は，サービス施設から退出し，それとの接触を避けようとするため，そのサービスを再度購買する意思は低くなるであろう。
　このように，物理的環境は，顧客の接近，回避，滞在や退出，またはサー

ビスそのものへの再購買，非購買をもたらす。この関係を図示すると以下になる（図5-1参照）。

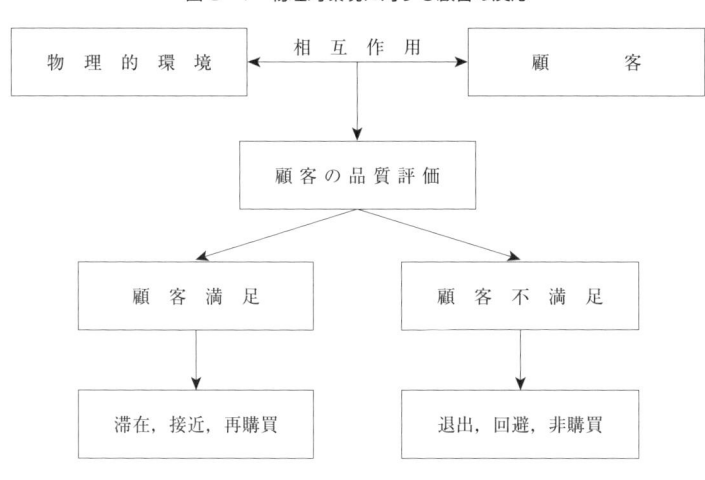

図5-1 物理的環境に対する顧客の反応

```
┌─────────────┐  相 互 作 用  ┌─────────────┐
│ 物 理 的 環 境 │◄──────────►│ 顧     客    │
└─────────────┘              └─────────────┘
                    │
                    ▼
            ┌───────────────┐
            │ 顧 客 の 品 質 評 価 │
            └───────────────┘
              ↙            ↘
    ┌─────────────┐    ┌─────────────┐
    │ 顧 客 満 足 │    │ 顧 客 不 満 足 │
    └─────────────┘    └─────────────┘
          ↓                   ↓
  ┌─────────────────┐  ┌─────────────────┐
  │ 滞在, 接近, 再購買 │  │ 退出, 回避, 非購買 │
  └─────────────────┘  └─────────────────┘
```

（筆者作成）

第3節　物理的環境としての「他の顧客」

1．物理的環境の構成要素

　物理的環境を構成する要素として，ビトナー（Bitner, M. J.）は，①雰囲気的条件（Ambient Conditions），②空間レイアウト，およびその機能性，③サイン，シンボルと人工物，の3つを指摘する[11]。
　このうち，「雰囲気的な条件」とは，サービス施設内の温度，湿度，空気，音，におい，またはサービス施設周辺の町環境などによって構成される。これらは，普通の状態であれば，なかなかその存在に気づかないが，それらが欠如，または不快な状態になったとき，はじめて人びとの注意を引くようなものである。

また,「空間レイアウトとその機能性」とは,施設や什器,備品などの配置のし方,それらの使いやすさ,またはそれらが顧客の視覚的楽しさを増加させる能力を示している。さらに,「サイン,シンボルと人工物」とは,顧客を意図した方向へ導くために使用される各種の案内看板や,ある一定のイメージやムードを顧客に伝えるために使用される絵画,彫刻などの装飾品を指す。

2．ベーカーが考える物理的環境

これに対してベーカー（Baker, J.）は,物理的環境を,①雰囲気的な要素（Ambient Factor），②デザイン的要素（Design Factor），③社会的要素（Social Factor），に3区分する[12]。

このうち,「雰囲気的要素」とは,前出のビトナーがいう「雰囲気的条件」と同一の内容である。また,「デザイン的要素」は,ビトナーの「空間レイアウト,機能性」と「サイン,シンボル,および人工物」を合体させた内容になっている。

しかし,ビトナーとの違いは,「社会的要素」,つまり顧客のサービス消費に同席する人びと,つまり「他の顧客」や従業員を物理的環境に加えた点である。そして,ベーカーによれば,その人数,外見,行動などがこの社会的要素に基づく物理的環境になる。

この両者の説のうち,ベーカーのそれが適切であると考える。その理由は,たとえば,レストランの隣席に泣きわめく子供がいたり,泥酔して大声で騒ぐ客がいれば,提供された料理の味がいかに良くとも,当該レストランに対する評価がネガティブになることをわれわれは経験的に知っているからである。

また,逆に,有名人や憧れ,尊敬の対象になっている人びとと一緒になれば,食事体験は楽しく刺激的になり,結果としての評価がポジティブになることをしばしば体験しているからでもある。

上記の事例が同一のレストランであるとすれば,料理の味も,従業員の接客態度も,また,店内の内装やインテリア,温度,音楽などが創造する物理

的環境も，ほぼ同一であったはずである。それにもかかわらず，なぜ同席した人が異なると，われわれの評価が変わるのか。

それは，子供や泥酔者，または有名人などの「他の顧客」が，われわれの消費をとりまくもうひとつの環境になっているからにほかならない。そして，この環境は，レストラン側が準備した環境と一体化し，分離することができない。それゆえ，それは，われわれのレストランにおける食事体験に影響を与えるのである。

第4節　顧客整合性マネジメントの意義と構築手順

　航空輸送サービス，飲食サービス，宿泊サービス，または医療サービスなどでは，同一の物理的環境内に複数の顧客が存在することが多い。この場合，組織は，自己と顧客との関係に加えて，顧客間の関係についても配慮しなければならない。

　それは，サービスの一部，またはすべてが，「他の顧客」の眼前で生産，提供されているからである。そして，「他の顧客」が，顧客のサービス消費に影響を与えることが多いからである。

1．「他の顧客」が顧客のサービス消費におよぼす影響

　リヒネンら（Lehtinen, U. & Lehtinen, J. R.）は，「他の顧客」の存在とその言動が，組織が生産，提供するサービス品質への顧客の評価を左右するという。そして，このサービス品質評価への影響力に関していえば，「他の顧客」の方が，フロント・オフィスの従業員よりも強いときがあると指摘する[13]。

　これは，顧客がしばしば異なったニーズをもって1つのサービスを消費しているからである。そこで，本来であれば，このニーズに，ひとつひとつ完全に対処することが望ましい。しかし，実際には，人的，物的，情報的な制約から，その対応が困難になることが多い。

だが,個別対応が無理であれば,対処できるニーズと,対処できないニーズが生まれる。そして,充足されないニーズをもった顧客は組織に対して不満を感じるだけでなく,ニーズが充足された顧客に対して嫉妬や妬みを抱きやすい。この結果,顧客間に葛藤が生起することがある[14]。

たとえば,サッカー場や野球場で,ライバルチームの応援団が混在して観戦している場合には,ひいきチームの勝ち負けにより,さまざまなトラブルが起こりやすい。また,自分の周辺にいる人びとが,ゲームに熱中せずに酒を飲むだけであったり,世間話に興じる人たちであれば,孤立感を感じたり,いらいらすることがある。

他方,「他の顧客」は,顧客のサービス消費を楽しく,刺激的にさせ,また顧客間に一体性をもたらすことがある。上例でいえば,自分のひいきチームの応援席につき,見知らぬ他人と肩を組み応援するような場合である。また,団体旅行で気持ちのよい人びとと一緒になったときや,有名な会員制クラブのメンバーになったときなどである[15]。

2. 顧客整合性マネジメントの意義とメリット

このように,「他の顧客」は,顧客のサービス消費に際して,ポジティブ,ネガティブ両面の影響を与える。そして,この影響下で顧客は,組織から提供されたサービスの品質に関する評価を行う。

一方,これを組織の視点からみれば,組織が創造するサービスに「他の顧客」という第3者が関与し,その品質を高めたり,低めたりしていることになる。それゆえ,組織は,自己の品質を維持,向上させるために,この「他の顧客」を適切にマネジメントしなければならない。

(1) 顧客整合性マネジメントの意味

この点に関して,グメソン(Gummesson, E.)は,「他の顧客」が顧客に投げかける問題を回避するためには,同質的な顧客を集めることが重要であると述べる[16]。

そして,シルパキットとフィスク(Silpakit, P & Fisk, R. P.)によれば,

その同質的な顧客とは，他人と一緒にいてもいやな思いをしない，むしろそれを快いと思える人びとであり，他人と一体になってサービスを消費しようとする気持ちが強い人びとになる[17]。また，ラブロック（Lovelock, C.）は，外見，行為，年齢その他に基づく顧客のポートフォリオをマネジメントする必要性を指摘する[18]。

さらに，マーチンとプランター（Martin, C. L. & Pranter, C. A.）は，適切な顧客ミックスと適切な顧客相互の関係を構築し，それらを促進するため，組織は，「顧客整合性マネジメント」（Customer Compatibility Management）に配慮すべきと考える[19]。

上記の各研究者の表現方法は異なるものの，「他の顧客」から受けるネガティブな影響を避けるため，顧客を一定の共通性に基づきグループ化し，そのグループを分割してマネジメントする必要性については，意見が一致している。

しかし，サービス組織が行うべきことは，顧客のグループ化にとどまらない。ビトナーら（Bitner et al.）は，「他の顧客」が勝手な行動をとり，または彼らがもめごとに対する潜在的な原因になっているような状況下では，いかに組織の従業員がこの状況に対処するかが，顧客のサービス評価に多大な影響を与えるという[20]。

また，サービスを消費する際に期待される行動，または許されない行動を顧客に教えることや，不適切な行動をとる顧客を注意し，その行動を矯正する必要性を説く研究者も多い[21]。つまり，これらの研究者の主張は，組織が「他の顧客」を適切にマネジメントするためには，顧客のグループ化だけでなく，より積極的な行動に出る必要性を示唆している。

これにより，「顧客整合性マネジメント」とは，顧客を一定の共通性に基づきグループ化し，そのグループを分割してマネジメントするとともに，組織自身が顧客に求められる行動を規範化し，それを顧客に教育し，またその遵守を監視する行為と定義することができよう。

(2) 顧客整合性マネジメントの利点

このような顧客整合性マネジメントを実施したとき，組織はどのような利

点を得ることができるのか。これに関して，マーチンとプランター（Martin, C.L. & Pranter, C. A.）は，つぎの3点を指摘する[22]。

新規顧客の獲得

成熟化し，競争が激化するサービス業において，顧客はより多くの選択肢をもつようになった。この結果，顧客は，自己の嗜好やステイタス，または生活スタイルにもっとも合致する物理的環境を提供するサービス組織を選ぶことが可能になる。

そして，これを換言すれば，組織がそのような物理的環境を創造することができれば，新しい顧客を獲得できることになる。

既存顧客の維持

顧客整合性を達成すると，顧客間に仲間意識が生まれる。そして，この仲間意識は，既存顧客の離脱を防ぐ役割を果たす。また，それは顧客の再購買意欲を高める。なぜなら，見知らぬ他人がいるサービス組織よりも，知人や友人が多いサービス組織の方が利用しやすいし，利用して楽しいからである。

新人のグループへの同化促進

上記仲間意識に加えて，既存のメンバーがグループ内の規則やしきたりを新人メンバーに教育することで，この新人のグループへの同化を促すことがある。そして，それは，本来であれば組織が行うべき行為を顧客が代行することを意味する。そして，この顧客の行為は，組織が行う場合より効率的で，かつ効果的であるという点にメリットがある。

さらに，マーチンとプランター（Martin, C. L. & Pranter, C. A.）は，少子化，核家族化の進展，またはセルフサービスやテレフォンショッピングなどの隆盛により，今日の顧客は，他者とのコミュニケーション力，交渉力が低下していると主張する[23]。そのため，彼らは，他者とさまざまなトラブルを引き起こしやすい。そこで，そのトラブルを未然に防ぐことができるとい

う意味においても，顧客整合性マネジメントは，利点があることになる。

3．顧客整合性マネジメントを確立するための手順

「顧客対顧客」関係が問題になるのは，ある顧客の行動を別の顧客が主観的に解釈し，評価するからである。たとえば，店舗の入口に長い行列ができていたと仮定する。これを見た人が，この行列は店舗のサービスが遅いために生起していると解釈すれば，それに加わらず，立ち去るであろう。ところが，長い行列ができるだけの価値あるサービスをこの店舗が提供していると解釈すれば，行列に加わるかもしれない。

そのため，組織は，顧客の満足を得るためには，「他の顧客」の行為を制御する（上例でいえば，効率よくサービスを提供することで行列をやめさせる）か，顧客の解釈を変える（上例では，サービスの遅延ではなく，サービスの価値が高いから行列ができると顧客に理解させる）ように働きかけることが必要になる。しかし，一般に，前者の方が，後者よりも容易である。

そこで，顧客整合性マネジメントにおいても，この「他の顧客」の行為を制御することが主たる活動になる。そして，そのためには，同質的な顧客を選別し，サービス施設に集めることからスタートしなければならない。そして，組織は，「他の顧客」がとる好ましい行動に関する規則や規範をつくる必要がある。

だが，現実的には，かならずしもすべての顧客が同質的ではないであろう。そこで，同質的な顧客を囲い込み，異質な顧客から隔離する手法や施設をつくることが求められる。たとえば，喫煙者から禁煙者を隔離するために，禁煙ルームをつくったり，喫煙コーナーを設けるなどがこの事例になる。

サービス組織は，以上のような準備を行い，顧客を迎える。そして，組織は，来訪した顧客に対して，理想的な行為について伝え，それに従った人を褒賞することも重要になる。また，不適切な行為をとる人に対しては，注意を促し，またその人の利用を断ることもあろう。さらに，顧客になんらかの行為を求める以上，組織側も，その行為を遵守し，率先垂範すべきである。

これらのステップを組織が踏むことにより,次第に同質的な顧客が選別され,維持されるものと考える。そして,この顧客整合性を獲得するためのプロセスをまとめ,図示すると,図5-2のようになる。

図5-2 顧客整合性マネジメント構築のためのプロセス

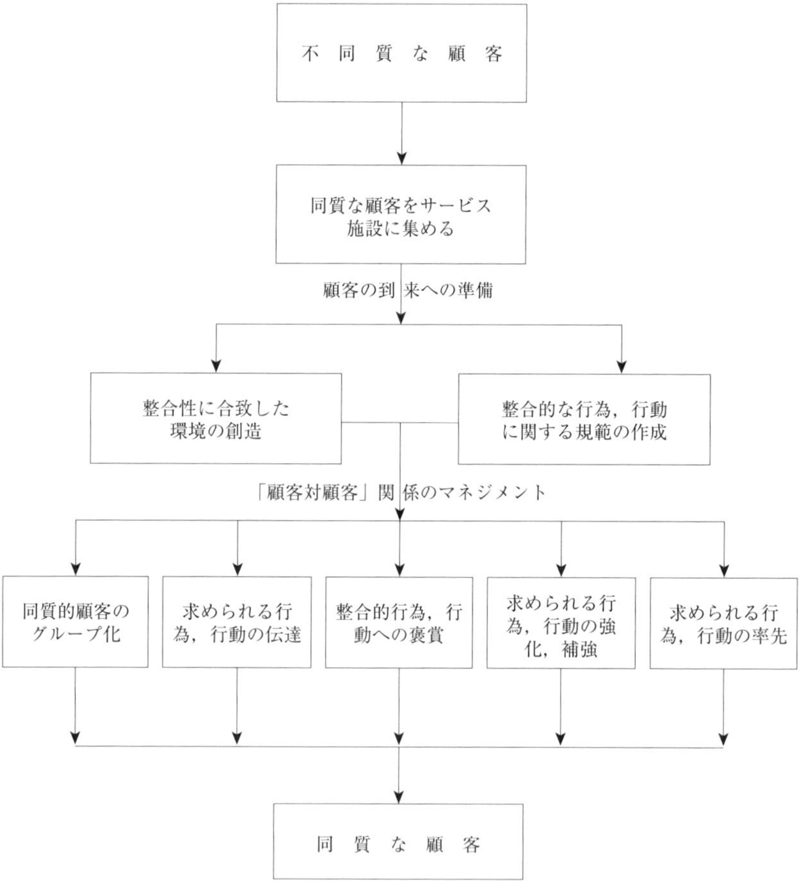

```
           不 同 質 な 顧 客
                  │
                  ▼
         同質な顧客をサービス
         施設に集める
                  │
         顧客の到来への準備
           ┌──────┴──────┐
           ▼             ▼
      整合性に合致した   整合的な行為,行動
      環境の創造         に関する規範の作成
                  │
         「顧客対顧客」関係のマネジメント
   ┌──────┬──────┬──────┬──────┐
   ▼      ▼      ▼      ▼      ▼
 同質的顧客の 求められる行 整合的行為, 求められる行 求められる行
 グループ化   為,行動の伝達 行動への褒賞 為,行動の強 為,行動の率先
                              化,補強
   └──────┴──────┬──────┴──────┘
                  ▼
           同 質 な 顧 客
```

〈出所〉: Pranter, C. A. & Martin, C. L. (1991), "Compatibility Management : Roles In Service Performers", *Journal of Service Marketing*, Vol.5, No.2, p.46.

第5節　調査の概要

　以上,「他の顧客」を物理的環境と捉え,それがもたらすマイナスの影響を除去するための手法である顧客整合性マネジメントについて説明した。また,同マネジメントを確立する際のプロセスについても言及した。
　そこで,つぎに,ホテル業を題材にして,この顧客整合性マネジメントがどの程度実践されているかをアンケート調査に基づき考察してみたい。

1. 調査票の設計

　ホテル業における顧客整合性マネジメントの実例としては,いくつか考えられよう。そのなかでも本章は,①顧客の嗜好習慣,②年令,③性,および④利用人数,の差異に対するそれに焦点を絞り込み,調査を実施する。そして,この4項目に関する設問は,以下である[24]。

(1) 嗜好習慣の差異に基づく顧客整合性マネジメントに関して

　近年,わが国の人びとのあいだに健康志向が強まり,禁煙者が増大している。そのため,オフィスや駅などの公共施設,または,大学や店舗などの内部が,全面的に禁煙になっていたり,分煙化が図られていたりすることをしばしば見聞する。
　それゆえ,ホテル業においても,喫煙者,禁煙者への対応が求められていると思われる。そこで,本調査は,顧客の嗜好習慣のひとつとして,この喫煙習慣を取り扱う。そして,喫煙習慣をテーマにした場合,ホテルが行う顧客整合性マネジメントの事例として,禁煙客室が思い浮かぶ。そのため,本調査はまず,各ホテルが禁煙客室をいくつ所有しているのかを尋ねる(Q4)。
　しかし,喫煙,禁煙に関するマネジメントは,個々の客室にとどまらず,その集合体を目的にすることもあろう。そこで,ここでは,禁煙フロア(1層階内の客室がすべて禁煙客室になっているフロア)の有無についても合わ

せて聴取する（Q8）。

　以上を踏まえて，理想的な禁煙客室数（Q10），禁煙客室や禁煙フロアを増設する予定について問う。そして，現在禁煙客室を所有せず，将来ともその予定がないホテルに対しては，その理由を聞く（Q9）。

　また，禁煙客室は，男性と女性のどちらに多く利用されているのか（Q5），禁煙客室と喫煙可能ルームでは，どちらの稼働率が高いのか（Q6），について聴取する。

　上記に加えて本調査では，「本日満室近い予約が入っており，禁煙客室以外には空室がない。そのような状況下で，喫煙者である顧客から宿泊申し込みを受けたとき，禁煙客室をこの喫煙者に販売するか」という仮想的な設問を用意した（Q7）。

　禁煙客室は，禁煙者のために特別に設置したのであるから，どのような事情があろうと，それを喫煙者に販売することはないと推察される。逆に，この客室を喫煙者に販売すれば，換気に心がけたとしても，微妙なタバコの臭いが残り，つぎに入室した禁煙者を不快にさせると考える。

　そして，そうであれば，このタイプの客室をあえて設置した意義を失うはずである。そこで，この質問により，喫煙，禁煙問題に対するホテル側の姿勢を尋ねることにした。

　他方，禁煙者，喫煙者に対する配慮は，客室内を超えてホテル内の他の施設，たとえば，フロントやロビー周辺，レストラン，宴会場の前室，またはエレベーターホールなどにおいても必要になるのではないか。それゆえ，これら場所における禁煙，喫煙状況を把握する質問を行った（Q11）。

(2) 年齢の差異に基づく顧客整合性マネジメントに関して

　ホテル業では，顧客の嗜好習慣だけでなく，その年令の差異に基づく顧客整合性マネジメントを実践していると推察される。そして，その典型例が，ホテル内のフレンチレストランではないかと考える。

　それは，伝統的に同レストランは，ホテルの格式や一流さ，高級さを象徴する施設としてみなされてきたからである[25]。そのため，そこは，いわば大人，それも中高年者のための食事場所であった。

第5節　調査の概要

　確かに，今日フレンチレストランが大衆化した結果，若年者の利用が増えていることは事実である。しかし，同レストランがもつ大人のための食事場所という基本的性格は，完全に失われていないと思慮する。

　そこで，本調査では，顧客の年令の相違に基づく顧客整合性マネジメントの実態を把握するため，フレンチレストランの性格にもっとも反すると思われる乳幼児連れ客を取り上げ，その対処方を取り扱う。

　ただし，その前に本調査は，この性格を再確認するために，顧客がどのような目的でフレンチレストランを利用しているのかを尋ねる（Q13）。また，上述した同レストランの性格が正しいとすれば，年令だけでなく，顧客の着衣に関してもなんらかの制限があるのではないかと推察される。

　そこで，その服装を，①ポロシャツ姿で，ジャケット未着用，②浴衣に，草履履き，③ジーンズ姿で，サンダル履き，の3種類設定し，それらを着用した顧客の利用を受け入れるのか，いなかについても聴取する（Q21）。

　そのうえで，本調査は，乳幼児連れ客の入店を断るのか，いなか（Q14）を質問した。また，利用制限を加えているレストランに対しては，乳幼児連れ客の利用を断る理由（Q16），および，それを利用できる年令の下限（Q15）を聞く。

　一方，乳幼児連れ客を受け入れるホテルに対しては，その顧客が店内のテーブルを自由に選ぶことができるのか，それともホテル側の指定に従うのかを聞く（Q17）。また，ホテル側がテーブルを指定するときには，どのような位置，または場所にあるテーブルに案内することが多いのかについて尋ねる（Q18）。

　それは，入店を認めたとしても，他の顧客に配慮して，それから可能なかぎり離れた位置にあるテーブルを選ぶのではないかと考えるからである。なぜなら，一般に乳幼児は，落ち着きがなく，騒々しさをかもし出すことが多いからである。

　さらに，すでに乳幼児連れの先客がいる場合，その先客のテーブルと新しい乳幼児連れを案内するテーブルの位置関係について尋ねる（Q19）。それは，上述と同様の理由から，乳幼児連れ客がまとまることを避けるのではないかと思われるからである。

また，乳幼児連れ客を受け入れるホテルに対しては，乳幼児用のメニューや椅子が用意されているのかについても聴取する（Q20）。その理由は，乳幼児連れ客を受け入れるといっても，それがどの程度積極的なのかを知るためである。

(3) 性差に基づく顧客整合性マネジメントに関して

従来，ホテル利用者は，男性客が主流であった。しかし，現在では，女性のホテル利用が増えている。ところが，客室の内装，什器や備品，または歯ブラシ等の消耗品は，男性客に合わせてしばしば選定されている。

この結果，それらは，女性のニーズに合致しないことが多かった。そこで，それらを改め，女性専用客室（以下「レディースルーム」という。）をつくり，女性向きの什器や備品，および消耗品を置くことにより，彼女らの利用を促進しようと目論むホテルが現れはじめている。

そこで，本調査は，このレディースルームに着目し，その数（Q27），一般客室とレディースルームの稼働率の比較（Q28），全客室数に占める理想的なレディースルームの割合（Q32），を尋ねる。

また，「本日満室に近い予約が入っており，レディースルーム以外に空室がない」という仮想的状況を設定し，そのような状況下で男性客から宿泊希望を受けたとき，この要望を受け入れるのかどうかを聴取する（Q29）。それは，禁煙客室で述べた理由と同様，各ホテルが，性差に基づく顧客整合性マネジメントに対してどの程度積極的に取り組んでいるのかを知るためである。

さらに，レディースフロア（1層階内の客室がすべてレディースルームになっているフロア）の有無（Q30），レディースルームやレディースフロアの増設予定（Q31）を聞き取る。

(4) 利用人数の差異に基づく顧客整合性マネジメントに関して

ホテルの客室は，シングルとツインが主体であることから，基本的に1人，または2人の個人客，ないしは少人数客の宿泊を想定して設計されている。しかし，実際には，そのような客室を複数使用して，団体客を誘致すること

がしばしばある。

しかし，団体客は個人客と異なり，各自に客室を割り当てても，相互に訪問しあったり，ひとつの客室に集まり，宴会に類似した行為を行ったりすることがある，これにより，夜遅くなっても客室への出入りが絶えず，また，騒々しさを生み出すことも多い。

そのうえ，団体客は，ほぼ全員が同一のスケジュールで行動すると考えられるから，ある一定の時間帯に彼らのレストラン利用が集中するなどの現象を引き起こすのではないか。とくに，すべての人びとが忙しい朝食時にこの現象が起こると，個人客のレストラン利用を阻害し，問題になろう。

それゆえ，ホテルは，個人客に迷惑をおよぼさないために，団体客と個人客の部屋割りに注意を払わなければならないと思われる。また，団体客に朝食を提供する際には，通常のレストランではなく，宴会場や会議室などを臨時に開放し，朝食会場にすることもあるのではないか。

そこで，本調査は，「数室を残して1フロアの大半を大人の団体客が使用している場合，その残りの客室を一般の個人客に販売するか」という質問を行った（Q33）。また，この団体客が「中高生の修学旅行者」であった場合，この残余客室の販売がどうなるのかをも聴取する（Q34）。

そして，団体客への朝食対応に関しては，宴会場などの代用について尋ねる（Q35）。さらに，宴会場などを使用する場合，団体客の規模（それが使用する客室数で表示した規模）を合わせて聞く（Q35）。

(5) **本調査のフェースシート**

本調査では，フェースシートとして，①開業年度（Q36），②業態（Q37），③客室数（Q38），④営業収入に占める宿泊部門収入の割合（Q39），⑤全宿泊者に占める男性客の割合（Q40），を設定した。

2．調査対象ホテルの選定手法と回答ホテルのプロフィール

(1) 調査対象ホテルの選定手法

本調査は，ホテル業における顧客整合性マネジメントの実態を把握するた

め，上記の質問を設定した。しかし，それらへの回答は，禁煙客室，フレンチレストラン，レディースルーム，または，朝食を提供できる宴会場などの諸施設をもっているホテルのみが可能である。

　たとえば，禁煙客室をもつホテルの軒数を実業之日本社編『全国ホテルガイド（1999年版）』を使用し調べると，全掲載ホテル4,710軒中，713ホテルであった。つまり，全体の85％に相当する約4,000軒のホテルには禁煙客室がない。また，上記ガイド・ブックによると，レディースルームをもつホテルは111軒であり，全体の2.4％にすぎない。

　この結果，少なくとも顧客の嗜好習慣や性差に基づく整合性マネジメントは，大半のホテルにおいて実施されていないことがわかる。

　そこで，本調査は，ホテル業界全般の傾向ではなく，禁煙客室やレディースルーム，およびフレンチレストランなどをすでに保有するホテルを対象に，それらが日々実践する顧客整合性マネジメントの実態を観察する。

　そして，この目的を達成するため，上記の禁煙客室をもつ713軒のホテルと，レディースルームをもつ111軒のホテルを調査候補に選定した。ただし，後者の約9割は同時に禁煙客室をもっていた。それゆえ，最終的には，禁煙客室を有する713軒のなかから，150ホテルを抽出し，調査対象とした。

　他方，フレンチレストランを有するホテルは，オータパブリケーション編『ホテル年鑑（1999年度版）』を使用し，候補先をリストアップした。そして，当該レストランがフレンチレストランに相当するか，いなかについて判断ができないときには，直接ホテルに電話して確かめることにより，このリストを精緻化し，70軒を選定した。

(2) 回答ホテルのプロフィール

　そのうえで，本調査は，2つの調査対象に対して同一の調査票を送付した。そして，各対象別の回答率と，それぞれが禁煙客室，フレンチレストラン，およびレディースルームを保有する割合を示すと，以下になる（表5-1参照）。

　また，回答を得たホテル（以下，「回答ホテル」という。）の業態をみると，「都市ホテル」が全体の59.3％（54軒），「ビジネスホテル」が38.5％（35

第5節 調査の概要　　　　　　　　　　　213

表5-1　調査対象別の回答数など　　　　　(%)

調査対象	回答数	回答率	うち禁煙客室をもつホテル	うちフレンチレストランをもつホテル	うちレディースルームをもつホテル
禁煙客室をもつホテル　150軒	61	40.7	58 (95.1)	9 (14.8)	35 (57.4)
フレンチレストランをもつホテル　70軒	30	42.9	30 (100.0)	30 (100.0)	23 (76.7)
合　　計	91	41.4	88 (96.7)	39 (42.9)	58 (63.7)

〈注〉：カッコ内は，回答数に対する割合を示す。

軒），「リゾートホテル」が2.2％（2件）となる（表5-2参照）。

　この結果，本調査は，データ的に「都市ホテル」が中心になっているといえる。これに対して，「リゾートホテル」からの回答がきわめて少ない。しかし，「リゾートホテル」と「都市ホテル」は，客室規模，売上高に占める宿泊収入比率などの点で類似していたことから，前者を便宜上「都市ホテル」に帰属させて分析することにした。

表5-2　回答ホテルの業態　　　　　(%)

都市ホテル	ビジネスホテル	リゾートホテル	合　　計
59.3 (54)	38.5 (35)	2.2 (2)	100.0 (91)

〈注〉：カッコ内は，回答数。

　回答ホテルの業態別の禁煙客室，フレンチレストラン，およびレディースルームの保有率は，つぎになる（表5-3参照）。この結果，回答ホテルのうち，フレンチレストランをもつ「ビジネスホテル」は，この2軒のみである

表5-3　業態別の禁煙客室，フレンチレストラン，レディースルームの保有率　(%)

業　態	回答数	禁煙客室の保有率	フレンチレストランの保有率	レディースルームの保有率
都市ホテル	56	100.0 (56)	66.2 (37)	57.1 (32)
ビジネスホテル	35	91.4 (32)	5.7 (2)	74.3 (26)
合　　計	91	96.7 (88)	42.9 (39)	63.7 (58)

〈注〉：都市ホテルの有効回答数には「リゾートホテル」を含む。また，カッコ内は，回答数。

ことがわかる。そこで，同レストランに関しては，業態別に分けず，全体を

表5-4 回答ホテルの開業年度 (%)

1950年代	1960年代	1970年代	1980年代	1990年代	合 計
6.6	11.0	13.2	19.8	49.4	100.0
(6)	(10)	(12)	(18)	(45)	(91)

〈注〉：カッコ内は，回答数。

表5-5 回答ホテルの客室数 (%)

100室未満	100室以上 300室未満	300室以上 500室未満	500室以上 700室未満	700室以上	合 計
27.5	33.0	29.6	5.5	4.4	100.0
(25)	(30)	(27)	(5)	(4)	(91)

〈注〉：カッコ内は，回答数。

表5-6 全営業収入に占める宿泊部門収入の割合 (%)

	100％	100％未満 80％以上	80％未満 60％以上	60％未満 40％以上	40％未満 20％以上	20％ 未満	合 計
全　　体	7.7	20.9	17.6	20.9	32.9	0	100.0
	(7)	(19)	(16)	(19)	(30)	(0)	(91)
都市ホテル	0	5.3	8.9	30.4	55.4	0	100.0
	(0)	(3)	(5)	(17)	(31)	(0)	(56)
ビジネスホテル	20.0	45.7	28.6	5.7	0	0	100.0
	(7)	(16)	(10)	(2)	(0)	(0)	(35)

〈注〉：カッコ内は，回答数。

表5-7 全宿泊者に占める男性客の割合 (%)

	100％	100％未満 80％以上	80％未満 60％以上	60％未満 40％以上	40％未満 20％以上	20％ 未満	合 計
全　　体	0	23.1	56.0	16.5	2.2	2.2	100.0
		(21)	(51)	(15)	(2)	(2)	(91)
都市ホテル	0	14.3	62.5	23.2	0	0	100.0
		(8)	(35)	(13)	(0)	(0)	(56)
ビジネスホテル	0	37.1	45.8	5.7	5.7	5.7	100.0
		(13)	(16)	(2)	(2)	(2)	(35)

〈注〉：カッコ内は，回答数。

まとめて分析する。

また，回答ホテルの開業年度，客室数，営業収入に占める宿泊部門収入の割合，全宿泊者に占める男性客の割合は，以下のとおりである（表5-4～表5-7参照）。

第6節　調査結果の分析と顧客整合性マネジメントの実態

1．喫煙習慣の差異に基づく顧客整合性マネジメントの実態

(1) 客室内での喫煙に関して

　今回の回答ホテル91軒のうち88ホテルは，禁煙客室をもっていた。そして，それが全客室に占める割合は，平均11.1％であった。ただし，この数値は，500室を超える大規模ホテルになると，8％程度に下落する（表5-8参照）。

表5-8　全客室に占める禁煙客室の割合　　　　　　（％）

100室未満	100室以上 300室未満	300室以上 500室未満	500室以上 700室未満	700室以上	平均
12.2	11.5	11.9	8.3	7.6	11.1

　そこで，以下は，この禁煙客室がどのように利用されているのかにつき検討を加える。

禁煙客室の利用者

　禁煙客室は，男性宿泊者と女性宿泊者のうち，どちらによく利用されているのか。これに関して，回答ホテルの61.3％は「男性のほうが多い」と答え，「女性のほうが多い」と答えたホテルは11.4％にすぎなかった。
　上記をホテルの業態別にみると，「都市ホテル」で「男性宿泊者の方が多い」と回答したホテルが50.0％に減少し，「ビジネスホテル」ではそれが81.3％に増大するものの，男性客の優位性は変わらない。
　このことから，禁煙客室は，主として男性に利用されていることがわかる（表5-9参照）。ただし，約8割の回答ホテルにおいて男性宿泊客の割合が60％以上であった（表5-7参照）。そのため，これは，当然の帰結といえよう。

表5-9 禁煙客室利用者の主たる利用者　(%)

	男性のほうが多い	女性のほうが多い	どちらともいえない	合　計
全　　体	61.3	11.4	27.3	100.0
都市ホテル	50.0	14.3	35.7	100.0
ビジネスホテル	81.3	6.2	12.5	100.0

禁煙客室と喫煙可能ルームの稼働率比較

一方，禁煙客室と一般の喫煙可能客室の稼働率を比較したとき，「禁煙客室のほうが高い」と回答したホテルは全体の19.3％にすぎなかった。これに対して，「喫煙可能ルームのほうが高い」と回答したホテルが45.5％を占めている。

とくに，「都市ホテル」で，「禁煙客室のほうが高い」と回答したホテルが全体の8.9％，また，「どちらともいえない」と回答したホテルが46.4％しかなかったことは興味深い。この結果，禁煙客室は一般の喫煙可能客室よりも相対的に稼働率が低いことがうかがえる（表5-10参照）。

表5-10 禁煙客室と喫煙可能客室の稼働率比較　(%)

	禁煙客室のほうが高い	喫煙可能客室のほうが高い	どちらともいえない	合　計
全　　体	19.3	45.5	35.2	100.0
都市ホテル	8.9	44.7	46.4	100.0
ビジネスホテル	37.5	46.9	15.6	100.0

禁煙客室の増設予定

このように，禁煙客室の稼働率が相対的に低いとすれば，回答ホテルは，それを将来的に増やす予定があるのだろうか。この疑問に対して，回答ホテルの55.7％が「予定あり」と，また44.3％が「ない」と答え，前者のほうが多くなっている。

つまり，半数以上のホテルは，稼働率が低いにもかかわらず，禁煙客室を増設したいと考えているようである。そして，この傾向は，「都市ホテル」のほうが，「ビジネスホテル」よりも強いように見受けられる（表5-11参照）。

第6節 調査結果の分析と顧客整合性マネジメントの実態

表5-11 禁煙客室を増設する予定の有無　　(%)

	予定あり	予定なし	合計
全体	55.7	44.3	100.0
都市ホテル	64.3	35.7	100.0
ビジネスホテル	40.6	59.4	100.0

理想的な禁煙客室の割合

また，増設する際の理想的な禁煙客室の割合については，全客室の「20％未満10％以上」が42.0％ともっとも多く，ついで「40％未満20％以上」が20.5％，「10％未満5％以上」が19.3％になり，この3者で81.8％を占めている。

そして，この傾向は，ホテル業態別にみてもほぼ変わらない。このことから，多くのホテルは，現在全客室の約1割程度ある禁煙客室を，2倍前後までに増やすことが理想であると捉えていることがわかる（表5-12参照）。

表5-12 全客室に占める禁煙客室の理想的な割合　(%)

	60％以上	60％未満 40％以上	40％未満 20％以上	20％未満 10％以上	10％未満 5％以上	5％未満	合計
全体	0	5.7	20.5	42.0	19.3	12.5	100.0
都市ホテル	0	8.9	17.9	35.7	23.2	14.3	100.0
ビジネスホテル	0	0	25.0	53.1	12.5	9.4	100.0

禁煙フロアの有無

さらに，禁煙客室にとどまらず，「1フロア全体が禁煙客室になっている禁煙フロアをもっているか」という質問に対して，全体の64.8％は「もっていない」と回答している。この傾向は，ホテルの業態別にみても変わらない。このことから，1フロア全体を禁煙客室にするホテルは，まだ少数派であることが理解できる（表5-13参照）。

表5-13 禁煙フロアの有無　　(%)

	禁煙フロアあり	禁煙フロアなし	合計
全体	35.2	64.8	100.0
都市ホテル	37.5	62.5	100.0
ビジネスホテル	31.2	68.8	100.0

満室時における禁煙客室の転用

他方，本調査では，「禁煙客室以外に空室がない状況下で，喫煙者からの宿泊希望を受けたとき，禁煙客室をこの喫煙者に販売するか」という質問を行った。その結果，「喫煙者に販売する」と答えたホテルが全体の約半数あり，これに対し，「喫煙者には販売しない」が19.3％，「どちらともいえない」が31.8％になった。

これにより，禁煙客室といっても状況によっては，喫煙可能な客室に転用されている，または転用されることがあると推察できる。そして，この転用は，ホテルの業態別にみてもほぼ共通して見出すことができる（表5-14参照）。

表5-14　満室時における禁煙客室の転用　　　　　　　　　　(％)

	喫煙者に販売する	喫煙者には販売しない	どちらともいえない	合　計
全　　　体	48.9	19.3	31.8	100.0
都市ホテル	48.2	14.3	37.5	100.0
ビジネスホテル	50.0	28.1	21.9	100.0

(2) 客室以外での喫煙に関して

顧客の喫煙習慣に関するマネジメントは，客室内だけに限定されないであろう。そこで，以下は，客室以外の諸施設における喫煙，禁煙状況を把握する。

フロント，ロビー周辺での喫煙可能性

フロント，ロビー周辺を全面禁煙にするホテルは，回答ホテル中1軒もなかった。逆に，全面的に喫煙可能であるホテルは，52.7％になっている。これを業態別にみると，「ビジネスホテル」の82.9％は，全面的に喫煙可能と答えている。

表5-15　フロント，ロビー周辺での喫煙可能性　　　　　　　(％)

	全面的に禁煙	一部禁煙	全面的に喫煙可能	合　計
全　　　体	0	47.3	52.7	100.0
都市ホテル	0	66.1	33.9	100.0
ビジネスホテル	0	17.1	82.9	100.0

これに対して,「都市ホテル」では,フロント,ロビー周辺は全面禁煙ではないものの,半数以上のホテルが喫煙可能ゾーンと禁煙ゾーンを設けていることがわかる(表5-15参照)。

レストラン内での喫煙可能性

他方,レストラン内を全面的に禁煙にするホテルは,回答ホテルの2.2％のみであった。しかし,全面的に喫煙可能と回答したホテルも27.5％しかない。そのため,大半のホテルでは,一部に禁煙席を設け,「分煙化」を図っていると推察される(表5-16参照)。

表5-16 レストラン内での喫煙可能性 (％)

	全面的に禁煙	一部禁煙	全面的に喫煙自由	合 計
全 体	2.2	70.3	27.5	100.0
都市ホテル	0	91.1	8.9	100.0
ビジネスホテル	5.7	37.2	57.1	100.0

宴会場の前室での喫煙可能性

また,宴会場の前室における喫煙は,それを禁止するホテルが1軒も存在しない。逆に回答ホテルの8割以上が,「全面的に喫煙可能」と答えている。そして,この傾向は,業態別にみても変わらない(表5-17参照)。

表5-17 宴会場の前室での喫煙可能性 (％)

	全面的に禁煙	一部禁煙	全面的に喫煙可能	合 計
全 体	0	16.5	83.5	100.0
都市ホテル	0	17.9	82.1	100.0
ビジネスホテル	0	14.3	85.7	100.0

エレベーターの前室(到着待ちスペース)での喫煙可能性

エレベーターの前室,つまり,その到着を待つスペースでの喫煙を全面的に禁止するホテルは,回答ホテル91軒中2軒のみであった。また,「一部禁煙」にするホテルも,約3割しか存在しない。このことから,大半のホテルにおいてエレベーターの前室は,喫煙可能な場所であることがわかる(表5-

表5-18 エレベーターの前室（到着待ちスペース）での喫煙可能性　　　（％）

	全面的に禁煙	一部禁煙	全面的に喫煙可能	合　計
全　　体	2.2	29.7	68.1	100.0
都市ホテル	3.6	28.6	67.8	100.0
ビジネスホテル	0	31.4	68.6	100.0

18参照）

　以上から，回答ホテルは，客室やレストランのように，顧客がそれを利用したとき対価を求める施設では，喫煙慣習の差異に配慮しているものの，同じ問題に対して，ロビーや宴会場の前室などの無償で利用できるスペースに対しては，なんらの処置を施していないことが理解できる。

2．年齢の差異に基づく顧客整合性マネジメントの実態

　つぎに，顧客の年齢の差異に基づく顧客整合性マネジメントの事例として取り上げたフレンチレストランにおける乳幼児連れ客に関する質問結果をまとめる。その前に，同レストランの性格を明らかにしたい。

(1) フレンチレストランの性格

　そこで，顧客は，フレンチレストランをどのような目的で利用しているのかにつき，ホテル側の意見を聴取した。その結果，半数近くの回答ホテルは，顧客が同レストランを「ビジネスをともなう会食」で利用していると答えた。ついで，「友人，知人との懇親」が25.7％，「夫婦，恋人との歓談」が15.4％の順になる（表5-19参照）。

表5-19　ホテル側が考えるフレンチレストランの利用目的　　　（％）

	ビジネスをともなう会食	家族との団欒	友人,知人との懇親	夫婦,恋人との歓談	その他	合　計
全　体	51.3	5.1	25.7	15.4	2.5	100.0

　このことから，フレンチレストランは，プライベートというよりも，主としてオフィシャルな目的で利用されていることがわかる。また，これら目的から判断してそれは，どちらかといえば，大人のための食事場所であり，静かな雰囲気をもつ飲食施設と捉えられる。

顧客の服装に関して

そして，フレンチレストランが大人のための食事場所であるとすれば，それを利用する際には，どのような服装をしてほしいとホテルは考えているのであろうか。

この点について本調査は，この服装を，①ポロシャツ姿で，ジャケット未着用，②浴衣に，草履履き，③ジーンズ姿で，サンダル履き，を設定し，それらを着用した顧客の入店を認めるか，いなかを聴取した。

その結果，「ポロシャツ姿で，ジャケット未着用」の利用は，8割以上のホテルで認められている。しかし，「浴衣に，草履履き」の顧客は，逆に84.6％のホテルが入店を断っている。

これらに対して，「ジーンズ姿で，サンダル履き」の顧客は，上記2者の中間的な取り扱いがなされている。つまり，「なんともいえない」と答えるホテルがもっとも多く，全体の48.7％に達している。換言すれば，積極的に入店を認めるわけではないが，入店を断るわけでもないことになる。このことから，「ジーンズ姿で，サンダル履き」は，フレンチレストランを利用する際のボーダーライン的な服装であるといえよう（表5-20参照）。

以上の結果から判断すると，フレンチレストランには顧客の服装に対する一定の基準があることがわかる。そして，その基準に達していない場合には，顧客の利用を断るようである。しかし，そのような基準は，一般のファミリーレストランには存在しない。それゆえ，この点から類推しても，同レストランには，ファミリーレストランのようなカジュアルさはないようである。

表5-20 着衣に基づく入店制限　　　　　　　　　(％)

	利用を断る	利用いただく	なんともいえない	合計
ポロシャツ姿で，ジャケット未着用	7.7	82.1	10.2	100.0
浴衣に，草履履き	84.6	10.3	5.1	100.0
ジーンズ姿に，サンダル履き	28.2	23.1	48.7	100.0

(2) 乳幼児連れの客の入店可能性

上記のような性格をもつフレンチレストランに乳幼児連れの顧客が来店したとき，ホテルはどのように対処しているのか。これに対して，回答ホテル

の 28.2 ％は「乳幼児連れ客の利用をご遠慮いただく」と答え，その入店を認めていない。

しかし，全体の 61.5 ％は「利用可能」と答え，また 10.3 ％は「ご遠慮いただくこともあれば，利用可能な場合もある」と答えている。これにより，大半のホテルでは，乳幼児連れ客の入店を認めている，または認めることがあることがわかった（表 5-21 参照）。

表 5-21 乳幼児連れ客の入店可能性　　　　　　　　　　（％）

	入店不可能	入店可能	どちらともいえない	合　計
全　体	28.2	61.5	10.3	100.0

入店可能な年齢，学年の下限と入店を断る理由

そこで，乳幼児連れ客の入店を認めていないホテルに対して，同ホテルのフレンチレストランを利用できる年齢，または学年の年令を尋ねたところ，72.7 ％が「7 歳・小学校 1 年生以上」と答え，残りの 27.3 ％が「13 歳・中学校 1 年生以上」と回答した（表 5-22 参照）。

また，乳幼児連れ客の利用を制限する理由を自由に記入してもらったところ，「乳幼児は落ち着きがなく騒々しいので，他の顧客に迷惑をかける」と，「店全体の雰囲気に反する」を指摘するホテルが多かった（表 5-23 参照）。

表 5-22 利用可能な年齢，学年の下限　　　　　　　　　（％）

	7 歳 小学 1 年	10 歳 小学 4 年	13 歳 中学 1 年	16 歳 高校 1 年	19 歳 大学 1 年	合　計
全　体	72.7		27.3	0	0	100.0

表 5-23 乳幼児連れ客を断る理由（自由回答，回答件数 12 件，複数回答）

乳　幼　児　連　れ　客　を　断　る　理　由	回答件数
乳幼児は落ち着きがなく騒々しいので，他の顧客に迷惑をかけるから	7
店全体の雰囲気に反するから	5
乳幼児向けのメニューがないから	3
その他	2

(3) **入店を認めるホテルにおける乳幼児連れ客の取り扱い方**

テーブルの選定手法

他方，乳幼児連れ客の入店を認めるホテルに対して，その顧客が自由にテーブルを選ぶことができるか，いなかを聴取したところ，全体の 41.0 % は「できない」，つまり，ホテル側が指定すると答えている。

逆に「顧客が自由にテーブルを選択できる」と回答したホテルは 23.1 % あった。残余の 35.7 % は「どちらともいえない」，つまり，できるときもあれば，できないときもあるという。このことから，乳幼児連れ客に対するテーブルの割り当ては，かならずしもホテル側の統制下で行われていないことがわかる（表 5-24 参照）。

表 5-24　乳幼児連れ客のテーブル選択の自由度　　　　　　　　　(%)

	自由に選定できる	自由に選定できない	どちらともいえない	合　計
全　体	23.1	41.0	35.9	100.0

乳幼児連れ客を案内するテーブルの位置，場所

乳幼児連れ客がテーブルを自由に選択できないとすれば，ホテルは彼らをどのような位置または場所にあるテーブルに案内しているのか。

これに関して，「他の顧客から遠い所にあるテーブル」を選ぶホテルが 34.8 % ともっとも多く，ついで「空いているテーブルがあればそのテーブル」が 26.1 %，「個室内のテーブル」が 17.4 % になっていた。

また，「その他の場所にあるテーブル」として，「入口に近いテーブル」や「室内のコーナーにあるテーブル」などに案内するホテルも 21.7 % 存在している。どちらにしても，乳幼児連れ客を案内する場合には，他の顧客とのあいだに物理的なスペースを置こうとする姿勢が見受けられる（表 5-25 参照）。

表 5-25　乳幼児連れ客を案内するテーブルの位置，またはその所在場所　(%)

	他の顧客から近い所	他の顧客から遠い所	空いているテーブル	専用スペース内	個室内にあるテーブル	その他の場所にあるテーブル	合計
全　体	0	34.8	26.1	0	17.4	21.7	100.0

既に乳幼児連れの先客がある場合に案内するテーブルの位置，場所

一方，乳幼児連れ客をテーブルに案内する際，同じような先客がすでに店

内にいた場合ではどうだろうか。

この点に関して,「先客である乳幼児連れ客から遠い所にあるテーブル」へ案内すると回答したホテルが39.1％,「空いているテーブルがあればそのテーブル」へ案内するが26.1％になった。

また,「個室内にあるテーブル」を選ぶホテルが13.0％,「その他の場所にあるテーブル」を選ぶホテルが21.8％存在する。このことから,多くのホテルは乳幼児連れ客を相互に離してサービスしようとしていることがわかる(表5-26参照)。

表5-26　既に乳幼児連れの先客がある場合に案内するテーブルの位置，場所　(％)

	乳幼児連れから近い位置にあるテーブル	乳幼児連れから遠い位置にあるテーブル	空いているテーブルがあればそのテーブル	個室内にあるテーブル	その他の場所にあるテーブル	合計
全　体	0	39.1	26.1	13.0	21.8	100.0

乳幼児向けのメニューや椅子の有無

以上とは逆に,乳幼児連れ客の入客を認めるホテルに対して,乳幼児向けのメニューや椅子が用意されているか,いなかを尋ねたところ,全体の21.4％は,「メニューも椅子もある」と答えている。

しかし,入客を認めながら,「メニューも椅子もない」ホテルが17.9％存在する。また,過半数以上のホテルは,「椅子はあるが,メニューはない」と回答する。そのため,乳幼児連れ客を認めるホテルにおいても,このタイプの顧客を積極的に誘致していないことが推察できる(表5-27参照)。

表5-27　乳幼児向けのメニューや椅子の有無　(％)

	メニューも椅子もある	メニューはあるが椅子はない	椅子はあるがメニューはない	メニューも椅子もない	合計
全　体	21.4	0	60.7	17.9	100.0

3．性差に基づく顧客整合性マネジメントの実態

他方,顧客の性の相違に対して,ホテルはどのような対応をしているのか。

第6節　調査結果の分析と顧客整合性マネジメントの実態　　225

本調査は，その事例として，レディースルームを事例として取り上げた。そして，このタイプの客室が全客室に対してどの程度の比重を占めているのかをまず調べたところ，300室以上の客室をもつホテルにおいて数値がかなり下落するものの，平均で7.2％であった（表5-28参照）。

表5-28　全客室に占めるレディースルーム　　　　　　　　（％）

100室未満	100室以上 300室未満	300室以上 500室未満	500室以上 700室未満	700室以上	平均
8.1	8.6	3.0	4.2	1.5	7.2

全客室に占めるレディースルームの理想的な割合

つぎに，全客室数に占めるレディースルームの理想的な割合について尋ねたところ，「10％未満5％以上」が29.3％，「20％未満10％以上」と「5％未満1％以上」がそれぞれ27.6％になった（表5-29参照）。

これと上述したレディースルームが全客室数に占める割合とを考え合わせると，多くの回答ホテルは，ほぼ現状を理想と思っていることがわかる。

表5-29　理想的なレディースルームの割合　　　　　　　　（％）

	40％以上	40％未満 20％以上	20％未満 10％以上	10％未満 5％以上	5％未満 1％以上	1％未満	合計
全　　体	0	6.9	27.6	29.3	27.6	8.6	100.0
都市ホテル	0	0	34.3	21.9	34.3	9.5	100.0
ビジネスホテル	0	15.3	19.2	38.5	19.2	7.8	100.0

レディースルームと一般客室の稼働率比較

レディースルームと一般ルームの稼働率を比較したとき，全体の62.1％は，「一般ルームの方が稼働率が高い」と答えている。逆に「レディースル

表5-30　レディースルームと一般客室の稼働率比較　　　（％）

	レディースルームの 方が高い	一般客室の方が高い	どちらともいえない	合計
全　　体	3.4	62.1	34.5	100.0
都市ホテル	0	65.7	34.3	100.0
ビジネスホテル	7.7	57.7	34.6	100.0

ームの方が稼働率が高い」と回答するホテルは，3.4％にすぎない。また，「どちらともいえない」と答えるホテルが全体の約3分の1存在する（表5-30参照）。

レディースフロアの有無

レディースフロア（1階層内のすべての客室がレディースルームになっているフロア）の有無を質問したところ，それをもつホテルは全体の12.1％であり，少数派にすぎないことがわかる（表5-31参照）。

表5-31　レディースフロアの有無　　　　(%)

	ある	ない	合　計
全　　　　体	12.1	87.9	100.0
都 市 ホ テ ル	9.4	90.6	100.0
ビジネスホテル	15.4	84.6	100.0

レディースルーム，レディースフロアの増設予定の有無

将来，レディースルームまたはレディースフロアを増設する予定があるか，いなかを聴取したところ，全体の約9割は「増設予定がない」と答えている。この傾向は，業態別にみても変化しない（表5-32参照）。

その理由は，上述したように，現状のレディースルーム数がほぼ理想的と考えているからであろう。

表5-32　レディースルーム，レディースフロアの増設予定　(%)

	増設予定あり	増設予定なし	合　計
全　　　　体	10.3	89.7	100.0
都 市 ホ テ ル	9.4	90.6	100.0
ビジネスホテル	11.5	88.5	100.0

満室時におけるレディースルームの転用

「レディースルーム以外に空室がない状況下で，男性客から宿泊希望があったとき，このレディースルームを販売するか」という設問に対して，「販売する」が55.2％ともっとも多く，ついで「販売を断る」が34.5％，「どちら

ともいえない」が10.3％になった。つまり，半数以上のホテルでは，男性客であっても，状況によってはレディースルームを販売する，または販売することがあることがわかる（表5-33参照）。

表5-33 男性客へのレディースルームの販売　　　　　　　　（％）

	販売する	販売しない	どちらともいえない	合　計
全　　　体	55.2	34.5	10.3	100.0
都市ホテル	53.1	34.4	12.5	100.0
ビジネスホテル	57.7	30.8	11.5	100.0

4．利用人数の差異に基づく顧客整合性マネジメントの実態

　ホテルは，個人客だけでなく，団体客を受け入れることがある。しかし，個人客と団体客のホテル館内における行動パターンは，かならずしも同一ではない。むしろ，両者は，相異する場合が多いのではないか。そのため，団体客を誘致したとき，どのように客室を割り当てるかは，1つの問題になる。

団体客が1フロアの大半を使用する場合の残余客室の販売

　そこで，「団体客に数室を残して1フロアの大半の客室を割り当てたとき，残余を一般客に販売するか」と尋ねたところ，「販売する」が60.4％で回答ホテルの過半数以上を占めた。

　これに対して，「販売しない」と答えたホテルは，全体の12.1％にすぎなかった。また，「どちらともいえない」と答えたホテルも27.5％存在していた。

　この結果，多くのホテルでは，団体客が1フロアの大半を占有している場合であっても，同フロア内に余りの客室があれば，それを一般の個人客に販

表5-34 1フロア大半を団体客が使用する場合の残余客室の販売　　（％）

	販売する	販売しない	どちらともいえない	合　計
全　　　体	60.4	12.1	27.5	100.0
都市ホテル	51.8	16.1	32.1	100.0
ビジネスホテル	74.3	5.7	20.0	100.0

売していることがわかる（表5-34参照）。

団体客が修学旅行客であった場合の残余客室の販売

他方，上述の団体客を「中高生の修学旅行客」と特定した場合の回答をみると，「販売しない」が41.7％，「販売する」が25.3％になり，逆転する。修学旅行客であれば，同一フロア内に客室がまだ余っていたとしても，それを意図して販売することは少ないといえよう（表5-35参照）。

表5-35　団体客が就学旅行客であった場合の残余客室の販売　　　（％）

	販売する	販売しない	どちらともいえない	合計
全体	25.3	41.7	33.0	100.0
都市ホテル	12.5	46.4	41.1	100.0
ビジネスホテル	45.7	34.3	20.0	100.0

団体客専用の朝食会場の提供

さらに，団体客は部屋割りだけでなく，食事の提供場所も問題になる。団体客は，全員が同一のスケジュールで行動することが多いことから，彼らのレストラン利用が集中し，それにより，他の宿泊者がレストランを利用できなくなることも考えられる。

とくに，団体客，一般の個人客ともに忙しい朝食時には，この問題が噴出することもあろう。そこで，一般客のレストラン利用を妨げないようにするため，レストラン以外の施設，たとえば宴会場や会議室などを臨時に使用し，団体客の朝食会場に充てることもあるのではないか。

これに対して，回答ホテルの63.7％は，朝食時に「宴会場などを利用することがある」と答えている。そして，この割合は，「都市ホテル」になると76.8％に達する。しかし，「ビジネスホテル」では，その57.1％が「宴会

表5-36　団体客専用朝食会場の提供　　　（％）

	専用の朝食会場を提供する	専用の朝食会場は提供しない	合計
全体	63.7	36.3	100.0
都市ホテル	76.8	23.2	100.0
ビジネスホテル	42.9	57.1	100.0

第6節　調査結果の分析と顧客整合性マネジメントの実態　　　229

場などを利用することはない」と回答している（表5-36参照）。

　他方，団体客に対して専用の朝食会場を提供する場合，その団体の規模はどの程度なのか。換言すれば，この規模がどの範囲をこえれば，ホテルはそれを個人客から切り離そうとするのだろうか。

　この疑問に関して，ほぼすべての回答ホテルは，所有する総客室数の2割前後を団体客が占めた場合と答えている（表5-37参照）。

表5-37　専用の朝食会場を提供する場合の客室数　　　　（%）

客室規模	100室未満	100室以上300室未満	300室以上500室未満	500室以上700室未満	700室以上	平均
団体客の客室が全客室に占める割合	23.8	20.8	24.7	15.6	18.2	19.2

5．ホテル業における顧客整合性マネジメントの実態と問題点

(1) 顧客整合性マネジメントの実態

　前段では，顧客の喫煙習慣，年齢，性，および人数の4つにポイントを絞り，ホテル業における顧客整合性マネジメントのありさまについて観察した。そして，それらを通観すると，そこで行われている顧客整合性マネジメントが，不完全なものであるという印象を抱く。その理由は，以下である。

喫煙習慣や性の相違に対するマネジメントの不完全さ

　前述したように，禁煙客室やレディースルームをもつホテルは，まだまだ少数派である。これに対して，本調査の回答ホテルは，全99軒中の88軒が禁煙客室を，また58軒がレディースルームを所有していた。それゆえ，それらホテルは，少なくとも，顧客の喫煙習慣と性の相異に基づく顧客整合性マネジメントに関心をもつ先覚者的な存在と認められよう。

　そのうえ，これらホテルのうち約半数は，一般の客室に比べ稼働率が低いにもかかわらず，禁煙客室やレディースルームを維持，または増設しようと考えている。それゆえ，回答ホテルが示す顧客整合性マネジメントへの理解は，一見本格的であるように見受けられる。

ところが，回答ホテルの約7割から8割は同時に，「満室に近い状況下であれば，禁煙客室を喫煙者に，レディースルームを男性に販売する，または販売することがある」と答えている。つまり，それら客室を設けた本来の目的に背き，それに反した利用をすることがあるといっていた。
　しかし，禁煙客室，またはレディースルームとして告示し，販売する以上，それらは，365日禁煙にすべきだし，女性客に限定して使用させるべきではないか。それゆえ，上述した回答ホテルの行為は，信義則に反するといっても過言ではなかろう。
　他方，今回の調査では，客室内や飲食施設内は，ある程度，喫煙者，禁煙者を分離させようとする姿勢が窺える。これに対して，ロビーやフロント周辺，宴会場の前室，エレベーターの前室などのいわば「パブリック・スペース」では，この分離度合いが弱い。
　しかし，喫煙，禁煙問題は，施設利用に対する対価の有無によって取り扱い方針を変えるべきではない。客室やレストラン内を禁煙，または分煙する以上，パブリック・スペースにおいても，禁煙，または分煙化を図るべきである。そして，この点においても，回答ホテルの顧客整合性マネジメントは，首尾一貫せず，不完全であると認めざるをえない。

年齢や人数の差異に対するマネジメントの不完全さ
　また，同様の不完全さは，フレンチレストランでの乳幼児連れ客の取り扱いに関して見出すことができる。
　大半の回答ホテルは，顧客がこのレストランを，主として「ビジネスを伴う会食」，ついで「友人，知人との親睦」や，「夫婦，恋人との団欒」のために利用していると考えている。そのうえ，そこでは，一般のファミリーレストランではみられない着衣に関する基準が存在する。
　これらから考えて，このレストランは，大人のための食事場所であり，声高に談笑したり，陽気に騒いだりする場所ではないと思われる。また，そこにおいては，カジュアルさはなく，むしろ，落ち着いて，静かな雰囲気のもとで食事をする場所と捉えられよう。
　そして，そうであれば，乳幼児連れは，どちらかといえば，相応しくない

顧客ではないのか。なぜなら，乳幼児は，落ち着きや静寂さを阻害する蓋然性が高いし，また，マナーに従った食事ができるとはかぎらないからである。

それにもかかわらず，この乳幼児連れ客の入店を認める，または認めることがあると答えたホテルが全体の約7割あった。だが，この7割のホテルの行為は，明らかに自己矛盾している。

他方，乳幼児連れの利用を断るホテルは，その理由として，「店全体の雰囲気に反する」，「乳幼児は落ち着きがなく騒々しいことがあるため，他の顧客に迷惑をかける」をもっとも多く指摘していた。このようなホテルは，全体の3割にすぎないが，むしろこちらのほうがフレンチレストランの性格を考慮すれば，正しい顧客の取り扱い方といえよう。

加えて，乳幼児連れ客の入店を認めるホテルにおいても，その8割は，乳幼児向けのメニューをもっていない。さらに，乳幼児専用の椅子すら準備していないホテルが全体の6分の1存在している。つまり，乳幼児連れ客の入店を認めるホテルにおいても，彼らを積極的に誘致しているわけではない。そして，ここにもう1つの矛盾がある。

さらに，団体客の取り扱いに関しても，不整合な顧客がもたらすであろう危険性がさほど認識されていないようである。つまり，団体客が中高生の修学旅行者であり，彼らが1フロアの大半の客室を占領していたとき，残りの客室があったとしても，それを販売しないと答えたホテルは全体の約42％にすぎなかったからである。

以上から，回答ホテルが実践する顧客整合性マネジメントは，皮相的であり，徹底さを欠いたものであると判断しても誤りではなかろう。

(2) ホテルが実践する顧客整合性マネジメントの問題点

上述に対して，昨今の不況を考慮すれば，顧客の選り好みはできないという反論が出よう。顧客整合性マネジメントは，顧客が抱くニーズの共通性に着目し，その共通性により顧客をグループ化してマネジメントすることにより，究極的に収入を維持，または向上させるための手法である。それゆえ，

その効果は，即時的でなく，ある程度の期間を経たのちになってはじめて現れる。

ところが，マネジメントの結果は，客観的な数値に体現され，日々の収入となって表出する。そのうえ，一般にわれわれは，中長期的なものよりも，短期的な成果に注意を奪われやすい。

そのため，顧客整合性を厳格に守ることにより，眼前の顧客を失い，収入を低下させることは，耐えがたいことであろう。だが，そうだとしても，日々の収入に惑わされて，顧客であれば誰彼なく受け入れれば，今度は中長期的な収入が確実に悪化するであろう。

日々の収入を確保することと，顧客整合性マネジメントを実践することは，天秤の両端にある重石のような関係にある。つまり，どちらか一方が重くなれば，他方が浮き上がる。しかし，本来であれば，この天秤は，つねに平衡状態に保たれていなければならない。そこで，日々の収入も，また顧客の整合性も阻害しない中庸な道を探し出す必要がある。

収入を確保しようとして禁煙客室を喫煙者に，またレディースルームを男性に販売したいという気持ちは理解できる。しかし，そうだとしても，それらを実際に販売する前にすべきことがあろう。

普通に考えれば，禁煙客室を喫煙者に売れば，その後換気に努めたとしても，室内のソファーやベッドカバーなどの繊維を使用する家具や備品にタバコのにおいが残る可能性が高いと思われる。また，レディースルームを男性客に販売すれば，この顧客は違和感を抱くのではないか。

そのため，それら客室を販売する以上，タバコの残り香や男性客が感じる違和感を完全に解消する手法をあらかじめ用意しておく必要がある。だが，果たして回答ホテルは，この手法を有しているのであろうか，疑問が残る。

また，フレンチレストランにおいても事情は同じである。ホテルの大衆化や食事のカジュアル化により，乳幼児連れがそれを利用しはじめているとしても，主たる顧客になっているわけではない。同レストランがもつフォーマルさは，依然として残っていると考える。

それゆえ，乳幼児連れ客を案内するテーブルは，このフォーマルさを損なわないようにするため，他の顧客から離れた位置に求めるべきである。事実，

今回の調査においても，大半のホテルでは，そのような取り扱いを行っていた。

しかし，全体の6分の1にあたるホテルでは，空いているテーブルであれば他の顧客を考慮せずに乳幼児連れ客を案内すると答えていた。問題になるのは，まさにこのようなホテルである。なぜなら，そこにおける天秤は，明らかに収入側に傾いているからである。

それゆえ，これらホテルでは，自己の顧客整合性マネジメントのあり方を再度見直す必要があろう。

第7節　小　　括

1．サービス組織における物理的環境の重要性

サービスは，組織と顧客との相互作用により生産，提供され，消費される。それゆえ，両者の相互作用は，サービス・デリバリー・システムにおいてもっともファンダメンタル，かつ不可欠な要素になる。

そこで，多くの研究者が，この相互作用のメカニズムを解明しようと試みてきた。そして，彼らの解明努力から得た知識は，サービス組織が理想的な相互作用を設計したいと企図するとき，または，それを実践する際に，強力な支援材料になっている。

しかし，相互作用に関するこれまでの研究は，顧客とフロント・オフィス従業員にもっぱら焦点を当ててきた。ところが，この相互作用は，フロント・オフィスの従業員を媒介したものだけではない。つまり，顧客は，物理的環境とも，相互作用を行っている。

顧客は，物理的環境，たとえば，宿泊サービスでは客室やロビーなど，航空機による輸送サービスでは，座席や通路などを用いながら，サービスを消費している。そのため，物理的環境は，彼らのサービスに対する満足を左右する要因になる。また，物理的環境は，顧客がサービスの内容や品質を理解するための手段としての役割を果たす。

それゆえ、組織は、顧客の満足を獲得するため、または顧客が自己のサービスを納得して消費できるようにするために、物理的環境を適切にマネジメントしなければならない。

2．「他の顧客」の存在と顧客整合性マネジメントの必要性

サービス組織がサービスを生産，提供するとき，その消費者である顧客は，つねにひとりであるとはかぎらない。むしろ，複数であることが多いだろう。その場合，組織は，顧客対顧客の関係に配慮しなければならない。

なぜなら，顧客のサービス体験は，「他の顧客」の態度や行動，または外見などを通じて，ポジティブ，ネガティブ両面の影響を受けるからである。そして，この影響により，組織が生産，提供したサービスに対する顧客の評価が，高まったり，下落したりするからである。

それゆえ，組織は，「他の顧客」からのポジティブな影響を助長し，逆にネガティブなそれは制御することが必要になる。そして，そのための手法が，顧客整合性マネジメントになる。

顧客整合性マネジメントは，同質的な顧客を集客することからスタートする。そして，組織は，この顧客に望ましい態度や行動，服装などを伝え，かつその実行を監視，監督する。また，遵守者を褒賞したり，違反者に注意をうながしたり，サービスの利用そのものを禁止することもある。ただし，顧客の望ましい態度，行動や外見を要求する以上，組織側もそれを励行するとともに，率先垂範することが肝要になる。

しかし，組織と顧客の力関係を考えたとき，前者はしばしば後者に従属することに気づく。それゆえ，前者には後者に対する強制力が欠如している。そこで，組織が顧客整合性マネジメントを確立するためには，さりげない仕組みづくりや，そのスムーズな実践が不可欠になる。

3．ホテル業における顧客整合性マネジメントの実態

今日のホテル業は，その大衆化により，老若男女さまざまな顧客が利用す

第7節 小 括   235

るようになってきた。そして，この顧客の多様性は，各ホテルに対して，顧客整合性マネジメントの実行を求めていると思われる。

そこで，本章では，喫煙・禁煙者，フレンチレストランにおける乳幼児連れ客，女性宿泊者，団体客の4タイプの顧客に対するホテル側のマネジメントにつき調査した。この結果，すべてのホテルがつねに適切な顧客整合性マネジメントを実践しているわけではないことがわかった。

つまり，禁煙客室やレディースルームがその典型例であったが，状況によっては前者を喫煙者に，後者を男性に販売することがあり，ホテルが定めた規則をホテル自身が破っていたからである。

確かに，ホテルにおける顧客の需要は，著しく上下する。そのため，需要のピーク時には，1室でも売れ残りを避けたいという気持ちになることは理解できる。しかし，だからといって，特定の顧客向けに用意した施設をそれとはまったく異質な顧客に流用することは問題があろう。

それは，短期的にはホテルに利益をもたらしても，長期的には損失を招く。なぜなら，そのような行為は，顧客に対する一種の欺瞞に相当するからである。

注
1) たとえば，Czepiel, J. A., Solomon, M. R, Surprenant, C. F., & Gutman, E. G. (1985), "Service Encounter : An Overview", in J. A. Czepiel eds., *The Service Encounter*, Lexington Books, pp.3-15 を参照。
2) 物理的環境を，「サービスの景観」(Servicescape) と呼ぶ研究者もいる。この点に関しては，たとえば，Bitner, M. J. (1992), "Servicescape : The Impact of Physical Surroundings on Customers and Employees", *Journal of Marketing*, Vol.56, April, pp.57-71 を参照のこと。
3) Booms, B.H. & Bitner, M. J. (1981), "Marketing Strategies and Organization Structure for Service Firms", in J. H. Donnelly et. al., eds., *Marketing of Service*, Proceeding Series, American Marketing Association, pp.47-52.
4) 藤村和宏 (1994)「第Ⅱ章 サービスの生産提供とオペレーション」，サービス企業生産性研究委員会編『サービス企業生産性向上のために』財団法人社会生産性本部, 28頁。
5) Martin, C. L. (1996), "Consumer-to-Consumer Relationships : Satisfaction with Other Customers' Public Behavior", *Journal of Consumer Affairs*, Vol.30, No.1, pp.146-169.
6) Parasuraman, A., Zeithmal, V. A. & Berry, L. L. (1988), "SERVQUAL : A Multiple Item Scale for Measuring Customer Perceptions of Service Quality & Its Implications for Future Research", *Journal of Retailing*, Vol.64, No.1, pp.12-40.

7) Wakefield, K. L. & Blodgett, J. G. (1996), "The Effect of the Servicescape on Customers' Behavioral Intentions in Leisure Service Settings", *Journal of Service Marketing*, Vol.10, No.6, pp.45-61.
8) Shostack, G. L. (1977), "Breaking Free From Product Marketing", *Journal of Marketing*, Vol.41, April, pp.73-80.
9) Rapoport, A. (1982), *The Meaning of Built Environment*, Sage Publication,Inc.
10) Zeithmal, V. A. & Bitner, M. J. (1996), *Service Marketing*, McGraw-Hill, p.521.
11) Bitner (1992), *op. cit.*
12) Baker, J. (1987), "The Role of the Environment in Marketing Service : The Consumer Perspective", in J. A. Czepiel et al. eds., *The Service Challenge : Integrating for Competitive Advantage*, American Marketing Association, pp.79-84.
13) Lehtinen, U. & Lehtinen, R.P. (1991), "Two Approach to Service Quality", *Service Industry Journal*, Vol.11, July, pp.287-303.
14) Shamir, B. (1980), "Between Service and Servility : Role Conflict in Subordinate Service Roles", *Human Relations*, Vol.33, No10, pp.741-758.
15) この点に関しては，たとえば，Arnould, E. J. & Price, L. L. (1983), "River Magic : Extraordinary Experience and the Extended Service Encounter", *Journal of Consumer Research*, Vol.20, June, pp.24-45 を参照のこと。
16) Gummesson, E. (1993), *Quality Management in Service Organizations*, International Service Quality Association.
17) Silpakit, P. & Fisk, R. P. (1985), " 'Participating' the Service Process : A Theoretical Framework", in T. M. Block et al. eds., *Service Marketing in A Changing Environment*, American Marketing Association, pp.117-121.
18) Lovelock, C. H. (1996), *Service Marketing*, Prentice-Hall.
19) Martin, C. L. & Pranter, C. A. (1989), "Compatibility Management : Customer to Customer Relationships in Service Environment", *Journal of Service Marketing*, Vol.3, Summer, pp.6-15.
20) Bitner, M. J., Booms, B. H., & Tetreault, M. S. (1990), "The Service Encounter : Diagnosing Favorable and Unfavorable Incidents", *Journal of Marketing*, Vol.54, No1, pp.71-84.
21) Bowers, M. R., Martin, C. L. & Luker, A. (1990), "Trading Places, Employees as Customers, Customers as Employees", *Journal of Service Marketing*, Vol.4, Spring, pp.56-69.
22) Martin (1996), *op. cit.*
23) Martin & Pranter (1989), *op. cit.*
24) 調査票本体について，別添資料 2-3「ホテル内営業施設の利用実態に関する調査票」を参照のこと。
25) 鈴木博・大庭棋一郎 (1999)『基本ホテル経営教本』柴田書店，173 頁。

第6章
わが国ホテル業の海外進出とその課題(1)
——発展過程をめぐって——

第1節　本章の目的

　国際化は，今日の経営学において1つの大きな研究テーマになっている。しかし，現在までのそれは，ほとんどが製造業に焦点をあてており，サービス業に関しては，やっとその端緒についたばかりである。

　それゆえ，サービス業の国際化の実態やそれを達成してきた過程などについて，長いあいだ研究者の注目を集めることがなかった。また，注目が向けられたとしてもそれは，わが国の事例の観察に終始し，国際比較的な視点が欠如していた。

　そのため，わが国のサービス業の国際化をグローバルな視点で捉えた場合，それがどのような発展段階にあるのか，またわが国が海外進出のために採用した戦略や進出地の選択手法などが，欧米のサービス業のそれとはたして同じであるのか，あるいは違うのかよくわからないのが実状である。

　そこで，本章は，わが国のサービス業のうちホテル業をとりあげる。そして，国際化を示す指標として，ここでは海外進出にポイントを絞り，以下を行う。

　まず，ホテル業の海外進出の現状を把握し，その発展過程を歴史的に概観する。その際，いつ，どこで，だれにより，どのような形態でこの海外進出が推進されたのかについてもあわせて整理する。そして，この海外進出の過程でみられるさまざまな特徴について論述する。その上で，わが国のホテルの海外進出を促した要因に関して検討を加えたい。

第2節　海外進出の現状

　わが国の企業が所有，運営する海外ホテルの数を示す正確な統計は，残念ながら存在しない。しかし，株式会社オータパブリケーションの調査によると，1994（平成6）年末現在海外にホテルを所有または運営する主なわが国の企業は18社あり，その総ホテル軒数は128軒，客室数は4万7,749室であった（表6-1参照）。

　一方，同時期の国内ホテルの総数は6,923軒であり，その総客室数は515,207室であった。そこで，これに上記の数値を組み合わせると，国内外にあるわが国の全ホテルに対する海外ホテルの割合は，軒数でみれば約1.8％であり，また客室数でみても約8.5％にすぎないことがわかる。

　しかし，実際に海外にホテルを有する上記18社を抽出して同じ計算を行うと，すべてのホテルが海外にある青木建設の「シーザーパークホテルチェーン」と，1994年時点では1ホテルしかわが国にない東京急行電鉄系の「パンパシフィックホテルズ＆リゾーツ」を除いても，その数値の平均は軒数面で約20％，客室数面で約26％になる。このため，すでに海外進出を果たした企業ベースでみた場合，その海外進出は比較的進んでいることが理解できる（表6-2参照）。

表6-1　海外進出を果たした主なわが国のホテル企業とその施設・客室数（軒，室）

ホテル名	ホテル数	客室数	ホテル名	ホテル数	客室数
近鉄・都ホテルチェーン	3	517	法華ホテル	2	53
全日空ホテルズ	12	5,318	ホテルオークラチェーン	8	3,010
国際興業ホテルチェーン	9	6,657	ホテルニューオータニチェーン	4	1,467
サンルートホテルチェーン	5	1,611	ニッコーホテルズ	23	10,417
シーザーパークホテル	15	2,884	藤田観光ホテルグループ	1	219
チサンホテルチェーン	3	286	プリンスホテルズ	10	3,125
パレスホテル	1	403	三井不動産系ホテル	4	1,155
パンパシフィックホテルズ	19	7,145	名古屋鉄道系ホテル	2	239
第一ホテルチェーン	3	2,096	リーガロイヤルホテルチェーン	4	1,147
			合　　計	128	47,749

〈出所〉：オータパブリケーション編（1995）『ホテル年鑑』，2356〜2357頁。

表6-2 主要18ホテル企業の海外進出比率　　　　　　　　(%)

ホテル名	ホテル数比率	客室数比率	ホテル名	ホテル数比率	客室数比率
近鉄・都ホテルチェーン	13.6	8.9	法華ホテル	12.5	2.2
全日空ホテルズ	29.3	40.2	ホテルオークラチェーン	40.0	47.6
国際興業ホテルチェーン	33.3	76.6	ホテルニューオータニチェーン	17.4	20.7
サンルートホテルチェーン	6.7	16.7	ニッコーホテルズ	54.8	64.3
シーザーパークホテル	100.0	100.0	藤田観光ホテルグループ	7.1	8.3
チサンホテルチェーン	8.3	4.7	プリンスホテルズ	14.5	13.4
パレスホテル	20.0	28.9	三井不動産系ホテル	25.0	31.0
パンパシフィックホテルズ	95.0	91.1	名古屋電鉄系ホテル	15.4	14.1
第一ホテルチェーン	9.4	22.9	リーガロイヤルホテルチェーン	20.0	19.2

〈出所〉：表6-1に同じ。

　さらにこの128ホテルを，新築，買収，運営受託などの事由により上記18社が傘下に収めた年度を時系列的に整理すると，わが国の海外ホテルは，1960年代前半に出現し，70年代から80年代前半までは，1年間に2〜3軒程度の緩やかなペースで伸張していたことがわかる。しかし，1980年代後半に入ると海外ホテルが急増し，128軒のうち80軒，割合に直せば約63％がこの期間に誕生している（表6-3参照）。

　そのため，わが国のホテルの海外進出は，すでに40年近い歴史を有するものの，それが本格化したのは過去15年間程度のことであり，きわめて今日的な現象といえる。

表6-3 年度別海外進出ホテル数　　　　　　　　(軒)

年度	1960〜64年	1965〜69年	1970〜74年	1975〜79年	1980〜84年	1985〜89年	1990年以降	合計
進出ホテル数	2	4	12	15	15	35	45	128

〈出所〉：表6-1に同じ。

第3節　第二次世界大戦前の事例

　前述のように，現在起こっているわが国のホテルの海外進出は，1960年代以降の産物であるといえる。ところが，歴史的にみれば，第二次世界大戦が終了した1945（昭和20）年以前にも，わが国のホテルは海外に存在して

いた。

なぜなら，それがはじめて海外に進出したのは今世紀初頭であり，その後同大戦が終結するまでのわずか40年間でわが国は，台湾，朝鮮半島，中国大陸から東南アジア諸地域に至るホテル網を築き上げていたからである。

しかし，わが国は，敗戦によりこのホテル網を一夜にして失った。そのため，近年観察されるホテル業の海外進出は，敗戦で中断していたそれが「再開」されたものと表現すべきであったかもしれない。

だが，「再開」と断言しなかった理由は，戦前の海外進出が，それを促した時代背景やホテル開発の主体者などの点で，今日とはまったく異なっていたからである。また，当時のホテルの進出先を，「外国」と認めてよいのかについても議論があるからである。どちらにしても，それほど過去のホテルの海外進出は，現代の視点からみれば特異であった。

1. 明治，大正時代の先駆的事例

そこで，つぎに，第二次世界大戦終了前に起こった海外進出の過程を歴史的にふり返るとともに，その時代の海外進出がどのように特異であったのかについて説明を加える。ただし，この期間を子細に観察すると，それは明治，大正時代と昭和時代に大きく2分することができる。つまり，前者は，海外進出のはじまりであり，後者はその成長期と捉えられる。

それゆえ，以下は，まず明治，大正期におけるわが国の海外ホテルの事例を紹介し，その時代の海外ホテルの立地や開発者，運営者などに関する特徴を明らかにする。そして，その後，昭和期についての論述を行う。

中国東北部（旧「満洲」）におけるヤマトホテルの発展

わが国の海外ホテルのはじまりは，南満洲鉄道株式会社が中国東北部（旧「満洲」，以下ではこれを「満洲」という。）の大連に1907（明治40）年8月に開業させた「大連ヤマトホテル」（客室数13室）にさかのぼることができる。

その後，南満洲鉄道は，自社の鉄道線に沿い，1908（明治41）年3月に

は「旅順ヤマトホテル」(客室数15室)を開業させ,さらに同年10月には「長春ヤマトホテル」(客室数10室)を,1910(明治43)年9月には「大連星ケ浦ヤマトホテル」(洋風別荘5,和風別荘13,ホテル客室10室),また同年10月には「奉天ヤマトホテル」(客室数12室)を開業させた。このうち大連星ケ浦ヤマトホテルは,ゴルフコースを付帯した本格的なリゾートホテルであった[1]。

このように,南満洲鉄道は,その設立からわずか5年未満で,「ヤマトホテル」というブランド名を使用した5つのホテルを所有,運営するわが国最初の海外ホテルチェーンとなった。

これらのヤマトホテルは,開業時の規模は小さかったものの,営業を重ねるにつれて,旅順ヤマトホテルを除き,次第に拡大する(表6-4参照)。そして,とくに大連ヤマトホテルの拡張はめざましく,1914(大正3)年8月に5ヵ年の歳月と工費100万円をかけて完成したルネッサンス式4階建の新館は,客室が115室あり,175人を収容することができた[2]。

また,大連ヤマトホテルは,規模面ばかりでなく営業も順調に推移した。確かに,開業年の年間延べ宿泊者数は1,474人であり,宿泊者,食事客,宴会客を合計した1日平均の利用客数は24人にすぎなかった。しかし,この年間宿泊者数は,大正時代の中頃になると2万5,000人から3万人へと増加

表6-4 各ヤマトホテルの客室規模の推移

ホテル名	大連ヤマトホテル		長春ヤマトホテル		奉天ヤマトホテル		星ヶ浦ヤマトホテル	
開業年度	1907年		1908年		1910年		1910年	
開業時の規模	13室		10室		10室		洋別荘5,和別荘3,ホテル10室	
客室数の推移	1907年	47室	1910年	25室	1913年	19室	1913年	洋別荘 9 和別荘 3 ホテル 10室
	1914年	115室	1917年	31室	1919年	23室	1922年	洋別荘 13 和別荘 3 ホテル 10室
					1923年	30室	1923年	洋別荘 14 和別荘 4 ホテル 10室

〈出所〉:運輸省鉄道総局観光課編 (1946)『日本ホテル略史』。

する。また，その頃になると1日平均の利用客数も200人程度にまで増大している[3]。

その他の地域における事例

一方，同時代の朝鮮半島にも，わが国のホテル網が形成された。そして，その運営母体は，1906（明治39）年に設立された朝鮮総督府鉄道局である。同局は，1911（明治44）年7月に「釜山停車場旅館」（のち「釜山停車場ホテル」と改称，客室9室），また同年8月には，「新義州停車場旅館」（客室9室）を開業させた。さらに，同鉄道局は，1914（大正3）年京城に「朝鮮ホテル」（客室数65室）を開業する。

これらに加え朝鮮半島では，上述した南満洲鉄道の京城管理局が直営する「平壌柳屋ホテル」（1922（大正11）年開業，客室12室）や「長安寺ホテル」（1924（大正13）年開業，客室8室）があった。他方，台湾では，台湾総督府交通局鉄道部が所有する「台湾鉄道ホテル」（のち「台北鉄道ホテル」と改称，客室数24室）が1908（明治41）年に開業している[4]。

2．明治，大正時代の特徴

明治時代，大正時代におけるわが国のホテルの海外進出を観察すると，以下の特徴を有することがわかる。

① この時代の海外ホテルは，まだホテル数も少なく，そのうえ，そのほとんどがわが国の植民地または植民地化した地域である台湾，朝鮮半島や南満洲に存在していた。
② 海外ホテルは，しばしば朝鮮総督府，台湾総督府のような植民地行政を行う行政機関や南満洲鉄道のような植民地政策の一翼を担う特殊な「国策企業」的組織により，所有，運営されていた。
③ 実際にホテルが進出した場所は，その運営母体が鉄道会社または総督府の鉄道部門であったことから，鉄道の主要駅が所在する都市であることが多かった。

④ 各ホテルの規模は,「大連ヤマトホテル」や「京城朝鮮ホテル」のように国内の主要ホテルと比べても遜色のない大規模なホテルも存在していたものの,全般に小さかった(表6-5参照)。

表6-5 1914(大正3)年における国内外の主要ホテルの客室数

ホテル名	大連ヤマトホテル	朝鮮ホテル	グランドホテル	帝国ホテル	都ホテル	富士屋ホテル
所在地	満州大連	朝鮮京城	横浜	東京	京都	箱根
客室数	115	65	86	50	148	77

〈出所〉:表6-4に同じ,114〜117頁。

⑤ 明治,大正時代の海外ホテルの利用者は,宿泊者の国籍をみるかぎり,かならずしも日本人を主たる顧客にしていない。たとえば,各ヤマトホテルでは,宿泊者のおよそ6割以上が外国人(中国人を除く)であった(表6-6参照)。また,朝鮮半島内のホテルも,来訪する外国人の増大にあわせて建設されている[5]。

表6-6 ヤマトホテルの開業時から1924(大正13)年までの宿泊者の国籍 (%)

ホテル名	日本人	中国人	その他の外国人	合計
大連ヤマトホテル	33.9	5.1	61.0	100.0
旅順ヤマトホテル	40.1	6.8	53.1	100.0
星ヶ浦ヤマトホテル	20.9	4.5	74.6	100.0
奉天ヤマトホテル	25.2	7.0	67.8	100.0
長春ヤマトホテル	27.7	10.5	61.8	100.0

〈出所〉:南満州鉄道株式会社編(1925)『営業一斑』,187〜191頁。

⑥ 過去のデータが不足しているため,かならずしも明らかではないが,この時代の海外ホテルの営業状況は,一部を別にすれば,全般的に赤字であったようである。

たとえば,南満州鉄道のヤマトホテルチェーンは,前述した「大連ヤマトホテル」の健闘はあったものの,それが開業した1907年から大正末期に至るまでのほとんどの期間,赤字経営を行っている(表6-7参照)。

上述のように,明治,大正時代のわが国の海外ホテルは,そのほとんどが台湾,朝鮮半島,南満洲に所在していた。そして,それらは,日清,日露戦争の勝利によりわが国が獲得,併合した地域か,わが国の特殊権益が認めら

表6-7　ヤマトホテルの営業収支の推移　　　　　　　　　　　（千円）

年　　度	1907年	1911年	1915年	1919年	1921年	1923年
収　　入	52	213	204	1,051	913	845
費　　用	68	233	248	1,036	909	888
損　　益	△14	△20	△44	15	4	△43

〈注〉：上記収入には，各ホテルが付帯する事業の収入を含まない。また，費用には，本社の事務管理費を含まない。
〈出所〉：表6-7に同じ，192頁。

れていた地域であった。

そのため，明治末期から大正時代を通じて生起したホテルの海外進出の背景には，戦争とそれにともなうわが国の「勢力圏」，つまり当該地域の政治，経済や文化に対してわが国が強い影響力を行使できるエリア，の拡大があったといっても過言ではない。

3．昭和時代の事例

前述した明治，大正時代にみられたホテルの海外進出と戦争との関係は，昭和時代を迎えると，ますます顕著になる。そしてそれは，昭和初頭には新しい海外ホテルがほとんど開業していないのに，1931（昭和6）年9月に起きた満洲事変をターニングポイントにして，その数が急増するという事実によって説明できよう。

つまり，満洲事変は，その後約15年近く続く昭和の「戦争時代」の序章であり，この戦争のさなかにわが国は，それまでの歴史のなかでもっとも数多く，またもっとも広域に海外ホテルを展開した。

だが，この昭和時代に海外ホテルが増加したエリアとそれをもたらしたホテル開発者に関して，1941（昭和16）年12月に勃発した第二次世界大戦の前後でかなりの違いが見受けられる。そこで，以下は，満洲事変から第二次世界大戦の開始までの期間を昭和の「戦争時代前期」，それ以降の第二次世界大戦終了時までを「戦争時代後期」に大別して考察する。

昭和の戦争時代前期の場合

昭和初頭に停滞していたホテル業の海外進出は，満洲事変以降再開され，

第3節　第二次世界大戦前の事例　　　　　　　　　　　　　　245

　朝鮮半島では，1934（昭和9）年9月に清津で「国際ホテル」が，1938（昭和13）年4月に釜山で「釜山鉄道ホテル」，さらに同年5月には京城で「半島ホテル」が開業した。

　また，1939（昭和14）年10月には，羅津で「羅津ヤマトホテル」がオープンした。そして，台湾では，1936（昭和11）年3月台南に「台南鉄道ホテル」が開業する[6]。

　一方，満洲では，前時代と同様，ホテル開発のリーダーは南満洲鉄道であり，それは1937（昭和12）年2月にハルピンで「ハルピンヤマトホテル」をオープンさせる。また同社は，1939（昭和12）年1月に「牡丹江ヤマトホテル」を開業させた。

　このほか満洲では1936（昭和11）年12月に「奉ビルホテル」が，1937（昭和12）年7月には「ホテルニューハルピン」が，また，1940（昭和15）年5月には新京（旧「長春」）で「新京第一ホテル」がオープンしている。

　以上に加え，満洲以外の中国大陸へは，1937（昭和12）年7月にはじまった日中戦争の進展にともない，日本軍が支配下においた主要都市を中心に，新設または既存のホテルの買収により，さまざまなわが国のホテルが展開された。

　たとえば，上海では，1937（昭和12）年8月に「上海アスターホテル」，そしてその2年後の3月には，「新アジアホテル」と「ブロードウェイマンションホテル」が開業した。そして，このようなわが国のホテルは，上海のほか，北京，南京や杭州などの主要都市でもみられた（表6-8参照）。

表6-8　昭和の戦争時代前期に満州ほか中国大陸で開業したわが国のホテル

満　州　地　区			そ　の　他　の　中　国　大　陸		
ホテル名	開業年度	進出都市	ホテル名	開業年度	進出都市
奉ビルホテル	1936年12月	奉　天	上海アスターホテル	1937年8月	上海
ハルピンヤマトホテル	1937年2月	ハルピン	新アジアホテル	1939年3月	上海
ホテルニューハルピン	1937年7月	ハルピン	ブロードウェイマンションホテル	1939年3月	上海
牡丹江ヤマトホテル	1939年1月	牡丹江	首都飯店	1940年3月	南京
新京第一ホテル	1940年5月	新京(長春)	西冷飯店	1940年3月	杭州
			東海飯店	1940年6月	青島
			青島観光ホテル	1940年10月	青島
			北京飯店	1941年3月	北京

〈出所〉：表6-4に同じ。

戦争時代前期の特徴

この時期のホテルの海外進出を概観すると，以下のような特徴があることに気づく。

① わが国のホテルが進出した地域は，明治，大正時代とは異なり，台湾，朝鮮半島，南満洲だけでなく，満洲の中・西部や中国大陸の沿岸部を中心にした主要都市へと拡大している。他方，台湾，朝鮮半島では，台南，羅津や清津などの地方都市にまでホテルが進出している。

② ホテルの開発者が，南満洲鉄道，総督府などの特殊な法人や植民地行政機関から，第一ホテルによる「新京第一ホテル」がその代表例であるが，民間人や民間企業へと移行しはじめた（表6-9参照）。

表6-9 1937年から40年までに中国大陸で開業したわが国のホテルとその経営者

ホ テ ル 名	進 出 都 市	運 営 者
上海アスターホテル	上 海	深水 孝
新アジアホテル	上 海	石原基義
ブロードウェイマンションホテル	上 海	上海恒産
東海飯店	青 島	華北交通
青島観光ホテル	青 島	白木忠夫
上海飯店	北 京	星崎長五郎ほか

〈出所〉：表6-4に同じ。

この現象は，明治，大正時代と異なり，戦争時代前期になると海外ホテルの経営が，「利益を生み出せる事業」として認知されるようになったからではないかと思われる。その1つの根拠として，たとえば上述の「新京第一ホテル」では，開業から1年2ヵ月目には6分配当，また1年半後には8分配当を行っている[7]。

以上から，この時期におけるわが国ホテル業の海外進出は，満州事変とそれに続く満州国の独立，および日中戦争の進展により，前者では満州全域に，後者では中国大陸の沿岸部に，わが国の勢力圏が形成され，そこにさまざまな日本資本が流入した結果，達成されたといえよう（図6-1参照）。

戦争時代後期の特徴

他方，昭和の戦争時代後期における海外進出は，前期と同じく戦時下で進

展したものの，それとはかなり性格が異なっている。むしろ，20世紀初頭からはじまった海外進出の歴史のなかでもとりわけ特異である。

この時期の海外進出を実質的に主導したのは，前期でみられた民間人でも，企業でもなく，「日本軍」であった。軍は，第二次世界大戦が開始されると，自身が占領した地域内にあったイギリス，フランス，オランダ資本のホテルをつぎつぎに接収した。そして，わが国のホテル業者がこれを受託することで，その海外進出が果たされた。

図6-1 満州，朝鮮半島，台湾および中国大陸内の主要都市

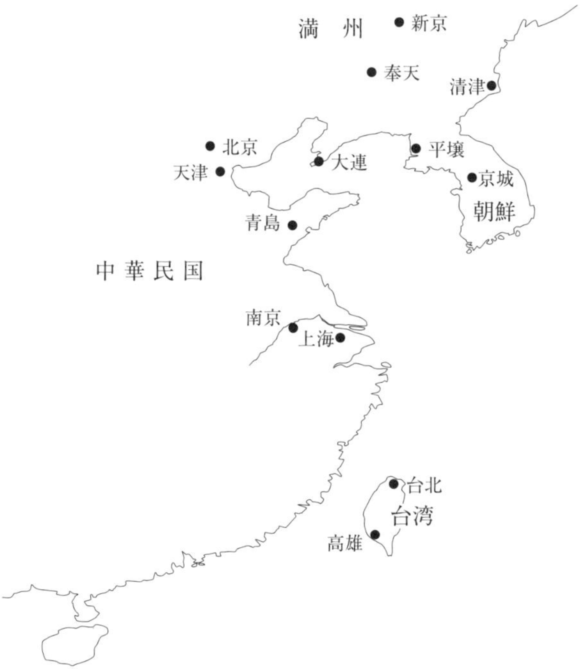

このように，戦争時代後期の海外進出は，占領地の接収ホテルを日本人，または日本企業が運営するという図式で推進された。また，この接収ホテルは，第二次世界大戦開戦の翌年1942（昭和17）年になると突然出現する。

その例として，中国大陸では，同年3月に天津の「アスターハウスホテル」，

4月に香港の「ザ・ペニンシュラ」，また，5月には「キャセイホテル」や「パレスホテル」など上海に所在する諸ホテルが，京都ホテル，金谷ホテルなどの日本企業や五百木竹四郎のような日本人ホテル経営者に運営受託された。

しかしながら，第二次世界大戦は，その主戦場を東南アジアから太平洋地域に求めていた。そのため，この時代に接収されたホテルは，中国大陸にかぎらず，東南アジア諸地域に存在していた。そして，接収ホテルの軒数は，むしろこの東南アジアの方が多かった。

その代表的なホテルとしては，マニラの「ザ・マニラホテル」，シンガポールの「グットウッドパークホテル」，バンドンの「サボイホーマンホテル」，バンコクの「オリエンタルホテル」などである。そして，これらホテルの実際の運営は，帝国ホテル，強羅ホテル，都ホテルなどが担当し，現地へは軍嘱託などの身分で多くのホテルマンが赴任した（表6-10参照）。

表6-10 わが国のホテルが運営した主な接収ホテル

ホ　テ　ル　名		ホ　テ　ル　名	運営受託者
中国大陸	天津	アスターハウスホテル	華北交通
	上海	キャセイホテル	京都ホテル
	上海	キャセイマンション	東亜海運
	上海	パレスホテル	金谷ホテル
	香港	ザ・ペニンシュラ	五百木竹四郎
ビルマ	ラングーン	ストランドホテル	帝国ホテル
タイ	バンコク	オリエンタルホテル	同上
バリ		バリホテル	強羅ホテル
		キンタマニーホテル	同上
シンガポール		グットウッドパークホテル	帝国ホテル
インドネシア	メダン	メダンホテル	丸の内ホテル
	バンドン	サボイホーマンホテル	都ホテル
フィリピン	マニラ	ザ・マニラホテル	日本郵船

〈出所〉：株式会社帝国ホテル編（1990）『帝国ホテル百年史』433頁。

接収ホテルの日々の運営は，わが国のホテル企業や経営者に委託された，と上述した。しかし，それは日本軍が強制したものではない。むしろ，その管理を受託しようと，「東京や大阪の大ホテル資本だけでなく，地方の中小ホテル資本までが競い合った」[8]ことが注目に値する。

その理由としては，当時の国内では戦時経済統制が拡大強化され，ホテル

第3節　第二次世界大戦前の事例

経営が次第に困難になっていたという事実をあげられよう。また，接収ホテルは時期をみて，土地，建物を貸与または払い下げ，付属設備や営業備品は無償で譲渡するとされていたからでもある[9]。

これに加えて，1942（昭和17）年段階での戦績は，まだ日本側に有利であった。それゆえ，ホテル企業や経営者たちは，接収ホテルを受託することが「国益」に合致するとともに，上述した利益を将来獲得できると目論んで進出したのではなかろうか。

さらに，日本軍は，各占領地で新たに土地，建物を徴発し，これを「兵站旅館」とし，ホテル業者に運営させた。これにより，そのような占領地でホテルを運営した日本企業は，12社にのぼり，そのホテル総数は兵站旅館を含め41軒になった[10]。

そしてこの結果，海外ホテルの進出地は，戦争時代前期までの台湾，朝鮮半島，満洲や中国大陸沿岸部に，東南アジア諸地域が追加されることになり，著しく広域化した。

このように，わが国ホテル業の海外進出は，明治末期に開始され，大きく分ければ2つの段階を経て，第二次世界大戦の初期にその最盛期を迎えた。そしてその段階とは，明治から大正時代までと，昭和時代の満洲事変から第二次世界大戦終了時までである。

前者は，いわばわが国のホテルが海外に進出しはじめた時代であり，まだその数も少なく，限られた地域にのみ展開されていた。また後者は，海外進出の進展期であり，ホテル数も増え，進出エリアも拡大し，さまざまな人や企業が新たに市場参入した時期であった。

しかし，後者のうち第二次世界大戦勃発以降の海外進出は，それまでの海外ホテルが進出者自身によって開発されていたのに対して，日本軍が接収したホテルを運営受託することによりもたらされている。

それゆえ，同じ昭和時代とはいえ，その戦争を前後して海外進出の性格が変わる。これにより，昭和時代の海外進出を考えるときには，それを2分して考察すべきことが理解できよう。

以上から，第二次世界大戦終了時までに生起したホテルの海外進出の過程とその特徴をまとめると，表6-11になる。

表6-11 第二次世界大戦終了時までの海外進出の過程と特徴

海外進出の段階	(第1段階) 海外進出の開始	(第2段階) 海外進出の進展	(第3段階) 海外進出の一層の進展と進出地の広域化
各段階の期間	明治から 大正時代まで	満州事変から 第二次世界大戦勃発まで (昭和の戦争時代前期)	第二次世界大戦勃発から 終戦まで (昭和の戦争時代後期)
海外進出の背景	戦争とそれにともなうわが国の勢力圏の広域化		
海外進出の特徴 主導者	南満州鉄道や 朝鮮総督府	左に加え，民間の日本人 および日本企業	日本軍
海外進出の特徴 進出地域	南満州，朝鮮，台湾等の 植民地	左に加え，満州中・西部， 中国大陸沿岸部	左に加え，東南アジア 諸地域
海外進出の特徴 進出形態	新規取得	新規取得，一部に既存 ホテルの買収	接収ホテルの運営受託

(筆者作成)

一方，第二次世界大戦終了時までのホテルの海外進出を今日の視点から見直した場合，それは，つぎの3点において特異なものであった。

① 海外進出の背景には，戦争とそれにともなうわが国の勢力圏の広域化があった。

② 植民地行政機関，国策企業や軍などの特殊な組織が海外進出を主導していた。

③ 国際法的にはともかく，実質的には「日本領」化した満洲，中国大陸沿岸部の主要都市や東南アジア諸地域に多くのホテルが存在していた。

第4節　第二次世界大戦後の事例

上述したわが国の一大海外ホテル網は，敗戦により文字どおり「一夜の夢」のごとく消滅した。これに対して，国内では，多くのホテルが空襲で被災し，また戦火を生き延びたホテルも，連合国最高司令官総司令部により接収された。そして，この接収は，1955（昭和30）年頃まで続く。

しかし，戦後のわが国ホテル業は，1959（昭和34）年5月の国際オリンピック委員会による東京大会の決定を契機に蘇生し，新たな成長路線を歩む

ようになる。そして，開催地に指定された東京を中心に，ホテル建設ブームが起こった。

これにより，1961（昭和36）年から64（昭和39）年までに，国内のホテルの規模は139軒から239軒へ，8,587室から22,083室へと急速に拡大する。そして，このような国内におけるホテルブームと時を同じくして，わが国のホテルの海外進出がはじまった。

だが，現在に至るまでの海外進出を観察すると，1980年代中頃に1つの分岐点があることがわかる。つまり，この時点以降，海外進出が加速度的に進展するからである（表6-3参照）。そこで，以下は，1980年代中葉までを戦後の海外進出の「黎明期」，その後を「発展期」と仮に命名し，それぞれごとに検討を加えたい。

1．黎明期の事例

敗戦による海外進出の中断は，1963年（昭和38年）7月に国際興業がハワイ，オアフ島に所在する「プリンセスカイウラニホテル」を買収したことにより開始された。そして，その後同社は，同年12月に「モアナホテル」と「サーフライダーホテル」を買収する。

この国際興業の積極さに刺激されてか，1970年前後から先駆的な日本企業がつぎつぎに海外にその活動拠点を求めはじめた（表6-12参照）。たとえば，近畿日本鉄道は，1968（昭和43）年2月にアメリカのサンフランシスコに「都ホテル」（客室172室）を建設し，また同年12月には藤田観光がグアムに「フジタグアムタモンビーチホテル」（客室312室）を開業させている。

そして，1969年11月には，東急海外ホテルがグアムに「グアム東急ホテル」（客室121室）を，1971年3月には第一ホテルが同じくグアムに「グアム第一ホテル」（客室312室）を開業させた。

さらに，ホテルオークラは，1971（昭和46）年9月アムステルダムに「ホテルオークラアムステルダム」（客室370室）を，北野合同建物は1973（昭和48）年7月ニューヨークに「北野ホテル」をオープンさせている。この

結果，運輸省の調査によれば，1975年1月現在で，わが国が海外に所有，運営するホテルは，総数で36軒となった[11]。そして，1975年以降に開業した主なホテルを示すと，以下の表6-13になる。

表6-12 黎明期の主な海外ホテル（1960年代初頭から70年代初頭まで）

開業年度	進出場所	進出企業名	ホテル名
1963年7月	ハワイ・ワイキキ	国際興業	プリンセスカイウラニホテル
1963年12月	同上	同上	モアナホテル
1963年12月	同上	同上	サーフライダーホテル
1968年2月	サンフランシスコ	近畿日本鉄道	都ホテル
1968年12月	グアム	藤田観光	フジタグアムタモンビーチホテル
1969年5月	ハワイ・ワイキキ	国際興業	新サーフライダーホテル
1969年11月	グアム	東急海外ホテル	グアム東急ホテル
1970年11月	ハワイ・ワイキキ	国際興業	プリンセスカイウラニホテル新館
1971年3月	グアム	第一ホテル	グアム第一ホテル
1971年9月	アムステルダム	ホテルオークラ	ホテルオークラアムステルダム
1971年10月	韓国・ソウル	東急ホテル	ソウル東急ホテル
1972年1月	グアム	プリンスホテル	クリフホテル
1972年4月	ロサンゼルス	国際興業	シェラトンウエストホテル
1972年12月	ジャカルタ	ニッコーホテルズ	プレジデントホテル
1972年12月	グアム	ホテルオークラ	グアムホテルオークラ
1973年4月	サンフランシスコ	国際興業	シェラトンパレスホテル
1973年7月	ニューヨーク	北野合同建物	北野ホテル

〈出所〉：各社社史および柴田書店編『ホテル旅館年鑑（1981, 82年度版）』による。

表6-13 黎明期の主な海外ホテル（1975年から1985年まで）

開業年度	進出場所	進出企業	ホテル名
1975年9月	サンフランシスコ	近鉄・都ホテル	都インサンフランシスコ
1976年4月	パリ	日本航空開発	ホテルニッコードパリ
1976年9月	マニラ	同上	ホテルニッコーマニラガーデン
1976年10月	ハワイ	ニューオータニ	ニューオータニカイマナビーチホテル
1977年12月	サイパン	名鉄グランド	サイパングランドホテル
1978年8月	ジュセルフドルフ	日本航空開発	ホテルニッコージュセルフドルフ
1984年10月	シンガポール	ニューオータニ	ニューオータニシンガポール

〈出所〉：表6-12に同じ。

2．海外進出の先駆者的企業

一方，黎明期海外に進出した各ホテルが，どのような理由によりそれを決定したのか，また進出時の形態はどのようなものであったのか，などについ

て，この時代における先駆者的企業であった国際興業，第一ホテル，東急グループのホテル，ホテルオークラを事例に説明すれば，つぎになる。

国際興業のケース

国際興業は，わが国が戦後の混乱のさなかにあった1950（昭和25）年頃から，早くも海外に目を向けはじめており，ハワイを含む海外で事業展開する希望をもちつづけていた。そして，その一環として，1962（昭和37）年1月にハワイ・ホノルルに所在する日本料理店「京やレストラン」を買収し，海外事業の拠点とした[12]。

このように同社は，ハワイでのホテル業に進出する以前から，同島に活動拠点をもっていた。そして，この地縁的な関係もあって，当時ワイキキに4ホテル，ハワイ全体で5軒の高級ホテルを直営していたシェラトン社から，その直営ホテルのひとつである「プリンセスカイウラニホテル」の譲渡の申し出を受けた。

一方，ハワイは，雄大な自然環境と南国情緒にあふれ，外国でありながら，日系人が多く，日本語が通用する土地であった。また，1962年のハワイ来島者数は，36万2千人で，前年より12.4％も増加していた。さらに，1964（昭和39）年4月から観光目的の海外渡航が自由化されるのにともない，最低でも年間2万人の日本人が訪れると予測されていた。

そこで，国際興業は，観光地としてのハワイの将来性を評価し，1963（昭和38）年7月上記ホテルを870万ドルで買収した。そして，その5ヵ月後，同じシェラトン社から，やはりワイキキにある「モアナホテル」と「サーフライダーホテル」の売却の申し出を受ける。

国際興業にとっては短期間での再度の買収であったが，プリンセスカイウラニホテルの経営で確かな手応えを感じていたため，迷わず両ホテルの買収を決断した。この結果，同社は，わずか6ヵ月のあいだに，920室を有するハワイで最大のホテルオーナーになった。

第一ホテルのケース

第一ホテルは，1971（昭和46）年3月に「グアム第一ホテル」を開業さ

せた。そして，同社がグアムをホテル進出地とした理由は，グアムはハワイよりも旅行時間が短く，費用も格安で，日本人好みの海外旅行先であったからである。事実，1970年に同島へ来訪した観光客数は推定36,000人であり，そのうち30％は日本人であった[13]。

そのうえ，当時の東京，グアム間の航空便は，パンアメリカン航空が週7便，日本航空が週3便であったが，ホテルが開業する1971（昭和46）年4月以降は日本航空が週7便に増便される見込みであり，日本人観光客の増大が予想されていた。

しかし，1970（昭和45）年10月現在，同島の宿泊施設は15軒で，客室数は740室しかなかった。さらに，ホテルとしての機能，設備を有するものは，そのうち4軒のみであった。それゆえ，グアムには絶対的なホテル不足が存在しており，ホテル開発地として魅力的であった。

他方，第一ホテル内部においても，社業の着実な伸展にともない，総合的な発展に寄与すべく海外志向の機運が徐々に高まっていた。そのようなとき，グアムの有力な地主であったゲレロ氏からホテル建設計画が持ち込まれた。

これを受けて第一ホテルは，ホテル建設のために，1969（昭和44）年12月現地に資本金50万ドルの合弁企業「株式会社グアム第一ホテル」を設立する。この合弁企業の持ち株比率は，第一ホテル側が70％，現地資本が30％であった。そして第一ホテルは，ホテルの建設指導を担当し，上記合弁企業から開業後のホテル運営を受託する。

東急グループホテルのケース

東急グループの海外ホテルは，当時同グループの総帥であった五島昇の「21世紀の世界が従来の大西洋中心の時代から，太平洋中心の時代になる」という考え方に基づき，環太平洋地域におけるホテルチェーン構想を抱いたことにより始動した[14]。

そして，その海外ホテルを統括，運営する目的で，1968（昭和43）年12月に株式会社東急海外ホテル（資本金4,000万円，五島昇社長）が設立される。この設立を受けて同社は，翌1969（昭和44）年11月に「グアム東急ホ

テル」を開業する。

東急海外ホテルがグアムを進出地として選定した理由は，前述の第一ホテルと同様，同地が安くて近い日本人向けの観光地であったからである。また同社は，グアムのリゾート性を重視し，珊瑚礁を目前にした同島のツモン湾イパオ海岸をホテル立地とした。そしてホテルの建設は，前述の第一ホテルとは異なり，合弁企業の形態をとらずにすべて自社で行い，約6億円を費やして完成した。

しかし，東急海外ホテルは，その後の経営不振により，1970（昭和45）年7月に株式会社東急ホテルチェーンと合併した。そして，この東急ホテルチェーンが，1971（昭和46）年11月に，韓国ソウルの南大門近くに所在するエンパイアビル（25階建）のうち15階から25階までを利用して，「ソウル東急ホテル」の開業を担うことになる。

このホテルは，エンパイアビルの所有者である韓国の二和振興株式会社と合弁で運営会社「株式会社ソウル東急ホテル」を設立し，その合弁会社が二和振興から20年間契約でホテルを賃借するという形態で開業した。

また，この合弁会社の資本金は273万ドルで，そのうち270万ドルを東急側が拠出した。そして，東急は，その出資金のうち180万ドルを二和振興に預託することで，それが行うホテル建設を資金的に支援した。さらに，その預託金は合弁会社の利益配当の形式で東急に返還すればよいとされており，韓国側に非常に有利な条件下でのホテル進出であった。

ホテルオークラのケース

「ホテルオークラアムステルダム」は，ホテルオークラが1965（昭和40）年にオランダのKLM航空から，「アムステルダム市で一流ホテルが不足しているから，ホテルオークラに東京と同じホテルをつくってほしい。KLMもあらゆる協力を惜しまない。」，との要請を受けたことを契機に開業した[15]。

他方，ホテルオークラは，同時期にインドネシア政府の要請により，同地の「アムバルクモパレスホテル」と「サムドラビーチホテル」の運営を1966年から5ヵ年間指導するという内容の契約を締結しており，もともと海外ホテルの運営に関心の深い企業であった。

ホテルオークラは，上記のKLMの申し込みに対してKLMや他のオランダ企業と合弁で，1968（昭和43）年5月に「アムステルダム・ホテル・エンタープライズ・N. V.」を設立し，ホテル建設にあたった。その総工費は41億5,000万円であり，開業後ホテルオークラは，上記の合弁企業からホテル運営を受託する。

　また，「グアムホテルオークラ」は，1969（昭和44）年に伊藤忠商事から「ギリシャの世界的な船主レモス氏がホテルの建設を希望している」との話しをきっかけにはじまった。その後，グアムの富豪カルボ氏が所有地を現物出資する形で計画に参加する。

　そして，ホテルオークラと伊藤忠，レモス，カルボ両氏の4者による合弁企業「グアム・リゾート・インコーポレイト」が70年2月に現地で設立された。資本金は150万ドルであり，ホテルオークラは，その6.7％を出資し，上記の合弁企業から開業後のホテル運営を受託する。

　上述した1980年代中頃までのホテルの海外進出は，文字どおり黎明期であり，実際に海外に進出したホテルの経営は，かならずしも順風満帆というわけにはいかなかった。

　たとえば，「ホテルオークラアムステルダム」は，開業後近隣に国際級のホテルが4つも進出し，ホテル間の競争激化に直面した。そのうえ，1973（昭和48）年の第一次オイルショックで宿泊者が激減し，これを機にKLMや他のオランダ系出資会社がホテル経営から離脱した。この結果，同ホテルが単年度黒字を計上しえたのは，開業から9年目の1980（昭和55）年であった[16]。

　また，「グアム東急ホテル」は営業不振により開業5年目の1974（昭和49）年5月に閉鎖され，「ソウル東急ホテル」もソウル市内のホテル競争の激化やオーナーからの大幅な賃料値上げ要求などにより，ホテル経営が困難になって1982（昭和47）年9月に撤退した[17]。

3．発展期における海外進出の事例

　このように黎明期の海外ホテルは，しばしばフロンティアとしての試練に

第4節 第二次世界大戦後の事例　　　257

立たされた。しかし，わが国のホテルは，先駆者の試練を糧とし，1980年代後半から急速に海外進出を深めていく。

　そして，この発展期における海外進出の原動力は，航空会社の系列企業である「日本航空開発」,「全日空エンタプライズ」と東急電鉄系の「東急ホテルズインターナショナル」であった。そしてこの3社は，1985 (昭和60) 年以降，1994 (平成6) 年に至るまで，合計で36のホテルを開業させた。そこで以下は，この3社の成長の軌跡をたどる。

日本航空開発のケース

　わが国の航空業界では，1970 (昭和45) 年にジャンボジェット機ボーイング747が就航した。そしてこれにより，大量輸送時代が到来する。また，この輸送能力の向上は，低額な割引運賃の導入を可能にし，ますます旅客が増大した。

　そこで，日本航空は，単に輸送業務に携わるだけでなく，積極的に旅行の全行程に関与し，それにかかわる総需要に対処することが企業の成長上必要と判断した。換言すれば，自社の航空機で運んだ乗客に対して，その目的地でホテルの客室を提供できるか，いなかが，航空業界における競争上の重要な鍵になると考えた[18]。

　そのため，同社は，1970年7月に資本金30億円（うち日本航空は6億8,960万円を出資）の「日本航空開発」を設立し，ホテルの開発と運営に乗り出した。この日本航空開発は，1972 (昭和47) 年12月にジャカルタで「プレジデントホテル」，1974 (昭和49) 年6月には「グアムリーフホテル」，同年7月には香港で「ホテルプラザ」を買収し，その基礎を構築した。

　その後，同社は，1975年から1984年までに，「ホテルニッコー・ド・パリ」などの6軒のホテルをオープンさせている。しかし，同社が使用した名称「ホテルニッコー」の開発が本格化するのは，1985 (昭和60) 年以降であった。

　そしてそれは，わが国の航空会社の国際線輸送旅客者数が急増していた時期に合致していた。とくに80年代末のそれは，毎年約100万人ずつ増加している（表6-14参照）。同社は，この旅客者の伸びを背景に，「ホテルニッ

コー」は加速度的にホテルを増していく。

表6-14 わが国における国際線輸送旅客数の推移　　（千人）

年　度	1975年	1980年	1985年	1988年	1989年	1992年
旅客数	2,607	4,927	6,485	9,764	10,505	11,425

〈出所〉：運輸省編『航空輸送統計年報（各年度版）』。

　日本航空開発は，1985（昭和60）年から1989（昭和64）年の5年間で8ホテル，1990（平成2）年から1992（平成4）年の3年間で7ホテルを開業させており，そのうち1987（昭和62）年と1991（平成3）年には1年間に4ホテルもオープンさせている。

　この結果，同社は，海外に24ホテルを有するわが国最大の海外ホテルチェーンとしての地位を獲得した。そして，同社の海外ホテルは，当初の目論見どおり，ほぼ日本航空の国際線路線に沿って展開されており，その路線に外れて所在するホテルは，全24ホテル中の「ホテルニッコー・タイペ

表6-15　日本航空の海外路線と海外ホテルとの関係

路線名	行き先	ホテル名
北米線	ニューヨーク	エセックスハウス・ホテルニッコー・ニューヨーク
	アトランタ	ホテルニッコー・アトランタ
	シカゴ	ホテルニッコー・シカゴ
	ロサンゼルス	ホテルニッコー・ビバリーヒルズ
	サンフランシスコ	ホテルニッコー・サンフランシスコ
	ホノルル	ホテルニッコー・ワイキキ
	メキシコシティー	ホテルニッコー・メキシコシティー
欧州線	ロンドン	ザ・モントカーム・ホテルニッコー・ロンドン
	パリ	ホテルニッコー・ド・パリ
アジア線	バリ・デンパサー	ホテルニッコー・バリ
	ジャカルタ	ホテルプレジデント
	クアラルンプール	ホテルニッコー・クアラルンプール
	マニラ	ホテルニッコー・マニラ
	バンコク	ホテルニッコー・バンコク
	香港	ホテルニッコー・香港
	北京	ホテルニッコー・ベイジン・トロント
	上海	ホテルニッコー・ロイバイ・シャンハイ
太平洋線	シドニー	ホテルニッコー・ダーリングハーバー
	グアム	ホテルニッコー・グアム
		グアム・リーフホテル
	サイパン	ホテルニッコー・サイパン

〈出所〉：日本航空編（1997）『日本航空国際線時刻表』1, 2, 3月号。

イ」,「ホテルニッコー・パラオ」と「ホテルニッコー・ジュセルドルフ」の3ホテルしかない（表6-15参照）。

ただし,「ホテルニッコー・タイペイ」が所在する台湾の台北には，日本航空の関連会社の日本アジア航空が路線をもっており，これを除外すれば，上記数値は2ホテルのみとなる。

東急ホテルズインターナショナルのケース

上述した日航開発とともに，発展期におけるわが国のホテルの海外進出をリードした存在として，東急ホテルズインターナショナル社をあげることができる。同社は，1972（昭和47）年に東急電鉄，東急ホテルなどの東急グループの有力企業6社によって設立された海外ホテルの開発，運営を専門に行うホテル会社である[19]。

同社は，創業から1980年代初頭までに，バヌアツの「ホテルルラゴン」やバングラディシュの「ジョナルガオンホテル」を買収により傘下に組み入れ，チェーンホテルとしての基盤を確立した。

その後，1985年頃から，「パンパシフィック」の冠をつけたホテルを展開しはじめる。たとえば，1985（昭和60）年12月にマレーシアで「パンパシフィック・クアラルンプール」を，1986（昭和61）年1月にはカナダで「パンパシフィック・バンクーバー」，同年11月にはシンガポールで「パンパシフィック・シンガポール」を開業させた。

一方，東急ホテルズインターナショナル社は，1989（平成元）年に米国カリフォルニア州にあった「エメラルドホテルズ社」を吸収し，これを機会にホテルの呼称を「パンパシフィックホテルズ＆リゾーツ」に変更する。

そして，エメラルドホテルズ社が運営していた3ホテル（ハワイ州に2ホテルとカリフォルニア州に1ホテル）を同社のチェーンに組み入れた。また，北米地域では，1990（平成2）年にサンフランシスコのデラックスホテル「ザポートマン」を買収し，これを「パンパシフィック・サンフランシスコ」と改称する。

さらに，東急ホテルズインターナショナル社は，1994（平成6）年12月タイに「パンパシフィック・バンコク」を開業させるなどにより施設数を増

やし,まさにそのホテル名のとおり,環太平洋地域 14 ヵ国に 20 ホテルを擁するホテル企業となった(表 6-16 参照)。

表 6-16 地域別のパンパシフィックホテルズ&リゾーツ一覧(1994 年現在)

地 域	所 在 国	ホ テ ル 名
アジア	インドネシア	サリバン・パンパシフィック
	日本	ホテル成田東急
	マレーシア	パンパシフィック・クアラルンプール
		プテリ・パンパシフィック
		パンパシフィックリゾート・バンコール
		パンパシフィック・グレンマリーリゾート
	バングラデシュ	ジョナルガオン・パンパシフィック
	シンガポール	パンパシフィック・シンガポール
	タイ	パンパシフィック・バンコク
	中国	パンパシフィック・無錫グランドホテル
	香港	ザ・ロイヤルガーデン
オセアニア	バヌアツ	ルラゴン・パンパシフィックリゾート
	パラオ	パラオ・パンパシフィックリゾート
	オーストラリア	パンパシフィック・ゴールドコースト
	ニュージーランド	パンパシフィック・オークランド
北米	米国	マラナラニベイホテル
		パンパシフィック・アナハイム
		パンパシフィック・サンフランシスコ
		パンパシフィック・サンディエゴ
	カナダ	パンパシフィック・バンクーバー

〈出所〉:株式会社オータパブリケーション編 (1995)『ホテル年鑑』, 2356 頁。

全日空エンタプライズのケース

前述のニッコーホテルとパンパシフィックホテルズ&リゾーツにつづき,発展期に急速に海外ホテル網を拡張したホテルとしては,「ANAホテル」がある。同ホテルは,1973(昭和 48)年に全日空の 100% 子会社として設立された「全日空エンタプライズ」によって展開されている[20]。

この ANA ホテルチェーンは,1976(昭和 51)年 9 月にフィリピンの「センチュリーパーク・シェラトンマニラ」を買収して誕生した。その後,1980(昭和 55)年までにシンガポールの「ANA ホテル・シンガポール」(1978 年 12 月)やハワイの「シェラトン・マカハリゾート&カントリークラブ」(1979 年 4 月)を傘下に取り入れた。

しかし，同チェーンの本格的な発展は，1985（昭和60）年以降にみられる。つまりそれは，1987（昭和62）年6月にグアムのナウル政庁が所有する「パシフィックスターホテル」の運営受託を手始めに，翌年4月にはオーストラリアのゴールドコーストにあった旧ホリデーイン系のホテルを買収し，「ANAホテル・ゴールドコースト」とした。

また，同年9月には，「サンフランシスコメリディアン」を買収し，1992（平成4）年より「ANAホテル・サンフランシスコ」として自社運営する。さらに，ANAホテルは，1990（平成2）年4月に米国のワシントンDCへ，また中国の北京，西安へも1992（平成4）年4月と11月にそれぞれ進出した。

そして，1993（平成5）年8月にはタイのバンコクに，また1994（平成5）年6月にはオーストリアのウィーンにもANAホテルが開業する。この結果ANAホテルは，同年末現在で，11ホテルを展開する海外ホテルチェーンとなった（表6-17参照）。

さらに，これらのANAホテルは，上述した「ニッコーホテル」でみられた明確な規則性はないものの，「ANAホテル・シンガポール」，「パシフィックスターホテル」，「ANAホテル・ワシントンDC」，「北京新世紀飯店」，「ANAホテル・シドニー」や「ANAグランドホテル・ウィーン」のように，ほぼ全日空の海外航路上に存在している。

表6-17 ANAホテルの所在地と開業年度

開業年度	所在地	ホテル名
1976年9月	マニラ	センチュリーパーク・シェラトンマニラ
1978年12月	シンガポール	ANAホテル・シンガポール
1979年4月	ハワイ	シェラトンマカハリゾート
1987年6月	グアム	パシフィックスターホテル
1988年4月	オーストラリア	ANAホテル・ゴールドコースト
1988年9月	米国	ANAホテル・サンフランシスコ
1990年4月	米国	ANAホテル・ワシントンDC
1992年4月	中国	北京新世紀飯店
1992年11月	中国	ANAグランドキャッスルホテル・西安
1992年11月	オーストラリア	ANAホテル・シドニー
1994年6月	オーストラリア	ANAグランドホテル・ウィーン

〈出所〉：表6-16に同じ。

その他の事例

発展期になると，前述のニッコーホテルやパンパシフィックなどのほかにも，さまざまなホテルが海外に進出するようになる。また，この時期はじめて海外進出を果たすホテルが現れた。

たとえば，「パレスホテル」は1990（平成2）年4月にグアムに「グアムパレスホテル」を開業させた。そして，大阪に本拠地をもつリーガロイヤルホテルは，オーストラリアのケアンズに，「ケアンズコロニアルクラブリゾート」（1989年7月）を，米国に「リーガロイヤルホテルニューヨーク」（1993年9月）を，またマレーシアに「ロイヤルムルリゾート」（1993年2月）と「リーガロイヤルホテルミリ」（1994年1月）を開業させる。

他方，「サンルートホテル」もグアムに「ホテルサンルートグアムオーシャンビュー」（1988年3月）を，米国のラスベガスに「ホテルサンレモ」（1989年7月）を，またパラオには「ホテルサンルートパラオマリーナ」（1990年7月）を，そしてタイに「ホテルサンルートバンコク」（1992年11月）をそれぞれ開業させた。

このほか，発展期にオープンした主なホテルとしては，以下の表6-18である。

表6-18 発展期に開業したその他のわが国の海外ホテル

開業年度	進出地	進出企業名	ホテル名
1985年 8月	ハワイ	プリンスホテル	マウイプリンスホテル
1985年 9月	マレーシア	第一ホテル	ハーバービュー第一ホテル
1986年12月	サイパン	第一ホテル	第一ホテルサイパンビーチ
1987年 5月	ネパール	三井不動産	ホテルヒマラヤカトマンズ
1987年11月	ハワイ	三井不動産	ワイキキパークホテル
1988年 4月	中国	三井不動産	西安ガーデンホテル
1988年10月	中国	第一ホテル	海天大酒店
1989年 1月	米国	近鉄・都ホテル	都インロサンゼルス
1989年 7月	フランス	チサンホテル	ホテルブライトン
1990年 3月	中国	ホテルオークラ	ガーデンホテル上海
1990年 4月	中国	ニューオータニ	ホテルニューオータニ長富宮
1990年 4月	ハワイ	プリンスホテル	ハワイプリンスホテルワイキキ
1990年10月	米国	国際興業	ハイアットグランドサイプレス
1993年12月	インドネシア	第一ホテル	第一ホテルジャカルタ

〈出所〉：表6-16に同じ。

第5節　第二次世界大戦後の海外進出の特徴

　上述のように，わが国のホテルは，1960年代初頭からさまざまな地域に進出し，その海外進出の度合いを高めてきた。そしてこの過程を歴史的に概観すると，わが国のホテルの海外進出には，いくつかの特徴があることに気づく。

　ただし，この特徴は，①主に海外進出の黎明期にみられるもの，②むしろ発展期にみられるもの，③黎明期，発展期を通じてみられるもの，に3分類することができる。そこで，以下は，この順にその特徴について述べる。

1. 黎明期の特徴

　黎明期にしばしば現れた海外進出の特徴としては，以下がある。

企業成長の初期段階での海外進出

　黎明期に，実際に海外進出を果たしたホテル企業を観察すると，それは企業としての成長の初期段階で，しばしば海外に乗り出していることが多い。たとえば，「プリンセスカイウラニホテル」を買収した1963（昭和38）年当時の国際興業は，国内に「熱海ホテル」，「強羅ホテル」，「山中湖ホテル」と「富士屋ホテル」しか所有していない。

　また，藤田観光が「フジタグアムタモンビーチホテル」を開業したとき，国内では箱根，大島，鳥羽などの「小湧園」や「京都国際ホテル」，「名古屋国際ホテル」を運営するだけであり，1996（平成7）年現在，国内に67ホテルを有するワシントンホテル・チェーンはまだ存在していなかった。

　そして，ホテルオークラは，1963（昭和37）年5月に開業しているが，それから8年後の1971（昭和46）年9月には海外チェーンの1号店目として「ホテルオークラアムステルダム」を，その翌年には2号店目の「グアム

ホテルオークラ」をオープンさせている。

　さらに，第一ホテルは，1996年末現在，国内に直営とフランチャイズを合計して41のホテルを運営しているが，「グアム第一ホテル」は同社にとって6番目のホテルであった。また，プリンスホテルが1972（昭和37）年1月に「グアムクリフホテル」を買収したとき，同社は国内に7ホテルしか運営していなかった。そしてこのような傾向は，東急ホテルや都ホテルにおいても見いだすことができる（表6-19参照）。

表6-19　海外進出を果たした時点で国内に運営していたホテルの一覧

ホテル名	第一ホテル		近鉄・都ホテル	
はじめて海外に進出した年度・ホテル名	1970年12月 グアム第一ホテル		1968年2月 都ホテルサンフランシスコ	
1999年末現在の国内ホテル数	直営21ホテル フランチャイズ20店 合計41ホテル		20ホテル	
海外進出以前に国内に存在していたホテルの一覧	ホテル名	開業年度	ホテル名	開業年度
	新橋第一ホテル	1938年4月	奈良ホテル	1909年10月
	宝塚第一ホテル	1947年8月	都ホテル	1915年4月
	高松第一ホテル	1964年10月	四日市ステーションホテル	1960年9月
	山王ホテル	1968年8月	大阪都ホテル	1962年9月
	秋田第一ホテル	1970年7月	金沢都ホテル	1963年3月

ホテル名	プリンスホテル		東急ホテルチェーン	
はじめて海外に進出した年度・ホテル名	1972年1月 グアムクリフホテル		1969年11月 グアム東急ホテル	
1999年末現在の国内ホテル数	66ホテル		20ホテル	
海外進出以前に国内に存在していたホテルの一覧	ホテル名	開業年度	ホテル名	開業年度
	軽井沢プリンス	1950年4月	琉球東急ホテル	1952年2月
	大磯プリンス	1953年8月	銀座東急ホテル	1960年5月
	高輪プリンス	1953年11月	横浜東急ホテル	1962年3月
	赤坂プリンス	1955年10月	白馬東急ホテル	1962年6月
	万座プリンス	1960年12月	下田東急ホテル	1962年10月
	東京プリンス	1964年9月	羽田東急ホテル	1964年8月
	苗場プリンス	1967年12月	博多東急ホテル	1969年5月
			赤坂東急ホテル	1969年9月

〈出所〉：表6-16に同じ。
〈出所〉：各社社史およびオータパブリケーション編（1998）『ホテル年鑑』による。

グアム，ハワイなどのわが国近郊地域への進出

　黎明期にわが国のホテルが進出した地域には，かなりの偏りが見受けられる。なぜなら，たとえば1975（昭和50）年現在で存在した海外ホテル36軒中，米国のハワイに14ホテル，グアムに7ホテルあり，この両者で全体の約6割を占めるからである。

　そして，この米国についで，香港，韓国，インドネシアなどの東南アジア諸国が全体の2割を占める。これに対して，欧州やオセアニアに展開するわが国のホテルは少なく，また南米，アフリカ，中東には1ホテルも存在していない（表6-20参照）。

表6-20　1975年1月現在での海外ホテルの立地分布

地　域	北　米	南　米	欧　州	アフリカ
ホテル数（シェア）	26 (72.2)	0 (0)	2 (5.6)	0 (0)
内　訳	カナダ　1 米　国　25 　ニューヨーク　　1 　サンフランシスコ　2 　ロサンゼルス　　1 　ハワイ　　14 　グアム　　7		コペンハーゲン　1 アムステルダム　1	
地　域	中　東	アジア	オセアニア	合　計
ホテル数（シェア）	0 (0)	7 (19.4)	1 (2.8)	36 (100.0)
内　訳		韓国　1 香港　1 チベット　1 インドネシア　1 マレーシア　1 タイ　2	ニューヘブリデス　1	

〈出所〉：総理府編（1975）『観光白書（昭和50年度版）』，105頁。

　このように，黎明期の海外ホテルは，そのほとんどがハワイ，グアムを中心に，東南アジアに所在している。そしてそれは同時に，わが国に非常に近い地域である。また，この時期北米大陸に展開したわが国の5ホテルのうち4軒は太平洋岸に立地しており，それ以外にはニューヨークに1ホテルしかなかった。

ホテル・マネジメントのみを行う形態での海外進出

初期のわが国の海外ホテルでは，土地，建物を所有し，営業用備品の取得，施設の改修，運転資金の調達や経営戦略の策定などのホテル・マネジメントに関する業務は行うものの，日々のオペレーションを他のホテル企業に委託するケースがいくつか見出せる。

たとえば，国際興業は，シェラトン社から買収したすべてのホテルを同社に運営委託していた。また，近畿日本鉄道も，「サンフランシスコ都ホテル」を建設後，米国のウェスチンホテルズ社にやはり委託している。

さらに，京浜急行電鉄も1974（昭和49）年4月に米国ハンチントンの「ハンチントンシェラトン」を買収しているが，国際興業の場合と同様，これもシェラトン社に運営を任せて，もっぱらホテル所有者，経営者としての任務に徹している。

確かに，上記のシェラトン社の事例では，売却後も同社にホテル運営を委ねることが条件になっていた。しかし，一方でそれは，買収した企業側に海外のホテルを独自に運営する自信がなく，それに習熟する米国のホテル企業を当面のあいだ利用し，とりあえず海外進出だけは果たしたいと考えた結果ではなかろうか。

2．発展期の特徴

これに対して，上述した黎明期にはみられず，発展期になってはじめて生起した海外進出の特徴としては，以下が考えられる。

海外ホテル立地の広域化と遠隔地化

発展期になるとわが国のホテルは，より広範な立地を選択するようになり，そのためそれはしだいにわが国から遠い地域に所在するようになる。たとえば，黎明期には1軒もホテルが存在していなかった南米やオセアニア地区にまでわが国のホテルが進出している。

たとえば，前者では，1985（昭和60）年以降，ブラジルを中心に南米に5ホテル，また後者では，オーストラリアに8ホテル，パラオとニュージー

第5節　第二次世界大戦後の海外進出の特徴

ランドに各1ホテルが開業した。

　一方, 黎明期において海外ホテルの主たる進出地であった北米やアジアは, やはり発展期においてもホテル立地の主流である。ただし, 同時代になると, カナダやメキシコなど, 黎明期にはホテルがなかった国々へわが国のホテルが進出している。

　また, アジアでは, 中国, マレーシアに集中して展開するようになった。そして, ネパールにも2ホテルがオープンしている。これに対して欧州は, 発展期になってもまだホテル数は少ないものの, この期間にわが国は, イギリス, フランス, ベルギー, ポルトガルやオーストリアに新たにホテルを有するようになった(表6-21参照)。

表6-21　1985年から1994年までに開業した海外ホテルとその立地分布

地域	北米	南米	欧州	アフリカ
ホテル数 (シェア)	31 (39.2)	5 (6.3)	5 (6.3)	0 (0)
内訳	カナダ 1 メキシコ 2 米国 28 ハワイ 7 グアム 4 その他 17	ブラジル 4 その他 1	イギリス 1 フランス 1 ポルトガル 1 ベルギー 1 オーストリア 1	

地域	中東	アジア	オセアニア	合計
ホテル数 (シェア)	0 (0)	28 (35.5)	10 (12.7)	79 (100.0)
内訳		中国 9 マレーシア 7 シンガポール 2 韓国 2 タイ 3 ネパール 2 その他 3	オーストラリア 8 パラオ 1 ニュージーランド 1	

〈出所〉:表6-1に同じ。

海外ホテルチェーンの買収

　黎明期においては, 国際興業がその典型例であるが, 海外のホテルを買収することにより海外進出を果たす企業が多かった。しかし, その時代におけ

る買収は，単体のホテルにとどまっていた。ところが，発展期に入ると，チェーンホテルを一括して買収する事例が出現する。

たとえば，前述した東急ホテルインターナショナルの「エメラルドホテルズ社」の場合がそうである。また，1988（昭和 63）年には，東京に本社を置く建設資材メーカーの株式会社岡部が，カナダのブリティシュコロンビア州を拠点にして，「コーストホテル」の名称で高級ホテルを展開する「ナショナル・ケイタラーズ社」を 2,950 万カナダドルで買収した[21]。

しかし，この 2 事例以上に大規模で，かつ著名なチェーンホテルをわが国企業が買収している。そしてそれは，青木建設と西武セゾングループによってもたらされた。前者は，1988（昭和 63）年 4 月に「ウェスチンホテルズ」の株式の 85％を 10 億 53 万ドルで米国のアリージス社から[22]，また後者は，同年 12 月に「インターコンチネンタルホテルズ」の全株式を 10 億 20 万米ドルでイギリスのグランドメトロポリタン社から取得した[23]。

なお，買収当時のウェスチンホテルズは，北米を中心に，11 ヵ国で 66 ホテル，約 3 万 6,000 室を有し，またインターコンチネンタルホテルズは，総ホテル数が 101 軒，客室数は約 3 万 9,000 室を擁していた。

3．黎明期，発展期を通じた特徴

以上は，黎明期と発展期でとくにみられたわが国のホテルの海外進出に関する特徴を述べた。しかし，その海外進出には，黎明期，発展期を問わず，その全過程を通じてほぼ変わらない特徴が見受けられる。そこで，以下は，これについて説明する。

国内のホテル産業の発展と歩調をあわせた海外進出

まず指摘できる特徴は，海外進出の黎明期においても，また発展期においても，わが国国内ではホテル産業の規模が拡大していた，ということである。事実，黎明期に相当する 1960（昭和 35）年から 1975（昭和 50）年までのあいだに国内のホテル数は，147 軒から 1,149 軒へと 7.8 倍，客室数も 1 万 1,272 室から 10 万 9,998 室へと 9.8 倍に増大している。

そして,この国内におけるホテルの成長は発展期においてもひき続き,海外進出は国内市場の規模拡大と歩調をあわせて進んでいる。つまり,海外ホテル数が急速に増大した1985年以降も,国内では1990年までの5年間に施設数が2,042軒,客室数が12万9,949室増加している。さらに,1995(平成7)年に至ると,その規模は,施設数,客室数でみても,1985年の約2倍になっている(表6-22参照)。

表6-22 ホテル産業の規模の推移

年　度	1960年	1965年	1970年	1975年	1980年	1985年	1990年	1995年
軒　数	147	258	454	1,149	2,039	3,332	5,374	7,174
客室数	11,272	24,169	40,652	109,998	178,074	267,397	397,346	537,401

〈注〉:上記数値には,旅館業法の規定によりホテルの営業許可を受けたもので,ホテルの名称を冠した旅館を含まない。
〈出所〉:厚生省「環境衛生関係営業施設調べ」。

「直営」方式による海外進出

一般に,ある企業が海外に進出する際に選択するホテルの所有,マネジメントとオペレーションに関する手法としては,①直営方式,②テナント方式,③運営管理受託方式,④フランチャイズ方式,の4つが考えられる。

このうち,「直営方式」とは,ホテル会社がホテルの敷地や建物を独自に取得し,開業後の資金手当てや施設の改修,または経営戦略の立案など,ホテル・マネジメントの根幹にかかわる業務を行う。そして,現地には,その会社が支配株式を有する子会社を設立し,日々のオペレーションや施設の管理を行わせる方式である。

また,「テナント方式」とは,ホテル会社が他人所有の土地,建物を契約により賃借し,その会社が自分自身でホテルをマネジメントし,オペレーションするものである。そのため,この方式と直営方式との差異は,土地,建物に対する所有権の有無にすぎない。

そして,「運営管理受託方式」とは,ホテルの所有権,マネジメント権はオーナーに残り,ホテル会社がオーナーとの契約により,日々のオペレーションや施設の管理を受託する形式である。

一方,「フランチャイズ方式」とは,フランチャイザー(本部)がフラン

チャイジー（加盟店）に対してマネジメント指導を与えるだけで，前者は海外ホテルの所有，マネジメントやオペレーションには一切携わらない。逆に，その責任は，すべてフランチャイジーが負う。ただし，この手法では，フランチャイジーがフランチャイザーの名称を使用するため，対外的にはフランチャイザーのホテルが新たに海外にできたようにみえる（図6-2参照）。

図6-2 海外ホテルの所有，マネジメントとオペレーションに関する4つの方式

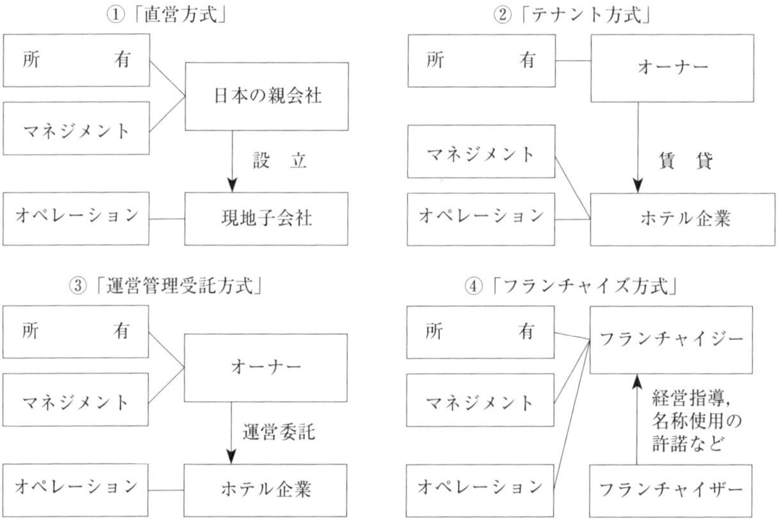

① 「直営方式」
所有／マネジメント／オペレーション → 日本の親会社 →（設立）→ 現地子会社

② 「テナント方式」
所有 → オーナー →（賃貸）→ ホテル企業 ← マネジメント／オペレーション

③ 「運営管理受託方式」
所有／マネジメント → オーナー →（運営委託）→ ホテル企業 ← オペレーション

④ 「フランチャイズ方式」
所有／マネジメント／オペレーション → フランチャイジー ←（経営指導，名称使用の許諾など）← フランチャイザー

（筆者作成）

　現在までのわが国の海外ホテルを観察すると，これら4方式のうち，最後のフランチャイズ方式をとった事例はほとんど見出せない。また，テナント方式も，事例的には非常に少ない。むしろ，ほとんどの場合において，直営方式か運営管理受託方式のどちらかを採択していた。

　しかし，直営方式は当然だが，運営管理受託方式においても，しばしばわが国のホテルは，前述の「グアム第一ホテル」や「ホテルオークラアムステルダム」のように，ホテルの所有会社を現地資本と合弁で設立するなどにより，それに対するなんらかの所有権を留保しながら，ホテルのオペレーション権を獲得していた。

そのため，まったくの第3者から純粋な意味での商取引に基づいてホテルを運営受託するケースはまれであった。そして，このことから，わが国のホテルが「運営管理受託方式」を採択したといっても，その実態は「直営方式」に近いものであった（図6-3参照）。

図6-3 わが国の海外ホテルにおける「運営管理受託方式」の実態

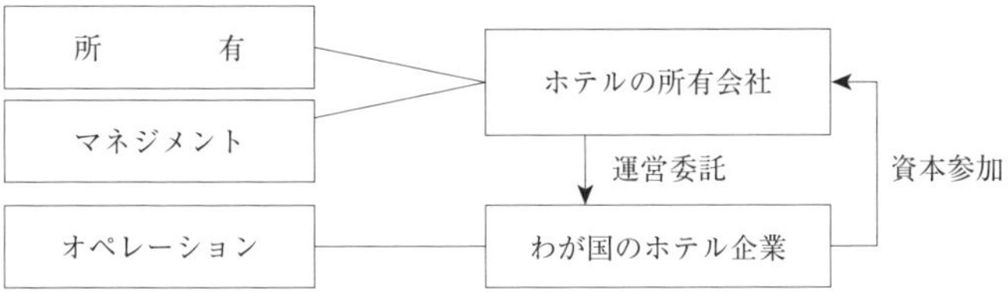

```
所　　　有 ─┐
　　　　　　├─→ ホテルの所有会社 ←─┐
マネジメント ─┘       ↓運営委託       │資本参加
　　　　　　           　              │
オペレーション ────→ わが国のホテル企業 ─┘
```

（筆者作成）

第6節　海外進出を促した要因

　以上まで，1960年代前半から開始された戦後の海外進出の過程とその特徴を，黎明期，発展期に2分して説明してきた。そこでつぎに，この海外進出を促した要因について考察したい。

1．有望な海外市場の存在

　まず指摘できることは，ホテルの海外進出が市場の成熟化やそこにおける競争の激化，またはホテル開業に対する規制などの国内市場に内在する要因によってもたらされたものではない，ということである。
　これは前述したように，海外進出の黎明期においても，発展期においても国内市場は右肩上がりの成長を示していたことから明らかである。つまり，海外に活路を求めなくとも，国内にはまだまだ未開拓な市場が十分あったのである。
　他方，わが国のホテルには，小売業でみられた国内市場における出店規制は存在しない。確かに，旅館業法などの関連法規は存在するものの，それは

規制ではなく，ホテルとしての「基準」を指すものであり，それに合致する以上，当然にして営業は認可される。

　それゆえ，わが国のホテルの海外進出は，厳しい国内市場から「押し出された」（プッシュされた）ため，海外に進出したわけではない。むしろ，以下に述べる理由から，海外に有望な市場が存在し，それに「引きつけられて」（プルされて），海外進出を果たしたと考える。

2．海外旅行者の増大

　わが国のホテルは，海外に出かける日本人海外旅行者に引き寄せられて，海外に進出したと解釈できる。なぜなら，海外ホテルが戦後はじめて出現したのは，国際興業による「プリンセスカイウラニホテル」の買収であったが，その買収を決定づけたのは，前述のように，ハワイへの日本人来訪客の増加予測であった。

　一方，わが国では，1964（昭和39）年に海外旅行が自由化され，1970（昭和45）年には旅券法が改正されて，観光渡航にも5年間の数次往復旅券が一般に発給されるようになった。また，1972（昭和47）年には外貨の持ち出し制限枠が撤廃された。これにより，日本人の海外旅行者は，1964年の12万8,000人から72年には139万2,000人へと，約11倍増になった。そしてこの頃から，わが国のホテルの海外進出がはじまっている。

　さらに，日本人海外旅行者は，1980（昭和55）年を過ぎると400万人を超えるようになり，1985（昭和60）年には500万人を突破した。また，1990

表6-23　日本人海外旅行者数の推移とホテルの海外進出との関係　　（千人）

海外進出の段階	海外進出以前		海外進出の黎明期			
年　　　度	1964年	1968年	1972年	1976年	1980年	1984年
旅 行 者 数	128	344	1,392	2,853	3,909	4,659
伸 び 率	1	2.7	10.9	22.3	30.5	36.4
海外進出の段階	海外進出の発展期					
年　　　度	1986年	1988年	1990年	1992年	1994年	
旅 行 者 数	5,516	8,427	10,997	11,791	13,579	
伸 び 率	43.1	65.8	85.9	92.1	106.0	

〈注〉：伸び率は，1964年を1として計算した。
〈出所〉：法務省編『出入国管理統計（各年度版）』。

(平成2)年以降は,毎年1,000万人以上の人びとが海外に出かけるようになっている。そして,この1985年以降に起こった海外旅行の量的増大に追随するかのように,多くのホテルが海外に活動拠点をもつようになり,海外進出の発展期を迎える。

以上の結果から,わが国のホテルの海外進出は,日本人海外旅行者の伸びと並行して生起したと思慮する(表6-23参照)。

3．海外ホテルの立地と海外旅行先との関係

他方,わが国のホテルの海外進出が日本人海外旅行者との関連で発展してきたことを示すひとつの根拠として,海外ホテルの所在地と日本人旅行者の旅行先との関連をあげることができる。

たとえば,1975年時点の海外ホテルは,前段で論述したように,ハワイとグアムを中心にして,米国に全体の約7割が所在し,アジア地域が全体の約2割を占めていた(表6-20参照)。

これに対して,同年の日本人の海外旅行先は,アジア地域が最も多く全体の約5割,ついで北米地域が約3割であった。この北米地域のうち,約97％が米国であり,その約47％がハワイ,約22％がグアムへの旅行者となり,この2地区が他を圧倒していた。

また,アジア地域では,台湾(全アジア旅行者の約28％),韓国(同約25％),香港(同約24％)の順で多く,ついでフィリピン,タイ,シンガポール,インドネシアとなっている(表6-24-1～3参照)。そして,このことから,黎明期の海外ホテルの所在地は,日本人が数多く来訪していた土地であったことが理解できよう。

また,海外進出の発展期において,ホテルの進出エリアが広域化した理由も,この日本人海外旅行者とその旅行先の関係から説明できよう。

表6-24-1　1975年におけるわが国人の旅行先の地域別割合　(％)

地域	北米	南米	欧州	アフリカ	中東	アジア	オセアニア	合計
割合	33.0	0.7	12.2	0.4	0.5	52.2	1.0	100.0

〈出所〉：総理府編(1977)『観光白書』。

表6-24-2 北米地域に占める米国のシェア　(%)

うち米国　97.2			
年　　度	1973年	1974年	1975年
米国内の内訳			
ハワイ	55.0	47.0	47.2
グアム	32.5	26.2	22.3
その他	12.5	26.8	30.5

〈出所〉：表6-24-1に同じ。

表6-24-3 アジア地域への旅行者に占める各国のシェア　(%)

国名	台湾	韓国	香港	フィリピン	タイ	シンガポール	インドネシア	その他	合計
割合	27.9	24.9	24.2	9.3	5.4	2.8	2.0	3.5	100.0

〈出所〉：表6-24-1に同じ。

表6-25 日本人海外旅行者の地域別シェアの推移　(%)

年度	北米	南米	欧州	アフリカ	アジア	オセアニア	合計
1970年	28.6	1.3	15.6	0.6	52.6	1.3	100.0
1980年	35.4	0.7	10.0	0.6	51.2	2.1	100.0
1990年	35.7	0.4	10.1	0.5	47.8	5.5	100.0
1995年	31.8	0.4	12.3	0.5	45.8	9.2	100.0

〈出所〉：表6-23に同じ。

表6-26 ホテル業の海外進出の過程，特徴とその促進要因

国際化の段階	黎　明　期	発　展　期
期　　　間	1970年代前半から80年代前半まで	1980年代後半以降
海外進出の促進要因	日本人海外旅行者の増大	
海外進出の特徴	米国，アジア中心の旅行	旅行先の広域化
	国内成長と歩調を合わせた海外進出	
	運営ホテルに対する所有権の存在	
	企業成長の初期段階での海外進出	ホテル立地の広域化，遠隔地化
	日本近郊へのホテル進出	海外ホテルチェーンの買収
	所有とマネジメントのみを行う海外進出の存在	

（筆者作成）

第7節 小 括　　　　　　　　　　275

　つまり，1990年代になるにつれ，70年代にはほとんど訪問しなかった南米やオセアニア地域にも日本人が出かけるようになり，次第にその旅行範囲が拡散している（表6-25参照）。そのため，この旅行先の拡散化にともない，海外ホテルの立地も広域化したと考えられる。

　そして，以上から，わが国のホテルの海外進出は，日本人海外旅行者の増加とともに成長し，わが国はその旅行先にホテルを展開してきたといえよう。

　ここまで，戦後のわが国に起こったホテルの海外進出の過程を歴史的に見直し，その特徴とそれを促した要因について考察を加えてきた。そこで，これらをまとめると，表6-26になる。

第7節　小　　括

1．ホテル業の海外進出を促進させた要因

　一般に，ある産業や企業が活動の場を海外に求める理由は，大別してふたつある。そのひとつは，市場の成熟化とそれにともなう競争の激化，施設の出店や開業に関する厳しい法規制の存在，または人件費の高騰による価格競争力の低下などの企業活動を阻害するなんらかの要因が国内に存在する場合である。そして，これに該当する事例として，わが国の製造業や小売業などを指摘できる。

　もうひとつの理由は，海外に有望な市場が存在し，その魅力に引きつけられたからである。ホテル業の海外進出は，これに相当する。つまり，1964（昭和39）年に海外旅行が自由化されたこと，また1972（昭和47）年に外貨持ち出し制限枠が撤廃されたこと，さらにジャンボジェットが就航し大量輸送が可能になったことにより，日本人海外旅行者が急増する。

　この結果，国内だけでなく，海外においても有望な宿泊市場が形成された。そして，この市場を目的にして，さまざまなホテル企業が海外に事業拠点を広げた。

2．わが国のホテル業の海外進出にみられる特徴

1963（昭和38）年の国際興業によるハワイ,オアフ島の「プリンセスカイウラニホテル」の買収にはじまり今日に至るわが国ホテル業の海外進出の過程を振り返ると，いくつかの特徴を見出すことができる。その特徴とは，以下になる。

① わが国のホテル業の海外進出が本格化するのは，1970年代以降である。そして，その時期は，同時に，国内のホテル市場も拡大していた。そのため，海外進出を志向するホテルは，国内，国外の2方面で同時並行的に，ホテルを展開していた。
② これまでのほとんどの海外ホテルは，直営方式，つまり日本の親会社が土地，建物を取得したうえで，現地に子会社を設立し，日々のオペレーションを行わせる方式により運営されていることである。逆に，他人の土地，建物を利用し，ホテルのオペレーションを受託する運営管理受託方式，またはフランチャイズ方式で海外ホテルを運営する事例は，少数派であった
③ わが国のホテル業は，ハワイやグアムなどの日本の近傍にまず進出し，時間の経過とともに遠隔地へと転進している。そして，それは，日本人海外旅行者の旅行先がそのように変化したからである。このことは，上述したホテル業の海外進出と海外旅行者とのあいだにみられる密接な関係を明示しており，興味深い。

注
1） ヤマトホテルの誕生と発展に関しては，南満州鉄道株式会社編（1937）『南満州鉄道株式会社三十年史』南満州鉄道株式会社，153～157頁を参照。
2） 運輸省鉄道総局観光課編（1946）『日本ホテル略史』運輸省鉄道鉄道局観光課，112頁。
3） 南満州鉄道株式会社編（1925）『営業一斑』南満州鉄道株式会社，187頁。
4） 朝鮮半島，台湾のホテルの事例については，運輸省（1946）前掲書を参照。
5） 朝鮮総督府鉄道局編（1929）『朝鮮鉄道史』朝鮮総督府鉄道局，532頁。
6） 昭和の戦争時代前期の事例については，運輸省（1946）前掲書を参照。
7） 株式会社第一ホテル編（1992）『夢を託して：第一ホテル社史』株式会社第一ホテル，

注　　　　　　　　　　　　　　　277

85 頁。
8） 同上 76 頁。
9） これは，マレー半島，ビルマ方面に派遣されていた第 25 軍軍政部が定めた「直営福祉施設経営要領」による。その詳細に関しては，株式会社帝国ホテル編（1990）『帝国ホテル百年史』株式会社帝国ホテル，434 頁を参照。
10） 株式会社第一ホテル前掲書，76 頁。
11） 総理府（1975）『観光白書（昭和 50 年度版）』大蔵省印刷局，105 頁。
12） 以下の記述は，株式会社国際興業社史編纂室編（1990）『国際興業五十年史』株式会社国際興業，63 〜 69 頁，および 323 〜 324 頁による。
13） 以下の記述は，第一ホテル前掲書，285 〜 289 頁による。
14） 以下の記述は，株式会社東急ホテルチェーン編（1981）『東急ホテルの歩み』株式会社東急ホテルチェーン，127 〜 131 頁による。
15） 以下の記述は，株式会社ホテルオークラ「ホテルオークラ事業史」編纂委員会編（1990）『ホテルオークラ ホテル産業の四半世紀』株式会社ホテルオークラ，180 〜 184 頁による。
16） 同上，187 頁。
17） 東急ホテルチェーン前掲書，129 頁，および 131 〜 132 頁。
18） 以下の記述は，日本航空株式会社編（1985）『日本航空史』日本航空株式会社，84 頁および奥村昭博・加藤幹雄（1989）『多国籍企業と国際組織』第一法規出版，233 〜 242 頁による。
19） 以下の記述は，東急ホテルチェーン前掲書，133 〜 134 頁，株式会社オータパブリケーション編（1995）『世界ホテル＆コンベンションディレクトリー』株式会社オータパブリケーション，122 頁および藤木二三雄（1986）「ホスピタリティで太平洋圏に拠点を展開するパン・パシフィック・ホテルズ」『知識』1986 年 12 月号，243 〜 254 頁を参照。
20） 以下の記述は，全日空 30 年史編集委員会編（1983）『限りなく大空へ　全日空の 30 年』全日本空輸株式会社および株式会社オータパブリケーション前掲書，67 頁を参照。
21） オータパブリケーション前掲書，76 頁。
22） 週刊東洋経済（1988）「青木建設 ウエスティン買収の"超ゼネコン"効果」1988 年 3 月 26 日号，62 〜 64 頁。
23） 由井常彦（1991）『セゾンの歴史 下巻』リブロポート，400 頁。

第7章
わが国ホテル業の海外進出とその課題(2)
―― 欧米との比較や今後の課題を中心にして ――

第1節　本章の目的

　前章では，わが国のホテル業の海外進出を歴史的に把握し，その特徴やそれを促した要因について考察した。しかしそれは，あくまでも「わが国」を対象にしたものであった。そのため，それらが，わが国固有のものであるのか，それとも他の国々と同様の傾向に従っていたのかについては，疑問が残る。

　そこで，本章の前段では，このホテル業の海外進出に関して，わが国と欧米とを対比し，その異同を観察する。そして，この比較検討を行う際の視点として，①第二次世界大戦前におけるホテルの海外進出の進捗度合い，②戦後における海外進出の始期と成長期，③海外進出の現状，④海外進出を促した要因，⑤海外ホテルの所在地と海外旅行者の旅行先との関係，⑥海外ホテルの運営形態，を抽出する。

　他方，本章の後段では，前段での国際比較を踏まえ，わが国ホテル業の今後の海外進出を予想するとともに，それを進展させるために解決すべき課題について言及したい。

第2節　ホテル業の海外進出に関するわが国と欧米との異同

1．第二次世界大戦以前の比較

欧米における戦前の海外進出

第2節 ホテル業の海外進出に関するわが国と欧米との異動

欧米のホテルは，19世紀後半になると，それまでの「家業」から脱却して，「産業」としての地位を確立する。そして，とくに米国では，国内の旺盛なホテル需要に支えられ，ホテルはより大規模化し，チェーン・オペレーションされるまでに成長，発展した。

しかし，そのような米国においても，また欧州においても，第二次世界大戦以前には，組織的な活動としてのホテル業の海外進出は，ほとんど生起していない。わずかに，スイスのホテル企業が1910年代に隣国のイタリアへ進出していたり（表7-1参照），米国系の資本がパナマとドミニカでホテル活動を行っていたという記録が残る程度である[1]。

表7-1 スイス企業によるイタリアへの投資額の推移（百万スイスフラン）

投　資　先	1912年	1913年	1914年
機械製造部門	1,400	1,500	2,000
電気機器部門	3,700	3,900	3,400
絹織物部門	—	—	300
チョコレート製造部門	2,000	2,000	2,000
ホテルおよび建設部門	19,600	19,600	20,000
その他	900	900	900
合　　　計	27,600	27,900	28,600

〈出所〉：Himmmel, E.（1922），*Industrielle Kapitalanlagen der Schweiz in Ausland*, Zurich, p.116.

このように戦前におけるホテル業の海外進出は，著しく不活発であった。そして，その理由として，海外直接投資に関する国家間の取り決めや制度の不備を指摘できる[2]。

一般にホテルは，土地，建物などへの巨額なイニシャルコストを必要とし，その回収に長い時間がかかる。それゆえ，海外ホテルの運営者は，一度開業したら，可能なかぎり長期間営業したいと考えるであろう。

ところが，外国資本に対する当時の政策は各国まちまちであり，そのうえそれは当該国の恣意によりしばしば変更された。これにより，海外ホテルは，いつまで安定的に事業活動を続けられるのかがわからなくなる。だから，その運営には，つねに高いリスクがつきまとっていた。そして，それは，ホテル運営者の海外投資意欲を著しく阻害した。

また一方で，各国にとってホテル業は，外貨獲得のための貴重な産業で

あったため，その保護を目的として，多くの国々が外国資本の参入を規制していた。この結果，ホテル企業には，適切な海外投資先もなかったのである。

戦前の海外進出に関するわが国と欧米との異同

このように，戦前の欧米では，ホテルが自国の国境を越えて海外に進出することは，きわめてまれな現象であった。また，進出した場合でも，上述した海外投資に対するリスクや参入規制により，ホテルが実際に立地した場所は，自国の植民地や自国が当該地の政治，経済に強い影響力を行使できるエリア，たとえば米国であればカリブ海の島々や中・南米など，であることが多かった。

この欧米の事例に対して，戦前のわが国の海外ホテルも，昭和の「戦争時代後期」を除けば，その数はきわめて少なかった。そのうえそれらは，しばしばわが国の植民地や勢力圏内に組み入れた諸地域に立地していた（第6章第3節参照）。

以上から，第二次世界大戦以前のホテル業の海外進出をわが国と欧米で比較すれば，その進捗度合いや進出地の点で，両者のあいだに大差がないことがわかる。ただし，海外ホテルの開発者については，明らかな相違が見出せる。つまり，わが国では，植民地行政機関や植民地政策を支援する国策企業が海外ホテルの開発を主導していた。しかし，欧米では，もっぱら個人の事業家によって担われている。

2．始期に関する比較

欧米における始期

他方，戦後の欧米におけるホテル業の海外進出は，1940年代後半から開始された。だがそれは，広く欧米全体でみられた現象ではなく，米国のホテルによってもたらされたものにすぎない。そして，その米国のなかでも，「インターコンチネンタルホテル」と「ヒルトンインターナショナル」は，この分野における先駆者であり，初期の海外進出を支えた原動力であった。

第2節 ホテル業の海外進出に関するわが国と欧米との異動

このインターコンチネンタルホテルは，1946（昭和26）年にパンアメリカン航空の100％子会社として設立された。また，ヒルトンインターナショナルは，米国チェーンホテルを代表する「ヒルトンホテル」が，海外ホテルの開発，運営のために，1947（昭和22）年に創立した企業である。

前者の海外ホテル第1号店は，ブラジル・ベレムルで1946（昭和21）年に開業した「グランドホテル」であり，ウルグアイ・モンテビデオの「ビクトリアプラザホテル」，チリ・サンチャゴの「キャメラホテル」やコロンビア・ボゴタの「ホテルテクウェンダーマ」などがこれにつづく[3]。

その後，同社は，上述の中・南米だけでなく，オセアニアを除き，欧州，アフリカから中東やアジアを包含するホテル網を構築した。そして，1960年代末までに，世界各地に47ホテルを有する繁栄ぶりを示した。まさに，その社名どおりのグローバルホテルチェーンになったのである（表7-2参照）。

表7-2 1969年現在でのインターコンチネンタルホテルの地域別ホテル数とその割合

地域	北米	南米	欧州	アフリカ	中東	アジア	オセアニア	合計
ホテル数	6	7	9	6	3	16	0	47
シェア%	12.8	14.9	19.1	12.8	6.4	34.0	0	100.0

〈出所〉：Cornell Hotel and Restaurant Administration Quarterly Journal (1970), "US Hotel Chains Circle Global", *Cornell Hotel and Restaurant Administration Quarterly Journal*, Feb., pp.10-13.

これに対して，後者のヒルトンインターナショナルは，1947（昭和22）年7月に開業した「プエルトリコヒルトン」を手始めとして，主に北米や欧州を中心にホテルを展開していた。そして，同社は，1967（昭和42）年に米国のトランスワールド航空に買収されたものの，1960年代末には，やはりインターコンチネンタルホテルと同様，海外に45軒のホテルを擁するまでに成長した（表7-3参照）。

表7-3 1969年末現在でのヒルトンインターナショナルの地域別ホテル数とその割合

地域	北米	南米	欧州	アフリカ	中東	アジア	オセアニア	合計
ホテル数	15	1	13	7	4	5	0	45
シェア%	33.3	2.2	28.9	15.6	9.0	11.0	0	100.0

〈出所〉：表7-2に同じ。

このように、米国のホテルは、戦後いち早く海外進出を果たし、1970年代に入るまでのあいだに、世界の主要都市で着々とそのネットワークを拡張していた。しかし、米国以外の欧米のホテルが、その活動領域をはじめて海外に伸展できたのは、米国に10年から20年近く遅れた1960年代から1970年代初頭にかけてである。

そして、この遅れは、それらの国々がこの時点まで第二次世界大戦後の疲弊のさなかにあり、国内経済の復興に追われていたからにほかならない。つまり、海外に出るだけの余力がなかったのである。

たとえば、英国の代表的なホテル企業である「ホルテ」は、1963（昭和38）年にスペインの「イベリア地中海ホテル社」を買収することにより、はじめて海外ホテルの運営に着手した[4]。

また、同社は、1966（昭和41）年フランスのパリに所在する高級ホテル「ジョルジョサンク」や「プラザアテネ」などの3ホテルを買収し、フランス進出を果たした[5]。しかし、同社が本格的に欧州大陸へチェーン網を拡げるのは、1973（昭和48）年のEEC（欧州経済共同体）設立以降である[6]。

一方、ホルテ社が北米地域に向けて海外進出の端緒をひらいたのは、米国

表7-4　ノボテル社の各国進出年度一覧

進出地域	国名	進出年度	ホテル名
欧州地域	スイス	1972年	ノボテル・ヌーシャンテル
	オーストリア	1974年	ノボテル・ウィーン西
	ベルギー	1972年	ノボテル・ブリュセル
	ブルガリア	1977年	ノボテル・ヨーロッパ
	ドイツ	1972年	ノボテル・ノイス
	イタリア	1979年	ノボテル・ボローニャ
	オランダ	1971年	ノボテル・アムステルダム
	イギリス	1973年	ノボテル・ロンドン
北米地域	米国	1984年	ノボテル・ニューヨーク
	カナダ	1985年	ノボテル・ミシサーガ
その他の地域	ブラジル	1976年	ノボテル・サンパウロ
	コンゴ	1976年	ノボテル・ボアントノアール
	カメルーン	1976年	ノボテル・ドーアラ
	エジプト	1981年	ノボテル・カイロ
	マレーシア	1985年	ノボテル・ペナン
	中国	1990年	ノボテル・上海

〈出所〉：株式会社オータパブリケーション編（1995）『世界ホテル＆コンベンションデレクトリー』。

カリフォルニア州を拠点とする「トラベロッジ」の支配株式を取得した 1970（昭和 45）年からであった[7]。

これに対して，フランスの「ノボテル」は，1991（平成 3）年現在，海外に 141 のホテルを展開している[8]。そして，同時点で現存するこれらの海外ホテルを対象にして，同社が各国にはじめて進出した年度を調べると，そのほとんどが 1970 年代以降であることがわかる（表 7-4 参照）。

3．成長期に関する比較

欧米における海外進出の成長期

このように，欧米ホテルの海外進出の始期に関しては，米国とイギリス，フランスのあいだには，かなりのタイムラグが存在している。しかし，それらは，1980 年代になると，その国籍を問わず，等しく海外進出の度合いを高めていく。

たとえば，米国の「ホリデーイン」は，1978（昭和 53）年の時点で 114 軒あった海外ホテルが，1989（平成元）年には 177 軒となり，55％も増加した。また，フランスのノボテルは，同時期に 45 軒から 263 軒へと急増している。そして，その他の主要な欧米のホテルからも，同様な傾向を観察す

表 7-5　欧米主要ホテルにおける海外ホテル数の推移とその増減

ホ　テ　ル　名	1978 年	1989 年	増加率 89 年／78 年
ホリデーイン	114	177	＋55％
ノボテル	45	263	＋484％
ヒルトンインターナショナル	72	102	＋42％
シェラトン	72	99	＋38％
地中海クラブ	56	102	＋82％
フォルテ	53	56	＋6％
インターコンチネンタル	45	263	＋484％
トラベロッジ	34	506	＋1,488％
ラマダ	33	100	＋203％
ハイアット	26	63	＋142％

〈出所〉：1978 年の数値は，Dunning, J. H. & McQueen, M.（1982），"Multinational Corporation in the International Hotel Industry", *Annals of Tourism Research*, Vol.9, pp.23-45 による。また，1989 年は，Littlejohn, D. & Roper, A.（1996），"Changes in International Hotel Companies", in R. Teare & A. Boer eds., *Strategic Hospitality Management*, Casell, pp.64-86 による。

ることができる（表7-5参照）。

始期と成長期に関するわが国と欧米との異同

以上から，ホテル業の海外進出の始期と成長期に関して，わが国と欧米とを比較すれば，以下になる。

① わが国のホテルの海外進出は，1960年代の前半にやっとスタートしたばかりであった（第6章第4節参照）。それゆえそれは，米国に対して15年近く遅れをとっている。しかし，欧米のなかでも，イギリスやフランスなどの非米国の国々とわが国では，おおよそ同時期に海外進出が始動されている。

② 一方，わが国の海外進出は，1980年代中頃に急速に高度化した（第6章表6-3参照）。そのため，若干の前後関係はあるものの，わが国と欧米のホテルは，ほぼ同時に海外進出の成長期を迎えたことがわかる。

4．現状比較

欧米における進捗度合い

このように，戦後のホテル業の海外進出は，米国が先行し，イギリス，フランスやわが国がかなり遅れてそれに追随した。このため，ホテル業の海外進出の初期段階は米国の独壇場であった。そして，上述したインターコンチネンタルホテルやヒルトンインターナショナルのような米国のホテル企業は，1960年代末までに世界の各地に基礎的な地歩を築き終わっていた。

その結果，たとえば，国際連合が1,025軒の海外ホテルを対象にして1978（昭和53）年に行った調査によると，その約50％，またそれらが有する全客室の56％は，米国のホテル企業によって運営されていた。そして，この米国にイギリス，フランスがつづき，それぞれホテル数で全体の約15％，客室数で12〜13％を占めていた。

他方，わが国は，これら3国に大きく引き離され，ホテル数では，米国の25分の1，客室数では20分の1にすぎなかった。またフランス，イギリスと比較してみても，ホテル数，客室数は，それぞれ7分の1以下，3分の1

第2節 ホテル業の海外進出に関するわが国と欧米との異動　285

以下であった（表7-6参照）。

表7-6　海外ホテルに占める欧米諸国および日本のシェア（1978年時点）　（％）

国　名	米国	フランス	イギリス	日本	アイルランド	カナダ	その他
ホテル軒数	49.6	15.2	14.5	2.2	2.3	2.5	13.7
客室数	56.2	13.1	11.7	3.4	2.6	2.3	10.7

〈出所〉：United Nations (1978), *Transnational Corporations in International Tourism*, United Nations.

この順位は，1990年代になっても，ほとんど変化していない。つまり，1991（平成3）年現在の米国では，「ITTシェラトン」，「ホリデーイン」や

表7-7　欧米主要ホテルの海外ホテル数・客室数とその海外進出比率の比較

国　名	ホテル名	ホテル数（海外進出比率）	客室数（海外進出比率）
米　国	ITTシェラトン	128　(30.7)	47,900　(34.8)
	チョイスインターナショナル	145　(6.9)	13,892　(7.0)
	ホリデーイン	228　(20.3)	43,822　(19.1)
	ハイアット	56　(34.8)	20,871　(27.3)
フランス	アイビス	49　(12.3)	6,844　(23.7)
	フルマン	133　(47.5)	18,114　(19.5)
	ソフィテル	29　(51.8)	6,606　(61.3)
	メリディアン	48　(90.6)	15,321　(84.3)
	ノボテル	141　(57.3)	23,704　(64.9)
イギリス	クイーンモートハウス	70　(41.4)	9,584　(49.4)
	フォルテ	36　(15.9)	6,029　(20.0)
	ヒルトンインターナショナル	107　(90.7)	40,210　(91.8)
ド　イ　ツ	ケピンスキーホテル	8　(66.7)	2,364　(66.2)
	スタインディックホテル	8　(22.9)	1,424　(23.8)
	ドリトンホテルズ	6　(17.1)	210　(45.2)
	グルンディックホテル	3　(50.0)	778　(16.8)
	ペンタホテルズ	6　(17.1)	1,180　(19.9)
アイルランド	ドイルホテル	2　(23.3)	293　(17.5)
	ジューリーホテル	1　(20.0)	137　(14.6)
	リャンホテル	2　(20.0)	174　(12.4)
日　本	ニッコーホテル	19　(67.9)	8,633　(75.3)
	パンパシフィックホテル	17　(98.4)	6,381　(94.0)
	ANAホテル	7　(22.6)	3,002　(30.1)
	プリンスホテル	7　(11.1)	2,199　(12.2)

〈注〉：国際化比率とは，海外にあるホテル軒数または客室数を国内，海外にある総ホテル軒数または総客室数で除した割合を示す。この数値が高いほど，海外進出が進展していると考えられる。

〈出所〉：Harrison, L. & Johnson, K. (1992), *International Hotel Group Directory*, The Politechnic of Huddersfield & Paribs Capital Market Group.

「チョイスインターナショナル」などのホテルが，それぞれ100軒以上の海外ホテルを運営している。また，フランスでも，米国ほど企業数は多くないが，「フルマン」と「ノボテル」の2社がやはり100軒超の海外ホテルを有している（表7-7参照）。

進捗度合いに関するわが国と欧米との異同

ところが，わが国では，最大規模でも「ニッコーホテル」の19軒にすぎない。ただし，わが国は，ホテル数，客室数の両面で，ドイツやアイルランドなどの国々よりも多くなっている。

この結果，わが国の海外進出の現状をグローバルな視点から見たときそれは，トップを走る米国，2位グループを形成するフランス，イギリスからかなり引き離されているものの，その他の欧米諸国よりは先行しており，第4位程度に位置していると推測される。

5．促進要因の比較

欧米における要因

前述のように，欧米におけるホテル業の海外進出は，1980年代に急速に進んだ。しかしそれは，各国の国内市場の成熟化や有望なホテル立地の希少化などの原因から国内市場を見限り，新たな成長の機会を海外に求めた結果ではない。

市場の成熟化に関して述べれば，たとえばイギリスでは，1980年代後半から海外進出が活発化したが，その当時の国内ホテル市場における集中化度合いは20％程度にすぎなかった。また，欧州大陸のそれは，イギリスよりもなお一層低かった[9]。

一方，1980年代後半の米国では，ホリデーインやマリオットなどの有力なホテル企業が市場の60％をコントロールしていたことをもって，それが成熟段階に達したと考えられていた[10]。

しかし，米国では，国内のホテル市場の規模が，1960年代から1990年代に至るまで，ほぼ毎年のように伸長している。つまり，この期間でホテルの

客室数は，215万4,000室から317万2,000室へと，約1.5倍になった。そして，それに対する需要量も，136万6,000室から223万7,000室へと，約1.6倍に増大している（表7-8参照）。

表7-8　米国のホテル客室に対する供給と需要の推移　　　（千室）

年　度	1965年	1971年	1977年	1983年	1989年	1992年
供給客室数	2,154	2,316	2,333	2,502	2,995	3,172
需要客室数	1,366	1,355	1,530	1,561	1,911	2,237

〈出所〉：Culligan, P. E. (1990), "Looking Up：Lodging Supply & Demand", *Cornell Hotel and Restaurant Administration Quarterly*, Vol.31, Aug., p.32.

このことから，過去最も積極的に海外進出を試みていた米国においても，国内市場は同時に拡大していたことがわかる。

それゆえ，ホテル業の海外進出を促した要因を国内市場の閉塞性に求めることができないと思われる。むしろそれは，海外旅行者の急増に起因すると解釈すべきである[11]。そしてそのように解釈すると，戦後のホテル業の海外進出，とくに1950年代から1960年代のそれを米国のホテル企業が主導した理由も，理解できる。

つまり，その時代気軽に海外旅行を行うだけの経済的な余裕があった国民は，米国人のみであったからである。事実，1969（昭和44）年全世界で約200億米ドル（航空費を含む）が国際旅行（ビジネスを含む）で消費されたが，そのうちの4分の1は米国人が支出している[12]。

また，海外へ出た米国人は，訪問先の文化や自然に接したり，娯楽を楽しんだりするとともに，滞在するホテルの設備や提供されるサービスの内容が米国式であること，およびホテル館内で米国語が通用することを強く望んでいた[13]。

そこで，この米国人の希望を実現するために，各国はそれを熟知する米国のホテル企業をこぞって誘致した。そして，それが，上述した米国の国際的な優位性を生み出したといえる。

さらに，1980年代の欧米においてホテル業の海外進出が頻発した理由も，この海外旅行者により説明できる。全世界の海外旅行者数は，1980（昭和55）年から1990（平成2）年までに，2億8,400万人から4億5,600万人に

増加した。つまり，この10年間で，1億7,200万人が新たに追加された（表7-9参照）。

この追加分は，それまでの歴史のなかで最大の数値である。そして，この大量に発生した海外旅行者を獲得するために，各国のホテルは，その旅行者を追いかけて，国内から外国へ出ていったのである。

表7-9　全世界における海外旅行者数の推移　　　（千人）

年　　　　度	1950年	1960年	1970年	1980年	1990年
海 外 旅 行 者 数	25,282	69,320	165,787	284,282	455,812
10年前に対する増減	−	44,038	96,467	118,495	171,530

〈注〉：上記数値は，外国に1泊以上滞在する旅行者を示し，非観光目的のものを含む。
〈出所〉：World Tourism Organization (1994), *Yearbook of Tourism Statistics* (47th Ed.), World Tourism Organization.

促進要因に関するわが国と欧米との異同

以上，欧米のホテル業の海外進出を促した要因について検討した。その結果，そこにおける海外進出は，停滞し，不活発な国内市場から「押し出されて」，やむなく起きたものではないことがわかる。むしろそれは，わが国と同様，増大する海外旅行者に「引き寄せられて」発生したといえよう（第6章第6節参照）。

6．海外ホテルの所在地と海外旅行者の旅行先に関する比較

欧米における海外ホテルの所在地と海外旅行者の旅行先との関係

欧米の海外ホテルの所在地と当該国の海外旅行者の旅行先とのあいだに，わが国でみられたような相関性があるのか，いなかを検証するのがここでの課題である（第6章第6節参照）。この点に関して，たとえば米国の「ITTシェラトン社」を事例に説明すれば，つぎのようになる。

同社は，1991（平成3）年現在，米国以外の国々に128ホテルをもち，そのホテル網は世界をくまなく覆っている。しかし，1969（昭和44）年時点でのそれは，まだ27軒しかなかった。そのうえ，これら海外ホテルの約8割は，カナダ，メキシコなどの北米に所在していた（表7-10参照）。

第2節　ホテル業の海外進出に関するわが国と欧米との異動　　289

表7-10　ITTシェラトンの地域別の海外ホテル数

1991年								
地　域	北　米	南　米	欧　州	アフリカ	中　東	アジア	オセアニア	合　計
ホテル数	25	6	26	16	18	23	14	128
シェア%	19.5	4.7	20.3	12.5	14.1	18.0	10.9	100.0
1969年								
地　域	北　米	南　米	欧　州	アフリカ	中　東	アジア	オセアニア	合　計
ホテル数	21	3	0	0	1	0	2	27
シェア%	77.8	11.1	0	0	3.7	0	7.4	100.0

〈出所〉：1991年は，表7-7に同じ。また，1969年は，表7-2に同じ。

　このことから，ITTシェラトン社は，自国の近隣地域へまず進出し，次第に遠隔地へ向かい，グローバル化していったことが理解できよう。そして，同社のホテル展開の力点が北米からそれ以外のエリアへ移行していたとき同時に，米国人の海外旅行先も多様化しはじめている。
　なぜなら，米国人の海外旅行に占める北米のシェアは，1965（昭和40）年には8割以上あったが，1990（平成2）年のそれは約6割に下落しているからである。これに対して，欧州や南米のシェアは，この間でほぼ倍増しており，またそれ以外の地域でも3.6倍になっている（表7-11参照）。

表7-11　米国人の海外旅行先別の旅行者数　　　　　　（千人）

地　域	1965年	1985年	1990年
北　米	12,230　（83.2）	22,019　（63.4）	28,633　（64.2）
欧　州	1,400　（9.5）	6,780　（19.5）	8,043　（18.0）
中・南米	775　（5.3）	3,592　（10.4）	4,749　（10.6）
その他	300　（2.0）	2,324　（6.7）	3,198　（7.2）
合　計	14,705　（100.0）	34,715　（100.0）	44,623　（100.0）

〈出所〉：1965年は，国際観光振興会編（1967）『JNTO白書』交通観光サービス，126頁による。また，1985年，1990年は，合衆国国務省編（斎藤真・鳥居泰彦監訳）（1995）『アメリカ歴史統計』266頁による。

　一方，ホテル業が海外進出する際，それは自国の周辺の国々へまず進出し，時間の経過とともにより遠い地域へ移るという上述した現象は，米国の「ITTシェラトン」ばかりでなく，カナダに本拠を置く「フォーシーズン」においても見出すことができる。
　同社は，1963（昭和38）年にトロントで，その歴史の第一歩を刻んだ。その後，1970（昭和45）年にイギリスのロンドンに進出する。だが，それ

以降の海外ホテルの開発は，一貫して隣国である米国内で行われた。そして，1977（昭和52）年にはじめて米国市場へ参入してから1990年に至るまでの13年間で，シカゴ，ワシントンD. C., ニューヨークなどの主要都市に13ホテルを展開するまでに成長した（表7-12参照）。

しかし，フォーシーズンは，この間その他の国々にはまったく見向きもせずに，すべての海外ホテルの開発を米国で行った。そして，この国で地歩を築き上げたのちに，やっとアジアや欧州へと転進している。

このように，フォーシーズンが米国に固執した理由も，米国市場の豊かさに加えて，カナダ人海外旅行者の9割以上が米国を訪れていたからであると思慮する（表7-13参照）。

表7-12 フォーシーズンの海外ホテルの開業年度と所在地

開業年度	進　出　国　・　都　市　名	開業年度	進　出　国　・　都　市　名
1970年	英国　ロンドン	1990年	米国　　　　ハワイ　マウイ
1977年	米国　シカゴ	1991年	西インド　　ネビス
1978年	米国　サンアントニオ	1993年	米国　　　　ニューヨーク
1979年	米国　ワシントンDC	1993年	イタリア　　ミラノ
1982年	米国　ニューヨーク	1993年	インドネシア　バリ
1982年	米国　ヒューストン	1993年	日本　　　　東京
1983年	米国　フィラデルフィア	1994年	メキシコ　　メキシコシティ
1985年	米国　ボストン	1994年	シンガポール　シンガポール
1986年	米国　オースチン	1994年	タイ　　　　チェンマイ
1986年	米国　ニューポートビーチ	1995年	インドネシア　ジャカルタ
1986年	米国　ザ・クリフ	1995年	トルコ　　　イスタンブール
1986年	米国　ラスコリンズ	1996年	ドイツ　　　ベルリン
1987年	米国　サンタバーバラ	1996年	米国　　　　ハワイ

〈出所〉：Go, F., Choi, F. & Chan, C. (1996), "Four Season — Regents : Building a Global Presence in the Luxury Market", *Cornell Hotel and Restaurant Administration Quarterly Journal*, Vol.37, Aug., pp.58-65.

表7-13 カナダ人の海外旅行者数と米国のシェア　　　　　　　　　（千人）

年　　度	1989年	1990年	1991年
海外旅行者総数	18,322　（100.0）	20,415　（100.0）	21,937　（100.0）
うち米国へ	17,263　（94.2）	19,113　（93.6）	18,598　（84.8）

〈出所〉：国際観光振興会編（1996）『JNTO国際観光白書　世界と日本の国際交流の動向』財団法人国際観光サービス協会，191～191頁。

さらに，このフォーシーズン社と似た現象は，フランスの「ノボテル社」やイタリアの「チガホテル社」においても発見できる。たとえば，1991（平

成3）年現在，前者は，139軒の海外ホテルを擁しているが，その約63％は欧州内にある。また，同年のフランス人海外旅行者の約79％は，欧州内の国々を訪れていた（表7-14参照）。

表7-14 ノボテル社の海外ホテル数の分布とフランス人の海外旅行先との関係（1991年現在）

地　　域	北　米	南　米	欧州	アフリカ	中東	アジア	オセアニア	合　計
ホテル数（軒）	8	12	87	17	7	8	0	139
そのシェア％	5.8	8.6	62.6	12.2	5.0	5.8	0	100.0
旅行者数（千人）	1,543	—	15,921	1,666	198	778	70	20,176
そのシェア％	7.6	—	78.9	8.3	1.0	3.9	0.3	100.0

〈出所〉：ノボテル社のホテル数は，表7-7による。また，フランス人海外旅行者数は，表7-13，233頁による。

他方，チガホテル社は，1991年に海外で12ホテルを有していたが，そのすべてが欧州内にあった（表7-15参照）。そして，それらが所在する国々は同時に，多くのイタリア人に好まれていた海外旅行先でもあった（表7-16参照）。

表7-15 イタリア「チガ」ホテルの国別の海外ホテル数

地　　域	オーストリア	スペイン	フランス	オランダ	合　計
ホテル数	3	7	1	1	12
シェア	25.0	58.4	8.3	8.3	100.0

〈出所〉：表7-7に同じ。

表7-16 イタリアの欧州内旅行先の上位5ヵ国　　　　（千人）

フランス	スペイン	オーストリア	クロアチア	ドイツ
5,656	1,657	1,185	1,048	912

〈出所〉：表7-13に同じ，243～244頁。

ホテルの所在地と海外旅行先との関係に関する異同

以上から，欧米のホテルが海外進出を果たすときには，まず自国の近隣諸国に進出していたことが理解できる。それは，自国民がそれら国々をしばしば訪れていたからである。

そして，上述したITTシェラトンやフォーシーズンのように，海外でのホテル運営の経験が蓄積されるにしたがい，その近隣地から一歩踏み出して，より遠隔な土地を選び，海外進出を進展させる傾向が見られた。そして，こ

の傾向は，わが国において見られた現象と非常に類似している（第6章第6節参照）。

7．運営形態に関する比較

欧米における運営形態

上記の結果から，ホテルが海外進出を図るとき，それはどこに進出地を選ぶのかという問題に関して，欧米においてもわが国と同様の選択基準，つまり，「自国民が好む海外旅行先にホテルを展開する」に従うことがわかった。そこで，つぎに，そのような欧米の海外ホテルが，どのような形態で運営されているのかについて論述する。

第1に指摘できることは，米国のホテルが海外に進出する際には，運営管理受託方式を利用することが多い，ということである（表7-17参照）。そのうえ，米国のホテルは，この方式を採択しても，ほとんどの場合で，当該ホテルに対して一切の資本投資を行っていない。

これに対して，米国では，直営方式を採択して海外ホテルに取り組む事例は相対的に少ない。ただし，自社でホテルを建設し，完成後にそれを第3者に売却することは，しばしば見受けられる。そのようなときでも，ホテルの運営管理を長期間受託することが売却条件になっている[14]。

表7-17 米国の海外ホテルの運営形態　　　　（％）

運営形態	運営管理受託方式	テナント方式	フランチャイズ方式	直営方式	合計
割合	44.0	20.0	19.7	16.3	100.0

〈出所〉：Crawford-Welch, S. (1996), "International Marketing in the Hospitality Industry", in R. Teare & A. Boer eds., *Strategic Hospitality Management*, Casell, p.183.

上記の運営管理受託方式に関して，たとえばヒルトンインターナショナルは，委託先と50年間にわたる長期契約をしばしば締結している。そして，同社は，ホテルの売上高の3～5％に，営業利益の10％を加算した金額を運営受託料として獲得している。また，ホテルオーナーがヒルトンインターナショナルと結ぶ契約書には，解約条項も，売上保証条項もなく，ヒルトン側に有利に構成されている[15]。

第2節 ホテル業の海外進出に関するわが国と欧米との異動　293

　このような運営管理受託方式を活用できれば，ホテル企業は，海外でホテルを運営するリスクを大幅に軽減することができる。また，この方式によれば，ホテル開発費が格安ですむため，一度に多くのホテルを開業することが可能になる。さらに，安定的な収入が約束されるため，企業全体の収益性を高めることもできる。

　この収益性の高さについて，同手法をしばしば利用する米国の「ハイアットインターナショナル」を事例にして説明すれば，つぎになる。同社は，1969（昭和44）年にはじめて海外でのホテル運営に乗り出した。ところが，その後のわずか10年間で20軒のホテルを擁するまでに成長した。そして，1979（昭和54）年の同社の純利益は，売上高の約22％に達している（表7-18参照）。

　このように，ハイアットインターナショナル社は，運営管理受託方式により，短期間で基礎的なホテル網を確立できた。そのうえ，それは，同社に高い利益をもたらしたといえよう。

表7-18　ハイアットインターナショナルの損益

年　度	1977年		1978年		1979年	
売　上　高	7,600	(100.0)	10,945	(100.0)	10,458	(100.0)
運営管理受託料	4,622	(60.8)	6,034	(60.8)	8,098	(60.8)
技術指導料	1,739	(22.9)	1,249	(11.4)	588	(5.6)
その他	1,239	(16.3)	3,662	(33.5)	1,772	(17.0)
費　　用	4,439	(58.4)	5,951	(54.4)	6,031	(57.7)
人件費	997	(12.9)	1,121	(10.2)	1,850	(17.7)
コンサルティング費	312	(4.1)	633	(5.8)	628	(6.0)
旅費・プロジェクト費	212	(2.8)	235	(2.1)	399	(3.8)
一般管理費	734	(9.7)	1,013	(9.3)	1,506	(14.4)
減価償却費	99	(1.3)	95	(0.9)	103	(1.0)
その他	2,085	(27.4)	2,854	(26.1)	1,545	(14.8)
税引き前利益	3,161	(41.6)	4,994	(45.6)	4,427	(42.3)
純利益	2,018	(26.6)	3,452	(31.5)	2,278	(21.8)

〈注〉：カッコ内の数値は，売上高に対する構成比を示す。
〈出所〉：柴田書店編（1982）『ホテル旅館年鑑』柴田書店，167頁。

　さらに，運営管理受託方式は，とくに米国のホテルが発展途上国に進出する場合にはかならずといっても過言ではないほど採用されている。そして，この背後には，そのような地域でのホテル需要がかならずしも安定していな

いため，ホテル運営上のリスクを軽減したいとする意図がある。他方，テナント方式やフランチャイズ方式は，進出先が先進国であり，安定した売上が見込みやすい地域で使用されている[16]。

どちらにしても，米国のホテルは，海外ホテルの運営を主として運営管理受託方式で行いながら，その立地によってはテナント方式やフランチャイズ方式を使い分けているといえよう。

これに対して，イギリスでは，しばしば海外ホテルを合弁や自力で開発している。たとえば，同国のフォルテは，イタリアの「アジプ」との合弁により，イタリア国内でホテルを開発している。しかし，フォルテは，この合弁にとどまらず，海外ホテルに対してなんらかの所有権を取得し，運営することが多い[17]。

他方，フランスの「アコー」は，それが展開するホテルブランドごとに運営形態が異なっている。たとえば，「プルマン」や「モーテル6」は，直営方式が多いし，「フォーミュラー1」では，主にフランチャイズ方式が採択されている[18]。

国内ホテルと海外ホテルにみられる運営形態上の関連性

このような米国，イギリスとフランスにおける海外ホテルの運営形態上の差異は，それぞれの国内市場におけるホテルの運営形態に影響されているのではないかと推察される。

たとえば米国では，国内の全ホテルの7割がフランチャイズ方式，2割が運営管理受託方式で運営され，直営方式は全体の1割にも満たない（表7-19参照）。つまり，米国の国内では，9割以上のホテルが，それに関してなんらの所有関係を有しない会社によって運営されている。

米国においてフランチャイズ方式や運営管理受託方式が主流であることは，同国ではホテル・マネジメントがノウハウとして蓄積され，それを他者に伝達する方式が確立されているからであると思われる。

そのため，各ホテルのオーナーは，ホテル運営会社の手腕に期待し，自己の資産を有効に活用してくれる良きパートナーと認めている。そして，この信頼感は，米国内ばかりでなく，海外においても浸透しているのではないか。

だから，米国のホテルは，自分自身でホテルを開発せずに，他人の資本を利用して，その系列ホテルを海外にも増殖することができたのであろう。

表7-19 米国国内におけるホテルの運営形態　　　　　　(%)

運営形態	運営管理受託方式	テナント方式	フランチャイズ方式	直営方式	合計
割合	20.5	1.8	70.8	6.9	100.0

〈出所〉：Slatter, P. (1996), "International Development of Hotel Chains", in R. Kotas, R. Teare, J. Logie, C. Jayawardena & J. Bowen eds., *International Hospitality Business*, Casell, pp.33-34.

これに反して，イギリス国内では，ホテルの運営形態のうち，直営方式が全体の約84％を占め，フランチャイズ方式と運営管理受託方式は，両者を合計しても全体の約5％にすぎない（表7-20参照）。

つまり，イギリスでは，米国で観察されたホテルの所有，マネジメントとオペレーションの分離がほとんど進んでいない。それゆえ，この構造が，上述したフォルテでみられたように，海外においても引き継がれているのだと思慮される。

表7-20 イギリス国内におけるホテルの運営形態　　　　　(%)

運営形態	運営管理受託方式	テナント方式	フランチャイズ方式	直営方式	合計
割合	4.4	9.7	1.1	84.8	100.0

〈出所〉：Littlejohn, D. (1996), "Hotel Chains and Their Strategic Appraisal", in M. Foley et al. eds., *Hospitality, Tourism and Liesure Management*, Casell, p.243.

他方，フランス国内におけるホテルの運営形態は，前述の米国とイギリスの中間にある。つまり，同国では，テナント方式はほとんどみられないものの，直営方式とフランチャイズ方式がそれぞれ全体の約4割を占める。そして，これらについで，運営管理受託方式が約2割になっている（表7-21参照）。そのため，この国内市場での多様性が反映されて，上述したアコーは，さまざまな形態により海外ホテルを運営しているものと推察される。

表7-21 フランス国内におけるホテルの運営形態　　　　　(%)

運営形態	運営管理受託方式	テナント方式	フランチャイズ方式	直営方式	合計
割合	19.5	0.6	40.8	39.1	100.0

〈出所〉：表7-20に同じ。

運営形態に関するわが国と欧米との異同

このように，欧米における海外ホテルの運営形態は，かならずしも一様ではない。むしろそれは，各国の国内市場でみられるホテル運営手法に影響さ

表7-22 ホテルの海外進出に関するわが国と欧米との類似点と相違点

比較項目	類似点	相違点
戦前の進出事例	進出事例は少ない。進出地は，植民地や自国の勢力圏内であることが多い。	わが国の海外ホテルの開発は，植民地行政機関などの特殊な組織によってしばしば担われた。
海外進出の始期	わが国のホテルの海外進出は，米国に遅れたものの，イギリスやフランスとはほぼ同時に，1960年代から1970年代前半に開始された。	米国のホテルの海外進出は，1940年代の後半から1950年代前半にはじまった。これに対し，わが国の海外進出の始期は，15年以上遅れていた。
海外進出の成長期	わが国も，欧米のホテルも，ほぼ1980年代にその海外進出が急速に進展した。	なし
海外進出の現状	なし	わが国のホテルの海外進出進捗度合いは，米国に大きく遅れをとっている。また，フランス，イギリスにも遅れている。しかし，その他の欧米の国々よりも進んでおり，わが国は，この3ヵ国につぐ地位を占めている。
海外進出を促した要因	わが国においても，欧米においても，ホテルの海外進出は，国内市場に起因するものではなく，増大する海外旅行者がもたらしている。	なし
海外ホテルの所在地	海外ホテルは，わが国も，欧米も，自国の海外旅行者がしばしば訪問する国に多く所在する。海外旅行者の旅行先が多様化するにしたがい，ホテルの立地が遠隔地化する傾向がある。	なし
海外ホテルの運営形態	わが国の海外ホテルの運営形態は，米国とは異なるものの，イギリスのそれとは類似している。この運営形態は，国内市場での運営形態に影響されているように思われる。	わが国は，運営する海外ホテルに対して，なんらかの所有権を有する場合が多い。しかし，米国のホテルでは，そのような所有権は，ほとんどみられない。

(筆者作成)

れているのではなかろうか。これを換言すれば，国内市場で主流である運営形態が，海外でもしばしば利用されているといえよう。

そして，この結果と前章で論述したわが国の事例とを比較すると，わが国は運営する海外ホテルに対して所有権を有する場合が多かったことから，イギリス型の運営形態を選んでいることがわかる。

そして，わが国では，イギリスと同様，国内市場でのホテル運営形態がもっぱら直営方式であり，フランチャイズ方式や運営管理受託方式は例外的である。それゆえ，わが国も，国内でのホテル運営手法を海外においても流用していると見受けられる。

以上，わが国と欧米のホテルの海外進出を比較したが，それをまとめると表7-22になる。

第3節　わが国ホテル業が直面する海外進出上の課題

前節では，ホテル業の海外進出に関するわが国と欧米の異同を論述した。そこで，本節では，わが国ホテル業の今後の海外進出に関する予測と，その際に直面する課題について検討したい。

1．高い潜在能力

わが国は，現在観察されるホテルの海外進出を将来的により一層進めるための潜在的な能力を十分もっていると考える。そして，その理由は，以下である。

経験的プロダクトとしてのホテル

われわれがある町を訪れて，そこに滞在しなければならない場合，どのようなホテルを選ぶだろうか。そのようなとき，われわれは，まずその町に過去自分が利用したホテルの支店がないか捜すであろう。そして，この支店が

ないときには，利用経験がなくとも，広告や宣伝などで知っているホテルを選ぶのではないか。

しかし，なぜわれわれは，このような行動をとるのか。それは，ホテルが提供するサービスの内容や品質は，事前に試すことができないからである。つまり，ホテルというプロダクト（Product）は，利用者自身がそこに宿泊し，それを体験して，はじめて理解できるものである。それゆえそれは，利用者にとってかなりリスキーなプロダクトといえよう。

それゆえ，われわれは，未知の土地を訪れたとき，自分が適切なホテルを選択できるのかという不安をなかなかぬぐいさることができない。さらに，この不安は，言語の問題や，文化，習慣が異なる外国へ出かけるときには，より強度になる。

そのため，とくに海外旅行をする際には，このリスクを軽減させるために，見知らぬ外国のホテルよりも，自国のホテルの支店を選びがちになる。事実，米国のホテルが世界市場を席捲した理由も，前節で説明したように，海外旅行意欲旺盛な米国人が，外国においても自国旗たなびくホテルを求めた結果であった。

ホテルの海外進出の深層には，このような旅行者の心理がある。それゆえ，わが国でも，また欧米においても，自国の海外旅行者が増えれば，この心理に応えるために，その国のホテルは，旅行者を追いかけて外国に進出してきた。それゆえ，わが国の今後の海外進出を予測する際には，将来の日本人海外旅行者がどの程度になるかが，重要な鍵を握る。

海外旅行消費国としてのわが国の地位向上

この海外旅行者は，近年急増している。たとえば，1981（昭和56）年に400万6,000人にすぎなかった旅行者が，1997（平成9）年には1,680万3,000人へと4.2倍増になった（表7-23参照）。

表7-23 日本人海外旅行者数の推移　　　　　　（千人）

年度	1969年	1973年	1977年	1981年	1985年	1989年	1993年	1997年
旅行者数	493	2,336	3,151	4,006	4,948	9,663	11,934	16,803

〈出所〉：法務省編『出入国管理統計（各年度版）』。

第3節 わが国ホテル業が直面する海外進出上の課題

そのうえ，わが国の海外旅行者は，まだまだ増える余地があると推測される。なぜなら，日本人の出国率，つまり総人口に対する海外旅行者の割合は，10％程度にすぎないからである。

そして，この数値は，たとえば米国の2分の1，イギリスの4分の1程度であることから，欧米先進国に比べてきわめて低いといえる（表7-24参照）。そのため，今後も多くの日本人が海外へ出かけるであろう。

表7-24 日本と欧米先進国の出国率の比較（1993年現在）　　（％）

日 本	米 国	イギリス	フランス	カナダ	イタリア
9.6	17.6	61.3	28.6	71.5	30.0

〈出所〉：欧米各国の旅行者数は，国際観光振興協会編（1997）『JNKO白書』交通観光サービスによる。また，その人口は，国際連合編『人口統計年報』による。他方，わが国の人口は，総理府編『住民基本台帳』により，旅行者数は法務省編『出入国管理統計』による。

他方，今日のわが国は，旅行者が多いだけでなく，世界的にみても海外旅行で多額の金員を消費する国になっている（表7-25）。それゆえ，増加傾向にあり，かつ豊かなわが国の人びとが，上述したように外国のホテルよりもわが国のホテルを好むとすれば，海外のホテル市場はわが国にとって，いま以上に魅力あるものになろう。

表7-25　国際観光での消費額上位10ヵ国　　（百万ドル）

1994年での順位	国 名	1991年		1980年での順位	増加指数 (1991年/1980年)
		1994年	1980年		
1	米国	43,562	10,385	2	4.2
2	ドイツ	41,419	20,599	1	2.0
3	日本	30,715	4,593	6	6.7
4	イギリス	22,185	6,893	3	3.2
5	フランス	13,773	6,027	4	2.3
6	イタリア	12,181	1,907	13	6.4
7	オランダ	10,983	4,664	5	2.4
8	カナダ	9,439	3,122	9	3.0
9	オーストリア	9,330	2,847	10	3.3
10	ベルギー	7,782	3,272	8	2.4

〈出所〉：World Tourism Organization（1996），*Yearbook of Tourism Statistics*, World Tourism Organization.

東アジア，太平洋地域に強い実績をもつ日本

以上から，わが国のホテルが海外進出をより一層高度化させるための基礎的な環境は整っていると思慮される。さらに，わが国は，海外旅行に関して，東アジア，太平洋地域に強い実績を誇っており，この実績の存在はわが国のホテルの海外進出に対する強力な支援材料になるであろう。

なぜなら，以前からこの地域内の国々へ多くの日本人が訪問しているからである。これに加え，それらの国々への総来訪者に占める日本人のシェアが高い。たとえば，1995年に香港，シンガポール，中国，ハワイ，またはグアムへの総来訪者のうち，それぞれ約17％，17％，22％，30％，73％が日本人であった（表7－26参照）。

また，東アジア，太平洋地域は，世界的にみても，旅行者が増えている地域であり，日本人だけでなく，将来的にも多くの来訪者を見込むことができる（表7－27参照）。そのため，わが国は，過去築き上げた実績を活用するとともに，他国からの来訪者を取り込むことができれば，同地域において確固とした地歩を築くことができよう。

表7－26　東アジア・太平洋地域の受け入れ旅行者数と日本人のシェア（1995年）

国　　名	香港	シンガポール	中国	韓国	インドネシア
受け入れ旅行者数（千人）	10,200	7,137	5,887	3,753	4,324
うち日本人のシェア％	16.6	16.5	22.2	44.4	11.2
同上の前年に対する増減	＋17.4	＋6.3	＋4.4	＋1.4	＋2.1
国　　名	ハワイ	オーストラリア	グアム	フィジー	ニュージーランド
受け入れ旅行者数（千人）	6,629	3,726	1,362	319	4,324
うち日本人のシェア％	30.2	21.0	73.6	14.2	11.2
同上の前年に対する増減	＋13.8	＋8.5	＋28.8	＋13.8	＋2.1

〈出所〉：総理府編（1997）『観光白書』54頁。

表7－27　地域別受け入れ観光客数および観光収入（1995年）（千人，百万ドル）

地　域	欧　州	北・中南米	東アジア・太平洋	アフリカ	中　東	南アジア	合　計
旅行者数	337,240	111,944	83,624	18,800	11,041	4,384	567,033
（構成比）	(59.5)	(19.8)	(14.7)	(3.3)	(1.9)	(0.8)	(100.0)
観光収入	189,820	95,084	69,349	6,915	6,653	3,706	371,527
（構成比）	(51.1)	(25.6)	(18.7)	(1.9)	(1.8)	(0.9)	(100.0)

〈注〉：上記数値は，推定値であり，収入には国際交通運賃を含まない。
〈出所〉：World Tourism Organization (1995), *WTO's 1995 International Tourism Overview*.

2. 海外進出を阻む要因

　上述したように，わが国においても，また欧米においても，ホテルの海外進出は，自国民の海外旅行の増加を契機に生起し，その度合いが深まるにつれて高度化してきた。

　他方，わが国では，近年海外旅行者が急増しており，この傾向は将来的にも継続すると推察される。また，わが国は，東アジア，太平洋地域に確固たる実績を既に築いており，さらにこの地域への来訪者は，確実に増大することが予想されている。

　そのため，これらの点から考えて，わが国のホテル業は，海外進出に対する高い潜在能力をもつといえよう。しかし，その能力が顕在化するか，いなかについては，問題がないわけではない。むしろ，現時点では，悲観的な観測を抱かざるをえない。その主たる理由は，以下である。

チェーン・オペレーション・ノウハウの不足

　一般に，海外進出とは海外市場においてマネジメント活動を行うことと解される。しかし，サービスにおけるそれは同時に，「多施設化」を意味する。なぜなら，サービスは，モノと異なり，その生産，提供と消費がしばしば同一の場所で，ほぼ連続して起こるからである。これにより，サービスの生産，提供者は，その消費者の近傍に所在しなければならないことになる。

　そして，この要請は，ホテルにおいてもあてはまる。つまりホテルは，その主たるプロダクトである客室をある国で集約的に生産し，そこから世界各国に存在する消費者に送り届けることができない。逆に，世界各国でホテルマネジメントを行いたいのであれば，それぞれの国ごとにホテルを実際にもつ必要がある。

　それゆえ，ホテルが海外進出を深耕させればさせるほど，系列下のホテル数が増えることになる。そうであるとすれば，海外進出を進展させるためには，増加するホテルを総合的にマネジメントする能力，換言すればチェーン・オペレーションのためのマネジメント・ノウハウが必要になる。

ところが，わが国の国内市場は，今日においても細分化されており（表7-28参照），チェーン・オペレーションされるホテルはいまだ少数派にすぎない（表7-29参照）。そのため，わが国には，はたしてホテルの海外進出に際して求められるチェーン・オペレーションのノウハウがあるのであろうか。否定的な感想を抱かざるをえない。

表7-28　主要サービス業における上位5社のシェア（1998年度実績）（10億円, %）

産　業　名	ホテル	百貨店	スーパーマーケット	ファミリーレストラン	コンビニエンスストア
市場売上高	1,570	9,037	16,696	1,505	6,410
上位5社のシェア	23.8	36.6	43.3	29.2	70.8
産　業　名	国内航空	ハンバーガーショップ	クレジットカード	消費者金融	
市場売上高	—	615	16,696	8,241	
上位5社のシェア	97.7	95.0	42.1	49.6	

〈出所〉：日本経済新聞社編（2000）『市場占有率』。

表7-29　20軒以上のホテルを運営するホテル企業の一覧（2000年現在）

ホテル企業名	国際興業ホテルグループ	サンルートホテル	プリンスホテル	JR東日本ホテル	JRホテルグループ
ホテル数	21	84	73	35	40
客室数	2,172	10,449	23,154	7,704	8,327
ホテル企業名	ダイワロイヤルホテルズ	チサンホテル	東急イン	東急ホテル	全九州第一ホテル
ホテル数	28	34	46	20	28
客室数	7,752	5,830	10,035	6,260	8,454
ホテル企業名	第一ホテル	ルートインホテル	ホテルアルファーワン	全日空ホテル	JALホテルズ
ホテル数	43	40	43	28	31
客室数	7,305	3,052	8,265	8,454	8,805
ホテル企業名	名古屋鉄道ホテルグループ	ワシントンホテル	ワシントンプラザ		
ホテル数	35	34	32		
客室数	2,792	9,101	7,686		

〈出所〉：株式会社オータパブリケーション編（2000）『ホテル年鑑』。

多施設化にともなうリスクマネジメント能力の不足

このように，ホテルの海外進出は，多施設化にほかならない。そのため，海外進出を志向するホテルは，その施設数に相当する土地，建物や営業用の

什器，備品類，または従業員などを確保しなければならない。

しかし，それらを確保したとしても，つねに事業が成功するわけではない。また，多額な資金が各施設に固定化されれば，日常の資金繰りも苦しくなろう。この結果，海外進出を進展させればさせるほど，当該ホテルはリスクを負うことになる。

そこで，想像されるリスクをいかにマネジメントするかが，海外進出を企図する際の大きな課題になる。逆に，海外進出に成功したホテルでは，このリスクを巧みな手法でマネジメントしている。そして，その手法とは，「運営管理受託方式」と「フランチャイズ方式」である。

この2方式がなぜ巧みなのかといえば，どちらの方式も，多施設化にとって不可欠な要素である土地や建物などへの投資を要せずに，自己の系列ホテルを増やすことができるからである。そのうえ，「フランチャイズ方式」では，ホテルを日々運営する必要もない（表7-30参照）。

そのため，上述したリスクの軽減という視点から捉えた場合，両方式は，理想的な海外ホテルの運営形態になろう。しかし，これら方式の実態は，リスクの転嫁，つまり，本来であれば海外進出を図るホテル自身が負担すべきリスクを第3者に転嫁する仕組みそのものである。

表7-30 ホテル運営手法の利点と欠点

運営手法	直営方式	テナント方式	運営管理受託方式	フランチャイズ方式
利点	資産保有により，キャピタルゲインが期待できる	不動産を所有しないため，初期投資が軽減できる。	人材派遣を受けられるため，事業主体は運営ノウハウをもたずにすむ。本部ホテルは，土地や資金を調達せずにチェーンの拡大ができる。	本部ホテルは，上地，資金，人材を調達せずに，チェーンの拡大が図れる。そのため，急速なチェーン展開が可能で，かつスケールメリットを追求しやすい。
欠点	多施設展開には，多額の資金，優れた運営ノウハウ，人材が必要になる。	左に加えて，キャピタルゲインが期待できない。	本部ホテルは，受託先に派遣する人材の確保が必要。	運営は素人のフランチャイジーが行うため，高級ホテルの展開には不向きである。

〈出所〉：三菱銀行編（1990）『調査』46頁を一部修正。

それゆえ，この第3者が転嫁されたリスクを甘受しないかぎり，それらはうまく機能しない。換言すれば，ホテル施設の所有者が，ホテルの運営会社やフランチャイザーによって自己の資産を有効に活用される，または，投資に対する適切な利益がもたらされる，と確信しなければ成立しない方式である。
　逆に，ホテルの運営会社やフランチャイザーは，受託する，またはフランチャイジーのホテルをとりまく環境がどのようなものであれ，ホテル施設の所有者に対して適切な利潤を提供できる「プロのホテル運営者」であることを示さなければならない。
　これに対して，従前のわが国では，ホテル事業をある種のステイタスの表象，つまり，功なり名を遂げた事業家が最後に取り組むものとする風潮があった。それゆえ，ホテルを厳密な意味でのビジネスの対象として捉えていなかった。
　また，過去のわが国には，「土地・固定資産神話」があり，固定資産，とくに土地は，かならず時間が経てば値上がりした。そのため，わが国では，ホテルを運営して利益をあげることよりも，その含み益を享受することがホテル・マネジメントの眼目であった。だから，今日においても多くの土地所有者が，兼業的にホテル事業を行っている。
　しかし，ホテル・マネジメントがかならずしもビジネスの対象でなかったこと，およびそれを兼業的に行っていたという事実が，わが国における「プロのホテル運営者」の育成を阻害した。その結果，わが国では，「運営管理受託方式」や「フランチャイズ方式」が採用されることはきわめてまれな事象になっていると考える。
　つまり，わが国では，この両方式にほとんど習熟していない。そのため，海外進出が創出するリスクのマネジメント手法としてそれらを選択したいと考えても，国内にすら実績が乏しい以上，わが国のホテルをプロのホテル運営者として信頼する人は少ないのではないか。
　そして，そうであるとすれば，わが国のホテル業は，過去しばしば観察された直営方式，またはテナント方式で海外進出を進めなければならないことになる。しかし，その場合には，上述したリスクマネジメントの点から考え

て，将来の進捗度合いは，かなり遅くなるであろう。

また，主として直営，テナント方式で国内ホテルを展開しているドイツ，イタリア，スペインなどの国々の海外進出が相対的に遅れていることも，この例証になるであろう（表7-31参照）。

表7-31 ホテル運営形態の比較　　　　　　　　　　　　　　（%）

国　名	直営方式	テナント方式	運営管理受託（資本参加あり）方式	運営管理受託（資本参加なし）方式	フランチャイズ方式	合　計
ド イ ツ	46.3	7.5	0.9	16.8	28.5	100.0
イタリア	56.5	3.0	0.4	19.4	20.7	100.0
スペイン	90.4	0.0	1.6	4.6	3.4	100.0

〈出所〉：Kleinworth Benson Securities Limited (1996), *Quoted Hotel Companies*, Kleinworth Benson Securities Limited.

ホテル経営ノウハウに関する差異の存在

将来の海外進出を危惧する第3の論拠は，わが国のホテル業は特異な市場環境に立脚しているため，今日までに構築されたホテル・マネジメント・ノウハウの内容が，欧米のそれと著しく異なっている，という事実である。

一般に，ホテルが海外に進出すれば，その進出地の市場ニーズに合致したホテル・マネジメントを強いられる。ところが，わが国が現在所有するノウハウは，他の国々からみれば特殊なものにすぎない。それは，わが国のホテル業の，とくに主要なホテル企業の売上構成を観察すれば理解できよう。

ホテル業は，宿泊事業であるから，客室販売から得た収入が全収入の大半を占めるはずである。だが，わが国では，それが主たる収入源になっていない。たとえば，わが国の主要ホテル企業20社の平均をみれば，それは全体の5分の1程度にすぎない。

逆に，レストランや宴会場で提供した料理，飲み物にともなう収入，およびホテル内に誘致した店舗からの賃貸料，電話代や宴会での生花の販売などによる付帯的な収入が全体の約8割に達している（表7-32参照）。

この結果，わが国では，ホテル業が宿泊業であるにもかかわらず，それとはまったく異質なレストランや宴会，または付帯的なサービス事業に関するマネジメント・ノウハウが要求される。むしろ，売上構成から判断すれば，

こちらのノウハウの方が重要になっている。しかし、わが国以外の国々では、客室収入がホテル収入の過半数以上を占めており、それは、たとえば1997年度の米国ホテルの平均値を事例にすると、73％になる（表7-32参照）。

表7-32　わが国と米国ホテルの売上高の内訳比較（1997年度）

比　較　項　目	わが国の主要20ホテル企業の平均	米国の平均
客　室　収　入	19.6	73.0
料　理　飲　食　収　入	39.0	20.6
そ　の　他　の　収　入	41.4	6.4
合　　　　　計	100.0	100.0

〈注〉：「その他の収入」とは、サービス料、電話、ランドリー、テナント料、宴会付帯収入等の収入をいう。
〈出所〉：わが国の事例は、株式会社オータパブリケーション編（1997）『ホテル年鑑』1760～1975頁。また、米国は、株式会社柴田書店編（1998）『HOTERES』3月26日号、62～63頁による。

このように、わが国以外の市場では、ホテル業の本質的な要素である客室を中心にしたマネジメントが行われている。そのため、わが国のホテルがそのような市場に進出した場合、得意分野であるレストラン、宴会のノウハウを十分発揮できないことになる。

そして、それ以上に問題なのは、ホテル・マネジメントにおいてさほど重要視されていないわが国の宿泊に対するノウハウが、ホテル収入の大半を宿泊から得なければならない海外市場で通用するのか、という点である。これに関しては、大きな疑問が残る。

第4節　小　　括

1．ホテル業の海外進出に関するわが国と欧米との比較

本章では、ホテル業の海外進出に関して、①第二次世界大戦前におけるホテルの海外進出の進捗度合い、②戦後における海外進出の始期と成長期、③海外進出の現状、④海外進出を促した要因、⑤海外ホテルの所在地と海外旅行者の旅行先との関係、⑥海外ホテルの運営形態の5項目を取り上げ、わが

国と欧米とを比較した。

　その結果，わが国のホテル業は，海外進出の現状を除き，ほぼ欧米と同じ状況にあることがわかった。そして，これらを通観すると，ホテル業の海外進出には，わが国，欧米を問わず，共通性があることがわかった。そして，その共通性とは，以下である。

　①　ホテル業の海外進出は，米国を例外にすれば，1980年代中頃に急速に高度化した。そして，それは同時に，世界的にみて海外旅行者が急増した時期と一致している。

　②　ホテル業の海外進出が進展するためには，国境を越えて人や資本が自由に往来できる環境が整わなければならない。それゆえ，この環境が不備であった第二次世界大戦前では，どの国においてもホテルの海外進出がさほどみられなかった。

　③　ホテル業の海外進出は，市場の成熟化やそこにおける競争の激化などの国内市場に内在する要因によってもたらされた結果ではない。それは，自国民の海外旅行者が増大したことで，海外に有望な市場が形成され，それに引き寄せられて実現している。

　④　ホテル業が海外に活動拠点を求める際には，まず自国の近隣に進出し，その後より遠方にある国々へ転進する傾向がある。

　⑤　海外ホテルの運営形態は，国内におけるそれとほぼ同一であるといえる。たとえば，運営管理受託方式やフランチャイズ方式が発達した米国では，海外においてもこの方式が踏襲されている。しかし，わが国やイギリスなどの国々では，直営方式によるホテル運営が主流であるため，海外においてもこの手法がしばしば採用されている。

2．わが国ホテル業の将来の海外進出

　わが国のホテル業は，日本人海外旅行者の増大などの理由により，その海外進出をさらに進展させる能力を有している。他方，理論的に考えれば海外進出は，多施設化であるから，それを目指すことは，チェーン・オペレーションのノウハウとリスク軽減のためのノウハウが不可欠になるはずであ

る。また，海外進出には，進出先の市場環境に適合したマネジメント・スタイルが求められる。

しかし，これまでのわが国は，チェーン・オペレーションに関するノウハウを習得する機会にかならずしも恵まれていなかった。また，ホテルの所有に拘泥したため，運営管理受託方式やフランチャイズ方式によるホテル運営はきわめて例外であった。

さらに，わが国は，客室収入よりも，レストランや宴会，または店舗賃貸料などの付帯的な収入に依存したホテル・マネジメントを行っており，宿泊に特化する他の国々に比べてかなり異質である。

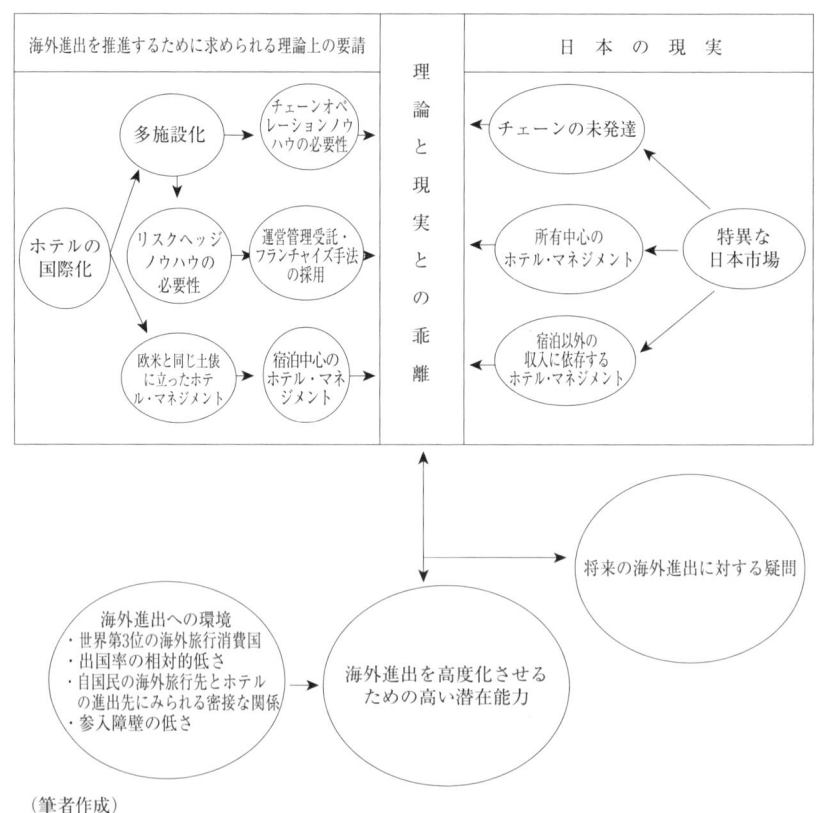

図7-1 わが国のホテルの海外進出に関する予測

（筆者作成）

これらから，現在のわが国のホテルには，海外進出のために必要とされるさまざまなノウハウが不足していることがわかる。そうであるとすれば，この状態が続くかぎり，わが国がより一層の海外進出を達成することは非常にむずかしく，少なくともそのペースはいま以上に早まることはないと考える。そして，以上をまとめると，前図7-1になる。

注
1) Lundberg, D. E. (1979), *The Hotel and Restaurant Business*, CBI Publishing, p.38.
2) 末武直義 (1986)「ホテル業の国際化とその戦略」,『近畿大学商経業叢』第33巻, 第1号, 61～83頁。
3) Go, F. & Pine, R. (1995), *Globalization Strategies in Hotel Industry*, Routledge, pp.41-42 を参照。
4) Martin, S. M. (1995), *Notable Corporation Chronologies*, Gale Research Inc., p.677.
5) Forte, C. (1986), Forte : *The Autobiography of Charles Forte*, Sidewick & Jackson, p.107.
6) Go & Pine, op. cit., pp.41-42 を参照。
7) Ibid.
8) Harrison, L. & Johnson, K. (1992), *International Hotel Group Directory*, The Polytechnic of Huddersfield & Paribs Capital Market Group, pp.194-198 を参照。
9) Teare, R. (1991), "Developing Hotels in Europe : Some Reflections on Progress And Prospects", *International Journal of Contemporary Hospitality Management*, Vol.3, No.4, p.56.
10) Alexander, N. & Lockwood, A. (1996), "Internationalization Comparison of the Hotel Sector", *The Service Industries Journal*, Vol.16, No.4, pp.463-464.
11) Olsen, M. (1991), "Structural Change : The International Hospiality Industry Firms", *International Journal of Contemporary Hospitality Management*, Vol.3, No.4, p.21.
12) Cornell Hotel and Restaurant Administration Quarterly Journal, (1970), "US Hotel Chains Circle Global", *Cornell Hotel and Restaurant Administration Quarterly Journal*, Vol.11 Feb., p.2.
13) Lattin, G. W. (1958), *Modern Hotel and Motel Management*, W. H. Freeman & Co., p.57.
14) Tse, E. C. & West, J. J. (1978), "Developing Strategies for International Hospitality Markets", in R. Teare & M. Olsen eds., *International Tourism*, United Nations, p.131.
15) Stand, C. R. (1996), "Lessons of a Lifetime ; The Development of Hilton International", *Cornell Hotel and Restaurant Administration Quarterly Journal*, Vol.37, Jun., p.89.
16) Littelejohn, D. & Roper, A. (1996), "Changes in International Hotel Companies", in R. Teare & A. Boer eds., *Strategic Hospitality Management*, Casell, pp.194-212.
17) Slattery, P., Freehely, G. & Savage, M. (1994), *Quoated Companies*, Kleinwood Benson, p.32.

終章
現代のホテル業と新しいホテル・マネジメント

第1節 本章の目的

わが国のホテル業は，1960年代中頃からの高度経済成長と歩調を合わせ，急速に発展，拡大した。しかし，それは，この経済成長が，いわゆる「平成バブル」の崩壊により低迷しはじめたとき，過去の「楽園」から放逐され，「茨の道」を歩むようになる。

だが，わが国のホテル業は，この苦境を招いた責任のすべてを他者に転嫁できないであろう。むしろ，その一半は，矛盾を内在させながらマネジメントを行ってきたホテル側にあるといえる。

そのうえ，多くのホテルは，依然としてこの矛盾に気づいていない。そのため，それらは，現在の経営悪化に対して有効な対策が立てられず，逆に，毎年のようにデッド・エンドへと追い込まれている。

現代のホテル業が内包するマネジメント上の矛盾

この矛盾とは，本書第1章で述べた3つの異なるホテル・コンセプトの並立である。そして，そのなかでも，「グランドホテル」的なそれが絶対的存在となり，他の2者に君臨しているという事実である。

確かに，わが国のホテル業は，西欧の「グランドホテル」的コンセプトを模倣，再現することにより，誕生した。しかし，ホテル業が産業としての地位を獲得できたのは，上記経済成長によって，人びとの生活が豊かになり洋風化したこと，および国内旅行者が増大したことに加え，米国生まれの「コマーシャルホテル」的コンセプトと，わが国が創出した「プラザホテル」的コンセプトが，彼らのニーズに合致し，うまく機能したからにほかならな

い。

　つまり、「グランドホテル」的コンセプトは、現在観察されるホテルの繁殖をもたらした要因ではなく、むしろそれは、前時代の遺物にすぎない。さらに、これと、「コマーシャルホテル」的、および「プラザホテル」的コンセプトのあいだには、それぞれが基盤にする顧客ニーズから考えて、互いに融和する余地をまったく見出せない。それゆえ、「グランドホテル」的コンセプトが今日まで生き長らえてきたことは、大いなる矛盾であった。

　しかし、バブル崩壊前のホテルは、この矛盾に拘泥する必要がなかった。なぜなら、その時代は、「グランドホテル」的コンセプトを延命させる恵まれたマネジメント環境を有していたからである。

　そのマネジメント環境とは、以下であった[1]。

① 　わが国の経済のインフレ体質が、値上げにつぐ値上げを可能にした。逆に、インフレを期待して、値上げが可能な高級ホテルを建設した方が有利であった。

② 　「社用」という制度により、法人のホテル利用が促進された。そして、法人は、取引先の接待でホテルをしばしば使用していたため、ホテルに一流さや高級イメージを求めがちであった。

③ 　バブル経済が崩壊する以前においては、人材の確保が必ずしも容易でなかった。そのため、それを募集する際には、「高級ホテル」と宣伝した方が、優秀な従業員を集めやすかった。

　過去のわが国は、この有利なマネジメント環境を享受できたため、前時代の遺物であった「グランドホテル」的コンセプトが、亡霊のように徘徊しえた。また、ホテル側も、この亡霊を積極的に利用しようと目論んでいたように見受けられる。それゆえ、それは、廃棄されることなく、むしろ根強い影響力をもってこの産業に携わる人びとのマインド・セットを支配しつづけた。

顕在化する矛盾とホテル業界の混乱

　だが、バブル経済の崩壊とともに、上述したマネジメント環境は、跡形もなく霧散する。その結果、多くのホテルで客室稼働率が大幅に下落し、また

レストランや宴会需要も同時に縮小し，経営を圧迫している。

そこで，この経営悪化に対処するため，各ホテルでは，料金のディスカウントが行われ，運営コストの削減が叫ばれている。また，新規投資の繰り延べ，遊休施設の閉鎖，人員の整理や配置転換，労働力のパートタイマー化，外注化などが模索されている。

ところが，「グランドホテル」的なマインド・セットに支配されてきたこれまでのホテルは，利用者のあらゆる欲求に応えることと，その達成に必要なあらゆる種類の機能と施設，設備を備えることを理想としてきた。そして，それが可能であればあるほど，「一流ホテル」と捉えられていたし，ホテルもその一流さを誇示する傾向が強かった。

また，このようなホテルの行為は，利用者にプラスアルファの付加価値を提供するものであるから，それへの対価は当然高くなるとみなされていた。さらに，そのようなホテルで働く人びとは，顧客満足を自己の使命とするプロフェッショナルな従業員でなければならず，その従業員の数がホテルの一流さを規定すると考えられていた。

このような「グランドホテル」的コンセプトと，上述した業界の現状とは，明らかに背反している。だが，多くのホテルは，このコンセプトを依然として放棄していない。そのため，上述した背反が，人びとを当惑させ，混乱を助長させている。

また，「グランドホテル」的コンセプトが生きつづけているため，彼らの行動には，徹底さが欠けている。だから，販売単価の下方修正や経費の削減などによる改善策が，いまひとつ効果を生み出さない。

本章の目的

それゆえ，わが国のホテル業が現在の苦境から解放され，再度活性化するためには，まず第1に，「グランドホテル」的コンセプトに決別する必要がある。そのうえで，今日のマネジメント環境を冷静に分析し，それにふさわしい，新しい発想に基づいたホテル・マネジメントを行うべきではなかろうか。

そこで，本章は，この決別と新しいホテル・マネジメントの開発を支援す

るため,以下を取り扱う。まず,わが国のホテル業が直面するマネジメント環境を概観し,解決すべき課題を抽出する。

そして,このマネジメント課題を解決する際,「グランドホテル」的コンセプトが足枷になっていることを明らかにしたい。最後に,以上の考察を踏まえて,現代のマネジメント環境下で生き残るために必要とされる新しいホテル・マネジメントのあり方を提言する。

第2節　ホテル業が直面するマネジメント環境と課題

1．今日のマネジメント環境

近年,わが国のホテル業の収益性は,著しく悪化している。この点に関して,たとえば,社団法人日本ホテル協会が毎年全国の主要ホテルを対象に行っている調査(各年度のサンプル数は200ホテルから250ホテル程度)によると,以下になる。

着実に悪化するホテル業の収益性

同調査の対象になったホテル1軒当たりの営業利益は,平成2(1990)年度の約4億1千万円をピークにして以降急速に減少しており,平成4(1992)年度のそれは,平成2年度の約53％にまで圧縮されている。そして,この

表終-1　社団法人日本ホテル協会調査によるホテル1軒当たりの営業損益の推移（千円）

年　度	昭和63年度	平成2年度	平成4年度	平成6年度	平成8年度	平成10年度
営業収入	4,034,029 (83.1)	4,855,174 (100)	4,946,748 (101.9)	4,819,690 (99.3)	4,960,340 (102.2)	4,434,869 (91.3)
営業費用	3,741,207 (84.2)	4,442,246 (100)	4,726,925 (106.4)	4,755,440 (107.1)	4,885,283 (110.0)	4,464,247 (100.5)
営業損益	292,822 (70.9)	412,928 (100)	219,823 (53.2)	64,250 (15.6)	75,057 (18.2)	△29,378 (——)

〈注〉：カッコ内は,平成2年度の数値を100とした指数を示す。
〈出所〉：社団法人日本ホテル協会編『ホテル経営実態調査（各年度版）』。

傾向はその後も一層進展し，平成10（1998）年度では約3千万円の損失を計上するまでに下落した（表終-1参照）。

これにより，同調査が対象にした全ホテルのうち，営業利益段階で黒字経営を行ったホテルの割合は，平成2年度の約78％から平成4年度の約59％になり，さらに平成6年度では約41％と過半数を割り込んだ。そして，この数値は，その後多少持ち直したものの，平成10年度においても約45％にすぎない（表終-2参照）。

表終-2　年度別黒字，赤字ホテル数とその推移　　　　　　　　　　　（軒）

年　　度	昭和63年度	平成2年度	平成4年度	平成6年度	平成8年度	平成10年度
黒字ホテル	148 (73.6)	182 (78.1)	151 (59.4)	104 (41.1)	128 (47.8)	114 (45.2)
赤字ホテル	53 (26.4)	51 (21.9)	103 (40.6)	149 (58.9)	140 (52.2)	138 (54.8)
合　計	201 (100.0)	233 (100.0)	254 (100.0)	253 (100.0)	268 (100.0)	252 (100.0)

〈注〉：カッコ内は，全体に対する割合を示す。
〈出所〉：表終-1に同じ。

社団法人日本ホテル協会の調査は，どちらかといえば，「都市ホテル」と「リゾートホテル」を対象に行ったものであるが，「ビジネスホテル」においても，上述した収益性の悪化傾向は，如実に観察できる。

たとえば，社団法人全日本シティホテル連盟は，加盟ホテルの決算書を毎年分析しているが（各年度の分析サンプル数は，90ホテルから140ホテル程度），その結果を借用すると，以下がわかる。

表終-3　ビジネスホテル1軒当たりの営業損益の推移　　　　　　　　（千円）

年度 (調査対象ホテル数)	昭和63年度 (138軒)	平成2年度 (117軒)	平成4年度 (123軒)	平成6年度 (92軒)	平成8年度 (94軒)	平成10年度 (89軒)
収入合計	286,430 (100)	295,858 (103.3)	327,728 (110.8)	328,829 (114.8)	296,436 (103.5)	325,753 (113.7)
支出合計	254,905 (100)	267,891 (105.1)	298,257 (111.3)	300,085 (117.7)	274,969 (107.9)	311,876 (122.3)
営業損益	31,525 (100)	27,967 (88.7)	29,471 (93.5)	28,744 (91.2)	21,467 (68.1)	13,877 (44.0)

〈注〉：カッコ内は，昭和63年の数値を100とした指数を示す。
〈出所〉：社団法人全日本シティホテル連盟編『経営分析（各年度版）』。

平成10年度における分析対象89ホテルのうち約67％は営業収支が黒字であったものの，1軒当たりの営業利益は約1,400万円であり，これは昭和63年度の約44％に相当している。そして，昭和63年度から平成10年度までの営業利益は，つねに右下がりであり，改善の兆しがみられない（表終-3参照）。

2．現代のホテル業が解決すべきマネジメント課題

　以上から，わが国のホテルは，その形態を問わず一様に，営業利益が年々縮小していることが理解できよう。そして，この原因のひとつは，とくに前出の日本ホテル協会の調査が明示するように，平成2年度以降にみられる収入の伸び悩みである（表終-1参照）。

　しかし，それよりも顕著な原因は，収入が低迷しているにもかかわらず伸長しつづける営業費用に見出すことができよう。つまり，日本ホテル協会の調査においても，また全日本シティホテル連盟のそれにおいても，バブル崩壊後のホテルでは，営業費用の伸びが収入の伸びをつねに凌駕している。そのうえ，両者の乖離は，ますます広がるように見受けられる（表終-4参照）。

表終-4　営業収入と営業費用の伸び率に関する比較　　　　（％）

調査名	年　度	昭和63年度	平成2年度	平成4年度	平成6年度	平成8年度	平成10年度
日本ホテル協会調査の場合	①営業収入の伸び率	83.1	100	101.9	99.3	102.2	91.3
	②営業費用の伸び率	84.2	100	106.4	107.1	110.0	100.5
	伸び率の差 ①－②	－1.1	0	－4.5	－7.8	－7.8	－9.2
全日本シティホテル連盟調査の場合	①営業収入の伸び率	96.8	100	110.8	111.1	100.2	110.1
	②営業費用の伸び率	95.2	100	111.3	112.0	102.6	116.4
	伸び率の差 ①－②	1.3	0	0.5	－0.9	－2.4	－6.3

〈注〉：上記数値のうち，営業収入と営業費用は，平成2年度の数値を100とした指数を示す。
〈出所〉：表終-1および表終-3に同じ。

増大する人件費

そこで、営業費用の内訳をみることにより、なにがそれを増大させているのかを調べてみた。この結果、確かにほぼすべての費用が増加しているものの、人件費が営業費用を上方にシフトさせた元凶であることに気づく。

この人件費は、たとえば日本ホテル協会の調査対象ホテルにおいて、営業費用の約30％を占める最大の費用項目である（表終-5参照）。そのうえ、その伸長率は、収入のそれを大きく超えている。ところが、人件費について大きなシェアをとり、営業費用の約26％を確保する原材料費は、ほぼ収入の増減と歩調を合わせて伸縮している（図終-1参照）。

表終-5　日本ホテル協会調査による売上高人件費比率および原材料費比率の推移　(％)

年度	昭和63年度	平成2年度	平成4年度	平成6年度	平成8年度	平成10年度	平均
売上高人件費比率	30.0	27.7	29.6	32.1	29.1	31.8	30.1
売上高原材料費比率	25.8	25.4	25.4	24.5	27.6	25.6	25.6

〈出所〉：表終-1に同じ。

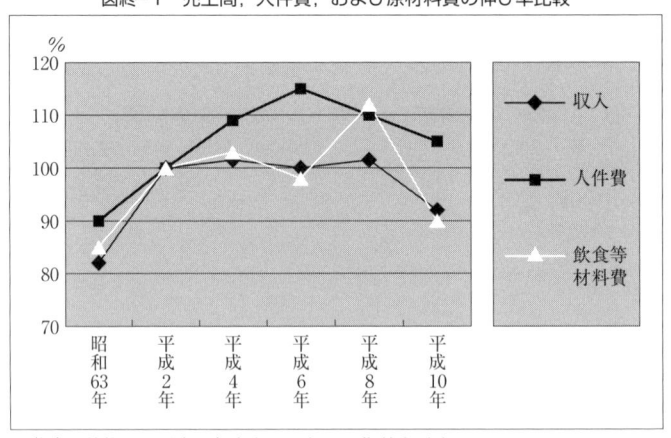

図終-1　売上高，人件費，および原材料費の伸び率比較

〈注〉：数値は，平成2年度を100とした指数を示す。
〈出所〉：表終-1に同じ。

ホテル業が直面する課題

企業の利益は、収入から費用を差し引いた残余である。ところが、今日の

ホテル業では，この利益が著しく減少し，多くの場合でそれが消失している。そして，それは，収入と費用とのあいだのインバランス，つまり収入が増大する費用に合わせて拡大しない，または費用が低迷する収入に合わせて弾力的に収縮しないことによりもたらされている。

他方，収入は，マネジメントの効果性を示す指標であり，費用はその効率性を表している。換言すれば，マネジメントが効果的であるとは，企業が提供する商品やサービスが顧客のニーズや欲求に合致している状態を指す。また，それが効率的であるとは，企業はこの合致状態を創造するために人やモノなどの経営資源を投下するわけであるが，この投下に対するリターンが高い状態をいう[2]。

それゆえ，今日のホテル業を上述したマネジメントの観点から捉え直せば，それは，効果的でも，効率的でもないということになる。つまり，現在のホテル業には，マネジメントに関する本質的，本源的な要素がふたつとも欠けているといえよう。

そのため，この産業は，マネジメントのあり方を改めて検討し直す時期を迎えていると断言できる。そして，苦境に陥るホテル業が，そこから脱却するためには，顧客のニーズや欲求をマネジメントの中核に据え，収入の増加を図るとともに，営業費用を効率的に使用するためのマネジメント手法，そのなかでも費用を押し上げた最大の要因が人件費であったことから，効率的に人材を活用する手法を開発しなければならないであろう。

第3節　「グランドホテル」的コンセプトがもたらす問題点

現代のホテル業では，マネジメントに関するふたつの本質的要素，つまり，効果性と効率性がともに欠けていると述べた。そのため，それは，これまでのマネジメントのあり方を変革すべきである。だが，なぜホテルは，この本質的要素をふたつとも欠いてしまったのであろうか。

それは，これまでのホテルが，「グランドホテル」的コンセプトを信奉し，それを絶対視してきたからであると考える。そのため，現在のマネジメント

を変革する前に，この「グランドホテル」的コンセプトに内在する問題点を理解し，それに決別する必要がある。

そして，その問題点のうち主なものとして，①ベンチマーキング戦略，ベタープロダクト戦略の採用，②職能別組織への固執，③盲目的な高価格政策，④近視眼的なマーケティング戦略の4つを指摘できる（図終-2参照）。そこで，以下は，この4つについて，順次検討したい。

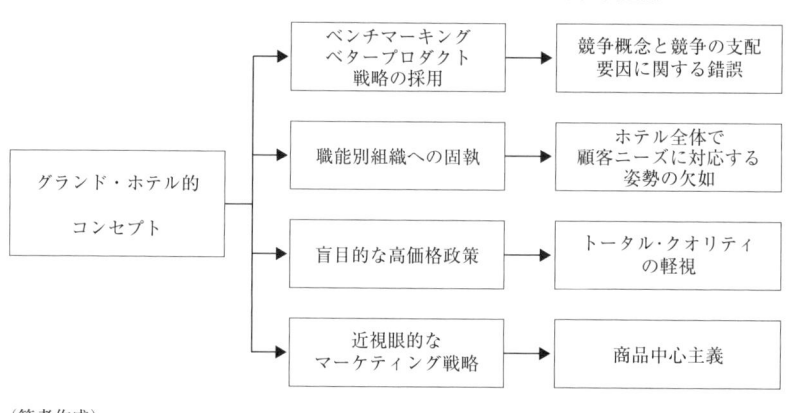

図終-2 「グランド・ホテル」的コンセプトが生み出す問題点

```
                    ┌─ ベンチマーキング      ─→ 競争概念と競争の支配
                    │  ベタープロダクト         要因に関する錯誤
                    │  戦略の採用
                    │
グランド・ホテル的 ──┼─ 職能別組織への固執  ─→ ホテル全体で
コンセプト          │                           顧客ニーズに対応する
                    │                           姿勢の欠如
                    │
                    ├─ 盲目的な高価格政策  ─→ トータル・クオリティ
                    │                           の軽視
                    │
                    └─ 近視眼的な          ─→ 商品中心主義
                       マーケティング戦略
```

（筆者作成）

1．ホテルが採用する競争戦略とその誤謬性

わが国のホテルが，現在まで採用してきた競争戦略を観察すると，表現上の差異はあるものの，おおよそ1つの共通した戦略を用いていたことがわかる。その戦略とは，一般的に「ベタープロダクト戦略」といわれ，「市場における競争は，商品の戦いである」という認識に基づいて形成されている。

そして，この戦略によれば，競争上の主役は，製品またはサービスそれ自体であり，競合他社よりも優れた製品や商品を創出することこそ成功の鍵である，と考えられている[3]。さらに，わが国のホテルは，この「つねによい商品を作り出す」ことに主眼を置いたベタープロダクト戦略をより効果的に展開するため，「帝国ホテル」や「ホテルオークラ」などの歴史が古く，業

第3節 「グランド・ホテル」的コンセプトがもたらす問題点

界内で主導的地位にあるホテルをベンチマークし，それと自社ホテルを比較して，サービスの改良，改善を行ってきた。

しかし，多くのホテルにとって，このベタープロダクト戦略もベンチマーキング戦略も，本来ならば採用すべきではなかった。なぜなら，彼らは，①ビジネス社会における競争の意味について誤解している，②市場競争を支配する要因について錯誤している，③ベタープロダクト戦略やベンチマーキング戦略の有効性には限界があることを知らない，からである。

競争概念に対する誤解

わが国のホテルは，ビジネス社会における「競争」の意味を誤解している。この社会では，スポーツや勝負の世界と異なり，競争は可能なかぎり避けるべきものである。そして，競争相手との差異を創造し，自己を差別化することで，ゲームを自己に有利に展開することが肝要になる[4]。

しかし，現実のホテルは，好戦的な気質をもっているためか，他社とほぼ同一のことを行い，その精度を他社よりも高めようとしている。だが，これは，同一の土俵上で力と力の戦いを挑むことを意味する。そのため，この手法では，市場における厳しい競争が常態化してしまう。

一方，米国では，異なった形態をもつさまざまなホテルが存在し，市場を棲み分けている。高価格から低価格，大規模から小規模へと広く市場を細分化し，多様化した顧客ニーズに遺漏なく対応している（図終-3参照）。

ところが，わが国では，そのような業態の豊富さはなく，上記の競争戦略に関する錯誤により，どのホテルも画一的であり，個性的なホテルを見いだすことが困難である[5]。

また，このような誤った競争戦略を採用し，ベンチマークとして業界内の競合者のみを設定しているため，多くのホテルは，ベンチマーキングの「罠」に陥っている。

その「罠」とは，競合企業だけを対象にしてこの比較を行うと，各ホテルが同一の事業パラダイムを用いた状態になり，市場内での差別化を困難にし，やがて停滞を招くというものである[6]。つまり，競合企業だけに焦点を当てたベンチマーキングでは，高度なパフォーマンスを得られない。

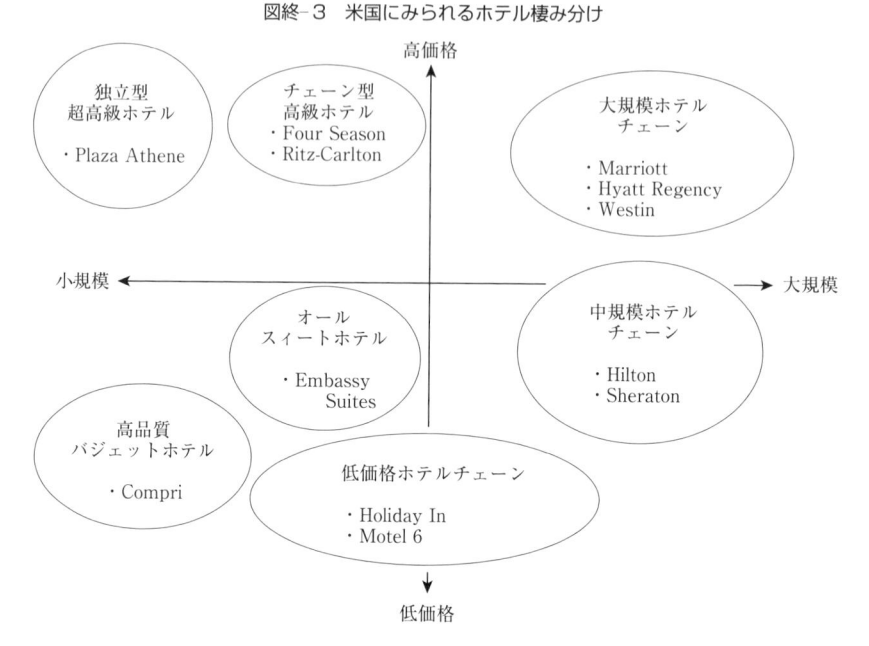

図終-3 米国にみられるホテル棲み分け

```
              高価格
                ↑
  独立型       チェーン型              大規模ホテル
  超高級ホテル  高級ホテル              チェーン
  ・Plaza Athene ・Four Season        ・Marriott
               ・Ritz-Carlton         ・Hyatt Regency
                                     ・Westin

小規模 ←                                              → 大規模

              オール                   中規模ホテル
              スィートホテル           チェーン
              ・Embassy               ・Hilton
                Suites                ・Sheraton

  高品質       低価格ホテルチェーン
  バジェットホテル
  ・Compri     ・Holiday In
              ・Motel 6
                ↓
              低価格
```

〈出所〉：竹中工務店編（1991）『ホテル開発の21世紀戦略』日本能率協会を一部修正。

競争の支配要因に対する錯誤

ビジネスの世界を支配するものは、顧客が心の中で行う知覚であり、決して商品ではない[7]。そして、その知覚は、主観的、非合理的であり、ローカリティーが強い。それゆえ、この社会においては、顧客の購買行動を推し量るような客観的、合理的かつ普遍的な基準尺度は存在しない。

しかし、多くのホテルは、「他ホテルよりも」という基準尺度を一方的に持ち出し、そのホテルより優れた商品を提供しようと腐心している。だが、前述したように、そのような尺度は、もともと存在しない。それゆえ、彼らは、幻を追い求めていたのである。

一方、彼らは、この「より優れた商品」を気長に提供することが、最終的な競争の結果を左右すると考えている。ところが、われわれは、いったん抱いた第一印象を容易に捨て去れないことを経験的に知っている。

それゆえ、こつこつと努力を積み重ねるというような漸進的な戦略では、いつまでたっても顧客が抱いている知覚を変えることができない。そして、そうである以上、そのような手法が競争上の支配要因になれるはずがない。

戦略の限界性に関する無知

確かに、ベタープロダクト戦略やベンチマーキングによる戦略開発は、ホテルだけでなく業界を問わず見受けられる。しかし、これらの戦略は、かならずしもすべてのホテルにとって、有効な手段になりえない。

この２戦略は、自己と他者との「比較」を前提にする以上、それが可能な場合に初めて効果を発揮するものであり、比較にならないほどの隔たりがある存在間では、無意味になる。また、この比較は、ホテルではなく、顧客が行っているため、「顧客の視点」に立ったものでなければならない。

他方、「ホテル」というプロダクトが市場に導入されて久しいため、顧客の心の中には、これに対するなんらかの知覚が構築されており、この知覚に基づいた彼我の順序付けも、既に行われていると考えられる。

それゆえ、この序列の下位ホテルが、上位ホテルをベンチマークしたとしても、両者の隔たりが大きいときには、顧客はそれを意味のない行為と思うであろう。だから、そのようなホテルが上記２戦略を使ったとしても、その効果は、かぎりなくゼロに近い。

そこで、残るひとつの問題は、この序列の中でどの程度の位置にランクされれば、顧客が行う比較の対象となるのかということである。この点に関して、ミラー（Miller, J. A.）は、平均的な人間の頭脳は一時に７つを超えたものを処理することができないという[8]。

だから、ミラーの理論に従えば、８位以下のホテルが、ベンチマークを設定し、それよりも優れた商品を提供したとしても、当該ホテルがもともと人びとの意識外の存在であるため、その努力の結果が認知される可能性はきわめて低くなる。そして、認知の可能性が低い以上、序列の変更もむずかしくなろう。

このように、人の心の中には、上下に重なり合った７つの「箱」のようなものがあり、各箱にはそれぞれブランドネームがひとつずつ書かれている。

しかし、この7という数字は、最大値であり、商品やブランドのカテゴリーごとにその数は異なる。そして、わが国のホテルがいくつの箱を持っているかについては、今後の研究を待たざるをえない。

だが、少なくともいまいえることは、ベンチマーキング戦略を採用しうるためには、7位以内にランクされなければならないということである。その位置にランクされてはじめて、自己の思考・行動様式の変化が知覚される可能性が生まれる。逆に、ある一定数の箱を占有できないホテルが、この戦略を採用しても、それは賢明な行為とはいえない。

誤った戦略を選択した原因

わが国のホテルが市場における競争概念と戦略選択に関して犯してきた種々の誤りは、それが「グランドホテル」を神聖視していることに起因すると思われる。つまり、それ以外のホテルはホテルではない、と考えているからである。

だからこそ、帝国ホテルなどの業界内のリーディングホテルをベンチマーキングし、それを目標にして漸進的な業務改善を行ってきた。それは、それらホテルが、まさに「グランドホテル」の典型例だからである。

また、「グランドホテル」的コンセプトでは、人的、物的を問わず、高品質で、優れたサービスをいかに提供するかが重要であった。そして、このコンセプトが現在においても踏襲されているからこそ、人的なサービスや施設などの物理的要素の優劣を重視したプロダクト中心的なマネジメントが採用されていると思慮する。さらに、そのようなホテルを絶対視してきたからこそ、同一の競争場裡にあえて身を晒しつづけているといえよう。

わが国のホテルは、「グランドホテル」的コンセプトに執着しすぎた。そのため、ほとんどのホテルは、顧客の知覚の中に自己のポジションを確保することができず、ベンチマークしたホテルの単なるコピーという評価を甘受せざるをえなかった。

しかし、本来であればホテルは、それが所有する諸資源を競争回避のために使うべきであり、もし可能ならば自分自身がトップになれる分野を市場内に創造すべく活用すべきであった。これは、ビジネス社会における競争を考

える際の要諦である。だが，これへの過誤が，自己のアイデンティティを喪失させたのである。

2．職能別組織への固執

「グランドホテル」的コンセプトがもたらす第2番目の問題点は，ホテルにおける組織づくりに関するものである。現在，大半のホテルは，基本的な職能ごとに「部」を設け，組織全体でひとつの大きな自己充足単位になる職能別組織を採用している（図終-4参照）。

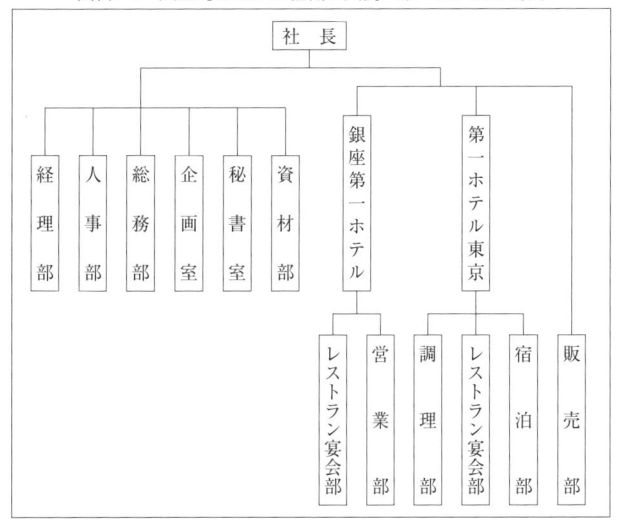

図終-4　典型的なホテル組織の実例　第一ホテルの場合

```
                          社　長
     ┌──────┬──────┬──────┬──────┬──────┬──────┬──────┐
    経理部  人事部 総務部 企画室 秘書室 資材部 銀座第一ホテル 第一ホテル東京
                                          ┌──┴──┐  ┌──┬──┬──┐
                                     レストラン 営業部 調理部 レストラン 宿泊部 販売部
                                     宴会部              宴会部
```

〈出所〉：ダイヤモンド社編（1999）『組織図・事業所便覧（全上場会社編）』ダイヤモンド社，3160頁。

だが，この職能別組織は，近年採用されたわけではない。むしろ，それは，ホテル業の草創期，換言すれば，「グランドホテル」の時代から今日に至るまでのあいだずっと墨守されてきたといえる。

この点に関して，たとえば都ホテルの1924（大正13）年と太平洋戦争前の昭和時代，および1980（昭和55年）年の組織図を観察すると，各部門の

名称が変更されたり，組織の追加，削除があるものの，職能別組織が一貫して選択されていることが推察できる（図終-5～終-7 参照）。

図終-5　1924（大正13）年の都ホテルの組織図

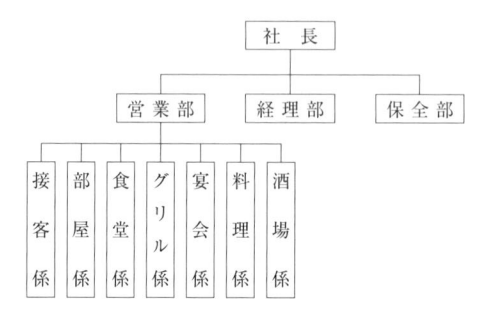

```
                    社　長
         ┌───────────┼───────────┐
       営業部       経理部      保全部
   ┌──┬──┬──┬──┬──┬──┐
  接 部 食 グ 宴 料 酒
  客 屋 堂 リ 会 理 場
  係 係 係 ル 係 係 係
            係
```

〈出所〉：株式会社都ホテル編（1989）『都ホテル100年史』株式会社都ホテル，61頁。

図終-6　昭和時代（大戦前）の都ホテルの組織図

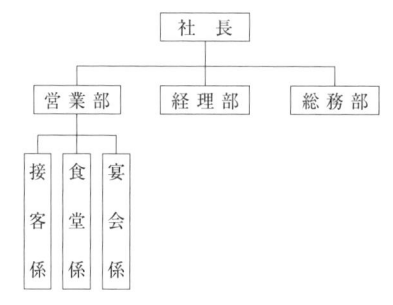

```
               社　長
       ┌────────┼────────┐
     営業部     経理部    総務部
   ┌───┼───┐
  接  食  宴
  客  堂  会
  係  係  係
```

〈出所〉：図終-5に同じ，74頁。

図終-7　1980年の都ホテルの組織図

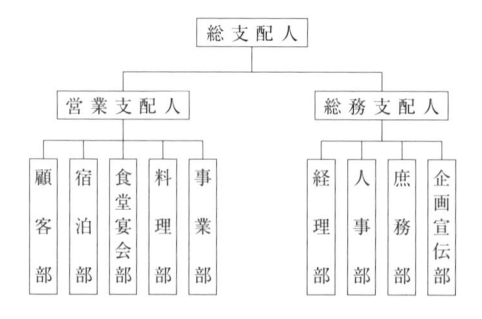

```
                        総支配人
             ┌─────────────┴─────────────┐
          営業支配人                    総務支配人
     ┌───┬───┬───┬───┐      ┌───┬───┬───┬───┐
    顧  宿  食  料  事       経  人  庶  企
    客  泊  堂  理  業       理  事  務  画
    部  部  宴  部  部       部  部  部  宣
            会                          伝
            部                          部
```

〈出所〉：図終-5に同じ，219頁。

しかし、なぜこのような長期間にわたって職能別組織が好まれてきたのであろうか。その理由は、この組織構造が「グランドホテル」的コンセプトを実現する際にもっとも効果的であったからだと考える。

つまり、「グランドホテル」的コンセプトでは、顧客の召僕になることを理想としていたことから、そのために必要なあらゆる知識と技能を保有しなければならないと信じられていた。

そして、そのような知識、技能を習得するには、仕事を一定の職能に分割し、それを反復継続的に、専門的に遂行した方がより効率的である。他方、職能別組織は、職務の専門化を図るために相応しい組織構造であるから、ホテル側の目論見に合致したと思われる。

さらに、当時のホテル利用者は、外国人や一部の特権階級的な邦人に限られていた。そのうえ、利用者そのものが少なかった。これにより、彼らのニーズは、現代とは異なり、はるかに把握しやすく、その変化が予測しやすかったのではなかろうか。

それゆえ、ホテルにとって、何をすべきかが自明であったから、残る課題は、その仕事をいかに「より良く」、「よりプロフェッショナルに」、「より効果的に」行うかであった。そして、そのような課題を遂行するためには、職能別組織がもっとも適切であったと思われる。

職能的組織が内蔵する欠陥

確かに、職能別組織は、「グランドホテル」時代のホテルにとって機能的な組織構造であったと思われる。しかしながら、現在の顧客は、「グランドホテル」時代とは相違している。それゆえ、マネジメント・コンセプトも、「コマーシャルホテル」や「プラザホテル」的なものへと変化してきた。

それにもかかわらず、職能別組織だけが依然として維持されつづけている。だが、このタイプの組織に固執することには、なんら問題がないのであろうか。むしろ、それは、今日のホテル・マネジメントに対して、さまざまな支障をもたらしているのではなかろうか。

なぜなら、この組織構造には、もともといくつかの欠陥があるからである。

そして,その欠陥とは,以下である。
① それぞれの職能部門が専任の管理者と独自の目標をもつことが多いため,部門間の利害がつねに一致するとはかぎらず,逆に軋轢や対立が発生しやすい[9]。
② この軋轢を解消するための調整機関が組織構造の途中にないため,常にトップの役割になる[10]。

上記の欠陥により,職能別組織が広汎に採用されているホテル業では,トップの貴重な時間が部門間の調整活動に奪われ,トップ自身が現場業務に直接携わる機会が少なくなる。また,この組織構造では,トップ以外に全体を掌握できる人が存在しない。しかし,彼が各職能部門で生ずる諸活動のすべてに熟知することは,事実上不可能である。

上述した職能別組織に内在する欠陥は,致命的とはいうものの,つぎのふたつに比べれば,まだその程度は低い。この組織構造の最大の欠点は,①顧客ニーズにホテル全体で対応しようとする姿勢を妨げる要因と,②イノベーションを阻害する要因,を内包していることである[11]。

顧客ニーズへの組織対応を阻害しやすい職能別組織

ホテルは,利用者に対して,なんらかの価値や利便を提供することにより,顧客のニーズを充足している。しかし,顧客ニーズの充足は,顧客を接遇し,最終的にサービスを提供した部門だけが行っているわけではない。

むしろ,たとえば,レストランでの食事を事例に説明すれば,購買部が肉や野菜などの食材を購入し,調理部がそれを調理,加工し,レストラン部へ送り,レストラン部がそれを顧客に提供するというプロセスを経て,顧客の食事ニーズは満たされている。

そして,このプロセスにおいて原材料やその加工結果である料理が部門間を移転するとき各部門は,コストだけでなく,前過程が創造した価値と自己が創造した価値を合体し,移転させている。それゆえ,顧客が行うレストランへの評価は,レストラン部がマネジメントする店内の雰囲気やウエイターの態度などにのみ基づくものではなく,上記プロセス全体に対する累積的,総合的なものであるといえる。

第3節　「グランド・ホテル」的コンセプトがもたらす問題点

ところが，職能別組織は，この顧客ニーズへのトータルな対応を困難にする。なぜなら，この組織では，上述のとおり，トップ以外にプロセス全体とその成果である顧客の満足，不満足を監督する人も，また，それに対して責任を負う人もいないからである。

つまり，多くの人びとがひとりの顧客に係わり，プロセスの過程では，優れた仕事をしていたとしても，顧客の総合的満足を図ることが，総支配人を除けば，ある特定の人や部署の仕事になっていない。それゆえ，職能別組織では，完全な意味での顧客満足を達成することができないといえよう。

イノベーションを阻害する職能別組織

さらに，職能別組織は，現在のマネジメント環境を考慮すると，もうひとつの重大な欠陥をもっている。それは，この組織構造が，イノベーションを阻害する機能を潜在的に組み込んでいるからである。

上述のように，この組織構造は，仕事を専門化するために生まれてきた。そして，専門化は，現在行っている仕事をより効率的に遂行することを目的にする。それゆえ，この組織体では，「継続性」がその存立基盤になる。

だから，職能別組織を維持する以上，仕事の程度を深めたり，より一層それに習熟することはあっても，この継続性を打破するような行為，つまり，いままでの仕事をやめたり，まったく異なった仕事のやり方をすること，または，新しい仕事を創造することは困難になる。逆に，継続性がイノベーションや創造性を妨げるため，現状がいつまでたっても変わらないことが多い。安定した環境に適した組織だからである[12]。

だが，現代は，顧客のニーズや市場における競争条件がドラスティックともいえるほどに変化し，来年の予測すら困難になっている。そのうえ，年々収益性が劣化し，ホテル自身の生存すら覚束ない状態である。

それゆえ，今日のホテルは，安閑として日々を過ごすことができず，生き残りをかけて現状を変える努力をしなければならない。そして，そのためには，組織自体が環境に合わせて「揺らぐ」，つまり不断に自己変革を起こすことが求められる[13]。

ところが，職能別組織は，この揺らぎを止める機能を先天的にもっている。

それゆえ、この組織に固執するかぎり、現在のマネジメント環境にはうまく対応できないといえよう。

3. 高価格政策への盲目的な追随

消費者が行う購買決定に最も影響を与える要因は、価格ではなく、提供された商品を取り巻く「総品質（トータル・クオリティ）」への期待である[14]。ただし、だからといって価格の重要性を否定するわけではない。とくに昨今の不況下では、価格は、それ自体が重要な決定要因である。

だが、今日のわが国のような成熟した社会では、不況下といえども、価格が唯一絶対の購買決定要因であるとはいいがたい。むしろ、消費者に対し高水準の品質を提供できれば、価格に敏感な不況期であっても、より高い価格を設定することが可能である。

米国におけるPIMS研究（市場戦略の利益効果研究）が、この品質と価格との関係を検証している[15]。同研究では、数千社のマーケティング戦略を検討した結果、顧客が知覚する製品やサービスの品質が、企業の利益性を決定づける、と結論する。そして、提供する製品やサービスの品質が高いと顧客に知覚される企業は、競合他社よりも相対的に高い価格を設定できる、と述べている。

ホテルが犯す盲目的な価格戦略の事例

このように、顧客が知覚する製品やサービスの品質が高ければ、顧客は高価格を甘受する。しかし、多くのホテルは、これを曲解してきた。つまり、「ホテルである」という理由のみで、高価格を維持できると考えてきた。そして、これに対するひとつの論拠として、彼らの客室料金の設定があげられる。

確かに、表示上の客室料金は、各ホテルごとに異なる。だが、これを客室面積に対する平米当たり単価に換算して比較すると、それは、ほぼある一定の基準に従って決定されていたと推測できる。とくに、バブル経済の渦中、およびその崩壊後すぐの時期では、これが如実に観察できる。

第3節 「グランド・ホテル」的コンセプトがもたらす問題点

表終-6 都内主要ホテルの1㎡当たり客室料金 （円）

ホテル名	客室数	1990年	1991年	1992年
赤坂東急ホテル	535	1,302	1,297	1,306
赤坂プリンスホテル	761	842	842	870
浅草ビューホテル	342	996	1,073	1,073
キャピタル東急ホテル	459	1,025	1,040	1,102
銀座第一ホテル	801	1,014	1,014	1,200
銀座東急ホテル	437	1,229	1,307	1,367
京王プラザ	1,485	960	1,040	1,080
芝パークホテル	400	909	909	955
新高輪プリンスホテル	946	897	897	966
帝国ホテル	1,059	1,071	1,214	1,250
高輪プリンスホテル	416	958	958	1,000
東京全日空ホテル	903	1,036	1,107	1,214
東京ヒルトンホテル	807	1,091	1,155	1,227
パレスホテル	394	911	929	1,000
センチュリーハイアット	800	1,071	1,071	1,143
ホテルニューオータニ	1,612	1,130	1,130	956
ホテルメトロポリタン	818	848	870	913
都ホテル東京	498	759	862	931
ロイヤルパークホテル	450	962	1,077	1,154
平均		1,000	1,041	1,089

〈出所〉：オータパブリケーション編『ホテル年鑑（各年度版）』より筆者が作成。

　たとえば，都内に所在し客室数300室以上をもつ主要ホテルの1990（平成2）年から1992（平成4）年までの平米当たり単価は，ほぼ1,000円から1,100円であった（表終-6参照）。

　しかし，これらのホテルは，施設規模や客室面積ばかりではなく，立地環境などの種々の面で異なった背景をもっていた。そのため，この「相場」または「業界価格」化した客室料金は，まさに「ホテルである」という理由のみで設定されていたことを示す事例といっても過言ではなかろう。

盲目的な価格戦略を続けてきた理由

　このように，わが国のホテルは，無自覚に高価格政策を維持してきた。だが，その理由を突き詰めれば，以下になる。

　① 「グランドホテル」的コンセプトの残滓である。つまり，このコンセプト下では，顧客ターゲットが富裕者層に限定されていたため，料金の

高さ，安さは，さほど問題にされなかった。それゆえ，価格設定に対する潜在的な安易さが根底にあるといえる[16]。

② 業界のリーディングホテル，つまり，東京では「帝国ホテル」や「ホテルオークラ」などがそうであるという理由にすぎない。

③ 価格を下げることに対する恐れや拒否反応がある。そしてその背後には，価格を下方に修正すれば，その時点で「ホテル・リーグ」という団体から除名されてしまうのではないかという危惧がある。

そうはいっても，今日のホテルは，ディスカウント政策を採りはじめている。だが，概して，正規価格の下方修正には消極的である。それゆえ，その抜本的な改定にまでは至らず，もっぱら割引券の配布程度にとどまっている。そして，その配布も景気が回復するまでの方便と考えているように推察される。

4．近視眼的マーケティング戦略の採用

レビット（Levitt, T.）は，つぎのように言う。「人びとはプロダクトを買うのではない。それがもたらす効用を買っているのだ」と[17]。この主張の背後には，顧客にとってプロダクトそのものが重要なのではなく，むしろそれにより何ができるか，どのようなニーズが解消できるかが重要である，という考え方がある。

効用に関してホテルが犯す誤解

この考え方をホテルに応用すれば，つぎのようになる。たとえば，カップルでホテルへフランス料理を食べに行くとすると仮定しよう。彼らは，料理自体を買うのではなく，その料理を食べることから得られる効用（「親しさを増す」や「豊かな気分になる」など）を買っている。

ところが，多くのホテルは，フランス料理の素材，味，色彩感覚，食器の高価さなどを相変わらず重視している。ここに，顧客とホテルとの間に認識上のズレがある。

他方，いま，各ホテルのフレンチレストランが営業不振であると言われて

いる。それは，このレストランが採り続けた高価格政策に対する反動である。しかし，原因はそれだけに限らないであろう。

このレストランの主たる顧客の1つに，「企業客」があり，「接待」や「打ち合わせ」でよくそれを利用していた。しかし，この企業客も昨今の経費削減で足が遠のいてしまった。だが，この「企業客離れ」という現象は，企業側にも，ホテル側にも責任があると考える。

企業側の責任とは，ホテルの高級レストランを利用すれば，そこで提供されるサービスの価格が「高額」であるため，なんとなく接待したという気分になれると思っていたことである。他方，ホテル側の責任とは，そのような企業側の考え方に甘えていたことである。

企業が高い金銭を消費してホテルで顧客を接待したり，打ち合わせしたりするのは，それなりの「思惑」があるはずである。それは，「契約を取りたい」とか，「スムーズに話をつけたい」などである。ところが，これまでのホテルのレストランは，この思惑に対し，何ができるのかを真剣に考えたことがあったであろうか。

おいしい料理や静かな雰囲気などは，当然である。レストランを利用する企業の「思惑」を考えて，その助力をしていたレストランがあれば，経費が少なくなったいまこそ，各企業側も本気でコストパフォーマンスを考えるはずだから，そのレストランをより一層利用するはずであり，営業不振にならないのではないか。

効用への誤解を生み出した原因

ホテルは，他のサービスと同様に，顧客の重要性を繰り返し語ってきた。しかし，不幸なことに，顧客に関するその関心は，表面的であった。また，ホテルは，ビジネス活動の焦点を顧客満足に合わせるための戦略や手法をほとんど持ち合わせていなかった。

つまり，多くのホテルは，自社が提供する商品（たとえば，客室の広さ，アメニティの豊富さ，付帯施設の有無，レストランの種類や味，高級イメージ，広く豪華な宴会場など）にのみ焦点を合わせていたのが実情である。

さらに，ホテルでは，宿泊，料飲などの顧客に直接商品を提供するセクショ

ンは目立っていたが，マーケティングや顧客管理セクションの影は薄かった。さらに，営業セクションごとの収益性に関する詳細な会計情報はあっても，利益の源泉である顧客ごとの収益性に関する情報はまったくなかった。

このように，これまでのホテルでは，自分たちが提供する商品の特性にのみ注目して，商品によって与えられる顧客の満足を見ようとはしなかった。それゆえ，そこで行われるマーケティング活動は，近視眼的にならざるをえなかったのである。

第4節　新しいホテル・マネジメントのあり方

ホテル業は，拡大，発展するわが国の豊かな大衆社会を成長の糧にして，現在の繁栄を築いてきた。しかし，この大衆社会は，国民1人当たりのGNPが世界第1位になったとき，成熟期を迎えた。そして，社会の成熟化にともない，わが国のホテル業が直面する顧客ニーズも，変質しはじめた。

顧客ニーズの変質

前節で，従来わが国のホテル業は，商品やサービスの高級さ，施設の豪華さや規模の大きさ，または職能的に優秀な従業員などのプロダクトを重視してきたと述べた。確かに過去は，大半の人びとにとってホテルがものめずらしい存在であったため，彼らは，外見的，物理的なものに目を奪われやすかったのかもしれない。そして，そうであれば，プロダクト志向的なホテル・マネジメントも効果的であっただろう。

だが，人びとがホテルに慣れ親しむにつれて，さまざまな目的でホテルを利用できるようになってきた。そのうえ，彼らは，自主的にホテルを選別し，評価できる能力を体得した。そして，この結果人びとは，ホテルに対して多様なニーズや欲求を抱くようになっている。

一般に，市場が成熟段階に達すると，プロダクトの機能や品質だけで他者と自己を差別化することが困難になる傾向がある。むしろ，差別化は，独創的なアイデアや卓越したR&D能力などによって可能になる。

第4節　新しいホテル・マネジメントのあり方

つまり，市場が成長期から成熟期へ移行するにしたがい，市場競争上の主眼がハードとしてのプロダクトから，プロダクトを創造するためのソフト的なファクターへと置換される。

しかし，そのソフト的なファクター，上例でいえば，アイデアやR＆D能力は，自然発生的には生まれない。むしろ，アイデアを引き出し，R＆Dを推進するためには，優れた組織文化，トップ経営者のリーダーシップや人事制度など，目に見えないが組織活動を根本で支える要素，換言すれば，マネジメントに関するインフラストラクチュアーによる支援が不可欠である。そして，そのインフラストラクチャーの優劣が，成熟市場における競争の明暗を決めるといえる。

それゆえ，このような状況下でホテルが生き残るためには，プロダクトそのものより，それを創造するためのインフラストラクチャーにホテル・マネジメント上の要諦を置くべきであろう。そして，そうであるとすれば，今日のわが国ホテル業にとって，どのようなインフラストラクチャーを構築するかが問題になろう。

他方，本章第2節では，今日のホテル・マネジメントのあり方が，効果的でも効率的でもないと主張した。そのうえで，効果性と効率性を回復するためには，顧客のニーズや欲求をマネジメントの中核に据え，収入の安定を図るとともに，昨今の経営不振を招いた要因である人件費を効率的にマネジメントする手法を開発しなければならないと論じた。

それゆえ，インフラストラクチャーを整備する際には，とくにこの2点に配慮しなければならないと考える。そして，その場合には，少なくとも以下の3つのハードルをクリアーできるインフラストラクチャーを創出する必要がある。

① 顧客を中心にしたホテル・マネジメント手法をいかに開発するか。
② 顧客ニーズや欲求の変化に敏感なマネジメント・システムや組織構造をいかに構築するか。
③ 多職能を有する従業員をいかに養成するか。

1. 顧客を中心にしたホテル・マネジメント

　ホテル・マネジメント上の要諦をそのインフラストラクチャーに置いた場合，まず考慮すべき点は，顧客への配慮であり，顧客を中心にしたマネジメント手法の確立である。
　確かに，この「顧客中心」という言葉は，過去においても存在した。しかし，当時は市場が拡大していたため，ホテルはこの問題に対して真摯に取り組む必要がなかった。それゆえ，それは，表面的であり，リップサービス的な性格が強かったといえる。
　ところが，今日の顧客は移り気であり，好みの商品やサービスを代えることに抵抗感をもっていない。だから，昨日まで他社の顧客であった人びとを奪うことは，さほど困難ではない。しかし，それは同時に，自分の顧客を維持することが非常に難しくなっていることを意味する。
　だが，企業の収益性は，顧客との親密な関係が長期化すればするほど高まることが知られている。それゆえ，いまホテルがなすべきことは，新規顧客の獲得に奔走することだけでなく，現在の顧客を維持し，その生涯にわたる消費額を増やすことである。そして，そのためには，顧客中心主義を単なるリップサービスでなく，ホテルの信条にしなければならない。
　しかしながら，現在のわが国のホテルには，かりにこの顧客中心主義を信念にしたとしても，それを実現するためのシステムが未整備である。また，あったとしても，不完全である。そこで，このシステムの構築が急がれる。そして，その第一歩は，自分たちの顧客を知ることであり，顧客を知るための手法を創造することである。

顧客を知るための戦略

　顧客を知るためには，彼らを「集団」としてでなく，「個」として捉え直す必要がある。一方，その顧客が抱くニーズやウォンツは属人的なものである。それゆえ，顧客を「個」として把握するためには，その属人的な顧客情報を逐次収集するための仕組みが求められる。

この顧客情報を得るためにホテルは，しばしばアンケート用紙を利用している（本書第4章第4節参照）。しかし，この手法は，効果的であるとはいいがたい。なぜなら，この手法により情報を取るためには，顧客側の「書く」という行為が不可欠であり，それは彼らにとって心理的に煩瑣な手続きだからである。

そこで，フリーダイヤルを設ければ，この「書く」という煩瑣さは解消できよう。しかし，この手法も顧客の自主性がなければ成立しない。そこで，その自主性に頼らずに顧客情報が引出せれば理想的になる。そして，この点については，米国の「エンバシー・スウィート・ホテル」が参考になろう。

同ホテルでは，毎朝のチェックアウト時に，マネージャーが直接宿泊者から提供したサービスの成果について聴取している。そして，その結果は，全従業員に公開される。さらに，報奨制度をこの顧客評価とリンクさせ，営業に効果的にフィードバックさせている。

このように，エンバシーでは，顧客側からのアプローチを待つのではなく，ホテルの方から積極的に顧客に接触して，直接情報を収集している。だが，この手法は，同ホテルの独創ではない。ただ，これまでエンバシーほど徹底して行うホテルがなかっただけである。エンバシーは，顧客を知ることの重要性を理解していたからこそ，この能動的な情報収集方法を選んだのである。

これに対して，わが国では，多くのホテルが顧客情報の収集に関する仕事を後方部門のアナリストに委ねており，かならずしも第一線の従業員の責任になっていない。そのため，それは，顧客の顔も知らない人びとにより，事務的に処理されているのが実情である。だから，現状でのホテルと顧客との関係は，表面的で，かつ形式的になってしまう。そして，ここに，いまわが国のホテル業が改善すべき大きな問題がある。

顧客を維持するためには，顧客を知る必要がある。そして，そのためのシステムが要求される。さらに，そのシステムは，専門のアナリストだけでなく，第一線で顧客を接遇する人びとを取り込まなければならない。そのため，上述したエンバシー流のシステムは，わが国のホテルにとって十分示唆に富むと考える。

「真実の瞬間」を管理することの意義

顧客中心主義を貫徹するために考慮すべき第2の点は,「真実の瞬間」の管理である。なぜなら,顧客は,ホテルと出会った瞬間,つまり「真実の瞬間」からそれを評価しているからである。

顧客のホテルに対する評価は,この出会いの「質」によって決まる。そして,そのような瞬間は,顧客がホテルへ電話をかけたとき,ドアマンを見たときなどのさまざまな場合に生じる。

それゆえ,この「真実の瞬間」を無事通過しなければ,その後いかに専門的で優れた知識,技能を提供したとしても,遅きに失することになる。換言すれば,専門的に優れた知識,技能は,この瞬間を乗り切ったときに,はじめて真価を発揮することになる。

これに加えて,「真実の瞬間」は,文字通り瞬間であるから,そこにおいて顧客が求めるものは,知識,技能的に高度なものではない。むしろ,ホテルとの出会いの場ごとに,普通の顧客が一般的に期待しているものである。

そこで,各ホテルは,基礎的な従業員教育を徹底して,この瞬間に対処しようとしている。しかし,この教育自体は決して誤りではないが,同時に完全な正答でもない。

なぜなら,多くの場合この教育は,顧客接遇に関する一般的な知識,技能のほかには,当該職能で要求されているものに終始し,その職能を超えて行われることは極めてまれだからである。

たとえば,もし顧客がバーやレストランの席料を尋ねたとき,これに即答できるドアマンやフロントマンをホテルは何人持っているのであろうか。これは,決して特殊な質問ではない。ところが,多くのホテルは,この質問に答えられないのではなかろうか。だが,顧客はこの瞬間をもホテル評価の対象にしている。

ホテルは,顧客と出会ったとき,まず第1に,その顧客の期待を忠実に履行する必要がある。しかし,この期待は,2面性を有している。そのひとつ目の期待とは,たとえば,ある従業員がドアマンであるとすれば,ドアマンという彼の職務に対して向けられる。つまり,顧客は,彼がドアマンとして心から自分を迎えてくれることを期待する。

第4節　新しいホテル・マネジメントのあり方　　　　　　　　337

　他方，もうひとつの期待とは，このドアマンがホテルの一員であり，それを代表しているという機能に対して向けられる。だから，上述の質問が発せられても不思議ではない。それゆえ，「真実の瞬間」の管理とは，この期待の両面を管理することにほかならない。だが，多くのホテルは，後者の期待に対する管理がまだ不充分であると思われる。

顧客を中心にした経営システム構築に関する１視点

　現在，わが国のホテルでは，顧客が館内を歩き回り，彼らが必要とするサービスや情報を得ている。たとえば，ある顧客が一定の予算で食事をしたいと思ったとき，現状では，顧客自身が館内のレストランを１軒ずつ訪ねて，どこを利用すべきかを決めなければならない。これは，前述した顧客中心主義の観点から捉えたとき，本当に優れたサービスなのであろうか。

　だが，これと同じ慣行を顧客に求める産業がもう１つある。それは，百貨店業である。百貨店が，英語でデパートメントストアというように，店内をいくつものデパートメント（部門）に分け，顧客がそのデパートメントを歩き回り，目的の商品を捜すということをマネジメント上の基本的テクノロジーとしている。

　それゆえ，消費者の経済的地位の向上にともない，店舗が大型化すると，品揃えは確かに豊富になったものの，ある特定の商品が他の膨大な商品の中で埋没してしまったことも事実である。

　たとえば，帽子を購入したい人には，その他の売り場がたとえ世界一広いとしても，それはまったく余分なスペースであり，それを通過せずに帽子売り場に到達できないとすれば迷惑なことであろう。

　ところが，このテクノロジーを根本から覆そうとする百貨店が出現した。それは，米国のシアトルを本拠地にする「ノードストローム」である。同社では，顧客に代わって従業員が店内を走り回る。たとえ自分が婦人服売り場の担当であったとしても，販売した服に合ったアクセサリーや靴を顧客が望めば，それらの売り場へ行き，商品を持ち帰る。また，同社では，顧客が必要とし，自社にその商品がない場合には，ライバルの百貨店へ行き，それを買って帰ることもある。

つまり，ノードストロームでは，顧客満足のためならば，部門や職務の範囲，自分の店とか他人の店という区別がない。これは，デパートメントによって縦割りされた組織が常識であった百貨店業界にとって，革命的な発想の転換である。そして，この革命により，同社は，「ノードストローム神話」といわれるほどの高い顧客満足を生み出し，米国の百貨店のなかでも高収益を計上しえたのである。

ノードストロームは，百貨店業界が常識としていたマネジメント上の基本的なテクノロジーをバラバラに打ち砕き，それを顧客中心という視点から再構築した。そして，この手法により，無名で後発の企業であった同社がメーシーなどの既存の大百貨店と互角以上に戦えたという事実は，顧客中心主義の正しさを示すと同時に，その効果性の高さを物語っている。

それゆえ，わが国のホテルが顧客中心のマネジメント・システムを創造する際，このノードストロームの事例は，それが百貨店とほぼ同様なテクノロジーを踏襲していることから考えて，貴重な視点を与えるであろう。

2．イノベーション創造のためのマネジメント・システムと組織づくり

わが国のホテル業は，市場環境の変化に翻弄されている。それゆえ，このような状態をブレークスルーするためには，各ホテルがイノベイティブになり，不確実で流動的なマネジメント環境に対処しなければならない。

そのためには，計算されたリスクであれば，失敗を恐れずに果敢にチャレンジするイントラプルヌアー精神を各従業員に鼓舞するとともに，それを支えるシステムが必要になる。そして，このイントラプルヌアー精神を支援するためのひとつのシステムが，広範なジェネラルマネージャー制の採用であると考える。

広範なジェネラルマネージャー制を利用した組織づくり

通常，どのようなホテルにも，ジェネラルマネージャーと称する人がいる。ホテルの営業全般に関する権限と責任をもつ人である。しかし，彼らの多くは，職能的な組織で育った人であるため，ホテル営業の全般について，つね

に精通しているわけではない。また，精通しているとしても，現代のホテルでは，彼が意思決定すべき事項が多すぎる。そこで，この人の権限と責任の一半を下部組織へ委譲する。

だが，このような権限と責任の委譲は，形式的なものにとどまりやすく，形骸化しやすい。そのため，委譲した権限と責任の円滑な実行を可能にするシステムが求められる。そして，その手法としては，委譲先を「独立事業主」にすることである。

たとえば，レストランでは，接客部門と調理部門に加え，購買や原価管理部門などのサポート部門が関与して，食事サービスを提供している。ところが，前述したように，現状のそれらは，独立した指揮命令系統を有しているため，あたかも別会社のように機能している。

しかし，これら諸部門は，本来不可分一体でなければならない。そこで，それらの一体性を確立するために，まず接客部門と料理部門を統合した組織を構築し，この組織を1つの戦略事業単位と認め，以下を行う。

① メニューの選定，価格の設定，経費の管理，売上達成手法の立案・実施など，このレストランを戦略事業単位とするために必要なすべての行為を行う権限を与える。
② レストラン自身が自己のリスクと才覚に基づき食材を調達する権限と原価管理を行う責任を与える。もし，原価管理を社内の専門部署に行わせるのであれば，その経費をレストラン費用として計上する。
③ 会社は，レストランに対して，年度の利益目標を与えるのみで，営業の詳細に関する過度の干渉を行わない。そして，この利益目標を達成したとき，その超過分をレストランの利益として帰属させる。

このようなマネジメント・システム，組織づくりの利点は，以下である。

① 独立した職能であった接客部門と調理部門とのあいだの統一が図れ，両者の目的と利害が一致する。つまり，両者が一体となって顧客を満足させれば，互いに利益を享受できるし，それに失敗すれば両者とも不利益を被る。
② このシステム，組織下では，当該レストランの売上と費用の管理は，運営者の才覚に依存する。だが同時に，運営者自身の利益も不利益もそ

の才覚に依存する。それゆえ，この手法は，意欲ある従業員にインセンティブを与えることができる。

③　購買部門などの後方部門をも，戦略的事業単位にすることができる。なぜなら，営業部門にサービスを提供することにより，対価を得られるため，部門としての損益が明確になるからである。一方，提供するサービスが不良であれば，営業部門はその利用を中止することになるため，この部門にも競争概念が生まれる。

　上記の手法は，部門別収支システムに類似した考え方に基づいている。しかし，いままでのホテル業では，このシステムは，職能により縦割りされた組織をひとつの単位として適用されてきた。だが，顧客のニーズや欲求は，そのような縦割り組織では充足できないことが多い。

　むしろ，ホテルでは，1人の顧客の満足を得るために，多くの職能が協労し合っている。そのため，顧客満足という視点からいえば，この部門収支は，協労関係全体をカバーできることが望ましい。そして，そのためには，会計制度だけでなく，組織システムや，従業員に付与する権限，または責任をも組み込んだ総合的なシステムを創造する必要がある。

3．多職能を有する従業員の育成

　わが国のホテル業が，現在の経営的な苦境からなかなか脱却できない要因のひとつに人件費があった。つまり，売上高が低迷しているにもかかわらず，この経費をスムーズに圧縮できないからである。したがって，ホテル需要の変動に応じて人員が調整できれば理想的である。

　そこで，多くのホテルでは，パートタイマーを活用することにより，この需給変動に対応しようとしている。しかし，彼らに正社員と同様な忠誠心を求めることはかならずしも容易ではない。また，単純な定型的作業であれば問題は少ないが，独創的なサービスを提供する業務や高度な知識，技能や判断能力を要する業務では，彼らの効果的な活用には限界があろう。

　そのため，パートタイマーを活用するだけでなく，従業員が需給動向に合わせて，その内容を変えるという調整策，たとえばフロント係りが夕食時に

は宴会係になるなどを行うことができればそれが望ましい。

　これは，民宿，旅館では一般化しているが，ホテルではかならずしも実践されていない。ホテルにおける職務の専門性が，職能間の移動を困難にしているからだと推察する。

　しかし，ある従業員が一定の専門的職能を果たしているとしても，顧客は，多くの場合，この職能を横断してホテルを利用している。それゆえ，従業員は，自分の職能を超えた全社的な視点をもたなければならない。

　また，この視点があれば，各従業員が果たす役割の位置付けも明確になる。そして，それは，前述した「真実の瞬間」の管理の点からみても望ましい。だが，そのためには，従業員を職能から解放し，複数の職務を遂行させなければならない。

エンバシー・スウィート・ホテルの教育プログラム

　そのためのシステムとしては，前述のエンバシー・スウィート・ホテルが行う教育と報酬に関する以下のプログラムが参考になる[18]。

① ホテルの日常業務に関する基本業務を10種類に分類し，従業員に習得させる。
② 従業員は，90日間にわたり，1つの業務に従事する。
③ 上記研修期間の終了後，上司が認めると，研修先の業務に関する基礎的知識を問う筆記試験とトレーニングマニュアルへの習熟度合いを確かめる実技試験を受ける資格を得る。
④ 上記試験に合格すると昇給（1時間当たり25セント）があり，次の業務へのチャレンジが認められる。
⑤ 不幸にして試験に失敗した場合には，上司の支援下で次回の試験に合格するための受験計画を作成し，その計画に従い再度チャレンジする。
⑥ 10種類の基本業務をすべて終了すると，次のキャリアコースとして，「プロフェッショナルコース」と「マネージャーコース」が準備されている。
⑦ マネージャーコースにも，マネージャーになる基準として，10の資格と専用のトレーニング・プログラムが用意されている。

従来わが国では，単一職能によるスペシャリストを養成することに重点を置いた人事システムが主流であった。しかし，顧客のホテル利用のあり方を考えた場合，そのようなシステムには問題が多い。今後は，多職能をもつ人材の育成に配慮すべきであると考える。

第5節　小　　括

1．ホテル業が直面するマネジメント環境と課題

バブル経済崩壊後のホテル業は，年々収益性が悪化している。そして，その下落傾向は，いつ止むのか予想もつかない。だが，それにもかかわらず，毎年のように200軒から300軒のホテルが誕生している（表終-7参照）。そして，この事実が，ホテル業の苦境をますます大きくしているように思われる。

表終-7　年度別のホテル増加数（平成5年から平成9年まで）　　（軒）

年　　度	平成5年	平成6年	平成7年	平成8年	平成9年	平　均
対前年増加数	290	251	251	238	357	277

〈出所〉：オータパブリケーション編（2000）『ホテル年鑑』1782頁。

今日一般的に観察される収益性の劣化は，主として売上高の低迷と，売上高に占める人件費の増大によりもたらされている。そのため，ホテル業が現状から解放されるためには，これまでとは異なる手法により売上高を回復し，人材を効率的に使用しなければならない。

しかし，これまでのホテルは，「グランドホテル」的コンセプトに強く支配されてきた。そのため，収益性が悪くなったことに気づいていたとしても，それに対して有効な対策が立てられなかった。それゆえ，いま各ホテルが行うべきことは，この「グランドホテル」的コンセプトに決別することである。

そして，そのためには，これまで検討し，図終-2に示した「グランドホテル」的コンセプトがもたらす問題点を正確に理解することが大切であると

2. 新しいホテルマネジメントのあり方

　わが国のホテル業は，まもなく21世紀を迎える。そして，その際のホテル市場における競争は，成熟化し，めまぐるしく変貌するニーズや欲求をもつ人びとを制御する能力の優劣で，その勝敗が決まるであろう。

　その能力とは，顧客をいかに知り，それを維持するのか，顧客との「真実の瞬間」をどのように管理するのか，イノベイティブな組織をいかに創造するのかなどのホテル・マネジメントに関するインフラストラクチャー的な要素によって構成されるであろう。

　だが，現状では，このインフラストラクチャーを明確に志向したマネジメントを試みるホテルがない。そのため，すべてのホテルが同一のスタートラインに立っているといえる。つまり，すべてのホテルに，この競争の勝者となる機会が与えられている。

　ところが，この競争の勝者は，現状を創造的に破壊する責務を同時に負うことになる。そして，それは，技術的な作為により達成できるものではない。ホテル業に携わる人びとのマインド・セットそのものを根本から変えなければならないことが多いからである。それゆえ，その道程は，長く苦難の連続になるだろう。しかし，この手法が，もっとも適切であり，かつ効果的であると考える。

注
1） 鈴木博（1968）『近代ホテル経営論』柴田書店，20頁。
2） 嶋口充輝（1994）『顧客満足型のマーケティングの構築』有斐閣，4頁。
3） アル・ライズ，ジャック・トラウト（1994）『売れるもマーケ当たるもマーケ：マーケティング22の法則』東急エージェンシー，1994年，22頁（Rise, A. & Trout, J.（1993）, *The 22 Immutable Laws of Marketing*, Harpercollins Pub.）。
4） 伊丹敬之『新・経営戦略の理論』日本経済新聞社，1993年，131頁。
5） 鈴木宏（1994）『ホテルはいかに生き残るか：21世紀に向けた経営戦略のすべて』中央経済社，203頁。
6） Watson, G. H.（1992）, *The Benchmarking Workbook*, Productivity Press, Inc.（日本能率協会訳『ベンチマーキング入門』1994年，33頁）を参照。
7） アル・ライズ，ジャック・トラウト前掲書，38頁。

8) Miller, G. A. (1967), *The Psychology of Communication : Seven Essays*, Basic Press, pp.14-44.
9) Drucker, P. F. (1958), *The Practice of Management*, Happer & Brothers, pp.208-209.
10) Louis, C. (1958), *Management & Operation*, McGraw-Hill, pp.86-88.
11) Nebel, F. C. Ⅲ, Rutherford, D. & Schaffer, J. D. (1994), "Reengineering the Hotel Operation", *Cornell Hotel & Restaurant Management Quaterly*, Vol.35, No.5, pp.88-95.
12) Mintzberg, H. (1983), *Structure in Five : Designing Effective Organization*, Prentice-Hall, p.171.
13) 野中郁次郎（1992）『企業進化論』日本経済新聞社，134〜143頁。
14) Zeithmal, V. A., Parasuraman, A. & Berry, L. L. (1990), *Delivering Quality Service*, The Free Press.
15) PIMS研究については，つぎを参照した。Wagner, H. M. (1984), "Profit Wonders, Investment Blunders", *Harvard Business Review*, Vol.62, Sep./Oct., pp.121-135 を参照。
16) 岡本伸之（1993）『現代ホテル経営の基礎理論』柴田書店，16頁。
17) セオドル・レビット（1990）『マーケティング発想法』ダイヤモンド社，3〜6頁（Levitt, T. (1969), *The Marketing Mode*, McGraw-Hill)。
18) 岡本（1993）前掲書，169頁。
19) 稲垣勉（1994）『ホテル産業のリエンジニアリング戦略』第一書林，29頁。

資料 1

序章-3の参考文献一覧

青木国男・西野嘉章・中川志郎 (1995)「博物館マーケティング,利用者サービス,展示技術の変化への対応:その 1」,『博物館研究』30 (12), 31〜40頁。
青木国男・西野嘉章・中川志郎 (1996)「博物館マーケティング,利用者サービス,展示技術の変化への対応:その 2」,『博物館研究』31 (1), 34〜41頁。
青木国男・西野嘉章・中川志郎 (1996)「博物館マーケティング,利用者サービス,展示技術の変化への対応:その 3」,『博物館研究』31 (2), 3〜12頁。
浅井慶三郎 (1988)「サービスのマーケティング:サービスにおけるマーケティング管理の課題」,『運輸と経済』48 (4), 50〜57頁。
阿保栄司 (1987)「物流サービスの研究:1」,『システム科学研究所紀要』18, 1〜22頁。
阿保栄司 (1988)「物流サービスの研究:2」,『システム科学研究所紀要』19, 1〜6頁。
東徹 (1997)「マーケティング論におけるサービス概念と位置付けについて:サービス・マーケティングの予備的考察」,『北見大学論集』38, 19〜36頁。
萩原丈男 (1992)「サービスの分類について」,『東北学院大学論集』119, 15〜27頁。
羽田昇史 (1998)「医療サービスについての一考察:非営利組織の再吟味」,『龍谷大学経済論集』37 (3・4), 51〜81頁。
広田俊郎 (1997)「日本のサービス産業企業の事業展開とサービス提供システムの解明」,『関西大学商学論集』42 (3), 607〜632頁。
藤村彰久 (1997)「生産管理と生産の意味について:財の生産とサービスの生産」,『関西大学商学論集』42 (3), 633〜650頁。
藤村和宏 (1997)「サービス提供組織における顧客満足・職務満足・生産性の関係についての理論的・実証的考察」,『香川大学経済論叢』69 (4), 51〜126頁。
藤村和宏 (1996)「サービスの広告に期待される役割」,『香川大学経済論叢』68 (2・3), 415〜445頁。
藤村和宏 (1996)「サービス・デリバリー・プロセスから見たサービス・マーケティング」,『ていくおふ(全日空広報室)』75, 8〜15頁。
藤村和宏 (1995)「顧客のサービス・デリバリー・プロセスへの参加と品質評価」,『香川大学経済論叢』68 (1), 119〜172頁。
藤村和宏 (1991)「サービスの特質とサービス・マーケティング理論の必要性」,『広島大学経済論叢』14 (3・4), 185〜216頁。
橋本伸也 (1998)「サービス資源のマネジメントとケアマネジメント」,『理学療法ジャーナル』32 (5), 323〜327頁。
日野和則 (1996)「サービス・マーケティングの特質と成功要因の検討」,『愛知教育大学研究報告(人文・社会科学)』45, 163〜167頁。
細田繁雄 (1997)「物流サービスと顧客満足」,『愛知大学経営論集』135・136, 41〜61頁。
星宮啓 (1986)「サービス管理論から見た医療サービスについて」,『東北学院大学論集(経済学編)』

100, 241～265頁.
細田繁雄 (1995)「物流サービスのマーケティング戦略」,『愛知大学経営総合科学』65, 1～22頁.
居川正弘 (1985)「品質保証システムにおけるサービス品種・品質の保証」,『松山商大論集』35 (5・6), 37～57頁.
居川正弘 (1992)「事務・サービス業の品質：2」,『松山大学論集』4 (4), 91～113頁.
居川正弘 (1991)「事務・サービス業の品質：1」,『松山大学論集』3 (4), 49～71頁.
池田哲郎 (1992)「わが国における情報サービス産業の推移」,『九州産業大学商経論叢』32 (2), 111～143頁.
生田保夫 (1985)「交通サービスの質評価について」,『流通経済大学論集』19 (2), 1～27頁.
加茂栄司 (1995)「流通サービスの「社会性」概念の変遷と再考」,『大阪学院大学流通・経営科学論集』21 (1), 27～44頁.
小林哲 (1998)「外食企業のマーケティング戦略：かんこフードサービス株式会社」,『マーケティングジャーナル』67, 68～79頁.
小原博 (1990)「サービス・マーケティングの一吟味：レジャー産業を事例として」,『経営経理研究』45 57～89頁.
小路行彦 (1998)「医療サービスにおける公私混合体制の成果と課題：北海道の事例」,『福島大学商学論集』66 (4), 3～19頁.
近藤宏一 (1996)「大手私鉄企業の現状と今後の方向性：サービスマネジメント論の視点をふまえて」,『立命館経営学』35 (3), 123～148頁.
近藤宏一 (1996)「サービス・マネジメント論の枠組みと課題」,『立命館経営学』35 (4), 87～120頁.
近藤隆雄 (1996)「サービス・マーケティング研究とその実践的テーマ：これまでの発展と現状」,『マーケティングジャーナル』62, 48～56頁.
金聖 (1987)「サービス・マーケティングにおける人間的相互作用に関する概念枠組み」,『三田商学研究』30 (3), 137～152頁.
野々山尚子 (1998)「産業レビュー：期待されるファシリティマネジメント・サービス」,『ニッセイ基礎研report』10, 11から16頁.
中田信哉 (1993)「宅急便市場とサービス・マーケティング」,『神奈川大学商経論叢』29 (2), 141～163頁.
波形克彦 (1997)「小売店のもっと売れるマネジメント：サービス先進国アメリカに学ぶこれからの接客法」, 32 (10), 110～113頁.
中西純司 (1996)「公共スポーツサービスの社会的価格に関する研究：F市における公共体育館利用者の価格意識の分析を通じて」,『福岡教育大学紀要（芸術・保健体育・家政科編）』45, 65～76頁.
中西純司 (1995)「公共スポーツ施設におけるサービス・クオリティ構造に関する研究」,『福岡教育大学紀要（芸術・保健体育・家政科編）』44, 63～76頁.
中村良二 (1997)「新しい自営業主としてのコンビニエンス・ストアの店長：中小サービス業主調査との比較から」,『日本労働研究機構研究所紀要』13, 33～49頁.
仲村隆文 (1989)「MS（メディカル・サービス）法人への一考察」,『九州共立大学紀要』45, 47～59頁.
成毛真 (1996)「ユーザーサポート・サービス有料化の論理：経済合理性のマネジメント」,『Diamondハーバード・ビジネス』21 (4), 83～91頁.

永井猛 (1996)「立地型サービス産業の発展法則：2」、『早稲田大学システム科学研究所紀要』27、161～172頁。
永井猛 (1995)「立地型サービス産業の発展法則：1」、『早稲田大学システム科学研究所紀要』26、113～126頁。
永井猛 (1994)「立地型サービス産業のマーケティング：1」、『早稲田大学システム科学研究所紀要』25、101～108頁。
永井猛 (1993)「メーカーの理論と立地型サービス産業の理論」、『早稲田大学システム科学研究所紀要』24、85～100頁。
永田治樹 (1996)「大学図書館におけるサービス経営・顧客満足のマーケティング」、『大学図書館研究』50、73～81頁。
永松昌樹・赤松喜久・島崎仁 (1996)「商業スポーツ施設におけるサービス評価に関する基礎的研究：2」、『大阪教育大学紀要』44 (2)、257～267頁。
永松昌樹・赤松喜久・島崎仁 (1995)「商業スポーツ施設におけるサービス評価に関する基礎的研究：1」、『大阪教育大学紀要』44 (1)、115～123頁。
三ツ井光晴 (1990)「製品としてのサービスの開発」、『神戸商大論集』42 (2)、125～146頁。
宮崎昭夫 (1995)「米国における在宅福祉サービスの質の保障への取り組み」、『四国学院大学論集』88、115～126頁。
宮川芳輝 (1996)「情報技術と医療サービス部門の成長」、『名古屋学院大学論集』32 (3)、213～223頁。
森下二次 (1987 a)「サービス・マーケティングの特殊性」、『大阪学院大学商学論集』13 (2)、1～23頁。
森下二次 (1987 b)「サービス・マーケティングの特殊性：続」、『大阪学院大学商学論集』14 (1)、1～23頁。
森久人 (1988)「非営利組織の市場戦略に関する一考察：サービス概念を中心に」、『千葉商大論叢』25 (3・4)、279～306頁。
大坪徳次 (1987)「サービスの分類とマーケティング：クリストファー・H. ラブロックの研究」、『九州産業大学商経論叢』27 (4)、115～195頁。
坂口俊哉・菊池秀夫 (1998)「商業スポーツクラブにおける顧客満足と関与に関する研究」、『中京大学体育学論叢』39 (2)、79～87頁。
坂口俊哉・菊池秀夫 (1998)「商業スポーツクラブにおける顧客満足と関与に関する研究」、『中京大学体育学論叢』39 (2)、79～87頁。
沢田利夫 (1992)「サービス品質と顧客管理」、『富大経済論集』37 (3)、582～611頁。
信夫千佳子 (1995)「顧客満足と効率化のための経営戦略について：製造業のサービス活動を中心に」、『秋田経済法科大学経済学部紀要』21、1～15頁。
嶋口光輝 (1996)「新しいマーケティング・パラダイムに向けて：関係性マーケティングの課題と展望」、『ていくおふ (全日空広報室)』75、2～7頁。
白井義男 (1992)「マネジメント・コントロール・システムのサービス業への適応：マーケティング概念の把握を通じて」、10 (1)、32～44頁。
桜田一之 (1991)「情報サービス産業の経営効率に関する一考察」、『熊本大学教養部紀要 (人文・社会科学編)』26、93～101頁。
沢田利夫 (1990)「時間消費型サービスの特質」、『富大経済論集』36 (2)、165～198頁。
横川潤 (1998)「ニューヨークにおけるフードサービス・マーケティングの史的発展」、『季刊外食

産業研究』17（2），5〜20頁．

張簡素蘭（1997）「ファッション・マーケティングの知識・サービス化への変革」，『国際服飾学会誌』14，99〜107頁．

張淑海（1991）「サービスの本質に関する一考察：ネットワークマネジメントに向けて」，『経済科学』39（2），35〜51頁．

田尾雅夫（1993）「医療・福祉におけるサービス技術：その概念の枠組みと分析のための視点」，『京都大学経済論叢』152（3），276〜293頁．

高橋昭夫（1992）「サービス概念とその分類図式について」，『明大商学論叢』74（3・4），65〜83頁．

高橋昭夫（1994）「サービス・マーケティングにおけるインターナル・マーケティング・コンセプトについて：製品としての職務と消費者としての従業員という考え方」，『明大商学論叢』76（2），185〜208頁．

高橋秀雄（1996）「サービス製品の広告の問題について」，『中京商業論叢』43（1），69〜84頁．

高橋秀雄（1993）「物的流通に関わる顧客サービスの問題について」，『中京商業論叢』40（2），1993年，53〜74頁．

高橋秀雄（1991）「航空輸送サービスのマーケティング」，『中京商業論叢』38（1），79〜103頁．

高橋秀雄（1988）「サービスのマーケティング・チャネルについての一考察」，『京都大学経済論叢』142（1），115〜132頁．

田中秀松（1992）「大学の自己点検・評価とアカデミック・アメニティに関する調査研究：学生から見た事務サービス改善の対人心理的アプローチ」，『岡山理科大学紀要（人文・社会科学）』28B，259〜268頁．

刀根武春（1998）「サービスマーケティングの現代的特性：その理念・システム・戦略を中心に」，『明大商学論叢』80（1・2），223〜246頁．

Toni, Alberto de, R. Panizzolo & G. Tondato（1996）「HRD海外動向ベネトンの人材戦略：サービスマネジメントを実現する人材戦略とはなにか」，『人材教育』8（8），78〜81頁．

Tjosvold, D. W.（1994）「企業内コンフリクトと顧客サービス」，『高崎経済大学論集』37（3），115〜130頁．

鳥越良光（1987）「経済のサービス化・ソフト化に伴う商品学の諸問題：マーケティング商品学における商品概念」，『岡山商大論叢』22（3），3〜19頁．

田村馨（1995）「都市とサービス業の新たな関係：外食産業のセミ・マクロ分析」，『福岡大学商学論叢』40（2），371〜399頁．

上田隆穂（1994）「サービス業戦略国際化の枠組み」，『学習院大学経済論集』30（4），439〜449頁．

上原征彦（1990）「サービス概念とマーケティング戦略」，『明治学院論叢』459，65〜92頁．

内野雅之（1988）「サービス・マーケティング研究におけるエンカウンター概念とコミュニケーション・アプローチ：収斂モデルの適用」，『東京国際大学論叢』38，107〜119頁．

梅沢隆（1995）「情報サービス産業におけるソフトウエア技術者の仕事と意識」，『国士舘大学政経論叢』92，45〜64頁．

梅沢隆（1990）「公共・非営利事業のマーケティングとサービスの品質管理：サービスの品質評価システム」，『高千穂論叢』25（3），37〜55頁．安国一，笠井賢治（1991）「情報サービス産業の現状と課題：1」，『亜細亜大学経営論集』26（3），73〜88頁．

渦原実男（1994）「物流サービスの概念整理：マーケティングの視点から」，『西南学院大学商学論集』41（3），85〜110頁．

梅沢隆 (1988)「戦略的農協マーケティングへの道」,『農業協同組合』34 (11), 78〜84頁。
山本恭裕 (1995)「サービス商品の品質」,『千葉商大論叢』32 (4), 83〜110頁。
吉田準三 (1997)「NPO (民間非営利組織) とは何か」,『流通経済大学論集』31 (3), 100〜103頁。
横田澄司 (1994)「顧客満足に影響するサービス機関の業務管理」,『明治大学社会学研究所紀要』32 (2), 59〜90頁。
横山文人 (1995)「マーケティング5：サービス・マーケティング」, 46 (5), 441〜447頁。
柳与志夫 (1996)「図書館マーケティング適用の可能性：国立国会図書館における「対図書館サービス」の事例分析」,『図書館学会年報』42 (4), 216〜224頁。

資料2-1

ホテル開業にともなう社員の採用に関する調査票

1．開業準備期間中の社員採用についておうかがいします。

Q1．あなたのホテルでは，開業を迎えるにあたって，ホテル経験者を社員として新規に採用しましたか。あてはまる項目に○をつけ，その後の指示に従ってください。

　　1．　採用した　　　　→　　Q6へお進みください
　　2．　採用しなかった　→　　Q2へお進みください

Q2．あなたのホテルが，ホテル経験者を採用しなかった理由は何ですか。あてはまる項目すべてに○をつけてください。

　　1．既存社員にホテル経験者が多数いたから
　　2．ホテルの性格から考えてホテル経験者をさほど必要としていなかったから，
　　3．ホテル経験者からの応募がなかったから
　　4．ホテル経験者からの応募はあったが，適任者がいなかったから
　　5．過去の経験や慣習にとらわれずに，ホテル運営を行いたかったから
　　6．ホテル経験者は，給与などの雇用条件が高く，採用できなかったから
　　7．その他（具体的にお書きください：　　　　　　　　　　　　　　）

Q3．あなたのホテルでは，開業を迎えるにあたり，ホテル経験者以外で，社員を採用しましたか。あてはまる項目に○をつけ，その後の指示に従ってください。

　　1．採用した　　　　→　　Q4へお進みください
　　2．採用しなかった　→　　Q17へお進みください

Q4．開業に際してあなたのホテルが新規採用した社員は，新卒者でしたか，それとも既卒者でしたか。あてはまる項目に1つ○をつけてください。

　　1．新卒者のみ採用した　　2．既卒者のみ採用した　　3．新卒者，既卒者ともに採用した

Q5．前問で，「2．既卒者のみ採用した」と「3．新卒者，既卒者ともに採用した」とお答えになった方にうかがいます。その既卒者があなたのホテルに入社する以前に，主として従事していた仕事は何ですか。あてはまる項目すべてに○をして，その後Q17へお進みください。

　　1．飲食店での接客　　2．飲食店での調理　　3．営業　　4．販売

ホテル開業にともなう社員の採用に関する調査票

5．施設管理　　6．経理　　　7．総務　　　8．人事
9．主婦　　　10．その他（具体的にお書きください：　　　　　）

Q6．開業に際して新規採用したホテル経験者の役職を，「幹部社員（部・課長職相当以上）」，「中間管理職社員（主任，係長職相当）」，「一般社員」，「契約，嘱託社員」に4分したとき，その割合はおおよそどの程度でしたか。下表の記入欄に，それぞれの割合を示すパーセント数字をお書きください。数字は，概数で結構です。

役職	幹部社員	中間管理職社員	一般社員	契約・嘱託社員	合計
記入欄					100%

Q7．あなたのホテルでは，新規採用したホテル経験者を，主にどのような部門へ配属しましたか。役職毎に，配属が多い上位3部門まで，下記の用語集の中からもっとも適切と思われる項目を選び，その項目の先頭に付されている数字と同じ数字を1つ記入欄にお書きください。

役職	幹部社員	中間管理職社員	一般社員	契約・嘱託社員
もっとも多く配属した部門				
2番目に多く配属した部門				
3番目に多く配属した部門				

〈用語集〉
1．宿泊部門（セールスを含む）　　2．レストラン部門（セールスを含む）
3．宴会部門（セールスを含む）　　4．調理部門
5．顧客管理部門　　　　　　　　　6．営業企画，広報部門
7．総務，経理，人事などの管理部門　8．コンピューター・システム部門
9．施設管理部門　　　　　　　　　10．購買，原価管理部門
11．その他（具体的にお書き下さい：　　　　　　　　　　）

Q8．新規採用したホテル経験者の配属先における仕事の内容と，その経験者が過去主に行っていた仕事の内容との間には，どの程度の関連性がありましたか。あてはまる項目に1つ○をつけてください。

1．すべて関連していた
2．どちらかといえば関連していた
3．どちらかといえば関連していなかった
4．まったく関連していなかった
5．なんともいえない

Q9．新規採用したホテル経験者の入社日は，開業準備期間を「初期」，「中期」，「後期」の3段階に分けたとき，どの段階にもっとも集中していましたか。役職毎に，もっともあてはまる項目に1つ○をつけてください。ただし，回答は，採用した社員の役職に該当する部分に対してのみ行ってください。

役　　　　　職	ホテル経験者の入社日が集中した時期
幹　部　社　員	1. 初期　　2. 中期　　3. 後期
中 間 管 理 職 社 員	1. 初期　　2. 中期　　3. 後期
一　般　社　員	1. 初期　　2. 中期　　3. 後期
契　約，嘱　託　社　員	1. 初期　　2. 中期　　3. 後期

Q10. 新規採用したホテル経験者の入社時の年齢層，およびホテル業での経験年数の平均値は，それぞれどの程度でしたか。役職毎に，もっともあてはまる項目に1つ○をつけてください。ただし，回答は，採用した社員の役職に該当する部分に対してのみ行ってください。

役　　　　職	年　　齢　　層		ホテル業での経験年数	
幹　部　社　員	1. 10才代	2. 20才代	1. 1～3年	2. 4～6年
	3. 30才代	4. 40才代	3. 7～9年	4. 10年～14年
	5. 50才代	6. 60才以上	5. 15～19年	6. 20年以上
中間管理職社員	1. 10才代	2. 20才代	1. 1～3年	2. 4～6年
	3. 30才代	4. 40才代	3. 7～9年	4. 10年～14年
	5. 50才代	6. 60才以上	5. 15～19年	6. 20年以上
一　般　社　員	1. 10才代	2. 20才代	1. 1～3年	2. 4～6年
	3. 30才代	4. 40才代	3. 7～9年	4. 10年～14年
	5. 50才代	6. 60才以上	5. 15～19年	6. 20年以上
契約，嘱託社員	1. 10才代	2. 20才代	1. 1～3年	2. 4～6年
	3. 30才代	4. 40才代	3. 7～9年	4. 10年～14年
	5. 50才代	6. 60才以上	5. 15～19年	6. 20年以上

Q11. 新規採用したホテル経験者の給与面，および役職身分に関するあなたのホテルの処遇は，その人の前職時代と比べてどうでしたか。役職毎に，もっともあてはまる項目に1つ○をつけてください。ただし，回答は，採用した社員の役職に該当する部分に対してのみ行ってください。

役　　　　職	給　与　面　の　処　遇	役　職　身　分　上　の　処　遇
幹　部　社　員	1. 明らかに前職より高い 2. どちらかといえば前職より高い 3. 前職と同様である 4. どちらかといえば前職より低い 5. 明らかに前職より低い	1. 明らかに前職より高い 2. どちらかといえば前職より高い 3. 前職と同様である 4. どちらかといえば前職より低い 5. 明らかに前職より低い
中間管理職社員	1. 明らかに前職より高い 2. どちらかといえば前職より高い 3. 前職と同様である 4. どちらかといえば前職より低い 5. 明らかに前職より低い	1. 明らかに前職より高い 2. どちらかといえば前職より高い 3. 前職と同様である 4. どちらかといえば前職より低い 5. 明らかに前職より低い
一　般　社　員	1. 明らかに前職より高い 2. どちらかといえば前職より高い 3. 前職と同様である 4. どちらかといえば前職より低い 5. 明らかに前職より低い	1. 明らかに前職より高い 2. どちらかといえば前職より高い 3. 前職と同様である 4. どちらかといえば前職より低い 5. 明らかに前職より低い

役職		
契約, 嘱託社員	1. 明らかに前職より高い 2. どちらかといえば前職より高い 3. 前職と同様である 4. どちらかといえば前職より低い 5. 明らかに前職より低い	1. 明らかに前職より高い 2. どちらかといえば前職より高い 3. 前職と同様である 4. どちらかといえば前職より低い 5. 明らかに前職より低い

Q12. 新規採用したホテル経験者にあなたのホテルが求めた能力・資質は、何ですか。役職毎に、もっともあてはまる項目3つまで○をつけてください。ただし、回答は、採用した社員の役職に該当する部分に対してのみ行ってください。

役職	求められた能力や資質
幹部社員	1. ホテル事業全般に関する知識と経験　　2. 調査, 分析, 企画力 3. 社内外での折衝力, 調整力　　　　　　4. リーダーシップ力 5. 対外的な知名度, ネットワーク構築力　6. オペレーション知識 7. 顧客サービス技能　　　　　　　　　　8. 人材教育能力 9. 仕事に対する積極性　　　　　　　　　10. 人格の高邁さ 11. その他（具体的にお書きください：　　　　　　　　　　　　　　）
中間管理職社員	1. ホテル事業全般に関する知識と経験　　2. 調査, 分析, 企画力 3. 社内外での折衝力, 調整力　　　　　　4. リーダーシップ力 5. 対外的な知名度, ネットワーク構築力　6. オペレーション知識 7. 顧客サービス技能　　　　　　　　　　8. 人材教育能力 9. 仕事に対する積極性　　　　　　　　　10. 人格の高邁さ 11. その他（具体的にお書きください：　　　　　　　　　　　　　　）
一般社員	1. ホテル事業全般に関する知識と経験　　2. 調査, 分析, 企画力 3. 社内外での折衝力, 調整力　　　　　　4. リーダーシップ力 5. 対外的な知名度, ネットワーク構築力　6. オペレーション知識 7. 顧客サービス技能　　　　　　　　　　8. 人材教育能力 9. 仕事に対する積極性　　　　　　　　　10. 人格の高邁さ 11. その他（具体的にお書きください：　　　　　　　　　　　　　　）
契約, 嘱託社員	1. ホテル事業全般に関する知識と経験　　2. 調査, 分析, 企画力 3. 社内外での折衝力, 調整力　　　　　　4. リーダーシップ力 5. 対外的な知名度, ネットワーク構築力　6. オペレーション知識 7. 顧客サービス技能　　　　　　　　　　8. 人材教育能力 9. 仕事に対する積極性　　　　　　　　　10. 人格の高邁さ 11. その他（具体的にお書きください：　　　　　　　　　　　　　　）

Q13. あなたのホテルでは、新規採用したホテル経験者を主としてどのような手法により確保されましたか。役職毎に、もっともあてはまる項目に1つ○をつけてください。ただし、回答は、採用した社員の役職に該当する部分に対してのみ行ってください。

役職	採用手段
幹部社員	1. 新聞, 雑誌等での求人　　　　2. ハローワーク等の公的斡旋機関の紹介 3. ヘッド・ハンティング　　　　4. 銀行や納品業者等の取引先からの紹介 5. 他のホテルからの紹介　　　　6. 総支配人や他の幹部社員からの紹介 7. 会社役員の紹介　　　　　　　8. 親会社からの紹介 9. その他（具体的にお書きください：　　　　　　　　　　　　　　）

役職	
中間管理職社員	1. 新聞，雑誌等での求人　　2. ハローワーク等の公的斡旋機関の紹介 3. ヘッド・ハンティング　　4. 銀行や納品業者等の取引先からの紹介 5. 他のホテルからの紹介　　6. 総支配人や他の幹部社員からの紹介 7. その他（具体的にお書きください：　　　　　　　　　　　　　　）
一般社員	1. 新聞，雑誌等での求人　　2. ハローワーク等の公的斡旋機関の紹介 3. ヘッド・ハンティング　　4. 銀行や納品業者等の取引先からの紹介 5. 他のホテルからの紹介　　6. 総支配人や他の幹部社員からの紹介 7. その他（具体的にお書きください：　　　　　　　　　　　　　　）
契約，嘱託社員	1. 新聞，雑誌等での求人　　2. ハローワーク等の公的斡旋機関の紹介 3. ヘッド・ハンティング　　4. 銀行や納品業者等の取引先からの紹介 5. 他のホテルからの紹介　　6. 総支配人や他の幹部社員からの紹介 7. その他（具体的にお書きください：　　　　　　　　　　　　　　）

Q14．開業に際して採用されたホテル経験者は，その後期待どおりの活躍をしていますか。役職毎にもっともあてはまる項目に1つ○をつけてください。ただし，回答は，採用した社員の役職に該当する部分に対してのみ行ってください。

役職	新規採用したホテル経験者への評価
幹部社員	1. 期待どおりである　　　　　2. どちらかといえば期待どおりである 3. どちらかといえば期待はずれである　　　4. 期待はずれである 5. なんともいえない
中間管理職社員	1. 期待どおりである　　　　　2. どちらかといえば期待どおりである 3. どちらかといえば期待はずれである　　　4. 期待はずれである 5. なんともいえない
一般社員	1. 期待どおりである　　　　　2. どちらかといえば期待どおりである 3. どちらかといえば期待はずれである　　　4. 期待はずれである 5. なんともいえない
契約，嘱託社員	1. 期待どおりである　　　　　2. どちらかといえば期待どおりである 3. どちらかといえば期待はずれである　　　4. 期待はずれである 5. なんともいえない

Q15．採用されたホテル経験者は，現在でも存在していますか。役職毎にもっともあてはまる項目に1つ○をつけてください。ただし，回答は，採用した社員の役職に該当する部分に対してのみ行ってください。

役職	在社の割合
幹部社員	1. すべて在社している　　　　　2. 全体の9割以上在社している 3. 全体の8割以上在社している　　4. 全体の7割以上在社している 5. 全体の6割以上在社している　　6. 全体の5割以上在社している 7. 全体の4割以上在社している　　8. 全体の3割以上在社している 9. 全体の3割未満である

中間管理職社員	1. すべて在社している 3. 全体の8割以上在社している 5. 全体の6割以上在社している 7. 全体の4割以上在社している 9. 全体の3割未満である	2. 全体の9割以上在社している 4. 全体の7割以上在社している 6. 全体の5割以上在社している 8. 全体の3割以上在社している
一 般 社 員	1. すべて在社している 3. 全体の8割以上在社している 5. 全体の6割以上在社している 7. 全体の4割以上在社している 9. 全体の3割未満である	2. 全体の9割以上在社している 4. 全体の7割以上在社している 6. 全体の5割以上在社している 8. 全体の3割以上在社している
契約，嘱託社員	1. すべて在社している 3. 全体の8割以上在社している 5. 全体の6割以上在社している 7. 全体の4割以上在社している 9. 全体の3割未満である	2. 全体の9割以上在社している 4. 全体の7割以上在社している 6. 全体の5割以上在社している 8. 全体の3割以上在社している

Q16. 前問で，「1．すべて在社している」とお答えになった方以外の方におたずねします。その，退職理由は，何であると思われますか。役職毎に，もっとも多い理由を示す項目に1つ○をつけてください。ただし，契約期間の終了，定年退職は，理由から除いてください。また，回答は，採用した社員の役職に該当する部分に対してのみ行ってください。

役　　職	ホテル経験者の退職理由
幹 部 社 員	1. 病気　　2. 結婚　　3. 他のホテル企業への就職 4. ホテル以外の企業への就職　　5. 家事手伝い 6. その他（具体的にお書きください：　　　　　　　　　　）
中間管理職社員	1. 病気　　2. 結婚　　3. 他のホテル企業への就職 4. ホテル以外の企業への就職　　5. 家事手伝い 6. その他（具体的にお書きください：　　　　　　　　　　）
一 般 社 員	1. 病気　　2. 結婚　　3. 他のホテル企業への就職 4. ホテル以外の企業への就職　　5. 家事手伝い 6. その他（具体的にお書きください：　　　　　　　　　　）
契約，嘱託社員	1. 病気　　2. 結婚　　3. 他のホテル企業への就職 4. ホテル以外の企業への就職　　5. 家事手伝い 6. その他（具体的にお書きください：　　　　　　　　　　）

Q17. あなたのホテルにおける開業時の社員構成を，下表のように分けたとき，それぞれはどの程度の割合になりますか。それぞれの欄に，その割合を示すパーセント数字をお書きください。ただし，数字は，概数で結構です。

既存社員	新規採用したホテル経験者	新規採用したホテル経験者以外の転職者	新 卒 者	その他 （出向者等）	合　計
					100%

Q18. ホテル経験者を採用するメリット，デメリットは，何だと考えますか。下記の欄をご使用になり，ご自由にご意見をお書きください。

```
┌─────────────────────────────────────────────────┐
│                                                 │
│                                                 │
│                                                 │
│                                                 │
└─────────────────────────────────────────────────┘
```

Q19. あなたのホテルでは，開業後から今日に至るまでの期間に，ホテル経験者を採用したことがありますか。あてはまる項目に○をしてください。

　　1．ある
　　2．ない

2．あなたのホテルの総支配人についておうかがいします。

Q20. あなたのホテルでは，開業を迎えるにあたり，総支配人を社内（親会社，関連会社を含む）から求められましたか，それとも社外から求められましたか。あてはまる項目に○をつけてください。

　　1．社内から求めた　　　　2．社外から求めた

Q20-1. 前問で「1．社内から求めた」とお答えになった方にうかがいます。あなたのホテルでは，どのような手段により，その総支配人を求められましたか。あてはまる項目に1つ○をつけてください。

　　1．自社が別に展開するホテルからの異動によって
　　2．会社のトップ経営者が兼務することによって
　　3．親会社，関連会社からの出向によって
　　4．その他（具体的にお書きください：　　　　　　　　　　　　　）

Q20-2. 前問で「2．社外から求めた」とお答えになった方にうかがいます。あなたのホテルでは，どのような手段により，その総支配人を求められましたか。あてはまる項目に1つ○をつけてください。

　　1．新規に採用して
　　2．銀行等の取引先からの出向，派遣によって
　　3．業務委託契約を締結したホテルからの派遣によって
　　4．その他（具体的にお書きください：　　　　　　　　　　　　　）

Q21. 開業時の総支配人は，それまでのキャリアの大半をどのような業界で過ごされていましたか。あてはまる項目に○をつけ，その後の指示に従ってください。

　　　1．ホテル業　　→　Q22へお進みください
　　　2．旅館業
　　　3．飲食業
　　　4．ホテル，旅館，飲食業以外のサービス業　　→　Q23へお進みください
　　　5．製造業
　　　6．その他（具体的にお書きください：　　　　　　　　）

Q22. 開業時の総支配人が，その地位に就かれる以前にホテル業で経験された部門は，つぎのどれですか。あてはまる項目すべてに○をしてください。

　　　1．宿泊部門（セールスを含む）　　　2．レストラン部門（セールスを含む）
　　　3．宴会部門（セールスを含む）　　　4．調理部門
　　　5．顧客管理部門　　　　　　　　　　6．営業企画，広報部門
　　　7．総務，経理，人事などの管理部門　8．コンピューター・システム部門
　　　9．施設管理部門　　　　　　　　　 10．購買，原価管理部門
　　11．その他（具体的にお書き下さい：　　　　　　　　　　　　　　　　）

3．最後にあなたのホテルの概要についておうかがいします

Q23. あなたのホテルが開業する以前に，あなたの会社が運営していたホテルは何軒ありましたか。あてはまる項目に○をしてください。

　　　1．0軒　　2．1軒　　3．2軒　　4．3軒　　5．4軒　　6．5軒以上

Q24. あなたのホテルの開業年度を下記の空欄にお書きください。

　　　　　19（　　　）年　　　　月

Q25. あなたのホテルの性格は，下記のうちのどれですか。あてはまる項目に○をしてください。

　　　1．都市ホテル　　　2．リゾートホテル　　　3．ビジネスホテル

Q26. あなたのホテルの客室数を下記の空欄にお書きください。

　　　　（　　　　　　）室

Q27. あなたのホテルでは，宿泊および宿泊に付帯する収入（電話，冷蔵庫，テレビ，クリーニング収入など）が，ホテル営業収入全体に占める割合は，ほぼどの程度ですか。

  1．100%   2．100%未満80%以上 3．80%未満60%以上
  4．60%未満40%以上 5．40%未満20%以上 6．20%未満

Q28. 現在あなたのホテルが雇用する正社員の数，パートタイマー・アルバイトの数を，それぞれ下記の空欄にお書きください。

  正社員数 （   ）人
  パートタイマー・アルバイト：登録数ではなく，毎日働いている人数の平均（   ）人

ご協力ありがとうございました。

資料2-2

苦情のマネジメントに関する調査票

1．顧客情報の収集手法についておうかがいします。

Q1．あなたのホテルでは，提供したサービスに対する利用者の意見を聴取するため，ホテル内にアンケート用紙を備え付けていますか。あてはまる項目に○をつけ，その後の指示に従ってください。

　　1．備えている　　　→　　Q2，Q3へお進みください
　　2．備えていない　　→　　Q4へお進みください

Q2．そのアンケート用紙は，ホテル内のどこに置かれていますか。あてはまる項目すべてに○をつけてください。

　　1．客室内　　　　　　　　　　2．レストラン・バー内
　　3．宴会場，貸し会議室内　　　4．宴会承りコーナー内
　　5．ロビー等の公共スペース内　6．その他（具体的にお書き下さい：　　　　　　）

Q3．そのアンケート用紙の種類は，1つですか，それとも複数ありますか。あてはまる項目に○をつけ，その後Q3-1，またはQ3-2へお進みください。

　　1．1つ　　　　2．複数

Q3-1．前問で「1．1つ」と回答された方にうかがいます。そのアンケート用紙は，利用者があなたのホテルを離れた後になっても，無料で，郵送することができますか。あてはまる項目に○をつけてください。

　　1．できる　　　　　2．できない

Q3-2．前問で「2．複数」と回答された方にうかがいます。そのアンケート用紙は，利用者があなたのホテルを離れた後になっても，すべて無料で，郵送することができますか。あてはまる項目に○をつけてください。

　　1．すべてできる　　2．一部できない　　3．すべてできない

Q4．あなたのホテルでは，利用者の意見を聴取するために，利用者が無料でかけられる専用の電話回線を設けたり，ホテル内に専用の利用者相談窓口・カウンターを開設していますか。あては

まる項目に1つ○をつけてください。
   1．専用の電話回線も，利用者相談窓口もある　2．専用の電話回線のみある
   3．専用の利用者相談窓口のみある　　　　　　4．専用の電話回線も，利用者相談窓口もない

<u>2．苦情の内容とその入手経路についておうかがいします。</u>

Q5．あなたのホテルでしばしば利用者から受ける苦情は，次のどれに関連するものですか。あてはまる項目すべてに○をつけてください。

   1．料金に関して　　　　　　　　　　　　　2．サービスのスピードに関して
   3．予約に関して　　　　　　　　　　　　　4．レストラン等の付帯施設の営業時間に関して
   5．駐車場の利用に関して　　　　　　　　　6．請求書に関して
   7．取り扱うクレジットカードの種類に関して　8．広告・宣伝の内容・質に関して
   9．客室や館内等の清掃に関して　　　　　　10．館内の環境（混雑度，温度や明るさ等）に関して
  11．管理職の知識・技能に関して　　　　　　12．一般従業員の知識・技能に関して
  13．交通の便に関して　　　　　　　　　　　14．客室やレストラン等の付帯施設の面積に関して
  15．従業員の服装や化粧に関して　　　　　　16．従業員の言葉づかいや態度に関して
  17．従業員の気配りに関して　　　　　　　　18．周辺の町環境に関して
  19．サービスの質に関して　　　　　　　　　20．サービスの量に関して
  21．サービスの内容のバラエティーさに関して 22．チェックイン・アウトに関して
  23．客室や館内のインテリア・備品に関して　24．建物の外観やデザインに関して
  25．その他（具体的にお書きください：　　　　　　　　　　　　　　　　　）

Q6．あなたのホテルでしばしば利用者から受ける感謝や賞賛は，次のどれに関連するものですか。あてはまる項目すべてに○をつけてください。

   1．料金に関して　　　　　　　　　　　　　2．サービスのスピードに関して
   3．予約に関して　　　　　　　　　　　　　4．レストラン等の付帯施設の営業時間に関して
   5．駐車場の利用に関して　　　　　　　　　6．請求書に関して
   7．取り扱うクレジットカードの種類に関して　8．広告・宣伝の内容・質に関して
   9．客室や館内等の清掃に関して　　　　　　10．館内の環境（混雑度，温度や明るさ等）に関して
  11．管理職の知識・技能に関して　　　　　　12．一般従業員の知識・技能に関して
  13．交通の便に関して　　　　　　　　　　　14．客室やレストラン等の付帯施設の面積に関して
  15．従業員の服装や化粧に関して　　　　　　16．従業員の言葉づかいや態度に関して
  17．従業員の気配りに関して　　　　　　　　18．周辺の町環境に関して
  19．サービスの質に関して　　　　　　　　　20．サービスの量に関して
  21．サービスの内容のバラエティーさに関して 22．チェックイン・アウトに関して
  23．客室や館内のインテリア・備品に関して　24．建物の外観やデザインに関して
  25．その他（具体的にお書きください：　　　　　　　　　　　　　　　　　）

Q7．あなたのホテルでは，どのような経路を通じて苦情を受け取ることが多いですか。もっとも多いと思われる項目に◎，その次に多いと思われる項目に○をつけてください。

1．苦情者が従業員に伝え，その従業員を通じて　　2．苦情者からの電話を通じて
　　3．苦情者からの手紙を通じて　　　　　　　　　4．備え付けのアンケート用紙を通じて
　　5．社外の第三者（たとえば，消費者センターや旅行代理店）を通じて
　　6．その他（具体的にお書きください：　　　　　　　　　　　　　　　）

Q8．あなたのホテルでは，アンケート用紙や手紙などの文書によって苦情を受け取ったとき，それを受理した旨をどの程度苦情者に伝えていますか。もっともあてはまる項目に○をしてください。

　　1．すべて伝えている
　　2．すべてではないが，全体の4分の3以上伝えている
　　3．すべてではないが，全体の半数以上伝えている
　　4．すべてではないが，全体の4分の1以上伝えている
　　5．ほとんど伝えていない

3．苦情の処理についておうかがいします

Q9．あなたのホテルでは，苦情処理を専任で行う人や部門がありますか。あてはまる項目に○をつけてください。また，「ある」とお答えになった場合で，その人や部門になんらかの呼称名があるときは，その呼称名をも，あわせてお答えください。

　　1．ある　　→　　その呼称名（　　　　　　　　　　）
　　2．ない

Q10．たとえば，あなたのホテル内にある「レストランA」に対する総支配人宛の苦情の手紙を受け取ったと仮定してください。そして，その際の苦情処理に関する作業の流れを下図のように考えたとき，あなたのホテルでは，それぞれの作業を誰，またはどの部門が中心になって行っていますか。下図の下部にある「用語集」の中からもっとも適切と思われる項目を1つ選び，その項目の先頭に付されている数字と同じ数字を図中の記入欄に記入してください。尚，数字は，何度使用しても結構です。

図　苦情処理に関する作業の流れ

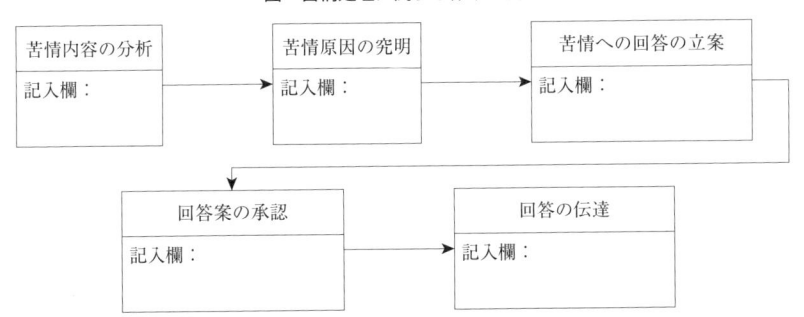

［苦情内容の分析　記入欄：］→［苦情原因の究明　記入欄：］→［苦情への回答の立案　記入欄：］→［回答案の承認　記入欄：］→［回答の伝達　記入欄：］

「用語集」
1．総支配人　　　2．レストランAの責任者　　3．レストランAを管理する部門の責任者
4．副総支配人などの総支配人を補佐する人や総支配人の秘書的な業務を行う部門（たとえば，総支配人室など）　　5．苦情処理を専任で行う人や部門
6．レストランAを管理する部門以外の営業系部門　　　7．総務部などの管理部門
8．その他の人や部門（具体的にお書きください：　　　　　　　　　　　　　　）

Q11．あなたのホテルでは，受け取った苦情に対して，その内容，程度を問わず，どの程度回答（苦情者に謝罪を表明したり，苦情原因を説明したり，苦情への対応策を示すなど）していますか。もっともあてはまる項目に1つ○をつけ，そのごの指示に従ってください。

　　1．すべて回答している　　　→　Q13．へお進みください
　　2．すべてではないが，全体の4分の3以上回答している
　　3．すべてではないが，全体の半数以上回答している
　　4．すべてではないが，全体の4分の1以上回答している
　　5．ほとんど回答していない

Q12．あなたのホテルがすべての苦情に回答していない理由はなにですか。あてはまる項目すべてに○をつけてください。

　　1．苦情の中には重要なものと，そうでないものがあるから
　　2．苦情の量が多いため，すべてに回答できないから
　　3．苦情の中には匿名のものが多いから
　　4．苦情原因の究明などに時間がかかり，時宜を逸してしまうことが多いから
　　5．苦情者の怒りなどを考えると，回答を躊躇しがちになるから
　　6．苦情の中には，苦情者の一方的な非難や主張がしばしば含まれているから
　　7．その他（具体的にお書き下さい：　　　　　　　　　　　　　）

Q13．あなたのホテルでは，苦情を受け取ってから何日以内に，苦情に対する最終的な回答を苦情者に伝えていますか。苦情の受理日を1日目，その翌日を2日目とし，もっとも平均的と思われる項目に1つ○をしてください。

　　1．1～2日以内　　2．3～4日以内　　3．1週間以内　　4．10日以内
　　5．2週間　　　　6．3週間以内　　　7．それ以上

Q14．あなたのホテルでは，苦情に対する最終的な回答をどのような手法により苦情者に伝えていますか。もっとも多いと思われる項目に1つ○をつけてください。

　　1．手紙により　　　　　　2．電話により
　　3．苦情者を訪問して　　　4．その他（具体的にお書き下さい：　　　　　　　　）

Q15．あなたのホテルでは，苦情に対する最終的な回答に添えて，お詫びの気持ちを表すなんらか

の物品やサービスを苦情者に提供することがありますか。もっともあてはまる項目に○をつけ，その後の指示に従ってください。

1．しばしば提供している
2．どちらかといえば提供することが多い
3．どちらかといえば提供しない方が多い
4．まったく提供していない　　→　Q17．へお進みください

Q16．そのお詫びの品として，あなたのホテルが主として利用するものは何ですか。もっとも多いと思われる項目に1つ○をしてください。

1．無料の宿泊券，食事券　2．割引券　3．ホテル・オリジナル商品（テレフォンカードなど）　4．その他（具体的にお書きください：　　　　　　　　　　　　　　　　　）

4．苦情へのフォローアップについておうかがいします

Q17．あなたのホテルでは，苦情に対して最終的な回答を行った後に，その回答の適否や回答に対する利用者の満足度を聴取することを目的にしたフォローアップ的な調査を行っていますか。もっともあてはまる項目に1つ○をしてください。

1．すべての回答に対して行っている
2．すべてではないが，全体の4分の3以上に対して行っている
3．すべてではないが，全体の半数以上に対して行っている
4．すべてではないが，全体の4分の1以上に対して行っている
5．ほとんど行っていない

Q18．あなたのホテルでは，受け取った苦情をどの程度従業員に伝えていますか。あてはまる項目に○をつけて，その後の指示に従ってください。

1．すべて伝えている　　→　　Q20へお進みください
2．すべてではないが，全体の4分の3以上伝えている
3．すべてではないが，全体の半数以上伝えている
4．すべてではないが，全体の4分の1以上伝えている
5．ほとんど伝えていない

Q19．あなたのホテルがすべての苦情を従業員に伝えていない理由はなにですか。あてはまる項目すべてに○をつけてください。

1．苦情の中には重要なものと，そうでないものがあるから
2．苦情の量が多いため，すべてを伝えると手間がかかるから
3．すべての苦情を伝えると，従業員のモラールを低下させるから

4．苦情は恥ずかしいことだから，なるべく隠しておきたいため
　　　5．従業員が知るべき苦情は，担当業務に関するものだけでよいから
　　　6．苦情は，幹部社員が把握していれば十分だから
　　　7．苦情の中には，しばしば特定の従業員名や施設名が含まれており，それを公表すると個人攻撃になるおそれがあるから
　　　8．その他（具体的にお書き下さい：　　　　　　　　　　　）

Q20．苦情の再発を防ぐためにあなたのホテルではどのような対策を行なっていますか。あてはまるものすべてに○をつけてください。

　　　1．従業員の再教育を行っている
　　　2．しばしば苦情を生み出す部門内にQCサークルをつくり苦情防止策を検討している
　　　3．しばしば苦情を生む施設や従業員に対して覆面の調査員を派遣して観察している
　　　4．全社的な業務改善チームをつくり苦情防止策を検討している
　　　5．具体的にはなにも行なっていない
　　　6．その他(具体的にお書きください：　　　　　　　　　　　　　　)

　　　　　　5．最後にあなたのホテルの概要についておうかがいします

Q21．あなたのホテルの性格は，下記のうちのどれですか。あてはまる項目に○をしてください。

　　　1．都市型ホテル　2．リゾート型ホテル　3．その他（具体的にお書きください：　　　　）

Q22．あなたのホテルの総客室数は，いくつですか。あてはまる項目に○をしてください。

　　　1．100室未満　2．100室以上300室未満　3．300室以上500室未満　4．500室以上

Q23．本調査に関するご意見，ご感想等ございましたら，下欄にご自由にお書きください。

　　　　　　　　　　　　　　　　　　　　　　　　　　ご協力ありがとうございました。

資料2-3

ホテル内営業施設の利用実態に関する調査票

1．あなたのホテルの禁煙ルームについておうかがいします。

Q1．あなたのホテルには，禁煙ルームがありますか。あてはまる項目に○をつけ，その後の指示に従ってください。

　　　1．ある　　　→　　Q4以下へお進みください
　　　2．ない　　　→　　Q2へお進みください

Q2．あなたのホテルでは，近い将来禁煙ルームを設置する予定がありますか。あてはまる項目に○をつけ，その後の指示に従ってください。

　　　1．ある　　　→　　Q10以下へお進みください
　　　2．ない　　　→　　Q3へお進みください

Q3．あなたのホテルが禁煙ルームを設置する予定がない理由は，何ですか。あてはまる項目に1つ○をつけ，その後Q11へお進みください。

　　　1．日本人の喫煙率はまだまだ高いから
　　　2．禁煙ルームは禁煙者にしか売れないため，客室効率上問題があるから
　　　3．客室改装等に費用がかかるから
　　　4．現在のお客様の中に喫煙者が多いから
　　　5．その他（具体的にお書きください：　　　　　　　　　）

Q4．あなたのホテルの禁煙ルームは，いくつありますか。その数を下記のカッコ内にお書きください。

　　　（　　　　　　　）室

Q5．あなたのホテルでは，男性の宿泊者と女性の宿泊者のうち，どちらが禁煙ルームを多く利用していますか。あてはまる項目に1つ○をつけてください。

　　　1．男性の方が多い
　　　2．女性の方が多い
　　　3．どちらともいえない

Q6. 禁煙ルームの稼働率と喫煙可能ルームの稼働率を比較したとき，あなたのホテルでは，どちらのルームの稼働率が高いですか。あてはまる項目に1つ○をつけてください。

　　1．禁煙ルームの方が高い
　　2．喫煙可能ルームの方が高い
　　3．どちらともいえない

Q7. いま，「あなたのホテルでは，本日満室に近い予約が入っており，禁煙ルーム以外に空き部屋がない」と仮定してください。そのようなとき，喫煙者であるお客様から本日泊まりたいという強い要望を受けた場合，あなたのホテルは，この要望に対してどのように対処しますか。もっとも可能性が高い項目に1つ○をつけてください。

　　1．要望を受け入れる
　　2．要望を断る
　　3．どちらともいえない

Q8. あなたのホテルでは，禁煙フロア（1階層内の客室がすべて禁煙ルームになっているフロア）がありますか。あてはまる項目に○をつけてください。

　　1．ある　　　　　　　2．ない

Q9. あなたのホテルでは，近い将来禁煙ルームの数を増やしたり，禁煙フロアをつくる予定がありますか。あてはまる項目に○をつけてください。

　　1．ある　　　　　　　2．ない

Q10. あなたのホテルでは，全客室に占める禁煙ルームの割合はどの程度が理想的だと思われますか。あてはまる項目に1つ○をつけてください。

　　1．すべての客室　　　　2．100％未満80％以上　　　3．80％未満60％以上
　　4．60％未満40％以上　　5．40％未満20％以上　　　6．20％未満10％以上
　　7．10％未満5％以上　　 8．5％未満1％以上　　　　9．1％未満

Q11. あなたのホテルでは，下記の施設は禁煙ですか。それぞれの施設毎に，あてはまる項目に1つ○をつけてください。

施　設　名	禁　煙　の　程　度		
フロント・ロビー	1．全面的に禁煙	2．一部禁煙	3．喫煙自由
宴会場前の前室（フォワイエ）	1．全面的に禁煙	2．一部禁煙	3．喫煙自由
レストラン	1．全面的に禁煙	2．一部禁煙	3．喫煙自由
エレベーターの前室（お客様がエレベーターの到着を待つスペース）	1．全面的に禁煙	2．一部禁煙	3．喫煙自由

2．あなたのホテルのフレンチレストランについてうかがいます

Q12．あなたのホテルにはフランス料理専門のレストラン（以下「フレンチレストラン」という。）がありますか。あてはまる項目に○をつけ，その後の指示に従ってください。

　　1．ある　　→　　Q13へお進みください
　　2．ない　　→　　Q22へお進みください

Q13．あなたのホテルのフレンチレストランをご利用になるお客様のご利用目的のうち，もっとも多いと思われるものは，何ですか。あてはまる項目に1つ○をしてください。

　　1．ビジネスをともなう会食
　　2．家族の団欒
　　3．友人，知人との親睦
　　4．夫婦，恋人との団欒
　　5．その他（具体的にお書きください：　　　　　　　　　　　　　　　　）

Q14．あなたのホテルのフレンチレストランでは，乳幼児連れのお客様の利用をご遠慮いただいていますか。あてはまる項目に1つ○をつけ，その後の指示に従ってください。

　　1．ご遠慮いただいている　――――▶　Q15, 16へお進みください
　　2．ご利用可能である　　　――――▶　Q17へお進みください
　　3．どちらともいえない

Q15．あなたのホテルのフレンチレストランを利用できる，年齢，または学年の下限は，下記のどれにもっとも近いですか。あてはまる項目に1つ○をつけてください。

　　1．7才（小学1年）　　2．10才（小学4年）　　3．13才（中学1年）
　　4．16才（高校1年）　　5．19才（大学1年）

Q16．乳幼児連れのお客様の利用をご遠慮いただく理由は，何ですか。下記にその理由をお書きください。そして，その後Q21へお進みください。

```
┌─────────────────────────────────────────────┐
│                                             │
│                                             │
│                                             │
│                                             │
└─────────────────────────────────────────────┘
```

Q17．あなたのホテルのフレンチレストランでは，乳幼児連れのお客様をテーブルに案内する際，お客様が自由にテーブルを選ぶことができますか。あてはまる項目に1つ○をつけてください。

1．できる　　　━━━━━━▶ Q20以下へお進みください
　　　2．できない　　━━━━━━▶ Q18以下へお進みください
　　　3．どちらともいえない ┘

Q18．あなたのホテルのフレンチレストランでは，乳幼児連れのお客様をテーブルに案内する際，どのような位置，または場所にあるテーブルを選ぶことが多いですか。もっとも可能性が高いと思われる項目に1つ○をつけてください。

　　　1．他のお客様からなるべく近い所にあるテーブル
　　　2．他のお客様からなるべく遠い所にあるテーブル
　　　3．他のお客様からの距離に関係なく，空いているテーブルがあればそのテーブル
　　　4．乳幼児連れのお客様専用スペース内にあるテーブル
　　　5．店内の個室
　　　6．その他（具体的にお書きください：　　　　　　　　　　　　　　　　　）

Q19．前問で，もし店内に乳幼児連れのお客様が既にいらっしゃったとすれば，次に来店した乳幼児連れのお客に対して，どのような位置にあるテーブルを案内する可能性が高いですか。あてはまる項目に1つ○をつけてください。

　　　1．先客である乳・幼児連れからなるべく近い所にあるテーブル
　　　2．先客である乳・幼児連れからなるべく遠い所にあるテーブル
　　　3．先客である乳・幼児連れからの距離に関係なく，空いているテーブルがあればそのテーブル
　　　4．その他（具体的にお書きください：　　　　　　　　　　　）

Q20．あなたのホテルのフレンチレストランには，幼児・子供向けのメニューや，椅子がありますか。あてはまる項目に1つ○をしてください。

　　　1．メニューも，椅子もある　　　　　　　2．メニューはあるが，椅子はない
　　　3．椅子はあるが，メニューはない　　　　4．メニューも，椅子もない

Q21．あなたのホテルのフレンチレストランでは，下記の服装をしたお客様のご利用をご遠慮願うことがありますか。あてはまる項目に1つ○をつけてください。

お　客　様　の　服　装	1.ご遠慮いただく	2.ご利用いただく	3.なんともいえない
ポロシャツ姿で，ジャケット未着用	1.	2.	3.
浴衣に，草履履き	1.	2.	3.
ジーンズ姿で，サンダル履き	1.	2.	3.

Q22. あなたのホテルには、レディースルームがありますか。あてはまる項目に○をつけ、その後の指示に従ってください。

　　　1．ある　　　→　　Q25へお進みください
　　　2．ない　　　→　　Q23へお進みください

Q23. あなたのホテルでは、近い将来レディースルームを設置する予定がありますか。あてはまる項目に○をつけ、その後の指示に従ってください。

　　　1．ある　　　→　　Q30へお進みください
　　　2．ない　　　→　　Q24へお進みください

Q24. あなたのホテルがレディース・ルームを設置する予定がない理由は、何ですか。あてはまる項目に1つ○をつけ、その後Q33へお進みください。

　　　1．客室のレディースルーム化は、一過性的な現象にすぎないから
　　　2．レディースルームは女性にしか売れないため、客室効率上問題があるから
　　　3．客室改装等に費用がかかるから
　　　4．現在のお客様の中に男性が多いから
　　　5．その他（具体的にお書きください：　　　　　　　　　　　　）

Q25. あなたのホテルのレディースルームは、いくつありますか。その数を下記のカッコ内にお書きください。

　　　（　　　　　　　）室

Q26. レディースルームの稼働率と一般ルームの稼働率を比較したとき、あなたのホテルでは、どちらのルームの稼働率が高いですか。あてはまる項目に1つ○をつけてください。

　　　1．レディースルームの方が高い
　　　2．一般ルームの方が高い
　　　3．どちらともいえない

Q27. いま、「あなたのホテルでは、本日満室に近い予約が入っており、レディースルーム以外に空き部屋がない」と仮定してください。そのようなとき、男性のお客様から本日泊まりたいという強い要望を受けた場合、あなたのホテルは、この要望に対してどのように対処しますか。可能性が高い項目に1つ○をつけてください。

　　　1．要望を受け入れる
　　　2．要望を断る
　　　3．どちらともいえない

Q28. あなたのホテルでは，レディースフロア（1つの階層内の客室がすべて禁煙ルームとなっているフロア）がありますか．あてはまる項目に○をつけてください．

　　　1．ある　　　　　2．ない

Q29. あなたのホテルでは，近い将来，レディースルームの数を増やしたり，レディースフロアをつくる予定がありますか．あてはまる項目に○をつけてください．

　　　1．ある　　　　　2．ない

Q30. あなたのホテルでは，全客室に占めるレディースルームの割合はどの程度が理想的であると考えていますか．あてはまる項目に1つ○をしてください．

　　　1．すべての客室　　　2．100％未満80％以上　　　3．80％未満60％以上
　　　4．60％未満40％以上　5．40％未満20％以上　　　6．20％未満10％以上
　　　7．10％未満5％以上　 8．5％未満1％以上　　　　9．1％未満

4．団体客への客室割りについておうかがいします

Q31. たとえば，数室を残して，1フロアの大半の客室を団体客が使用しているような場合，あなたのホテルではその残りの客室を一般客に販売しますか．あてはまる項目に1つ○をつけてください．

　　　1．販売する　2．販売しない　　3．どちらともいえない

Q32. 前問で，その団体客が，仮に修学旅行客であった場合は，どうでしょうか．あてはまる項目に1つ○をつけてください．

　　　1．販売する　　　　2．販売しない　　　　3．どちらともいえない

Q33. あなたのホテルでは，団体客に朝食を提供するために，通常のレストランでなく，宴会場等を臨時に使用することがありますか．また，宴会場等を使用することがある場合，その団体客の規模を客室数で表せば，どの程度になりますか．

　　　1．ある　─────▶　（　　　　　）室
　　　2．ない

5．最後にあなたのホテルの概要についておうかがいします

Q34. あなたのホテルの開業年度は，下記のどれに該当しますか．あてはまる項目に1つ○をつけてください．

ホテル内営業施設の利用実態に関する調査票

1．1950年代以前　2．1960年代　3．1970年代　4．1980年代　5．1990年代

Q35．あなたのホテルの性格は，下記のうちのどれですか。あてはまる項目に○をつけてください。

1．都市ホテル　2．リゾートホテル　3．ビジネスホテル　4．その他（　　　　　　）

Q36．あなたのホテルの客室数は，下記のカッコ内に記入してください。

（　　　　　　）室

Q37．あなたのホテルでは，宿泊と宿泊に付帯する収入（電話，冷蔵庫，テレビ，クリーニング収入など）が，ホテル営業収入全体に占める割合は，どの程度ですか。あてはまる項目に1つ○をつけてください。

1．100%　　　　　　　　2．100%未満80%以上　　　3．80%未満60%以上
4．60%未満40%以上　　5．40%未満20%以上　　　6．20%未満10%以上
7．10%未満5%以上　　 8．5%未満

Q38．あなたのホテルにおける宿泊者のうち外国人が占める割合は，どの程度ですか。あてはまる項目に1つ○をつけてください。

1．100%　　　　　　　　2．100%未満80%以上　　　3．80%未満60%以上
4．60%未満40%以上　　5．40%未満20%以上　　　6．20%未満10%以上
7．10%未満5%以上　　 8．5%未満

Q39．あなたのホテルにおける宿泊者のうち男性（日本人外国人を問わない）の宿泊者が占める割合は，どの程度ですか。あてはまる項目に1つ○をつけてください。

1．100%　　　　　　　　2．100%未満80%以上　　　3．80%未満60%以上
4．60%未満40%以上　　5．40%未満20%以上　　　6．20%未満10%以上
7．10%未満5%以上　　 8．5%未満

Q40．本調査に集計結果をご送付いたしますか。ご希望される場合には，下記にご送付先をご記入ください。また，本調査に関するご意見がございましたら，ご自由にお書きください。

ご協力ありがとうございました。

あ と が き

　本書の構想は，サービス組織のマネジメントの現場に立ったときに感じた筆者の当惑からスタートした。私事であるが，筆者は，学校を卒業し，現職に就くまでのあいだ，いくつかのサービス業に携わってきた。そして，幸運にも，マネージャーとしてそれら事業と格闘する機会を得ることができた。
　しかしながら，正直に述懐すれば，当時の筆者には，マネージャーとなる資格すらなかった。なぜなら，それら事業をいかにマネジメントすべきかについての知識もなく，またそれを指し示す理論に触れたこともなかったからである。
　そこで，筆者は，自己の能力不足を補填するため，サービスに関する書籍や論文を探し漁った。ところが，日々のオペレーションのあり方を示すノウハウ本は，豊富に見出せたものの，マネジメントに関する文献はなかなか入手できなかった。
　確かに，サービスのマネジメントに関しては，ノーマンの『サービス・マネジメント』(R. Rormann, *Service Management*, John Wiley, 1984.)，グルンルースの『サービス・マネジメントとマーケティング』(C. Grönroos, *Service Management and Marketing*, Lexington Books, 1990.) ラブロックの『サービス・マーケティング』(C. H. Lovelock, *Service Marketing*, McGraw-Hill, 1994.) などの良著が存在する。
　また，わが国においても，清水滋先生の『サービスの知識』(日本実業出版社，1994年)，近藤隆雄先生の『サービス・マネジメント入門』(生産性出版，1995年)，などの優れた著作がある。そして，それらは，サービスについて学ぼうとする人びとに対し，豊かな示唆と深い感銘を与えてくれる。
　だが，残念ながら，それらは，総論的な研究成果である。そのため，単なるノウハウ本に飽き足らず，同時に総論を実際のマネジメントに応用した著作を求めていた筆者には，強い不充足感が残った。その後も，筆者の探索は

続いたが，かならずしも自己のニーズに合致したものに出会うことがなかった。

その結果，筆者は次第に，独力で自己の問題意識を解決しなければならないと思うようになった。しかし，いざ研究をはじめてみると，各論的なサービス・マネジメントを確立することの難しさと，その道程の遠さを痛感させられた。それは，サービスがもつ多様性のためであると思慮する。

つまり，サービスには多様な形態が含まれるから，どこに焦点を当てるべきかに迷うからである。また，各論といっても，単なる業界研究でなく，ある程度の汎用性を与えたいと考えたからである。

そこで，本書は，この多様性に秩序をもたらすために，サービスの基本的性格である無形性と顧客との相互作用性に着目して，両者の中間に位置すると考えるホテル業を研究対象にした。しかしながら，それによってサービス・マネジメントの全体像が描き出されたとは思っていない。むしろ，まだまだ不十分であると恥じている。

なぜなら，現状では，ホテル業と，それよりも無形性の度合いが高いサービス，たとえば，教育やコンサルティング・サービスなどにおけるマネジメントのありさまを比較したとき，逆に，無形性の低いサービス，たとえば物品のレンタルや修理サービスにおけるそれを比較したとき，両者の差異がどこにあるのかがわからないからである。

そして，それは，顧客との相互作用性に関しても同様である。それゆえ，各論的なサービス・マネジメント論を構築するためには，すくなくとも上記の疑問に答える必要があるし，筆者も可能なかぎり答えたいと希望している。そのため，筆者は本書を，この希望に向けて歩み出した第一歩と捉えている。読者の方々の建設的批判を期待する次第である。

なお，本書の執筆にあたり，これまでに公にした筆者自身の論文を加筆，修正，発展させて使用している。そして，それら論文の初出は，以下になる。

| 第1章および終章の一部 | わが国の都市型ホテルを支配する「グランド・ホテル」的経営感覚：その発展過程と今日的視点による誤謬性，ISS研究会編『現代経営研究』，第2号，1996年，26〜48頁。 |

第2章	サービス組織における従業員の役割ストレスとストレス対処,『横浜市立大学大学院紀要』,1996年,1〜34頁。
第7章および第8章	日本のホテルの国際化:その発展過程,促進要因および特徴と欧米事例との比較,ISS研究会編『現代経営研究』,第5号,1996年,1〜53頁。
終章	わが国ホテル産業の21世紀戦略,『日本観光学会誌』,第28号,1996年,39〜47頁。

今回,本書を執筆するに際して,3種類のアンケート調査を実施した。これに回答を寄せてくださった多くのホテルのご協力がなければ,本書は誕生できなかったと思っている。最後になったが,それらホテルに対して心より感謝したい。

2001年3月

飯 嶋 好 彦

事項索引

ア行

青木建設　268
アコー　294
Americans Marketing Association　26
イノベーション　326
イン（inn）　34
インターコンチネンタルホテル　280
イントラプルヌアー精神　338
ウェスチンホテルズ　266
運営管理受託方式　269
ANA ホテル　260
エメラルドホテルズ　259
エンバシー・スウィート・ホテル　335
エンパワーメント　89
沖縄海洋博覧会　51
送り手間葛藤　77
送り手内葛藤　77
オープン・システム　69

カ行

北野合同建物　251
KLM 航空　255
ギャラップ社　95
境界関係役割　73
禁煙客室　207
禁煙フロア　207
近畿日本鉄道　251, 266
近視眼的なマーケティング戦略　318
グアム東急ホテル　251
グランドホテル　33
京浜急行電鉄　266
下僕的役割　73
公的な苦情行動　153
国際オリンピック委員会　50
国際興業　251
告発　86
個人的役割葛藤　78

顧客
　――整合性マネジメント　193
　――セグメント　28
　――ターゲット　20
　――中心主義　334
　――との相互作用性　3
　――ニーズの変質　332
　――の多様性　235
　――の不満　150
　――満足　150
雇用動向調査　100
コマーシャルホテル　39
コンセプトの形成　20

サ行

ザ・ペニンシュラ　248
ザ・マニラホテル　248
サービス
　――・エンカウンター　192
　――業の国際化　237
　――実態調査　97
　――・デリバリー・システム　9
　――の景観　235
サンルートホテル　262
シーザーパークホテルチェーン　238
ジェネラルマネージャー制　338
シェラトン　288
　――ホテル　59
シティ・ホテル　37
私的な苦情行動　153
ジャパン・ツーリスト・ビューロー　47
ジャパンホテル　43
従業員の役割　21
職能別組織　318
情緒中心型のストレス対処　80
新京第一ホテル　245
真実の瞬間　336
スタットラー・ホテル　39

ストレス対処　22
ストレス反応　80
ストレッサー　69
西武セゾングループ　268
接収ホテル　247
全日空エンタプライズ　257
全日本シティホテル連盟　314
相克的相互依存関係　71
ソウル東急ホテル　255
総品質（トータル・クオリティ）　328
組織の境界　73

タ行

第一ホテル　45
退出　86
台湾総督府交通局鉄道部　242
台湾鉄道ホテル　242
タバーン（tavern）　34
団体客　210
チガホテル　290
朝鮮総督府鉄道局　242
朝鮮ホテル　242
直営方式　269
帝国ホテル　36
冬季札幌オリンピック　51
テナント方式　269
東急海外ホテル　251
東急ホテルズインターナショナル　257
東急ホテルチェーン　277
東京ステーションホテル　41
トラベロッジ　283
トランスワールド航空　281
トレモント・ホテル　37

ナ行

日本航空開発　257
日本ホテル協会　313
日本労働機構　97
ノードストローム　337
ノボテル　283

ハ行

バーンアウト　77
ハイアットインターナショナル　293

ハウス（house）　34
バック・オフィス　9
バブル経済　311
パレスホテル　262
パンアメリカン航空　281
パンパシフィックホテルズ＆リゾーツ　238
PIMS研究　328
ヒルトンインターナショナル　280
ヒルトンホテル　59，281
フォーシーズン　289
富士屋ホテル　32
藤田観光　251，263
フジタグアムタモンビーチホテル　251
物理的環境　9
部分的従業員　74
プラザホテル　54
フランチャイズ方式　269
プリンセスカイウラニホテル　251
フレンチレストラン　208
フロント・オフィス　9
　──従業員　69
米国消費者問題室　154
米国マーケティング協会　2
兵站旅館　249
ベタープロダクト戦略　318
ベンチマーキング戦略　318
防御的な対処行動　70
ホテルオークラ　251
　──アムステルダム　251
ホテル館　27
ホテルニッコー・ド・パリ　257
ホテルの大型化　52
ホテルの接収　49
ホテルのチェーン化　53
ホテル・リッツ　34
ホテル・旅館業界の労働事情調査　97
ホリデーイン　283
ホルテ　282

マ行

マネジメント上のインフラストラクチャー的要素　13
マネジメントの効果性　317
マネジメントの効率性　317

マリオット　286
万平ホテル　53
南満州鉄道　240
都ホテル　54，251
無形性　3
盲目的な高価格政策　318
問題中心型のストレス対処　80

ヤ行

役割
　　——曖昧性　78
　　——葛藤　77
　　——間葛藤　78
　　——ストレス　69
ヤマトホテル　240

ラ行

離職
　　——の間接的なインパクト　112
　　——の組織外へのインパクト　100
　　——の組織内インパクト　100
　　——の直接的なインパクト　111
回避できた——　105
回避できない——　105
機能的——　105
自発的——　105
非機能的——　105
非自発的——　105
レジャー・サービス産業労働情報開発センター　145
レディースフロア　210
レディースルーム　210
連結ピン　74

人名索引

A

Adams, J. S. 81, 94
Agbonifoh, B. A. 154, 190
Albrecht, K. 95
Aldrich, H. 94
Alexander, N. 309
Arnould, E. J. 236

B

Baker, J. 200, 236
Bateson, J. R. 72, 93
Barnes, J. H. 191
Bery, L. L. 235, 344
Berry, L. L. 235
Bessom, R. M. 2
Bitner, M. J. 5, 199, 235
Blodgett, J. G. 191, 236
Blois, K. J. 2
Bluedorn, A. C. 148
Booms, B. H. 235, 236
Bourgeois, S. 156, 190
Bowen, D. E. 95
Bowers, M. R. 236
Brown, W. 5
Buxton, V. M. 149

C

Caplan, R. D. 93
Cascio, W. F. 148
Chadwick, M. 17
Cohen, B. 94
Crawford-Welch, S. 292
Crosby, L. A. 95
Culligan, P. E. 287
Czepiel, J. A. 235

D

Dalton, D. R. 109
Davis, D. 1
Dreher, G. F. 149
Drew, L. 94
Drucker, P. F. 344
Dunning, J. H. 283

E

Edoreh, P. E. 154, 190

F

Fisk, R. P. S. 5
Fisk, R. P. 93, 202
藤木二三雄 277
藤村和宏 235
Freehely, G. 309
Folkes, V. S. 191
Folkman, S. 80, 94
French, J. R. P. 93

G

Goodman, J. A. 190
Goodwin, C. 190
五島昇 254
Gordon, J. 94
Granbois, D. H. 191
Grönroos, C. 2
Grove, S. J. 93
Gummesson, E. 202, 236
Gutman, E. G. 235

H

羽田昇史 26
原勉 66
原岡一馬 93
Harrison. L. 285, 309
Hart, C. W. L. 190
Herker, D. 94

Heskett, J. L.　190
Himmmel, E.　279
Hirshman, A. O.　94
Hollenbeck, J. R.　110

I

池田誠　53
伊丹敬之　343
稲垣勉　66, 148
犬丸徹三　66

J

Johnson, K.　285, 309

K

加藤幹雄　277
Kahn, R. L.　76, 94
木村吾郎　55, 66
Kotler, F.　2
Krackhardt, D. M.　148

L

Lattin, G. W.　309
Lazarus, R. S.　80, 94
Levitt, T.　330, 344
Lehtinen, J. R.　2, 201
Lehtinen, R. P.　236
Lehtinen, U.　201, 236
Lewis, R. C.　157
Littlejohn, D.　283
Lipsky, K.　94
Lockwood, A.　309
Louis, C.　344
Lovelock, C.　26, 203
Lovelock, C. H.　236
Luker, A.　236
Lundberg, D. E.　309

M

Macaulay, J. F.　96
Mark, A. B.　147
Martin, C. L.　203, 235, 236
Martin, S. M.　309
McEvoy, G. M.　148

McGrath, J. E.　93
McQueen, M.　283
Menzies, I. E. P.　83, 94
Millers, A.　94
Mills, P. K.　94
Mintzberg, H.　94, 344
Mizrahi, T.　85, 94
Molnar, J.　93
Morris, J. H.　94
Morris, S. V.　157
Mowday, R. T.　147, 149
Mueller, C. W.　148
Murr, A.　94
Myers, C. A.　149

N

野中郁次郎　344
Nebel, F. C. Ⅲ　344
Norman, R.　26

O

大庭棋一郎　236
岡本信之　66, 344
奥村昭博　277
尾高煌之助　149
Olsen, M.　309
Organ, D. W.　94
Ossel, G. V.　154

P

Parasuraman, A.　235, 344
Parkington, J. J.　70, 149
Parsons, T.　94
Pearson, M. M.　160
Peyrot, M.　83, 94
Pigors, P.　149
Pine, R.　309
Porter, L. M.　148
Pranter, C. A.　236
Price, J. L.　147, 149
Price, L. L.　236
Price, J. L.　147

Q

Quinn, R. P. 94

R

Rapoport, A. 236
Reichman, F. F. 95
Richman, J. 84, 94
Riley, P. 95
Rise, A. 343
Rogers, P. R. 93
Roper, A. 283
Ross, I. 190
Rosemen, E. 149
Rutherford, D. 344

S

作古貞義 56
佐々木宏茂 66
Sasser, W. E. 94
Sasser, W. E., Jr. 95, 190
Savage, M. 309
Scanlan, T. J. 95
Schaffer, J. D. 344
Schneider, B. 70, 90, 95
Schneider, B. J. 149
Stephens, N. J. 95
Schneider, B. 70, 90
Shamirt, B. 82
Shamir, B. 94, 236
Sheeham, E. 149
Shostack, G. L. 236
Signh, J. 153
重松敦雄 49
嶋口充輝 343
Silpakit, P. 202, 236
末武直義 309
鈴木宏 343
鈴木博 66
Slatter, P. 295
Slattery, P. 309
Snoek, J. D. 94
Solomon, M. R. 235
Springen, K. 94
Stand, C. R. 309
Stephens, N.J. 95

Stremersch, S. 154
Steers, R. M. 147
Surprenant, C. F. 235

T

Teare, R. 309
Terkel, S. 94
Tetreault, M. S. 236
Thompson, J. R. 93
Thompson, J. D. 73
Todor, W. D. 109
鳥羽欽一郎 66
Trout, J. 343
Tse, E. C. 309
Tushman, H. L. 95

U

臼田昭 66

V

Vandermewe, S. 17

W

若林満 93
Wagner, H. M. 344
Wakefield, K. L. 191, 236
Walter, R. G. 191
Ward, D. S. 190
Watson, G. H. 343
West, J. J. 309
Whyte, W. F. 94
Wilkes, R. E. 190
William, C. R. 110
Wolf, D. M. 94
Woods, R. H. 96

Y

山口祐司 66
山下昌美 147
由井常彦 277

Z

Zeithmal, V. A. 235, 344

著者履歴

飯嶋　好彦（いいじま　よしひこ）

　東洋大学国際地域学部国際観光学科　教授
　1956年神奈川県横浜市生まれ
　京浜急行電鉄株式会社，東洋大学短期大学観光学科助教授を経て現職
　博士（経営学）

勤務先
　〒112-8606　東京都文京区白山5-28-20

サービス・マネジメント研究
——わが国のホテル業をめぐって——

| 2001年 5月31日　第1版第1刷発行 | 検印省略 |
| 2011年10月31日　第1版第3刷発行 | |

著　者　飯嶋　好彦
発行者　前野　弘
発行所　株式会社　文眞堂
　　　　東京都新宿区早稲田鶴巻町533
　　　　電　話　03（3202）8480
　　　　FAX　03（3203）2638
　　　　http://www.bunshin-do.co.jp
　　　　郵便番号 162-0041　振替 00120-2-96437

組版・モリモト印刷　印刷・モリモト印刷　製本・イマヰ製本所
Ⓒ 2001
定価はカバー裏に表示してあります
ISBN978-4-8309-4390-4　C3034

研究集団・ＩＳＳ研究会の紹介

ＩＳＳ研究会代表
横浜市立大学教授　齊　藤　毅　憲

　ＩＳＳ研究会（Japan Society for the Study of Information, System and Strategy）は，情報（Ｉ），システム（Ｓ），戦略（Ｓ）という現代経営（学）のキー・コンセプトを中心とする研究グループであり，「新しい経営学の創造」を目ざして，平成4（1992）年7月に設立した。
　これまでの主たる研究成果としては，『経営学ゼミナール』（日本実業出版社，平5），『新次元の経営学』（文眞堂，平6）などの著書がある。
　また，『外国人雇用に関する実態調査』（報告書，平5），「日本企業における外国人雇用に関する実態調査」（『経営行動』第10巻2号，平7），「高齢者雇用共同事業所のモデル研究開発」（報告書，平5），「横浜市におけるコンベンション機能を生かした都市部活性化方策検討調査」（報告書，平10），「ビジネス系短期大学の戦略論調査」（平6～8）や「大学における国際経営教育調査」（平9），「スモール・ビジネスの経営戦略論研究」（平10～11）などにあたっている
　さらに，平成8年からは若い人びとの研究発表の場として査読つきの研究雑誌『現代経営研究』（*Contemporary Management Studies*，平成12年までに7号）を公刊してきた。

ＩＳＳ研究会叢書

第1巻	合谷美江著『女性のキャリア開発とメンタリング』， 平成11年，176頁，2500円+消費税
第2巻	飯嶋好彦著『サービス・マネジメント研究 　　　―わが国のホテル業をめぐって―』 平成13年，394頁，3200円+消費税
第3巻	阿部　香著『英知結集のマネジメント 　　　―経営学における認知科学的アプローチ―』 平成13年，258頁，2800円+消費税